2013西北师范大学青年教师科研能力提升计划项目
"技术支持的混合式教师培训模式研究(SKQNGG13021)"

西北师范大学青年文丛

技术支持的教师专业发展理论与实践

赵 健 郭绍青 张 乐◎著

中国社会科学出版社

图书在版编目（CIP）数据

技术支持的教师专业发展理论与实践/赵健，郭绍青，张乐著.—北京：中国社会科学出版社，2017.5

（西北师范大学青年文丛）

ISBN 978-7-5203-0649-2

Ⅰ.①技… Ⅱ.①赵…②郭…③张… Ⅲ.①中小学–师资培养–研究 Ⅳ.①G635.12

中国版本图书馆 CIP 数据核字（2017）第 137593 号

出　版　人	赵剑英
责任编辑	王　茵
责任校对	胡新芳
责任印制	王　超

出　　　版	中国社会科学出版社
社　　　址	北京鼓楼西大街甲 158 号
邮　　　编	100720
网　　　址	http://www.csspw.cn
发　行　部	010-84083685
门　市　部	010-84029450
经　　　销	新华书店及其他书店

印　　　刷	北京君升印刷有限公司
装　　　订	廊坊市广阳区广增装订厂
版　　　次	2017 年 5 月第 1 版
印　　　次	2017 年 5 月第 1 次印刷

开　　　本	710×1000　1/16
印　　　张	23.75
插　　　页	2
字　　　数	342 千字
定　　　价	88.00 元

凡购买中国社会科学出版社图书，如有质量问题请与本社营销中心联系调换

电话：010-84083683

序

一 起因

2011年博士毕业后，我想像大多数人一样以博士论文为底稿写本书，但是总觉得自己的毕业论文就是一项具体的研究，单独成书有点单薄。2014年因腿部受伤在家静养期间，我就想把我们团队多年来的实践进行梳理和提炼形成一本著作，而且这种愿望愈加强烈，后来跟我的博士导师郭绍青老师说起这个想法，得到他的大力支持，并将手头的一些手稿和资料交给我。他嘱咐我要写这本书，要有比较高的理论水平，我顿时感觉到我这个"大师兄"身上肩负了巨大的责任，我知道在他的嘱咐中所蕴含的深意和深切的期望。我们这个团队在他的带领下、在他的严格要求下，形成了一种惯性，就是做事很踏实、实践能力很强、执行力强，虽然在学术界大家都认可我们团队的实力和业绩，但是不可否认的是，在实践基础上的理论提升以及外在的学术作品比较少。

在成书的过程中，书稿的框架和内容多次征询了老师和几位同门的意见，大家积极提供手头所有的资料，让我感到团队力量的重要性。即便是在项目结束多年以后，郭炯同学笔记本电脑资料全部丢失的情况下，还是从杨彦军博士那里找到了大部分"英特尔©未来教育'实践孕育创新'"项目的结题材料，当事人对这些项目投入巨大精力的深厚感情可见一斑。

二 关于书名

《技术支持的教师专业发展理论与实践》几乎是不假思索，而且是顺理成章的书名，"理论与实践"因其使用频次太多几乎成为陈词滥调的代名词，如何让书名不凡，而且又能够彰显内涵成了一道难题，几经修改广泛征询意见，还是觉得"理论与实践"最能体现写书的初衷，又一次验证了第一感觉的重要性。"在做事中做学问"是郭老师带领我们一直遵循的学术道路，扎根于实践的理论注定厚且深，取自实践的理论必定寡（产量少）而众（面向大众），如果说本书理论性欠缺，只是因为作者提炼和升华理论的火候欠佳。

大家讨论最多的就是"技术"的界定，有人提出了"大技术"和"小技术"的概念。而我坚定地认为，"技术"应该包括两个方面：一方面，教师需要学习如何将信息技术有效地整合到课堂中，技术既是学习对象，又是教学工具。技术着重指的是主体技术，表现为教师的行为方式，也就是信息化教学能力（或者信息技术应用能力）。另一方面，技术为教师专业发展提供了新的渠道，而且能够成为支持教师专业发展的有效工具。技术指的是实体技术，具体表现为工具、软件、平台等。一般来说，都会将支持教师专业发展的技术定位在实体技术、客体技术，在书中并不刻意去划分两个层面的区别与联系，而是期望很自然地、不着痕迹地将二者融为一体。

三　项目

本书所有的内容都建立在十多年来团队实施课题和项目的研究成果积淀的基础之上。在整理资料的过程中，郭绍青老师带领我们做项目的情景一幕幕浮现在脑海里。在中欧甘肃基础教育项目中，郭老师带着我们在天祝县钱宝中学、松山中学驻校，手把手地教学校老师用电脑，郭老师捧着大海碗的情景、围着火炉和农村学校教师谈心、亲自在秦安县上演示课……我带着师弟师妹们开展信息技术送教下乡，跑遍了甘肃省的42个国家级贫困县，"忆往昔，峥嵘岁月稠……"2006年在中欧项目结束时，我居然和郭老师以及其他知名专家一起获得项目颁发的"优秀培训者"称号，这是我人生中最激动人心的时刻。"城乡互动"项目是我博士论文产出的基础，从刚开始的懵懂，到后来的逐步深入，郭老师倾注了大量的心血，我经受了他给我思想上的"严刑拷问"，虽然经常"遍体鳞伤"，但是坚持下来就产生了"蜕变"和"升华"，所有这些怎能不让我心存感激，怎能不使我心生动力……"英特尔©未来教育'实践孕育创新'"项目是团队在全国范围比较有影响力的项目，从项目名称"实践孕育创新"，到"混合式培训模型"、"应用型课题"理念的提出，都凝结了团队的智慧，体现了郭绍青老师作为团队舵手高超的领导力。从30多所实验学校到7个县区的整体推进，我作为项目专家，从领导几所学校到领导一个县区（绵阳游仙区），看到这些实验学校在我们的帮助下信息化教学能力得到切实显著提升，在信息化教学环境下教学方式较传统教学有了巨大转变，明天的教育从这里看到了曙光，没有比这样的成果更能鼓舞教育技术人了。

前　言

近年来国家在教师培训领域的投入和关注程度日益增强，关于信息技术支持下教师培训的理论和方法的探讨成为时代的焦点。中小学教师信息技术应用能力提升工程的实施标志着"国培计划"进入新的发展阶段，教师培训的从业者和研究者队伍素质亟待扩大和提高。本书的编写紧密把握技术支持的教师专业发展内涵的两个方面：一方面，教师需要学习如何将技术有效地整合到课堂中，技术既是学习对象，又是教学工具。技术着重指的是主体技术，表现为教师的行为方式，也就是信息化教学能力（或者信息技术应用能力）。另一方面，技术不仅为教师专业发展提供了新的渠道，而且能够成为支持教师专业发展的有效工具。技术指的是实体技术，具体表现为工具、软件、平台等。

技术支持下的教师专业发展已经成为教育技术学新兴的研究方向。本书可以作为教育技术学本科和研究生相关课程拓展性材料，为教师培训的组织者和实施者以及从事教师培训产业的从业者提供指导。本书在梳理国内外相关理论的基础上，结合本团队近年来所主导的技术支持的教师专业发展项目，在技术支持的教师学习共同体的构建、技术支持的混合式教师培训模式、技术支持的应用型课题研究、网络研修活动的设计与实施、技术支持的教师专业发展项目评估等方面，从理论和实践的角度进行了提炼，对指导开展中小学教师信息技术能力提升工程和制定相关政策具有现实意义。

本书编写的主要目的是：

（1）梳理技术支持的教师专业发展的历程和趋势。

（2）为远程教师培训项目设计和实施提供科学的方法和指导。

（3）为开展技术支持下的教师专业发展活动提供策略和方法。

（4）为监测和评估技术支持的教师专业发展项目提供方法和依据。

本书的主要特点是：

（1）顶层设计：紧扣国家大力发展教师教育、创新教师培训模式的主题，以系统视角进行深入研究，对于国家级"全国中小学教师信息技术应用能力提升工程"等培训项目顺利开展提供研究借鉴，同时对各级各类教师专业发展项目中的有效机制、活动开展、保障体系、效果评价、平台设计与开发等方面具有现实指导意义。

（2）研究视角：沿着"提出模型—实践应用—成效分析"的路线实现理论与实践的融合，在梳理已有理论研究和实践项目的基础上，应用系统的方法将技术支持的教师专业发展整体作为研究对象。例如：在厘清确定影响技术支持的教师专业发展的核心要素及要素之间的相互作用的基础上，构建网络环境下教师学习共同体模型，对模型进行系统分析并提出干预模型，在具体的项目实施中通过促进教师信息化教学能力的整体提升实现对模型的检验。同理，本书在网络研修、技术支持的混合式培训、技术支持的教师专业发展项目测评等重要问题上，都一以贯之。

（3）研究方法：在整体上遵循基于设计的研究范式，在不同的研究阶段，通过文献研究、调查研究、专家咨询、比较咨询等多种研究方法的综合应用，并利用问卷调查、访谈、社会网络分析、内容分析等，从量化、质性两个方面厘清技术支持的教师专业发展影响因素，并通过切实可行的支持策略在相应的教师专业发展项目中进行实证研究。

本书共分六章，赵健编写了第一、第二、第三、第五章，张乐编写了第四、第六章，郭绍青教授对本书整体结构和部分内容进行了指导。由于水平所限，书稿难免存在错误之处，敬请读者批评指正。

目　录

第一章

信息时代的教师专业发展

第一节　信息时代的教师专业发展范式

联合国教科文组织于 1996 年在《关于教师地位的建议》中首次提出"教育工作应被视为专门职业"的观点，并要求"这种职业的教师应该经过严格的、持续的学习，获得并保持专门的知识和特别的技术"。进入 21 世纪，信息与传播技术成为社会经济发展的主要动力，对教育改革和发展产生了巨大的影响。在世界范围对新技术充满期许的社会背景下，联合国教科文组织在 2008 年 1 月发布了《信息和传播技术教师能力标准》，其基本目标是通过将信息与传播技术的各种技能与教学方式、课程、学校组织等方面的新理念相结合，促进教师善用信息与传播技术的各种专门技能和资源，改进自身教学效能，推动同事间的协同努力、紧密合作，实现组织创新。

关于教师专业发展的理解，霍伊尔（Hoyle, E.）认为，"教师专业发展是指在教学职业生涯的每一阶段，教师掌握良好专业实践所必备的知识与技能的过程"。佩里（Porry, P.）从两个意义层面认为，教师专业发展是教师专业成长与提升的过程，具体来说："教师专业发展意味着教师个人专业在生活中的成长，包括信心的增强、技能的提高、对所任教学科知识的不断更新拓宽和深化以及对自己在课堂上为何这样做的原因意识的强化。就其最积极意义上来说，教师专业发展包含着更多的内容，它意味着教师已经成长为一个超出技能的范围而有艺术化的表现，成为把工作提升为专业的人，把专业知能转化为权威的人。"利特尔（Little J. W.）指出，对教师专业发展的研究有两种截然不同的路径：一是侧重研究教师掌握教学复杂性的过程；二是侧重研究影响教师动机和学习机会的组织和职业条件。

刘捷在其《专业化：挑战 21 世纪的教师》一书中提到：教师专业化是指教师在整个专业生活中，通过终身专业训练，习得教育技能，实施专业自主，体现专业道德，逐步提高从教素质，成为教育专业工作者的专业成长过程。即从一个"普通人"变成"教育者"的专业发展的过程。教师专业发展过程不仅是一种认知过程，而且在认知变化的同时还包括情感、价值、需要等多方面变化的过程。叶澜等从教师专业发展的角度出发，认为教师专业发展阶段的主要维度包括教育信念、知识、能力、专业态度和动机以及自我专业发展需要和意识。孟万金从教师专业素质架构方面认为教师专业成长有四个关键系统，即专业理念系统、专业智能系统、专业情怀系统和专业规范系统。也有学者认为教师专业发展是"教师个人在经历职前师资培育阶段、任教阶段和在职进修的整个过程中都必须持续地学习与研究，不断发展其专业内涵，逐渐达到专业圆熟的境界"等。我国台湾地区学者罗清水认为："教师专业发展乃教师为提升专业水准与专业表现而经自我抉择所进行的各项活动与学习的历程，以期促进专业成长改进教学效果，提高学习效能。"教师专业发展是教师专业化的核心内容，具体是指教师作为从业人员在整个职业生涯中不断学习专业理论知识，进行专业技能训练，不断提升专业素养，促进专业发展，由非专业人员变为专业人员的过程，即教师由一般的从业人员成长为专业人员的过程。

一　教师专业发展范式

托马斯·库恩在《科学革命的结构》中提出了"范式"的概念。它指的是一个共同体成员所共享的信仰、价值、技术等的集合。具体来说，它是指常规科学所赖以运作的理论基础和实践规范，是从事某一科学的研究者群体所共同遵从的世界观和行为方式。从本质上讲，范式是一种理论体系。库恩指出："按既定的用法，范式就是一种公认的模型或模式。"总而言之，范式是研究问题、观察问题、分析问题、解决问题所使用的一套概念、方法及原则的总称。

所谓教师专业化基本范式，是指关于促进教师专业化发展的一些基本的取向、模式、视角、看法，它不是具体的方法技术，而是整体性、原则性的架构。从不同的角度有不同的发展观，从教师的专业基础的形成与发展角度来看，存在两种范式，即外在客体式与内在主体式，或知识技能训练范式与实践反思范式。从社会对教师的要求角度，可分为技术熟练者范式、研究型实践者范式和反思型实践者范式。

从教师专业发展的途径和方法的角度，以及教师与社会环境互动的角度，教师专业发展可以分为理智范式、实践反思范式、生态范式。从这个范式的角度审视教师专业发展，可以让人们更清晰地看到教师专业发展的变化过程不仅仅是社会发展、教师个人成长的要求。下面结合信息技术对教师专业发展范式的影响，分析这三种教师专业发展范式的特点。

（一）理智范式

理智范式主张教师要具有"学科知识"和"教育知识"，这就意味着教师要向专家、学者学习某一学科的学科知识和教育知识，进而达到能帮助学生获得学科知识的效果。实现这种范式的基本策略就是教师培训，专业发展的改革权力集中在地方政府层面，学校和教师则处于比较被动的地位；教学被视为纯技术的工作，采取单向传递的方式，由专家或有经验的同事介绍各种理念和方法给教师，预设其会自动转化为教学实践。专业发展方案多由地方管理机构或大学的学者、专家设计完成，很少有教师参与其中，教师只是专业发展方案的消费者；专业发展模式注重普适的特征，认为这些内容适用于所有情境和所有教师，另外还存在因校本支持不够而导致改革理念与实践的严重脱节等诸多问题。

理智范式的教师专业发展，其发展路径明显带有大学本位、知识本位、学科本位的特点，教师专业发展是教师通过接受培训、学习新的知识和技能的过程。教师专业发展的形式以教师在职培训为主，培训主要通过外来专家向教师单向传送知识和技能，所传送的知识是普适性的，与教师的教学实践无关，教师在培训过程中只是被动的接受者、知识的消费者。教师培训在某种程度上可以达到在短时间内提高教师专业知识、开阔视野的效果，但是由于培训时间、培训场地、食宿条件、交通条件等问题的限制，受训教师的规模是有限的。随着信息时代网络技术的发展和终身学习的要求，基于网络平台的远程教师培训应运而生，它有着超时空、节约培训成本、扩大培训规模、教学资源共享、长期学习的优势。但是从根本上来说，现行的远程教师培训仍属于理智范式的教师专业发展方式，并没有克服这种范式固有的缺陷。借助网络技术的优势，创新教师专业发展的范式，是技术支持的教师专业发展的本质。

（二）实践反思范式

专业实践所面临的问题是复杂的、不确定的、多变的、独特的，还呈现出价值的冲突。实践反思范式下的教师以一种在"行动中反思"的方式，通过"实践"促发教师"反思"，从而促发教师对于自己、自己的专业活动直至相关的物、事有更为深入的"理解"，以便发现其中的问题，采取相应对策。这种范式凸显了教师专业发展中主体性的价值，体现了教师主体意识的觉醒。它意味着教师不是他人塑造的对象，而是自己专业发展的主人。

实践反思范式的教师专业发展，强调学校本位、能力本位，教师拥有的知识除了理论性知识外，更重要的是实践知识，复杂问题的解决能力需要在实践中通过反思而获得。发展教师的实践性知识的核心就是提升教师的情景化的教学能力。基于这种"反思性"教学观和教师观，教师专业发展是教师学习和创造的过程，其目的是促进学习、探究知识，教师专业发展的方式不再限于教师培训，而是包括以反思、探究为主的多样化学习活动。在专业发展过程中，教师不再是被动的知识消费者，而是自主的专业实践者。其主要方法有写日志、传记、构想、文献分析、教育叙事、教师访谈、参与性观察等。

但是，实践、探究和反思都带有浓重的个人行为特点，尽管实践反思范式提倡探究、合作的学习方式。在信息化教师专业发展的背景下，信息技术对教师的实践反思提供全方位的帮助。信息技术为教师实践提供优秀的范例给予媒体中介的作用，通过案例学习，可以促进每个教师研究自己，分享别人成长的经验，积累反思素材，在实践中自觉调整教与学的行为，从而提高课堂教学的效能。信息技术为教师的反思提供平台，基于博客的教师实践反思成为教师专业发展的新载体。

（三）生态范式

生态范式的教师专业发展超越了理智范式、实践反思范式，它更加强调教师专业发展专业知识和能力并不完全依靠教师自身，而是基于学习共同体的实践，将教师专业发展的内涵提升到教师教研合作能力和教师群体整体专业发展水平的高度。生态取向认为教师专业发展不依靠自己孤军奋战，并非孤立地形成与改进其教学的策略与风格，而是更大程度上依赖于构建一种合作的"教师文化"。生态范式的教师专业发展的核心是交流与对话，强调专业引领下的互动循环机制，在此基础上，"同伴互助"、"师徒制"、"教师工作坊"、"教师专业发展学校"等形式在生态范式的指引下蓬勃发展。

生态范式强调一种合作的发展方式，即通过小组的教师相互合作，确定自己的发展方式。随着信息技术的发展，Web 2.0时代教师专业发展的生态也发生了巨大变化。Web 2.0是以用户为中心来组织数据，信息是由每个人贡献出来的，每个参与者都有可能成为信息的提供者和网络世界关注的中心，这推动了互联网的去中心化。每个人都是互联网信息源，甚至在大数据时代，每一次敲击键盘都可能成为数据的一部分，在信息技术、学习分析技术的支持下研究教师学习行为，并借此促进教师的专业发展。"天河部落"是一个网络教师专业发展社区，借助Blog技术将具有共同发展愿望、共同研究兴趣的教师组织在一起，构建了一个凝聚力强的"学习共同体"。在这个学习共同体中，教师可以自由参加多个群组；精华文章由参考日志、学科推荐、群组推荐、自我推荐生成；可通过设置部落名人、参考日志等栏目，使不断加入的教师得到自信和激励感，让他们处于互勉、自由的交往氛围中，使教师专业发展与学科资源建设有机结合、协同发展。

通过对教师专业发展范式的梳理，可以看到其转变的总体脉络，即由外部规范的教师发展向内部建构的教师发展转移；由侧重发展教师的技术理性和工具理性转向侧重发展教师的实践理性和反思理性；要求教师由被动接受普遍的教育规律转向自主建构其"个人实践知识"；由"大学本位"的专业发展转向"学校本位"的专业发展；引导体育教师在专业发展进程中由"单打独斗"的专业生存方式走向"对话合作"的专业生存方式。

二　技术导向的全球化的教师教育改革

（一）技术支持的教师专业发展标准立足于技术的有效应用

21 世纪是一个以知识、智力和创新能力为基础的知识经济时代，能力将成为该时代支配和操纵社会与人的发展的主导力量，人们只有依靠能力才能实现其价值。国际师范教育界十分重视教师能力的培养，20 世纪 60 年代国际上开始了教师教育改革运动，其重点就在于教师能力的培养，认为合格的教师不仅要掌握渊博的现代科学知识，而且要善于把知识传授给学生，从而提高学生掌握知识的能力。在我国，也愈加重视教师的能力，《教师法》、《教师资格条例》和《〈教师资格条例〉实施办法》等已把教育教学能力作为教师资格的重要条件之一。

为了贯彻经国务院批准的《2003—2007 年教育振兴行动计划》，配合基础教育课程改革和"农村中小学现代远程教育工程"的实施，提高中小学教师教育技术能力水平，按照《教育部关于加快推进全国教师教育网络联盟计划，组织实施新一轮中小学教师全员培训的意见》（教师〔2004〕4 号）精神，教育部决定于 2005 年启动实施全国中小学教师教育技术能力建设计划。另外，为了提高我国中小学教师教育技术应用能力，促进技术在教学中的有效运用，建立教师教育技术培训和考试认证体系，组织开展以信息技术与学科教学有效整合为主要内容的教育技术培训，促进教师专业能力发展，2004 年 12 月 25 日，教育部正式颁布了《中小学教师教育技术能力标准》（试行）。该《标准》分别在意识与态度、知识与技能、应用与创新、社会责任等方面对中小学教学人员、中小学管理人员和中小学技术支持人员提出了相应的要求，标准是指导开展中小学教师教育技术培训与考核的基本依据。

国家启动了"中小学教师信息技术应用能力提升工程"，希望通过提升教师信息技术应用能力促进教育信息化的发展，教育部并于2014年颁布了《中小学教师信息技术应用能力标准》（试行）。该《标准》是规范与引领中小学教师在教育教学和专业发展中有效应用信息技术的准则，是各地开展教师信息技术应用能力培养、培训和测评等工作的基本依据。《标准》根据我国中小学校信息技术实际条件的不同、师生信息技术应用情境的差异，对教师在教育教学和专业发展中应用信息技术提出了基本要求和发展性要求。其中，（1）应用信息技术优化课堂教学的能力为基本要求，主要包括教师利用信息技术进行讲解、启发、示范、指导、评价等教学活动应具备的能力；（2）应用信息技术转变学习方式的能力为发展性要求，主要针对教师在学生具备网络学习环境或相应设备的条件下，利用信息技术支持学生开展自主、合作、探究等学习活动所应具有的能力。《标准》根据教师教育教学工作与专业发展主线，将信息技术应用能力区分为技术素养、计划与准备、组织与管理、评估与诊断、学习与发展五个维度。

世界范围内其他国家和组织也通过制定能力标准的办法推进教师专业化能力的发展。例如：美国国际教育技术协会（International Society for Technology in Education，简称 ISTE）提出的教师教育技术标准（National Educational Technology Standards for Teachers，简称 NETS.T）；联合国教科文组织的《信息和传播技术教师能力标准》（ICT-CST）；由英国教育与就业部（Department of Education and Employment，简称 DFEE）等机构制定，英国教师培训署（Teacher Training Agency，简称 TTA）实施的"ICT 应用于学科教学的教师能力标准"。联合国教科文组织在2008年1月发布的《信息和传播技术教师能力标准》中指出："新技术需要新的教师职责、新的教学法和新的教师培训办法。"综合对这些标准的分析来看，信息化社会为教师的能力发展提出了较高的目标。

1. 强调技术支持下的人的发展，而非信息技术本身

最为显著的莫过于 NETS.T（2008），较之以前的版本，弱化了

技术操作标准，不仅强调教师的终身学习和专业发展，更强调教师应该在群体中发挥专业领导力的影响——通过对引入新技术的远景预测、共同参与决策、学习型社区建设、提升他人的信息技术水平和领导力来展示自身的领导力。

2. 标准的制定目的，用于教师培训和改进工作绩效

2000 年，由美国国际教育技术协会（ISTE）、美国教师教育认证理事会（NCATE）和其他教育机构共同开发的《国家教育技术标准》应运而生。该《标准》包含了学生版、教师版和管理者版，三者相互支撑。该《标准》不仅成为职前教师培训的规范性文件，也成为教师资格认定依据之一。英国"ICT 应用于学科教学的教师能力标准"则从一开始就是为教师的 ICT 培训所设计和制定的标准。

3. 注重与社会、伦理、法律、道德等与人类进步等主题的相关性

在 ICT-CST 的框架中，教科文组织信息和传播技术教师能力标准项目有着广阔的政策背景：教育改革和可持续发展。其中涉及核心价值观、促进民主、减少文化冲突、支持经济发展的措施。NETS. T 提高数字化时代公民素养及责任意识，教师应该能够：提倡、示范并讲授安全地、合乎法律和道德规范地使用数字化信息和技术，包括尊重版权、知识产权以及资料的恰当来源。

4. 教师能力与学生发展的一致性

教师应该能够帮助学生利用工具进行学习，鼓励学生使用数字化的工具和资源探究真实世界、解决真实问题，使学生的学习更加富有成效，并且成为数字化时代的典范。通过教师能力的提升带动和发展学生的学习能力、改善学生的学习方式和方法，从而推动教育改革，促进学生的发展。

5. 突出以创造力为核心的能力培养

NETS. T（2008）第一大项就是促进与激励学生的学习和创造性，运用信息技术发展学生的高级能力和创造力。新技术、新媒体的发展日新月异，信息化教学环境向着智能化的方向发展，设计与开发数字化教学环境相适应的学习工具和评估工具无一不是教师创新能力的体现。培养有创造力的学生需要有创造力的教师，教师的教学创新能力是教师专业发展的终极目标。

正如英特尔公司首席执行官克瑞格·贝瑞特博士在"英特尔®未来教育"中所说:"我们整个业界都认识到,如果教师不了解如何更加有效地运用技术,所有与教育有关的技术都将没有任何实际意义。计算机并不是什么神奇的魔法,而教师才是真正的魔术师。"

(二)技术支持的教师专业发展成为各国教师教育的优先发展策略

自 20 世纪 90 年代以来,欧美各国开始着力实施推进农村(偏远山村)教育信息化进程的策略,主要包括:开展远程教育,采用项目推进的方式,加强农村教师教育技术培训等。在"教师创造学校"的教育哲学思想的引领下,欧洲大部分国家在解决教育均衡发展的过程中体现出以人为本的思想,通过创建环境和提供服务解决这一问题。"农村翼"(Rural Wings)项目,目的是通过提供创造性的学习环境,为在欧洲和欧洲以外的国家和地区的农村信息化提供服务。2003 年以来,该项目尝试在 18 个国家试点,预计将扩大执行范围到数十个国家,"农村翼"项目通过卫星宽带技术和 Wi-Fi 技术为偏远乡村和山区或岛屿提供宽带互联网接入服务。为了实现网络"落地",在村小学、文化活动中心和村中心的咖啡馆建设了开放 Wi-Fi 接入,提供卫生急救培训、为农民进行个性化的通信教育培训和远程教师培训,最终目标是实现在不同的知识空间(在学校、工作中、家里)知识的转移。多级教育欧洲网络(European Network of Multigrade Education,简称 ENMED)是针对欧洲一些偏远地区的小规模学校,一个教师同时对多个年级学生实施教学的现状,对入职教师进行的培训和对在职教师通过网络提供长期的帮助。利用博客工具作为虚拟实践社区为农村学校教师提供一个环境,在这个虚拟实践社区中为注册教师提供教学资源,教师可以在社区中通过讨论分享教学经验。其中,西班牙利用 Moodle 的学习管理系统平台进行发布培训信息和学习管理活动。

英国在线中心项目,由教育部总投资 3 亿英镑,在英国建设6000 个基层中心(即免费互联网服务站点)。目前,其中 3000 个基层中心设在公共图书馆,2300 个设在社区和志愿者中心,700 个设在学校。与英国在线中心项目相似,到 2005 年 4 月美国共建设了 3 万多个社区技术中心（属于非营利性的社区组织），其中 39%分布在大城市，29%分布在小城市，13%分布在城镇，19%分布在农村。

越来越多的信息化教师专业发展项目涌现出来，将技术作为交流和社区建设的平台加以整合。PT3（Preparing Tomorrow's Teachers to Use Technology），即"培训未来的教师使用技术"的简称，是美国联邦教育部于 1999 年启动的针对职前教师技术教育的大型资助项目，旨在鼓励和扶持对职前教师进行技术教育的创新实践，是为"培养未来教师使用技术"而创立的项目。该项目源于当今美国教育的时代背景，作为发达国家，美国在 20 世纪末已基本实现了教育信息化硬件环境建设，但调查发现，当他们花费了数十亿美元为学校装备了计算机和网络等现代教育技术设施后，仅有 1/4 到 1/3 的教师能在教学中熟练应用。很多职前教师仅仅知道如何使用计算机、如何上网，而没有学会如何更好地使用技术创建和实施高质量的富含技术的课程来进行教学，很多职前教师的课程与技术整合的技巧有限，不能充分利用技术来促进和改善学生的学习。

内华达大学拉斯韦加斯校区（the University of Nevada, Las Vegas）和克拉克县学区（Clark Country School District）一起实施的 THREAD（Technology Helping Restructure Educational Access and Delivery）项目，是通过提供合作规划过程、专业发展机会、可用技术资源和一对一支持等方式，创建职前教师学习技术的浸入式环境。其主导思想是"技术应该像线一样编织在学生的各项学习活动之中"，旨在使职前教师深刻认识并熟练掌握技术与课程整合的方法。学院为此改善了技术条件，让师生有机会接触多种技术和资源。同时，教育学院还和学区教师一起设计职前教师的实习，帮助职前教师按照 ISTE 标准整合技术。正是由于对技术的特殊重视，该项目获得美国教师教育学院联合会 2002 年技术创新应用最佳实践奖。

第二节 信息时代教师专业知识结构

近年来，随着现代信息技术在教育领域中的渗透，对教师在信息化环境下开展有效教学的能力构成研究得到重视。在舒尔曼（Shulman，1986）学科教学法知识（PCK）的基础上，技术被作为一种活跃的因素考虑进来，整合技术的学科教学法知识（Technological Pedagogical Content Knowledge，简称 TPACK）框架相关的研究在最近几年快速兴起。TPACK 框架由美国密歇根大学米什拉和科勒（Punya Mishra & Matthew Koehler）首次提出，他们认为教学是一种应用灵活和整合性知识高度复杂的实践活动，教学实践活动是在一个复杂、动态的环境中进行的，需要将学生学习方面的知识、学科知识、技术性知识有机整合。① TPACK 框架将教学法知识、学科内容知识、技术性知识以不同方式结合，便构成了信息化时代教师知识基础的结构。具体包括：

（1）CK（Content Knowledge）：学科教师所教授的学科知识，是教师从事特定学科教学的重要前提。

（2）PK（Pedagogical Knowledge）：教学法知识，通常是为所有学科所共享的一般教学法。

（3）TK（Technological Knowledge）：关于技术的知识，包括传统技术（如黑板、粉笔、教科书等）和现代技术（如电视、广播以及计算机、网络等技术），它是当前教师知识中最具变化性的成分。

（4）PCK（Pedagogical Content Knowledge）：学科教学法知识，由学科知识与教学法知识综合而成。

（5）TCK（Technological Content Knowledge）：整合技术的学科知识，是由技术与特定的学科知识（或教学内容）相互作用产生的。

（6）TPK（Technological Pedagogical Knowledge）：整合技术的教学法知识，是由技术和一般教学法相互作用产生的。新技术不仅可以用于强化原有的教学方法，也可以产生新的教学方法，反之亦然，教师所采用的教学方法也会影响技术的设计与开发。

（7）TPCK（Technological Pedagogical Content Knowledge）：整合技术的学科教学法知识，即如何利用信息技术进行学科知识教学的

---

① 何克抗：《TPACK——美国"信息技术与课程整合"途径与方法研究的新发展》，《电化教育研究》2012 年第 5 期，第 47—56 页。

知识。这个概念是在舒尔曼的 PCK 概念基础上整合技术要素而形成的，也是由以上所有类型的知识综合而成的复合成分。TPACK 教师知识框架如图 1—1 所示。

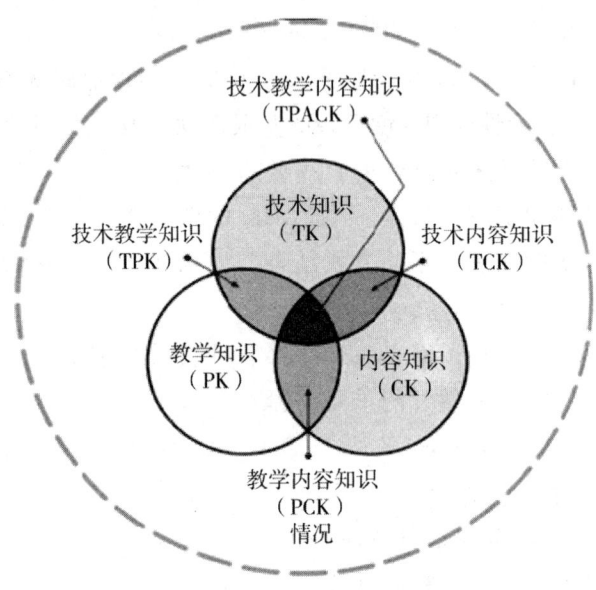

技术教学内容知识
（TPACK）

技术教学知识
（TPK）

技术知识
（TK）

技术内容知识
（TCK）

教学知识
（PK）

内容知识
（CK）

教学内容知识
（PCK）
情况

图 1—1　TPACK 教师知识框架

全美教师教育学院协会（American Association of Colleges of Teacher Education，简称 AACTE）创新与技术委员会在 2008 年出版了《整合技术的学科教学知识：教育者手册》。实施信息技术与课程整合过程中，从过分强调"技术中心"的观点转向"真正的、针对每一个学科内容领域的技术整合非常关键"，而且这本手册还会改变"教师的培养方式"和"技术在教育情境中的应用方式"。TPCK 不仅是一种整合了技术的全新学科教学知识，还日渐发展成为一种能将信息技术整合于各学科教学过程的全新可操作模式。

我国学者刘清华博士通过系统的分析研究和实践研究，提出了比较符合我国实际情况的教师知识结构模型。他认为中小学教师知识可分为八类：

（1）学科内容知识（Subject Matter Knowledge，简称 SMK）；

（2）一般教学法知识（General Pedagogical Knowledge，简称 GPK）；

（3）学科教学法知识（Pedagogical Content Knowledge，简称 PCK）；

（4）课程知识（Curriculum Knowledge，简称 CUK）；

（5）关于学生的知识（Knowledge of Learners，简称 LK）；

（6）教师的自我知识（Knowledge of Self，简称 SK）；

（7）教育情境性知识（Knowledge of Contexts，简称 CONK）；

（8）教育目标及价值知识（Knowledge of Education Ends and Values，简称 EEVK）。

其中，学科教学法知识（PCK）处于核心地位。刘清华博士（2004）的教师知识结构模式能够较全面地反映教师实践性知识的构成要素，并且将"学科教学法知识（PCK）"置于教师知识的核心，对我们理解教师实践性知识（PK）与学科教学法知识（PCK）的关系有很大的启示，然而他的研究忽视了技术因素在当前教师实践性知识中的重要地位。

教师实践性知识之于教师专业发展的重要性，正如陈向明教授所讲的"能成为教师专业发展的建设性工具——不仅有助于理解教师行为的意义，而且还能为教师的专业发展找到切实可行的出发点"。1996 年，荷兰莱顿大学教育研究院的贝加德（Beijaard）、威鲁普（Verloop）和梅杰（Meijer）等发表了对实践性知识评价影响深远的文章《评价教师实践性知识》（Accessing Teachers' Practical Knowledge）。文章认为教师实践性知识是教师素质的内核，因此它也是教师评价的重心。研究在描述实践性知识特征及研究教师实践性知识意义的基础上对教师实践性知识的评价展开了讨论，实践性知识虽然是高度情境化的综合性知识，但从知识评价的视角看，应当认同教师所应用的核心知识（core knowledg）在其中的作用。

对教师知识结构的认识，杨彦军博士提出面向信息化的教师实践性知识结构包括如下内容：

（1）学科知识（SMK），主要包括所教学科有关的概念、理论、观念、组织框架、证据和证明，以及获得学科发展的实践和途径等。该部分也包括 TPACK 框架中整合技术的学科知识（TCK）所涵盖的内容。

（2）一般教学知识（GPK），包括教师对教学实践、过程、程序、策略以及教与学的方法的认识，也包括关于教学目标、教学评价以及对学习过程的知识。该部分还包括 TPACK 框架中整合技术的教学法知识（TPK）所涵盖的内容。

（3）课程知识（CUK），不仅指课程材料的使用、编排，而且还包含一定的课程理论知识，如课程内容、课程设计、课程实施及课程评价等。

（4）学科教学法知识（PCK），涉及学科知识的重新组织与加工，并根据教学情景的需要进行传输与呈现，也包括对课堂突发事件的处理、对具体教学活动的设计安排等。

（5）有关学生的知识（LK），包括学习者特征、已有知识基础、兴趣爱好以及对学生学习中的困难或错误的诊断、评价、分析与纠正等方面。

（6）教师自我知识（SK），包括教师对自我能力的认识与反思等。

（7）教育情境知识（CONK），包括教学所在的环境资源、政策文化等方面。

（8）技术性知识（TK），关于传统技术与现代技术的本体知识及操作方面的知识。

（9）整合技术的学科教学知识（TPCK），代表着教师能够根据具体教学情景，综合考虑学科知识、教学方法和技术知识，设计恰当的教学方案。换句话说，就是把技术转化为解决学科教学问题方案的知识。

杨彦军博士在此基础上提出了"技术支持的教师行动学习模式"，它以"课例研究"为载体，以教师实践共同体为依托，以面向信息化的教师实践性知识发展为目标，以系统的学习支持服务体系为支撑，以行动中学习、反思中学习、研讨中学习、观摩中学习和行动后的概念输入学习为主要方式。他的研究重点是讨论教师行动学习中的实践性知识生成与共享机制。教师实践性知识的生成要经历通过"内化"、"转化"、"外显化"和"社会化"的过程实现教师理论知识学习、教学观念转变、教师行为模式改变和角色身份转换的综合过程。教师行动学习中知识共享与生成的促进策略包括通过公开表露缩小隐藏区、通过回应反馈缩小盲目区、通过概念输入缩小未知区和通过实践反思拓展开放区。技术对教师学习的影响不只是个别技术产品对局部学习活动的影响，而是对教师生活方式、学习方式的革命性变革和浸入性影响，应将教师学习置于各项现代技术形成的"技术场域"内考察。技术场域是由技术系统内各类技术构成的技术实践空间。技术支持的教师学习就是在现有技术场域下创建教师学习的技术情境。其中，网络学习共同体、教育性课程材料和专家指导等是成功教师学习技术情境中的核心要素。

第三节　信息化教学能力

一　能力本位的教师教育思想

20 世纪 60 年代，注重灌输知识的教师培养模式受到了极大的挑战，人们开始认识到，一个优秀的教师不仅要有丰富的知识，更重要的是具备综合能力，要有把知识表达出来、传递出去并教会学生的能力，要有与学生进行沟通，共同处理课堂事务的能力，于是，教师教育开始由知识取向转向能力取向。能力取向的教师教育的培养模式与注重教师知识的培养模式对知识的假设是相同的，所不同的是二者注重的目标有所差异，知识取向的培养模式注重培养和培训的过程，而能力取向的教师教育模式则更加注重培养的结果，以教师实际的教学行为的效果来评价教师培养或培训的质量。这主要是针对知识取向中教学实践的不足而提出来的。

从词源的角度看，《新牛津英语词典》（*the New Oxford Dictionary of English*）将"能力"（competence）解释为"成功或有效做某事的才能"，通常和表现相对，既可指个人或群体的知识或才能的范围，也可指针对某一任务的具体技巧或才能。其形容词形式"competent"，是指"具有成功做某事的才能、知识或技巧"。不难发现，能力与实践天然相关，与才能、知识、技巧等密不可分。实践的情境性、具体性和复杂性，使得能力的内涵颇具开放性、灵活性和暂时性的特点。

《辞海》对能力的解释是：能力通常指完成一定活动的本质，包括完成一定活动的具体方式以及顺利完成一定活动所必需的心理特征。这主要是从心理学的角度来界定能力，把人的能力理解为内在综合素质、外在表现程度和最终价值评价三个方面。人的内在综合素质是人的能力发展的基础，是人的能力的内在基础，是人的内在本质力量。所谓提高能力，主要是指提高人的内在综合素质。人的能力的外在表现程度，是指人的内在综合素质的外在表现及其发挥程度，是人驾驭实践活动本领的大小和熟练程度。人的能力的大小及其发挥程度要体现为最终价值评价。从哲学与人学的角度来理解能力，它是指人的综合素质在现实活动中表现出来的正确驾驭某种实际活动的本领，是实现人的价值的一种有效方式，是左右人生命运和社会发展的一种积极力量。

盖奇和怀恩（1975）认为，能力本位的教师教育是指"根据预先的详细规定，职前教师或在职教师获得能够促进学生达到预期教育目标的教学表现、倾向和能力的教师培训"。他们还认为，知识、作用力和表现，这三个因素都是能力本位教师教育所要传递的含义，即教师必须知道做什么，必须根据这些知识来表现，并且必须能够提高学生的学习。

赞比亚学者切辛巴（C. P. Chishimba）认为，教师教育的策略主要有两种，即"注重内容的教师教育策略"和"注重能力的教师教育策略"。"能力本位"的前提都是受行为主义影响的教师教育范式，也就是所强调的能力是指教师能被人观察的演示教学知识和技能的能力。首先应认清一个前提，无论采取什么样的培训模式，都必须根据培训机构的能力和教师教育的阶段进行计划，职前教师培养和在职教师培训两个阶段及其各阶段的培养重点，能力是集知识、技能和情感于一身的综合素质，能力是对标准规范下的集中体现。

二　信息化教学能力的构成

（一）信息化教学能力的发展历程

对"信息化教学能力"的界定是建立在教师能力结构的研究基础之上的，世界范围内对教师能力结构的研究随着时代的变迁经过了以下几个阶段：

1. 传统教育理念下的教师能力结构

自 20 世纪五六十年代，学者开始重视教师的教学能力，在教师教学能力的构成问题上做了较为全面、深入的研究，并且将教师的教学能力作为评价教师的主要手段。辛普森使用等级评定方法，通过对教师的自我评价涉及的教师教学能力有传授知识的能力、组织教学的能力、处理人际关系的能力等。曼宁等人在总结前人研究的基础上，从 1983 年开始对教师进行评价研究，到 1988 年完成，制定了一个评价系统，其中涉及的教学能力有制订教学计划的能力、教学活动能力、课堂管理能力、知识传授能力等。李旷等（1987）认为教师的工作能力可分为：（1）教师工作的一般能力，包括智力、言语能力、实际操作能力；（2）教师工作的特殊能力，包括教育教学的能力、对学生的管理能力、处理人际关系的能力、自我意识能力等。陈安福等（1988）把教师的教学能力分为一般教学能力和教学管理能力，前者包括搜集教学资料的能力、组织教材的能力和言语表达的能力；后者包括组织课堂教学的能力、因材施教的能力、教学反馈的能力以及教学诊断的能力。

这一时期的普遍认识是，教学能力专指课堂教学能力，也就是胜任课堂教学所必需的一般能力，其他方面的能力属于教育能力。教学能力可以看作教师在"操作教学"层面的能力，同教学技能并无太大的区分。基本上可以把教师当作"技术人员"，用别人设计好的课程达到别人设计好的目标的知识传授者，即手段—目的的中介人，从"技术"或"胜任"层面来研究教师能力的。

孟育群（1990）对教师的教育教学能力做了较为全面的分析论述，认为教师的教育教学能力包括五个方面：（1）认识能力。这主要表现为敏锐的观察力、丰富的想象力和良好的记忆力，尤其是逻辑思维能力及创造性思维能力等认识能力。（2）设计能力。（3）传授能力。它包括：①教师的语言表达能力；②教师的非言语表达能力；③运用现代教育技术的能力。（4）组织能力。（5）交往能力。它主要指教育教学中的师生交往能力。申继亮等（2000）认为教师的教学能力作为一种特殊能力，其"特殊性"可以区分为不同的层次，即教学能力的智力基础——一般教学能力—具体学科教学能力，各式各样的教学活动都涉及三种能力：教学监控能力、教学认知能力和教学操作能力。

与教师专业发展理论相对应的教学能力强调：教师自主发展，强调教师交往、协作、反思能力的发展；教师教学能力的研究已经超出课堂教学本身，注重学科教学能力的特殊性和对应具体教学活动所应具备的教学能力；开始重视运用现代教育技术的能力，作为教师能力结构中的一部分；从教师知识、技能和品格等方面综合研究教师的能力结构，尤其重视教师的实践性知识转化为教师教学能力的机制。

2. 信息化环境下的教师能力结构

近年来，对技术支持下的教师专业发展的研究日渐兴起，但是应该以什么样的能力结构和标准促进教师的专业发展，而不仅仅是满足达标和考核的要求？在诸多观点和名称中的核心问题又该是什么？综合国内外相关能力标准对以下具有代表性的文献作为样本来探讨"信息化教学能力"这一核心概念，该样本由5篇论文和5种机构的观点构成，其中7篇主要探讨能力结构，3篇主要探讨能力标准。

（1）李芒（2002）：教学设计能力、教学预测能力、教学内容和方法的"链接"能力、应用信息的能力、适应新授课方式的能力、协作性教学的能力、促进学生学习的能力、综合评价的能力。

（2）陈丽（2004）：现代教育观念、系统化教学设计的能力、教学实施能力（综合评价能力、教学内容和方法的"链接"能力、协作性教学能力、促进学习的能力）、教学研究能力、教学监控能力、信息素养（对信息技术的敏感性、应用信息的能力、教学媒体和功能的选择能力、媒体的整合能力）、终身学习能力。

（3）黄宇星（2003）从信息技术环境下教师的角色和能力的角度出发，认为教师的能力应该包括：系统化教学设计的能力、教学实施能力、协作教学能力、促进学习者发展的能力、教学监控能力、教学评价能力、信息技术与课程整合的能力、教学研究能力、终身学习能力。

（4）顾小清（2004）认为信息化教学能力包括：基本信息能力、信息化教学设计能力、信息化理念/职业道德/伦理及信息化教学实施能力。

（5）王卫军（2009）将教师的信息化教学能力分为六种子能力：信息化教学迁移能力、信息化教学融合能力、信息化教学交往能力、信息化教学评价能力、信息化协作教学能力、促进学生信息化学习能力。

（6）欧洲 E-Learning 协会提出了 The E-learning competences-framework for teachers and trainers：准备学习事件、实施学习事件、评价学习者的进步、促进学习资源利用率、评价学习过程，其中包含 26 项具体指标。

（7）国际培训、绩效、教学委员会提出的 Instructor competencies 包括：专业基础、计划与准备、教学方法与策略、评估与评价、教学管理五项能力，包含了 18 个指标。

（8）美国国际教育技术协会（ISTE）提出了《国家教师教育技术标准》（NETS.T）。

（9）联合国教科文组织的《信息和传播技术教师能力标准》（ICT-CST）。

（10）由英国教育与就业部（Department of Education and Employment）等机构制定的《ICT 应用于学科教学的教师能力标准》。

表 1—1　　　　　　文献样本信息化教学能力构成要素比较

样本序号	教学设计	教学实施	教学评价	促进学习	教学研究	信息化伦理	协作教学	信息技术素养	教学法	教学管理
1	√	√	√	√			√	√	√	
2	√	√	√	√			√	√	√	√
3	√	√	√		√		√			√
4	√	√				√				
5			√	√			√			

续表

样本序号	教学设计	教学实施	教学评价	促进学习	教学研究	信息化伦理	协作教学	信息技术素养	教学法	教学管理
6	√	√	√					√		
7	√	√	√							√
8	√	√		√		√				
9	√		√			√				√
10	√	√	√	√		√				

　　尽管各路研究对信息化教学能力名称的表述各不相同，在国际上有信息和传播技术能力，在我国有教育技术能力、信息技术应用能力和信息化教学能力等不同的叫法，但是其核心观点都是一致的，那就是教师将技术恰当运用于教学活动中的能力。

　　对以上研究样本取其交集，笔者对"信息化教学能力"定义为：教师在利用信息与传播技术通过教学设计、教学实施和教学评价等方式促进学生学习方式转变和促进学生信息素养过程中对学习资源和学习环境的综合利用水平。

　　信息化教学能力就是对 TPCK 的应用能力。信息化教学能力的具体体现是：以一种非传统的方式构建学习环境，将新技术与新教学法相融合，开发对社会具有积极意义的课堂，鼓励合作互动、合作学习和小组工作。

　　其中，促进学习是信息化教学的目标，而不是信息化教学能力的构成要素。如表 1—1 所示，样本 1、2 都提到了教学内容和方法的"链接"能力，其本质上属于教学法的问题。值得注意的是，第6—10 样本中，并未直接出现"教学设计"的字样，更多的是出现"计划与准备"、"准备学习事件"类似的内容，笔者也将其归入"教学设计"大类中，国外学者和文献提的将教学设计作为一门学科进行研究，而在教师能力结构中更多的是将其分解为多种要素。由此，折射出中外学者思想和观念方面的差异。

　　关于信息化伦理，在能力发展的同时，应该注重道德、伦理的建设，信息化伦理道德是 NETS.T（2000）的一个特点，"提倡、示范并讲授安全地、合乎法律和道德规范地使用数字化信息和技术，包括尊重版权、知识产权以及资料的恰当来源"。"促进学习"本来应该是一项教育目标，但是在一些样本中将其列入能力结构当中，反映了信息化学习环境的复杂性和情境性，而在信息化环境下的学习方式值得研究。于 2011 年 11 月推出第 2 版 UNESCO ICT CFT（UNESCO 教师信息与通信技术能力框架），强调教师仅具备 ICT 能力并将它教给学生是远远不够的，在学生使用 ICT 进行学习时，教师应帮助学生发展协作能力、问题解决能力和创造力。技术从支持教师的教转向技术支持学生的学。

（二）信息化教学能力的培养途径

《关于"十三五"期间全面深入推进教育信息化工作的指导意见（征求意见稿）》提出："大力提升教师信息技术应用能力与学生信息素养，拓展师生适应信息时代需求的教学能力和创新能力。……建立健全教师信息技术应用能力标准，将信息化教学能力培养纳入师范生培养课程体系……要将信息技术应用能力提升与学科教学培训紧密结合，有针对性地开展以深度融合信息技术为特点的课例和教学法的培训，培养教师利用信息技术开展学情分析、个性化教学的能力，增强教师在信息化环境下创新教育教学的能力，使信息化教学真正成为教师教学活动的常态。"信息技术应用能力不仅是对在职教师岗位胜任力的要求，也是对师范生的期待。农国农教授（2007）在论述信息化教育的五大支柱时，特别强调了教师的信息素质在信息化教育中的重要作用，指出教师的信息素质包括信息意识、信息知识、信息能力、信息道德等方面，其中特别重要的是信息能力。开展以应用为核心的教师教育技术能力培训，是提升教师信息素质的重要途径。

1. 师范生信息化教学能力培养

虽然师范院校开设现代教育技术公共课历史已久，现代教育技术国家精品课程也有五门，然而师范生信息化教学能力培养并未与时俱进，多年来很多师范院校仅停留在在全校范围内开设《现代教育技术》等公共课，多以理论讲授为主且内容陈旧，致使这些毕业生难以在教学中发挥信息技术的优势。黄荣怀、张进宝（2006）指出，随着新知识的不断更新，教育技术公共课的内容越来越多，教学要求也变得越来越模糊。作为单一的一门公共课开设，由于时间、设备等原因，教师难以在一门课程中将教育技术应用理论与教育技术应用实践的相关内容讲得具体、透彻，学生也难以对教育技术在学科教学中应用的具体方法和策略理解得深刻，无法将信息技术作为解决问题的工具应用到自己的学习和学科教学中。许多研究表明师范生信息化教学能力的培养仅凭《现代教育技术》一门课程有很大的弊端，教学内容选择面太窄则会使学习者对这门课程乃至教育技术学科产生误会，教学内容选择面太宽泛则会使学习者得不到实践技能训练的目的。师范生信息化教学能力培养的思路应是：

（1）改变课程内容结构单一、缺乏延续性的现状，课程结构划分为模块化的信息化教学环境应用和信息化教学两大系列课程。在两个系列的基础上各自形成课程框架，形成基于主题的课程群，从而实现按需选学的目的。

（2）改变"重理论、轻实践"的弊端，转向能力导向课程定位和培养目标；在课程内容的选择和编排形式上，注重以任务驱动的方式引导学习。

（3）改变单一的课堂讲授形式，开发现代教育技术立体化教材，实现网络环境下现代教育技术混合教学模式；学习者在自主学习网络课程的基础上，在现实环境中协作练习应用信息化环境设备，分享和评析学生作品。

（4）改变单一的教学评价方式，形成以过程性评价为主的多元化教学评价体系。

（5）改变脱离技术环境学习信息技术的弊端，课程中引入新技术、新媒体在教学中的应用，实现符合信息技术特点的教学模式和方法。

（6）改变教师教学与科研不协调的关系，探索网络环境下教师协同发展的教研机制。

（7）改变信息化教学学科教学脱节的关系，将信息技术与学科教学内容和学科教学方法实现有效融合。

2. 在职教师信息化教学能力培养

2005 年，为了贯彻经国务院批准的《2003—2007 年教育振兴行动计划》，配合基础教育课程改革和"农村中小学现代远程教育工程"的实施，提高中小学教师教育技术能力水平，按照《教育部关于加快推进全国教师教育网络联盟计划，组织实施新一轮中小学教师全员培训的意见》精神，启动实施全国中小学教师教育技术能力建设计划。2005 年 10 月，印发《中小学教师教育技术水平考试大纲》，12 月，由教育部考试中心组织第一次教师教育技术水平考试。这是我国历史上规模最大的、由教育部门组织的、以提升教师教育技术能力而开展的教师培训，它改变了以往以制作课件和办公软件培训的教师信息技术培训的认识，强调了信息技术的应用和信息技术与学科教学的整合的本质，但是实施过程中用考试的方式很难达到检验能力的效果，以证书为目的的能力建设致使没有完全达到预期的效果。

几乎在同一时期，在过去的十多年间，在中国有 200 多万教师参加了"英特尔®未来教育"教师培训项目。"英特尔®未来教育"项目的教育理念及其在框架问题指导下的以任务驱动的，将信息技术融入以学生为主的自主、协作、探究学习的教学模式是学习方式的一次革命。"英特尔®未来教育"项目进行了教学设计的改革，"英特尔®未来教育"中将学习单元以框架式问题的方式提出，将需要提的问题细化为"基本问题"、"单元问题"、"内容问题"，层层递进，嵌套落实到问题的本质，解决"问题"是学生的学习过程。该项目将信息技术融入以学生为主的自主、协作、探究学习的教学模式已经深入人心，参与式培训的方式给很多参训教师留下了深刻的印象和丰富的体验，但是在培训过程中由于追求培训规模以及比较简单的评价，致使很多人肤浅地认为"英特尔®未来教育"教师培训就是学习 Office 操作，将项目学习与综合实践活动等同起来，无法将技术、教学法与学科教学内容整合的精髓应用于教学实践。

结合以往的经验，教师信息化教学能力培训需要解决以下问题：

（1）教师信息化教学能力培训必须区别于以计算机以及相关设备的软硬件应用为主要内容的信息技术培训。

（2）信息化教学方法必须与信息化教学环境以及教学内容相联系。

（3）信息化教学模式必须以促进学生的学习为目的，以转变学习方式和提高教学质量为根本。

（4）教师信息化教学能力的提升必须强调应用，把应用于教学实践作为评价教师信息化教学能力的根本标准。

（5）基于真实问题解决的教学研究是提升教师信息化教学能力的重要途径。

（6）教师信息化教学能力培训必须依据成人学习方式，解决多层次起点以及多种需求的现实问题。

教师教育按照教师专业发展的不同阶段，对教师实施职前培养、入职培训和在职研修等连续的、可发展的、一体化的教育过程。职前培养、在职教师一体化培养是教师信息化教学能力培养的必由之路。

三　中小学教师信息技术应用能力提升工程

教育部为贯彻落实国家教育信息化总体要求，充分发挥"三通两平台"效益，全面提升教师信息技术应用能力，决定实施全国中小学教师信息技术应用能力提升工程（以下简称"能力提升工程"），并下发《教育部关于实施全国中小学教师信息技术应用能力提升工程的意见》（教师〔2013〕13号）文件指导项目的实施。要求到2017年年底完成全国1000多万名中小学（含幼儿园）教师新一轮提升培训，提升教师信息技术应用能力、学科教学能力和专业自主发展能力；开展信息技术应用能力测评，以评促学，激发教师持续学习动力；建立教师主动应用机制，推动每个教师在课堂教学和日常工作中有效应用信息技术，促进信息技术与教育教学融合取得新突破。

（一）中小学教师信息技术应用能力标准

为全面提升中小学（含幼儿园）教师的信息技术应用能力，促进信息技术与教育教学深度融合，特制定《中小学教师信息技术应用能力标准（试行）》（以下简称《能力标准》）。《能力标准》根据我国中小学校信息技术实际条件的不同、师生信息技术应用情境的差异，对教师在教育教学和专业发展中应用信息技术提出了基本要求和发展性要求。其中：（1）应用信息技术优化课堂教学的能力为基本要求，主要包括教师利用信息技术进行讲解、启发、示范、指导、评价等教学活动应具备的能力；（2）应用信息技术转变学习方式的能力为发展性要求，主要针对教师在学生具备网络学习环境或相应设备的条件下，利用信息技术支持学生开展自主、合作、探究等学习活动所应具有的能力。《能力标准》根据教师教育教学工作与专业发展主线，将信息技术应用能力区分为信息技术素养、教学设计能力、教学组织与管理、教学诊断和评估、学习与发展五个维度。

1. 信息技术素养

理解信息技术对课堂教学实践的作用，具有主动运用信息技术改进课堂教学的意识。了解提高工作效能的软件及学科专用软件的教学功能，并能熟练应用。从多种途径获得所需数字资源，并掌握获取、加工、整合、开发、管理数字资源的工具与方法。具有信息道德与信息安全的意识，并能以身示范。

2. 教学设计能力

依据课程标准、学习目标、学生特征和技术条件，选择适当的教学方法。设计有利于学生自主、合作、探究学习的信息化学习活动。选择工具、平台及数字资源，为学生提供丰富的学习机会和个性化的学习体验。设计学习引导策略和支持工具，促进学生在信息化环境下的合作、交流、创造与反思。

3. 教学组织与管理

在技术支持的教学过程中，激发并保持学生的兴趣与注意力。在技术支持的教学过程中，观察和收集学生的课堂反应，对教学行为进行有效调整。

4. 教学诊断和评估

根据学习目标科学设计评价方案，并选择、修改或开发评价工具。尝试利用技术工具开展测验与练习，提高作业批阅、成绩统计等项工作的效率。引导学生利用评价工具开展自我评价、小组互评和学习反思，诊断自我学习效果。利用技术工具收集学生学习的过程性材料和数据，并能综合分析、合理解释。

5. 学习与发展

运用信息技术进行自我反思，利用教师网络研修社区，积极参与技术支持的教师专业发展活动，养成网络学习的习惯，不断提升教育教学能力。

《能力标准》对中小学教师的信息技术应用能力提出了基本要求和发展性要求，是规范与引领中小学教师在教育教学和专业发展中有效应用信息技术的准则，是各地开展信息技术应用能力培训、应用和测评等工作的基本依据。切实提升广大教师信息技术应用能力，为全面推动教育信息化，深化基础教育课程改革，实现教师专业自主发展奠定坚实基础。

（二）中小学教师信息技术应用能力课程标准

为指导各地组织实施"能力提升工程"，规范引领中小学教师信息技术应用能力培训课程建设与实施工作，依据中小学教师信息技术应用能力标准，特制定《中小学教师信息技术应用能力培训课程标准（试行）》（以下简称《课程标准》）。《课程标准》产生于"国培计划"综合改革的大背景，"国培计划"一直处在不断改革与创新发展的过程中，以《教育部关于深化中小学教师培训模式改革　全面提升培训质量的指导意见》（教师〔2013〕6号）为标志，"国培计划"开始从培训模式、培训内容、培训资源、培训队伍、网络平台、培训管理六个方面进行全面改革，以解决过去培训中存在的针对性不强、内容泛化、方式单一、质量监控薄弱等突出问题。

教师的信息技术应用能力需要置于相应的情境之中进行讨论与分析，信息化教学环境、技术资源、教学模式与方法、学科特点四个要素的相互作用对教师的信息技术应用能力提出不同的要求，具体表现为教师的多起点与需要的多样化与差异性。《课程标准》主要规范与指导培训课程开发与实施培训活动，要满足多样化、差异性的需求，从基本思路上，课程标准的制定不能照搬一般课程标准规范与指导一门课程或者初级、中级、高级的课程建设的框架设计思路，课程标准要能够指导"超市式"课程开发，通过不同课程开发团队的共同建设，形成不同层次、不同水平、不同内容课程集合，构建课程超市，满足不同区域、学校、教师"菜单式、自主性、开放式"个性化选学需要。

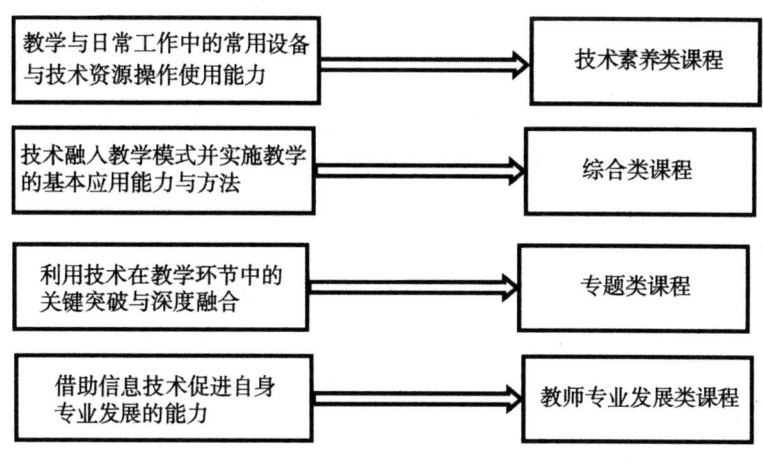

图1—2　课程初步框架

通过对上述分析的汇总，提出课程标准的课程初步框架，如图1—2所示。其中各类课程需要解决的具体问题是：

（1）技术素养类课程：针对教师的信息技术能力，涉及的内容非常庞杂，投影机、触控电视、平板电脑等设备的使用；演示文稿的制作、浏览器的使用、资源下载、电子邮件、思维导图、评价工具等各类与教学相关的软件与系统平台的使用。仅仅一个浏览器会有 IE、360、百度、火狐等。每个教师都有自己的习惯与爱好，课程的开发要适应每个人的个性发展，需要针对具体的技术能力发展需求开发相应的课程，针对教学中使用的技术进行课程开发，结果将形成模块化、系列化的课程群。

（2）综合类课程：教师的教学活动发生在一定的情境之中，信息技术在学科教学中的应用能力是信息化教学环境、技术资源、教学模式与方法、学科内容（物理、化学等）四者相互作用的体现，信息技术应用能力是要发挥信息化教学环境的教学功能，使技术资源融入到学科教学过程中，以对整体学科教学过程产生作用。综合类课程是四个要素相互融合后形成的模块化、系列化的课程群。

（3）专题类课程：信息技术与学科教学的深度融合是解决技术有效应用于教学，提升教与学质量的关键，信息技术只有在具体的学科教学环节中发挥有效作用，解决教与学中存在的问题，才能真正体现技术的功能与作用。例如，导入是课堂教学的起始环节，导入有多种类型，不同的导入类型在教学中有不同的作用，在不同的导入类型中最恰当的技术资源选择与应用方式是实现技术有效应用的一个关键点。专题类课程就是针对学科教学过程中的关键环节，针对性、系统化、多角度、多层次进行技术在关键环节有效应用的模块化、系列化的课程群。

（4）教师专业发展类课程：教师需要从学习者的角度参与、体会在不同信息化环境中，利用技术资源进行学习的过程，教师以学习者的身份与视角获得信息技术应用于学生学习的经验，才能真正意会技术在教育教学过程中的功能与作用。教师专业发展类课程是教师以学习者、参与者、合作者的角色利用技术资源提升自身专业能力的模块化、系列化的课程群。

综上所述，教师信息技术应用能力提升工程课程标准如表1—2所示。

表1—2　　　　　教师信息技术应用能力提升工程课程标准

类别	应用信息技术优化课堂教学	应用信息技术转变学习方式
技术素养类	T1 信息技术引发的教育教学变革 T2 多媒体教学环境认知与常用设备使用 T3 学科资源检索与获取 T4 素材的处理与加工 T5 多媒体课件制作 T6 学科软件的使用 T7 信息道德与信息安全	T16 教学空间的构建 T17 网络教学平台 T18 适用于移动设备的软件应用
综合类	T8 简易多媒体教学环境下的学科教学 T9 交互多媒体环境下的学科教学 T10 学科教学资源支持下的课程教学	T19 网络教学环境中的自主合作探究学习 T20 移动学习环境中的自主合作探究学习

续表

类别	应用信息技术优化课堂教学	应用信息技术转变学习方式
专题类	T11 技术支持的课堂导入 T12 技术支持的课堂讲授 T13 技术支持的学生技能训练与指导 T14 技术支持的总结与复习 T15 技术支持的教学评价	T21 技术支持的探究学习任务设计 T22 技术支持的学习小组的组织与管理 T23 技术支持的学习过程监控 T24 技术支持的学习评价
教师专业发展类	T25 中小学教师信息技术应用能力标准解读 T26 教师工作坊与教师专业发展 T27 网络研修社区与教师专业发展	

（三）《课程标准》课程类型及其适用性

（1）依据技术素养类课程主题开发的培训课程，其内容重在帮助教师树立主动应用信息技术的意识，适应不同的信息技术环境，学会操作常用信息技术设备，运用常用软件，使用网络教学平台，能够进行数字教育资源的获取、加工和制作等。其中，"应用信息技术优化课堂教学"系列课程重点关注多媒体教学环境下常用设备与资源的使用；"应用信息技术转变学习方式"系列课程重点关注网络教学环境和移动学习环境下常用设备与资源的使用。

（2）依据综合类课程主题开发的培训课程，其内容重在帮助教师在整体教学流程中合理应用信息技术，优化课堂教学，转变学习方式。其中，"应用信息技术优化课堂教学"系列课程重点关注多媒体教学环境下的讲授、启发教学等；"应用信息技术转变学习方式"系列课程重点关注网络和移动学习环境下的自主、合作、探究学习。

（3）依据专题类课程主题开发的培训课程，其内容重在帮助教师在教育教学关键环节合理应用信息技术，增强教育教学实效。其中，"应用信息技术优化课堂教学"系列课程重点关注在多媒体教学环境下，合理应用信息技术优化导入、讲解、技能训练、总结与复习、评价等教学环节；"应用信息技术转变学习方式"系列课程重点关注网络和移动学习环境下，合理应用信息技术优化学习任务设计、学习小组组织与管理、学习过程监控、学习评价等环节。

（4）依据教师专业发展类课程主题开发的培训课程，其内容重在帮助教师利用教师工作坊、网络研修社区等，有效进行合作学习，开展协同备课、经验分享、课例研究、专题研讨、教学反思等校本及区域研修活动，立足岗位，促进自身专业成长。

（四）"能力提升工程"解读

1. "能力提升工程"的实施是落实国家教育政策的重要举措

《国家中长期教育改革和发展规划纲要（2010—2020年）》提出："信息技术对教育发展具有革命性影响，必须予以高度重视。把教育信息化纳入国家信息化发展整体战略，超前部署教育信息网络。……强化信息技术应用。提高教师应用信息技术水平，更新教学观念，改进教学方法，提高教学效果。"2012年9月5日时任国务委员刘延东副总理，在全国教育信息化工作电视电话会议上提出："十二五"期间，要以建设好"三通两平台"为抓手，也就是"宽带网络校校通、优质资源班班通、网络学习空间人人通，建设教育资源公共服务平台和教育管理公共服务平台"。"三通两平台"提出的基础实施与资源环境的基本目标，并没有涉及教与学的目标。这种提法会造成教育信息化发展的结构性的缺失。因此，"能力提升工程"在总结以往教育信息化项目经验的基础上强调以"应用"为核心，在应用中发挥信息化基础设施建设的作用，体现了浓厚的"以用促建"的思想。

2. 三项标准相互支撑突出能力导向的特点

《能力标准》发挥引领和导向作用，与《课程标准》和《测评指南》相互呼应保障培训机制。如前面所分析的那样，能力为导向培训方式必然和实践密不可分，"能力提升工程"强调边实践、边应用、边提升的思路，具体体现在：（1）《能力标准》中提出信息化教学实现信息技术与课程整合的关键性能力，《能力标准》的编制既避免了对能力高度抽象概括而带来的大而全、难以测评的问题，又避免了因片面强调具体可测量的外显行为而造成的高度离散、孤单失联的问题。（2）《课程标准》在课程设置中特别关注实践任务、案例资源和考核评价等方面的要求。《测评指南》强调在实践基础上的对应能力和标准的检验。(3)《课程标准》在专题课程中突出合理应用信息技术优化导入、讲解、技能训练、总结与复习、评价等关键能力相对应的课程的设置，中小学校要将信息技术应用能力培训作为校本研修的重要内容，将教研与培训有机结合，重点通过现场诊断和观课慕课等方式，帮助教师解决实际问题，促进学用结合。(4)《课程标准》明确要求各地要在训前测评基础上，为教师提供多套培训课程组合菜单，便于教师选学。要合理配置技术素养类、综合类、专题类和教师专业发展类课程，以教育教学能力提升为重点，技术素养类课程原则上不超过规定学时的 1/3。《课程标准》在课时数上进行限制，力图达到课程配置平衡。例如，技术素养类课程 T5 多媒体课件制作 ≤12 课时，T6 学科软件的使用 ≤12 课时，综合类课程 T9 交互多媒体环境下的学科教学 ≤16 课时，避免了用一门课程代替信息技术应用能力提升培训、仅用一类课程代替信息技术应用能力提升培训，因而在一定程度上规范了教师信息技术应用能力的正确认识，排除了教师能力失衡的问题。

3. "能力提升工程" 凸显培训模式创新

"能力提升工程" 实质上是一个教师培训项目，是 "国培计划" 发展到一定阶段的产物。如何改革培训内容、创新培训模式成为该项目备受瞩目的焦点。(1) 突出按需施培，要求利用信息管理系统，整合本地区项目和资源，建设教师选学服务平台，推动各地按照教师需求实施全员培训。因此，在《课程标准》中明确向培训机构提出依据课程主题开发具体课程。按照课程主题说明，选择全部或部分内容要点，参照课程示例，设计具体课程。同一课程主题下，可根据需要设计多门课程。《课程标准》一共设置了 37 个主题，每一个主题下可以设置若干门课程，为教师根据学科、根据信息化环境、根据自己的能力基础进行自主选学。(2) 分层培训。《能力标准》对教师提出基础性要求和发展性要求，同时《课程标准》对两个系列课程对应的不同的教学方法进行了相应的规定，"应用信息技术优化课堂教学" 系列课程重点关注多媒体教学环境下的讲授、启发教学等；"应用信息技术转变学习方式" 系列课程重点关注网络和移动学习环境下的自主、合作、探究学习。《课程标准》还将中小学校的信息化环境分为简易多媒体环境、交互式多媒体环境和网络教学环境，依据不同教学环境的应用特点设置相应的课程。推行移动学习，为教师使用手机、平板电脑等移动终端进行便捷有效学习提供有力支持。加强薄弱环节，采取"送教下乡"和"送培上门"等方式，为不具备网络条件的农村教师提供针对性培训。（3）发挥主观能动。教师教学能力的测评采取教师网上自测方式，以评促学、以评促用。中小学校要分析测评数据，找准短板，有针对性地开展校本研修。教师要根据测评结果，明确自身不足，查漏补缺，合理选学。（4）推行符合信息技术特点的培训方式。有效利用网络研修社区，推行网络研修与现场实践相结合的混合式培训；强化情境体验环节，确保实践成效，使教师边学习、边实践、边应用、边提升；课程建设要借鉴MOOCs的建设特点，采用典型案例开发微课程资源，采用片段式、任务驱动式、基于主题的学习、基于项目的学习。

第二章

网络环境下教师学习共同体

第一节 教师学习共同体的起源与发展

一 学习共同体的研究综述

（一）学习共同体的内涵

对学习共同体内涵的界定有利于我们从本质上把握学习共同体的研究重点。目前，学者对于学习共同体的观点主要存在四种认识：学习共同体是学习团体或者学习组织；学习共同体是学习环境；学习共同体是学习的动态结构；学习共同体是学习方式。比较有影响的观点有：

温戈（Wenger，1998）认为，学习是一种在实践者共同体中参与社会性交互活动的产物，这种社会性参与不仅给共同体成员提供了社会性活动的体验，也为这种社会性活动赋予了共享的意义。在这个意义上，在共同体中的参与体验，既构成了学习（一种社会性参与）的动机，同时也是学习的方式。

张化东（2006）认为，一个学习共同体绝不是简单地把许多人组合起来为一个任务或者目标而工作或者学习，学习共同体是一个共享和协作组织，是一个成员之间有着共同的目标和实践，通过参与、活动、会话、协作、反思、问题解决等形式共同致力于共同体成长而形成的一个动态的开放系统。

莱夫（Lave）和温戈认为学习共同体就是指参与学习活动的学习者（包括专家、教师及学生），围绕共同的主题内容，在相同的学习环境中，通过参与、活动、反思、会话、协作、问题解决等形式建构的一个具有独特文化氛围和境脉的动态结构。

斯科特（Scott）认为，学习共同体就是在一个团体中就一个共同的目标而奋斗，并共同分担责任、分享职权。

霍德（Hord）认为，一个学习共同体就是一个协作的团体，其中参与者平等贡献，参与共享，关注的是持续的反馈和探索。

蔡进雄和迈克尔·科里（Chin-hsiung Tu & Michael Corry）认为，学习共同体就是一个共同的场所，在那里人们通过共同行动的方式去确定影响他们的问题，决定问题解决策略，并且共同行动取得问题的解决。

"学习共同体"概念在我国学校教育领域仍然得到广泛的认可。张建伟博士对学习共同体做了描述性定义，学习共同体是指一个由学习者及其助学者（包括教师、专家、辅导者等）共同构成的团体，他们彼此之间经常在学习过程中进行沟通、交流，分享各种学习资源，共同完成一定的学习任务，因而在成员之间形成了相互影响、相互促进的人际联系。该定义以学习者和助学者为主体，该观点所表达的实质性问题仍然属于学习方式论，即在各种角色的互动中完成真实性的任务或问题的探究，学习者与其他人相互依赖、交流和协作，分享这种学习方式带来的成功体验。

学习方式说能够更好地诠释学习共同体的本质，学习共同体是以满足个体发展为愿景、以协作为主要互动方式、以获得和发展体验为核心的学习方式。李芒教授从哲学范畴提出，学习方式的本质是学习者的生存方式，是学习者自我更新时所表现出来的样式。学习方式具有自我超越、自我更新、主动发展的特性。同时，学习方式所表现出来的是主体与主体、主体与客体的特定关系，是在一定的社会条件下社会历史阶段上，人们对学习活动中主体与主体、主体与客体关系的规范性认识。这种认识从学习活动的主客体之间的关系出发，独辟蹊径地将学习方式界定为学习者的生存方式和自我更新的表现形式，因此对研究不同层次的学习者都有指导意义。理想的学习方式是一种什么状态呢？李芒教授给出了这样的描述：学习者的生存活动和不断的自我更新，逐渐形成和构建了学习方式中各要素的关系，这些要素之间的关系又不断沉积、凝聚为一种"学习场"，"学习场"又不断地重新介入新一轮的学习活动，使自己获得新生，形成一个首尾相接、环环相扣的运作系统。理想的教师学习共同体的学习方式是一种生态系统，是一个能够不断产生新的学习活动的"学习场"，是个体都能够自我更新的学习共同体中的探究和体验活动。

（二）教师学习共同体的历史溯源

教师专业化是 20 世纪以来教师教育的核心思想，1986 年由美国研究性大学教育学院院长组成的霍姆斯小组在《明天的教师》报告中，首次提出了教师专业发展学校（Professional Development School，简称 PDS）。近年来 PDS 模式在美国发展迅速，已逐步成为美国教师教育的主要形式之一。无论是美国的"教师专业发展学校"还是英国的"教师伙伴学校"，都是在现行中小学建制内进行的功能性建设，是为了发展、丰富和完善现行中小学的功能，以学校为基地的教师教育模式。一种具有强烈"脱域特性"、以共同理念为依托的教师专业发展形式呼之欲出。1997 年，美国西南教育发展中心（Southwest Educational Development Laboratory）首次发表了关于专业学习共同体的描述和介绍，专业学习共同体是由具有共同理念的管理者与教师构成的团队，他们致力于促进学生的学习，并且进行合作性、持续性的学习。

教学与美国未来委员会在 2005 年 6 月的《导入学习共同体》报告中，提出教师专业发展的路径不是个体化，而是依托学习共同体。同年，经济合作与发展组织（OECD）也发表了 26 国教育政策议题的报告——《教师问题：吸引、发展和留住优质教师》，报告中提出教师专业发展主要不是依靠在示范院校学习期间的课程中获得专业理解，而是在参与和实践过程中的学习，即在教学工作中的专业提升，因为教师的专业素养是一种植根于教学情境的实践表现。2007 年美国科学院、工程院和医学科学院的执行机构——美国国家研究理事会（NRC）发表《推进教师专业发展：信息技术的潜在用途》报告，提出通过在线联机的工作坊活动提升教师专业素养，有经验的教师、研究者、课程与信息技术开发者、专业发展专家、州教育决策者、基金代表一起参与其中，承担相应的权利和责任，成为一个学习共同体的"创造差异"，以形成一系列富有弹性的、满足不同学科和类型教师的专业模式。信息技术的发展使教师共同体脱离了地域的限制，丰富了教师学习和实践的内容。

教师学习共同体的提出与教师专业发展有着密切的联系，黎加厚教授指出教师学习共同体是"一种教师专业化发展方式，教师之间为了提高教学表达技能、学习新的教学技能、解决课堂存在的问题等，而通过网络来分享他们的专业知识、技术、经验，以及彼此之间互相提供反馈、支持、帮助"。丁兴富教授认为教师学习共同体是"在教育机构或组织的系统设计规划指导下，依托互联网与特定设计开发的多层次、分布式网络教学平台及其他信息技术的支持，通过教育资源共建和共享各类以通信交互与协作学习为主要特征的网络在线学习活动，以实现教师专业化发展、终身学习和教育信息化等为基本目标的相对稳定的社区、地区或跨地区的教师网络虚拟社团组织"。两位学者指出一致的目标是促进教师专业发展，采取的手段都是通过网络提供技术支持。

（三）教师学习共同体的原型

1. 实践共同体

莱夫和温戈等人提出"实践共同体"的概念是"教师学习共同体"这个研究领域的原型，用"合法的边缘性参与"将个体与共同体加以联系的重要性，以及共同体使个体实践合法化的重要性。概括地说，一个实践共同体是一个诸多个体的集合，这些个体长时间地共享共同确定的实践、信念和理解，追求一个共同的事业。任何对学习的讨论都必须从实践共同体开始，必须思考个体在共同体的社会机构和权力结构的科层中的位置，正是在共同体课程体系中从新手到专家的位置，决定了一个成员在共同体实践中的能力，学习的问题必须在共同体的发展性循环中加以解决。

实践共同体清晰地描述了它所应有的三大特征，即共同的文化历史传统，包括共同的目标、协商的意义、实践；相互依赖的系统，其中个体成为更大的集合的一个部分；再生产循环，通过循环，新来者成为老手，而共同体也因此得以维持。罗斯认为，共同体的特性是具有共同体成员介入的共同任务，具有相关的实践和资源，共同认可一些常识和实际理由。实践共同体强调了参与者进行与专业领域相关的实践，共享实践、信念和理解，在实践中获得自我发展，而学习共同体则强调了通过获取知识和应用知识的平衡促进个体的发展，都强调学习资源（经验）是镶嵌在共同体之中的，通过共同体成员的叙事等方式将他们获得的经验传递下去，"个体和共同体构成了一个嵌套的互动网络"。

2. 知识建构共同体

知识建构共同体（Knowledge Building Community，简称 KBC）是一个以思想的形成和持续改进为关注点的团体，其成员通过建构性的互动过程发展对于共同体有价值的思想。在知识建构共同体之中，各个成员共同完成"思想"（ideas）的生成和持续改进过程。斯卡达玛里亚和白瑞特（Scardamalia & Bereiter）认为，知识建构的目标是为共同体形成具有价值的公共知识，而不是简单地提高个体头脑中的内容。因此知识建构适应于研究者、设计者、策划者和其他知识工作者的工作。对于学习与知识建构之间的关系，他们认为学习是指个人知识的增加，信念、态度和技能的变化，是一个内部的难以觉察的过程。而知识建构是一个创造和改进公共知识的社会过程，人们可以得到这种知识并使用它。创造公共知识也导致了个人学习，当人们思考某种观点的优点和缺点、应用、局限，并一起工作和进一步发展的潜力，以便改进知识时，知识建构就发生了。知识建构共同体在工作方式上具有以下主要特征：关注问题，而非知识单元或主题；关注思想的持续改进，而非结论性答案；关注共同体（集体）知识，而不仅仅是个人知识；强调去中心化的开放互动，而非权威控制的互动；强调知识建构的广泛渗透性。

关于学习共同体的认识，从本质上说学习共同体是一种学习方式和存在方式。教师学习共同体与教师专业发展有着深厚的历史渊源，是教师专业发展的实现途径，教师学习共同体从本质上属于实践共同体和知识建构共同体，个体的发展与共同体的发展密不可分，在实践中实现教师专业知识的建构。

二　教师学习共同体的实践研究

（一）以国际合作项目带动的教师学习共同体实践研究

1. "教师学习与发展共同体"国际合作项目

"教师学习与发展共同体"（LDC）是中国、加拿大和澳大利亚三国的国际合作研究组织，主要探讨在新课程背景下，如何在不同层面建立教师学习与发展共同体的策略和途径，通过引导教师反思自身教学实践、开展行动研究和合作研究，促进教师专业能力的发展，进而促进学生高质量的学习，以适应社会变革，特别是新课程改革对教师提出的挑战。研究的另外一项内容是探讨在教师学习与发展共同体内如何帮助教师利用科技场馆资源，支持新课程的实施。该项目的成功之处在于：

（1）具有国际比较研究的文化视野。例如，与其他两个国家相比，在中国学校建立的教师学习与发展共同体的特点是什么？中国教师如何有效借鉴和学习其他国家教师积累的教学策略和智慧，并创造性地应用到自身教学实践中去？中国学校有效的教学策略和智慧，如课堂观摩和评课等又是如何为其他两个国家提供参考和借鉴的？

（2）注重教师的行动研究，注重案例的积累。参与项目的教师群体主要来自城市学校，在研究方法上"小策略研究"贴近教学实际、注重教学细节、注重教师体验。

（3）信息技术仅仅是支持教学反思和交流的工具，该项目没有将信息技术融入课堂的要求。在这个项目中许多教师都有自己的博客，他们在博客中撰写自己的教学反思，记录参加行动研究的心路历程。

2. 中欧甘肃基础教育项目"教师学习资源中心"

中欧甘肃基础教育项目在甘肃省41个国家级贫困县建立了688个教师学习资源中心，教师学习资源中心一般设立在乡镇一级的中心学校，并有义务将培训和教研辐射到周边的学校。教师学习资源中心为教师交流经验、开发材料、分享在项目培训中的信息提供了一个教师专业发展平台。教师学习资源中心既是一个学习场所，又是一种学习机制，同时还增强了同校教师之间的交流协作、促进。《中国电化教育》通过一组专题文章对什么是教师学习资源中心，对教师学习资源中心的功能、机制、应用方式、有效保障措施等问题进行了深入剖析。该项目以及相关研究为西部农村地区的教师专业发展从组织形式、运行机制方面树立了一个成功的典型案例。该项目的特点是：

（1）建立适合农村学校教师专业发展的教师学习共同体。由于农村教师所在的学校比较偏远，培训机会也很少，他们需要一种能够适合他们这种工作和生活状况的培训方式，不脱产、不远离家门就能接受到新的教育思想、教学观念和方法的培训。

（2）信息技术支持下的教师学习共同体。项目为每个教师学习资源中心配置了计算机、数码相机、电视机、DVD 播放机等信息技术设备，扩展了教师获取信息的渠道，同时也开发了大量的优秀教学课例光盘。信息技术环境与"农远工程"三种模式教学环境密切相关，期望通过将信息技术应用于课堂从而改变学生的学习方式。

（3）注重教学方法培训，注重开展联片教研。在教师培训方法上充分发挥骨干教师的引领作用，采取骨干教师参加由省、县两级组织的集中培训，骨干教师组织校本培训的三级培训方式，培训内容围绕如何有效组织课堂教学为目标，在教研上鼓励开展集体备课和联片教研，但是农村教师普遍缺乏开展行动研究的知识和技能，在培训内容向能力形成的过程中有脱节现象。

类似的项目还有"中国—儿基会姊妹学校"项目，"ORACLE"公司赞助的"Think.com"项目，由联合国国际儿童基金会组织的"远程合作学习"项目，由美国"World-links"组织赞助的"信息技术教师培训"实验项目。这些项目旨在通过互联网达到东西部教育资源的共享，借助东部教育发达地区的优质教育资源，提升西部教育素质和发展教师职业能力，缩小东西部教育的差距，促进信息技术在学校课程中的应用。有的项目通过教师指导和参与学生的网络环境下校际协作学习，研究学生在信息化环境下的学习方式，从而带动教师能力的提高。有的项目直接指向教师的教学能力，通过教学方式的变革引发学习方式的改变。有的项目，例如微软携手助学项目，重点通过开发教师信息技术能力，培训信息技术专任教师，在本校教职队伍中分享、传播信息技术，并为其他学科教师提供信息技术方面的支持，从而研究如何利用现代远程教育技术及多媒体技术，实现优质教育资源共享，提高农村地区教育教学质量。有的项目研究通过开发师生协作的主题作为课程，例如儿基会"姊妹学校"，从改进综合实践学习方式出发，探索不同文化背景下通过协作学习达到知识融合和资源共享。但是教师的能力结构是多方面的，信息化教学方法是多元化的，不能用"office 应用"代替教师的信息技术能力，也不能用"基于项目的学习"代替所有的信息化教学方法。

这类项目具有国际合作的背景，因此可以引进国外的一些教师教育方面的先进经验和比较成熟的发展模式和理念。由于有教育职能部门的推动和项目专家的设计和指导易于形成系统化的组织和学习支持，容易组织大规模的培训和协作活动，项目经费比较充足，容易协调各方面的资源，教师能力结构培养比较系统，所以项目是在一定的约束条件下（主要是限定时间、限定资源），具有明确目标的一次性任务。项目的一次性决定了项目的生命周期，因此随着项目的结束，协作关系也可能随之消逝，教师学习共同体的可持续性发展缺乏保障性条件。国际化项目本土化的问题比较突出，如何将国外的先进理念与中国的教育改革相结合成为学者们研究的重点问题。

（二）以区域互动为特征的教师学习共同体的实践研究

以区域互动为特征的教师学习共同体作为实现不同地域教育均衡发展的假设条件的命题是开展此类研究的动机，计算机网络通信技术和社会性软件平台为区域互动的实现提供了条件。具有代表性的实践研究有：

（1）中央电化教育馆"十一五"全国教育技术研究规划专项课题"东西部教师专业发展同步开展实验研究"。该课题由苏州市电教馆和宁夏石嘴山教育局电教中心共同承担。研究以"苏州教育博客学习—发展共同体"提供的博客技术平台为支撑，东西部教师组成基于教育博客的同伴互助合作团队，同步开展网络环境下跨越时空的交流互助，开展了经验共享、沙龙式深度会谈及思辨式专题讨论，以网络教研下同侪互助的方式，促进教师的教学反思。

（2）中央电化教育馆"十一五"教育技术规划重点课题"基于远程互动平台的东部与西部地区基础教育信息化发展研究"。该课题由深圳宝安区和内蒙古鄂尔多斯市共同开展，建立相对完善成熟的支持服务系统，以"宝安教育在线"等教育门户网站为基础，借助"远程互动平台"（包括"网络视频会议系统"和"教师知识社区"），组织网络视频会议、教研和培训，促进区域间的教师交流。从"宝安教育在线"教育门户BBS中可以看到两地教师的发帖，但是缺少促进深入互动所需的相对集中的讨论主题和协作任务。

（3）甘肃省教育厅专项课题"甘肃省利用网络环境建立城乡互动教师专业化能力协同发展模式研究"。该课题自2007年开展以来，通过将兰州市城关区和临泽县项目学校教师通过网络环境建立城乡互动教师学习共同体，开展利用现有信息化硬件环境、软件环境与资源环境，建立以县区为主的教育信息化支持服务体系，采取有效的策略与方法，形成城乡学校、教师与学生协调发展的策略与方法。探索对当前教育信息化环境的有效应用策略与方法，促进甘肃省教育信息化应用水平的发展，探索当前农村地区教育信息化发展的支持服务体系的建设模式，促进农村远程教育的发展与应用水平的提高。

（4）国家社会科学基金会"十一五"规划2006年度国家课题"信息技术环境下创建区域性教师学习共同体的理论与实践研究"。该课题以北京市西城区、上海市浦东区等经济发达地区，开展利用网络环境下的研修活动，就教师学习共同体的信息化环境建设、信息技术支持下的研修模式、教师专业发展的评价机制等问题开展了研究。该项目成果之一《创建信息技术环境下区域教师学习共同体的构想》一文，将信息技术作为支持教师培训和教师研修的保障条件，不涉及信息技术整合于课堂教学转变学生学习方式等问题。该课题的设计从教师教育入手，努力构建不同地区（特别是城镇与农村），不同学校共享优质资源的平台，并提供理论支持和实践指导，以促进教育均衡发展。跨区域的资源共享、教师专业发展指导、教师互动等方面的研究值得期待。

从地域结构角度出发，由于东西部差距和城乡差距双重因素的影响，是造成教育发展不均衡的原因，因此在诸多研究中跨区域的协作互动的研究是难点。以课题带动的方式或以支教活动利用网络环境开展教师培训、网络教研和资源共享，其研究重点落在网络平台对教研的支持作用、资源的共享和如何利用网络平台建立合作关系。在组织方式上或是东西部地区城市教师间的互动，或是东部地区的几所学校教师的交流，在网络平台的选用上或以博客平台开展教学交流和反思，或以视频会议系统开展资源共享，或以 BBS 实现讨论。虽然有的项目没有冠名教师学习共同体，但是实际上已经形成了不同地域的教师间网络互动和面对面的互动。

以江苏省苏州市和宁夏回族自治区石嘴山市"东西部同行"为例，具有网络环境下学习共同体的特征：具有共同愿景的教师自发走到一起，学习、交流的动机较强。与许多网络学习共同体的建立过程一样都是自发建立的，由此所创建的共同体源于参与者的高度学习热情、迫切探知欲望、成员参与的积极性，以及相互信任的合作气氛。无疑这种类型的教师学习共同体在凝聚学习者兴趣与参与自觉性上有着天然的优势。其缺陷是干预性不强，淡化专家指导，缺乏足够的学习支持，缺乏系统性的学习和研究方面的培训。由于缺乏系统性的设计、指导和干预，往往随着不可预期外部干扰或内部的不稳定因素的出现，共同体发展的负荷较重，协调、维护需要大量的人力和财力而逐渐消亡。我们极有必要通过一套积极的干预、指导策略来引导网络共同体的可持续发展，从"组织化"向"自组织"的方向转变，使共同体成员能在长期的教学实践中形成一种稳定有序的学习参与状态。

（三）区域性互动为特征的研究个案

国内与本研究相近的是由熊才平教授所领导的团队开展的系列研究，我们称之为"城乡教育资源配置一体化"，以及郭绍青教授"利用网络环境建立城乡互动教师专业化能力协同发展模式研究"，二者同样认识到解决农村教育信息化的关键是教师，教师资源配置失衡是影响教育公平的主要原因，其解决策略是以信息技术促进教师资源配置城乡一体化。两项研究相比较，同样的出发点，所采用的技术工具相近，但是由于两项研究的前提假设、技术方案和路线不同，具体的分析如表2—1所示（为了表述方便，我们将熊才平教授的研究设计称为A研究，将郭绍青教授的研究设计称为B研究）。

表2—1 　　　　　　　两项城乡教师互动研究的比较

	A研究	B研究
研究重点	利用信息技术促进城乡教育资源配置一体化	利用网络环境下促进教师专业化能力协同发展的城乡互动模式
研究路线	将师生的教学活动纳入到一体化的框架内，实现城乡师生间的非面对面的教学	城乡教师通过系统化培训、协作教研、协同教学的方式进行互动过程中将信息化教学方法应用于课堂教学
研究目的	促进城乡教育均衡发展	促进城乡教育均衡发展
实验对象	东部地区城乡学校	西部地区城乡学校
网络课程平台的作用	利用Moodle平台开发面向学生的课程	利用Moodle平台开发面向城乡教师的信息化教学方法课程
协同教学的实现途径	利用DELIGHT 5.0远程视频教学平台为实现异地网络互动教学	利用专题研究网站自动生成系统实现教学资源的共建共享
社会性软件的作用	提倡学生利用QQ、Blog、Wiki开展城乡师生交流和教学的工具	Blog、QQ、BBS等工具为促进城乡教师之间的协作和交流，注重互动过程中教育资源的形成
课堂教学	城市教师的教学通过网络平台直接作用于农村教学课堂，从而把身处两校的学生合二为一在同一个"课堂"里，跨越了时空的界限	城乡教师信息化教学能力的提升，体现在教师教学方式的变化，间接地影响学生的学习方式的变化和学习能力的提高

通过对以上技术支持下的教师学习共同体的实践研究的分析，对于可持续发展的学习共同体来说最重要不是仅仅搭建互动交流的平台，而是要在学习者之间形成共享的学习主题。共享的学习主题

就是学习共同体中社会文化的一部分，由它产生学习共同体的向心力。对于教师学习共同体来说，共享的学习主题并不是一两次讨论的话题，而是为教师的专业发展提供一个框架性质的纲领，是构成学习共同体区别于其他组织形式的外在特征，例如 Wide World 项目的"为了理解的教与学"（Teaching and Learning for Understanding，简称 TLFU）就是促进教师专业发展的主题。在现有的各项研究中，网络环境下城乡互动教师学习共同体的主题以郭绍青教授主持的课题中所提出的"信息化教学能力"比较系统地提出了培养目标，其干预策略为这一目标的实现提供了有力的支持，是在干预递减的过程中城乡互动教师学习共同体获得可持续发展的典型案例。

第二节　网络环境下教师学习共同体模型

一　教师学习共同体的构建维度

（一）教师学习共同体的构建维度概述

教师学习共同体的构建维度的研究为在理论上分析和在实践中组织教师学习共同体提供了指导依据。华东师范大学赵健博士根据学习共同体与境脉的嵌入程度，构建了从实习场（微观层面）、实践共同体（中观层面）、学习型组织（宏观层面）分析学习共同体的模型，她认为不同层面所对应的知识目标、参与者特征以及共同体中的交往性质存在着关联和差异，不同层面所关注的问题以及所采用的研究方法也不同。我们所构建的教师学习共同体应该是立足于中观层面的，在共同体中学习者即实践者，参与者的成就在于问题的解决和知识的建构，边界内（同校或同城）和边界外的互动并重，除了同伴互助，还有来自专家的干预和指导。

社会属性是学者们研究虚拟学习共同体重点关注的内容，拉尔夫（Laffey）团队（2009）以社会性学习理论为基础提出学习共同体式社会性学习的基本单位，在线学习环境的社会属性包括了社会性技能、共同体感觉及学习满意度三个要素。另外，还从有利于促进社会属性的角度去开发技术工具，以及技术属性对三种要素影响的效果进行了实证研究。该模型对于培养社会交往能力通过即时的指导、反馈，帮助学习者完成不可能的社交活动起到了支架作用，但是对这种社会性学习环境中的认知方式并没有提及。

乔纳森（Johnson）建立了一个网络学习环境中虚拟学习共同体形成和发展的过程模式，它包括四个要素：制定规范、边缘参与、积极参与、执行和调整。况姗芸（2005）提出了构建网络学习共同体应该包括四个环节：规范制定、边缘性参与、积极互动、调整冲突。该类研究仅从社会互动或者社会技能的角度出发考量网络学习共同体，反映了一种简单化的假设倾向，那就是只要解决了学习共同体社会属性的问题，就可以解决学习的问题，而这个假设在现实世界的学习和正式学习中都不能证明其有效性，因此构建网络环境下的教师学习共同体必须从多维度、动态的角度出发。

美国西南教育发展实验室霍德教授围绕教师学习共同体构建的问题进行了广泛而深入的研究。他指出，影响学习共同体的主要因素有：共享的支持性领导、共同的价值观和愿景、共同学习和应用、共享的个人实践和支持性条件五个维度，这些维度不是孤立的，而是以"非连续性"系列维度的方式放在一起。胡弗曼和海普，根据霍德的五个维度提出了发起、执行和制度化三个阶段。这个模型作为评估工具，用以指导和促进学校领导创建和维持专业学习共同体。

根据远程异步交互系统的特点，穆勒（Moller）按照交互活动在学习中所发挥的不同支持作用划分了学习共同体的三个构成侧面：学术性支持（Academic Support）、认知性支持（Intellectual Support）和人际性支持（Interpersonal Support）。该观点从学习支持的角度考察学习共同体，教师学习共同体的非正式学习方式在很大程度上与远程教育学习方式是一致的，因此，这种维度划分对构建网络环境下教师学习共同体有一定的借鉴意义。

卡拉瓦哈尔、拉普安特和古纳瓦德纳（Carabajal, Lapointe & Gunawardena）描述了他们构建的虚拟学习社区的三个维度：技术维度、学习任务维度和社会互动维度。技术维度提供了会谈的空间和交流的工具；学习任务维度是与课程学习有关的学习材料、资源和活动等；社会交往中参加者需要通过经常性的联系来维持一定程度上的互相关心和理解，从而形成对整个群体的归属感和社会情感纽带。科里等提出了虚拟学习社区的一个三角形理论模型，即由教学的、社会互动的和技术的三个主要维度组成。二者都是从虚拟学习社区作为学习型组织和学习环境的特质出发，描述的框架趋于一致，是一种平衡认知、技术与社会互动的模型。

（二）教师学习共同体的构建要素

米尔顿·克斯教授总结出构建高校教师学习共同体的30个基本要素。这些要素可以分为目标、课程、管理、联系、相关参与者、活动、学术、评价和奖励九大类。在他领导下的教师学习共同体（Faculty Learning Communities，简称FLC）主要思想是：

（1）每个FLC通常由8—12人组成，FLC都是规模较小的团队。

（2）由共同的目标将共同体成员维系在一起。

（3）采取申请—批准的制度，申请过程本身就是一个建立契约的过程，契约一旦建立便形成了各方都需遵守的规则。

（4）FLC负责人要经过培训，负责开展各项活动，管理教学工作和资金流动。

（5）以组织的形式寻求经费等外部支持。

（6）FLC满足了个体的需要，为个体提供一个寻求帮助、宣泄情感、建立关系和信任、获取专业发展支持的场所，促进多种文化的交流。在学习共同体中，教师们还可以共同制定目标、发展课程、讨论学生个案、筛选教材，在合作的氛围中更好地工作。

FLC虽然是为高校教师组建共同体提出的模式，除了以小团队方式组建教师学习共同体带有高等教育的特点之外，它还注重灵活高效的组织方式、重视课程和学术活动等，它的管理、评价和奖励方式都值得在中小学教师学习共同体中予以借鉴。

从促进教师学习的角度，有三种典型的分析教师学习共同体要素的理论框架。美国著名学者舒尔曼认为，教师学习与发展要在一个专业发展社群中，教师有愿景、有动机、知道如何去做，并能在自己的经验中学习。那么教师学习必备的六个关键元素就是：愿景、动机、理解、实践、反思、社群。荷兰著名教师教育专家科瑟根认为，教师学习发展要受六个层面问题的影响：环境、行为、能力、信念、专业认同、使命。科瑟根认为这六个层面就像一个层层深入的洋葱。外部的水平影响内部的水平，六个层面形成一个统一体，当六个水平不一致的时候，教师应当努力寻求各水平间的平衡。哈姆内斯等人提出了一个教师学习的框架：愿景、教学理解、态度立场、实践、工具和资源。

三种理论框架都强调教师共同体（社群）与个体学习是互相影响的关系，教师的有效学习需要在教师共同体中完成。愿景（信念）是保障教师有效学习的前提，愿景蕴含着教育的价值观与目标，指导着教师以后的学习与教学。

三种理论框架最大的不同就是关于实践（行为），舒尔曼认为实践是在具体的、多元的情境中决策与采取行动的能力。科瑟根认为，能力是知识、技能、态度的整合。能力代表了一种行为潜力，但并不是行为本身，它很大程度上影响行为，其是否能付诸实践，转化成行为，取决于环境。笔者非常赞同科瑟根关于教师能力的观点，教师能力是根据教学情境整合各种资源的潜在的可能性，能力需要在实践中发展和检测。哈姆内斯等人最大的贡献在于，强调为教师的学习提供工具理论、方法、策略、资源，比如课程资源、评价工具，也就是为教师的学习提供强有力的学习支持。

（三）促进教师学习共同体知识建构的策略

古纳瓦德纳的知识建构包括五个基本阶段：（1）学习者相互分享各种信息、观点，针对讨论的主题进行描述；（2）学习者发现和分析在各种思想、概念或者描述中不一致的地方，深化对问题的认识；（3）学习者通过意义协商，进行知识的群体建构；（4）学习者对新建构的观点进行检验和修改；（5）学习者达成一致，应用新建构的知识。

费舍尔等的知识建构过程包括四个阶段：（1）任务知识的具体化；（2）任务知识的抽象化；（3）基于冲突的观念的形成；（4）基于整合的观念的形成。

甘永成（2006）从促进教师集体智慧的角度，提出知识建构的过程包括：提问、解释/澄清、冲突、支持、辩护、评估、知识建构、综合、反思九个要素。

武俊学的硕士论文中选取新教育在线的教师学习共同体作为研究的载体，以三个教师作为访谈对象，研究得出影响教师学习的关键因素：共同愿景、信任、规范、网络；教师在"具体经验、观察分析、重新概括、积极验证"的循环中提升专业知识，促进专业成长。

王蕾在分析国外教师在线学习共同体的基础上，提出了：构建明晰的学习社区主题、建立学习资源库、确定学习主题、共同体成员的组织与管理、设计认知工具、学习过程交互监控、促进边缘性参与、发展共同遵守的规范准则。

徐睿在对高校教师网络学习共同体的知识建构中提出五个策略：法律保驾护航、高效行政激励、观点收敛策略、身份建构策略和积极的情感策略。

刘丽南、任剑锋（2009）在古纳瓦德纳模型的基础上提出了促进边缘性参与策略，为使"观望者"向"参与者"转化，采用信息属性分类策略，明确帖子主题观点收敛策略，以达到促进高水平知识建构的目的。

目前对知识建构共同体的研究主要集中在对学校教育中对知识建构的过程和促进知识建构的策略，以及知识建构的支撑环境的研究。本书认为"将学校改造成为知识建构共同体"预言的实现前提是教师必须经历知识建构的过程，有赖于使教师成为优秀的知识工作者（Knowledge Worker），现有对教师学习共同体的知识建构的研究中，对教师作为学习者的知识建构过程缺乏深入分析，具体表现是：

（1）对知识建构层次的划分和编码方式单一化。

（2）研究重心偏重社会性知识建构（协作知识建构）的过程，忽视了个体知识建构的过程。没有对教师需要建构什么样的知识进行分析，强调了教师的主观性知识，而忽视了教师的客观性知识。

（3）教师知识建构的过程缺少指导和干预措施，很容易滑向肤浅的建构主义（shallow constructivism）。如何促进由浅建构向深建构状态发展是研究的重点。

二　网络环境下教师学习共同体的理想模型

模型是对要解释的对象的内在结构关系或过程进行的理性建构，其目的在于通过对对象的结构关系或过程的归并简化，以便更加清楚地展示对象的本质结构和过程，这也是模型的理论价值，而模型的实践价值则在于通过模型揭示出来的对象的结构和过程构成了实践的指南。使用建模的方法进行研究的目的是为了解决问题，模型总是以一定的形式表达的，模型形式化和结构化的程度不同，其表现形式也不同。形式化、结构化层次最低的模型可以用自然语言描述，形式化、结构化层次较高的可以用符号或图示来表示，形式化、结构化层次最高的可以用数学公式来表示。在本书中为了降低模型的复杂程度，仅仅保留研究问题所需的要素，并且用合适的抽象层次描述出来。本模型属于用符号和图示来表示的模拟模型，目的是要优化网络环境下教师学习共同体系统的结构和功能，属于实践模型和结构模型，为构建网络环境下的教师学习共同体的构建模型提供了一个行动框架。

（一）网络环境下教师学习共同体的构成要素

网络环境下教师学习共同体的构成要素的产生采用德尔菲法。国内外研究表明，德尔菲法能够充分利用人类专家的知识、经验和智慧，成为解决非结构化问题的有效手段，对于实现决策科学化、民主化具有重要价值。德尔菲法隐含了这样一个前提，即建立在满足一致性条件的专家群体意见的统计结果才是有意义的。所以它通过专家意见形成—统计反馈—意见调整，这样一个多次与专家交互的循环过程，使分散的意见逐次收敛在协调一致的结果上，充分发挥了信息反馈和信息控制的作用。这样德尔菲法就可以发挥集思广益收集各方面的意见，避免个人因素对结果产生的影响。通过多轮次调查专家对问卷所提问题的看法，经过反复征询、归纳、修改，最后汇总成专家基本一致的看法。

通过多轮次的专家函询，网络环境下教师学习共同体的构成要素如表2—2所示。

表 2—2   **支持网络环境下的教师学习共同体的要素**

构建维度	要素	要素描述
认知性维度	学习与实践（S1）	学习内容是教师需要的； 教学实践与学习内容紧密相关； 通过学习和实践获得丰富的体验
	课程设计（S2）	课程设置要能得到多数共同体成员的认可； 课程要能促进公共知识的建构； 提供易于自学、提供学习支架； 部分共同体成员能参与课程的管理
	评价（S3）	形成评价的习惯和方法； 对自己和他人能做出恰当的评价； 以促进性评价为主
	任务和目标（S4）	任务是具有挑战性的； 通过合作完成任务； 有共同的目标和愿景； 包括总体目标和阶段性目标
社会性维度	管理与协作（S5）	协调解决（时间、认知）等方面的冲突； 保持合理的人员结构； 对成员提出必要的要求，保障协作活动开展； 保持成员相互尊重和信任的关系
	外部支持（S6）	获得来自学校、教育局经费的支持； 获得来自学校、教育局政策的支持（如外出学习、研讨、宣讲、评奖的待遇）； 获得专家的支持
	学术活动（S7）	开展教研活动，共享案例、资料等； 公开展示可供参观的作品（观摩课、课件、档案）； 向师生作报告
技术性维度	技术支持（S8）	通畅的网络环境； 组织必要的适应性技术培训； 排除故障的技术支持者
	资源和工具（S9）	将资源和工具引入教学实践

（二）结构化的网络环境下教师学习共同体模型

解释结构模型法（Interpretative Structural Modelling Method）是现代系统工程中广泛应用的一种分析方法，是结构模型化技术的一种。它是将复杂的系统分解为若干子系统要素，利用人们的实践经验和知识以及计算机的帮助，最终构成一个多阶的结构模型。此模型以定性分析为主，属于概念模型，可以把模糊不清的思想、看法转化为直观的具有良好结构关系的模型。它特别适用于变量众多、关系复杂而结构不清晰的系统分析中，也可用于方案的排序等。它在揭示系统结构，尤其是分析教学资源内容结构和进行学习资源设计与开发研究、教学过程模式的探索等方面具有重要作用。目前，它已经发展成为教育技术学研究中一门重要的研究方法。

（1）该方法适用于要素比较少的结构模型的演化，不适用于细分要素的结构之间的关系。

（2）该方法适于揭示立体化层次的系统结构，而不适于揭示网状结构或者扁平化的系统结构。

（3）建立要素间影响关系的步骤是关键，它决定了该系统模型的结构，其余的步骤只是将这一结构更加形式化和结构化。

（4）在分析要素之间的关系时，要仔细考虑要素之间是否存在影响关系，这种关系是单向的还是双向的。

（5）一项元素影响其他元素的范围决定了该元素在系统结构中的位置，一项元素影响的元素越多而自己不受其他因素的影响，该项元素越是处于该结构的底层。

建立任务和目标实际上是学习共同体一切活动的基础。在我们组建"网络环境下教师学习共同体"的过程中由教师和项目组成员之间达成共同的目标和愿景，就是通过网络环境中的教师协作互动，实现信息化教学能力的协同发展，这一任务对教师和助学者来说都是具有挑战性的任务。对于助学者来说，如何通过设计网络环境下的学习环境和学习任务激发教师的学习动机，促进教师知识的建构是一个探索的过程。

技术支持的主要内容是建立一个稳定、顺畅、易用的网络环境，它对于任何一个虚拟学习共同体来说都是基础保障，它直接影响着网络课程活动的设计与实现。

管理和协作是学习共同体的核心要素，它决定着学习共同体的运行机制是否顺畅，因此它也决定着学习与实践活动、学术活动的成败，还决定了任务与目标是否能够如期实现，同时管理与协作也渗透在技术支持和将资源工具引入实践场中。我们认为自发形成多元化的小群体，即由网络化群体成为群体化网络是管理和协作发挥作用的有效标志，也是成功的教师学习共同体的标志。

课程是学习与实践活动的基础，课程为教师的自学提供支架；课程要为有利于建立合理的评价方式进行设计；在课程的学习中初步建立教师的协作关系；同时课程为教学研究等学术活动提供示范和主题；课程也决定了哪些资源和工具是有用的。

将资源和工具引入教师的"实践场"是技术支持下的教师专业发展的核心因素，在本模型中发挥着承上启下的作用。资源和工具决定了学习和实践的方式、课程的呈现方式、评价方式、管理与协作方式、学术活动开展方式都会与以往有所不同。

学习与实践活动可以促进教师课程的发展和扩充，在学习与实践活动中获得的体验和作品是重要的课程资源。同理，学习与实践活动可以不断完善和扩充任务与目标，指导下一阶段任务和目标的形成。学习与实践活动为学术活动提供了案例支持。

学术活动通过研讨、交流和共享，增强对学习与实践的支持作用，通过学术活动使得教师学习共同体获得管理和协作的能力、外部支持的能力、协调发展和持续发展的能力。

获得学校、教育行政部门、专家的外部支持是教师学习共同体发展壮大的重要条件，它决定着学习与实践活动、学术活动、管理与协作的有效性，同时也保障了课程、资源和工具的有效指导作用。

评价是认知水平到达一定程度后的外在表现，教师对自己的学习与实践活动建立恰当的评价有利于提高自己的学习与实践活动水平。同时教师对课程、协作活动、学术活动、资源工具的评价是深度参与其中的体现，通过他们的评价产生了教师间的互动，通过对话有利于改善这些活动。许多教师就是在评价这些活动的过程中逐步从边缘参与者走到核心参与者，由普通教师转变为骨干教师，乃至成为学习共同体中公认的专家教师。

综上，我们就可以创建网络环境下教师学习共同体的理想模型，如图2—1所示。

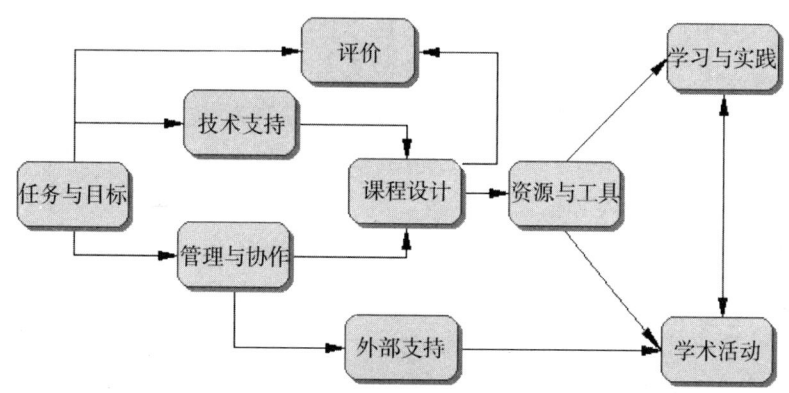

图 2—1　创建网络环境下教师学习共同体的理想模型

第三节　网络环境下教师学习共同体的案例

一　网络环境下城乡互动教师学习共同体的缘起

甘肃省教育厅专项课题"甘肃省利用网络环境建立城乡互动教师专业化能力协同发展模式研究"自2007年开展以来，通过将兰州市城关区和临泽县项目学校教师通过网络环境建立城乡互动教师学习共同体，开展利用现有信息化硬件环境、软件环境与资源环境，建立以县区为主的教育信息化支持服务体系，采取有效的策略与方法，形成城乡学校、教师与学生协调发展的策略与方法。通过网络环境创建一个城乡教师交流互动的平台，仅仅是实现了一个技术问题。我们要研究的真正问题是，如何构建一个网络环境下的城乡互动教师学习共同体，促进城乡教师在学习和教学实践的基础上教学能力协同发展。

兰州市是甘肃省省会城市，兰州市城关区是省、市、区政府所在地，是甘肃省政治、经济、文化的中心。兰州市城关区中小学信息化建设环境比较完备，80%以上的学校都有教师用机。同时，统计数据还显示，大部分学校分别通过 ADSL、10M 光纤或者专线的方式，接入了互联网，占全区学校的 60%左右。兰州市城关区选择了兰州市十九中、秦安路小学、东站小学 3 所学校作为项目实验学校，3 所项目实验学校的各项工作在全区名列前茅，教师普遍都接受过新课改的培训，有多位骨干教师具有作为培训者的经历。

临泽县地处甘肃省河西走廊，是一个以农业生产为主的经济中等发达的县。临泽县 2004 年建成全省第一个县级教育信息网，并被确定为"全省教育信息化示范县"，至 2008 年全县 100%的中学和 43%的小学建成校园局域网，生机比达到 9.9∶1，师机比达到5∶1（见表 2—3）。平川中学、蓼泉中学、五三小学、华强小学、西街小学共 5 所学校被选为项目实验学校，5 所学校均处于乡镇，我们称之为农村学校，文中所称的"乡"是指与这些学校和教师所处的地域属性。所有项目试验学校均已建成计算机网络教室和校园网，实现了"班班通"，教师计算机操作二级达标率（该县自行制定的指标）达到 100%。

表 2—3　　　　　　　　　　实验区信息技术环境比较

	兰州市城关区（城）	临泽县（乡）
中学/项目学校	13/1	10/2
小学/项目学校	69/2	58/5
生机比	9.5∶1	9.9∶1
项目学校生机比	8∶1	10.5∶1
师机比	5.5∶1	5∶1
项目学校师机比	4.5∶1	2∶1
项目学校校园网状况	10M 带宽光纤接入	2M 带宽学校 3 所 10M 带宽学校 2 所

以 2008 年统计数据为例，从生机比一项数据中可以看出，项

目学校生机比平均值为 9.6：1，远远超出全省 22.7：1。项目县/区的信息化环境建设状况优于全省的平均状况，甚至在人均占有信息化设备方面，临泽县优于兰州市城关区。项目学校网络环境的对等性是促进城乡互动的基础条件。

虽然项目县/区的信息化环境建设状况相当，但是通过基线调研显示，城乡教师之间的能力基础存在较大的差异，主要表现为：不同县区教师的信息资源的加工和处理能力差异显著；信息技术环境下的交互总体水平较低，且不同县区教师之间并无显著性差异。在教学应用方面，不同县区教师教学活动的组织方式差异非常显著。在开展基线调研的基础上还了解到：（1）一批在信息化教育的前沿领域探索已久，并且在信息环境下已经成长起来的学校向何处发展，成为摆在研究者以及教育管理者面前的课题。兰州市城关区教育局有关负责人谈道："由兰州市城关区教育局组织开发校本课程资源包《生命 生活 社会》过程中取得了来自学术和社会各方的好评，但是如何使得这些来自教师和学生的课程资源发挥更大的效益？如何通过更加深入和广泛的交流共享教学经验，从而促进教师的专业发展？《课程资源包》促进学生学习方式转变、学习能力提高的途径在哪里？是我们要重点解决的问题。"临泽县是甘肃省信息化教育示范县，该教育局负责人关于信息化教育该往何处去的问题谈道："2005 年农远工程现场会在我们地区召开，我县的整体教学质量的提高上了一个台阶，'三种模式'教学环境的使用率很高，但是，近年来全县每年举行整合课评比，教学方法始终没有突破，每年也有相当数量的外出学习和培训，效果甚微。如何使信息化教学再上台阶？如何使'三种模式'教学环境在生命周期内发挥更大的效益？成为我们面临的新的困惑。"寻找突破，发挥效益是两县/区教育行政部门共同关注的重点。（2）城乡教师对自己的学习环境、学习方式普遍不满意，教师 A 在谈到对教研活动的看法时说："我们每周都有固定的教研活动时间，但是大多数时间都是在传达文件或者闲聊，为了应付检查还要抄笔记。有时候自己也反思自己的教学，但都是在脑子里一闪念就过了，不太容易深入思考。"教师 B 说："有时候想利用网络查找一些资料，可是不容易找到自己需要的资源，注意力经常就被新闻和 QQ 吸引走了。"教师 C 说：
"原以为博客是名人们才有的，如果我们形成自己的圈子，大家都
能够贡献自己的资源，交流思想，那对我们的教学肯定是有很大帮
助的。"加强交流，实现资源共享是城乡教师共同的愿望，但是城
乡教师对利用网络环境进行学习、交流和互动缺乏机制保障。

二   网络环境下城乡互动教师学习共同体的学习机制

网络环境下的城乡互动教师学习共同体的构建完全建立在第二
节所述模型的基础之上，以"基于设计的体验式学习"为理论指
导，将教师学习的基本过程划分为两个阶段，即网络课程支持下的
自主学习阶段和课题指导下的协作教研阶段（见图 2—2）。每个阶
段围绕"基于设计的体验式学习"的基本环节形成一轮宏循环，每
一轮宏循环中又包含若干微循环。在本书中两个阶段各进行了 20
周的时间，每一阶段的起始经验来自上一阶段的学习结果，在每一
阶段除了起始点外的其他环节的顺序有所不同。

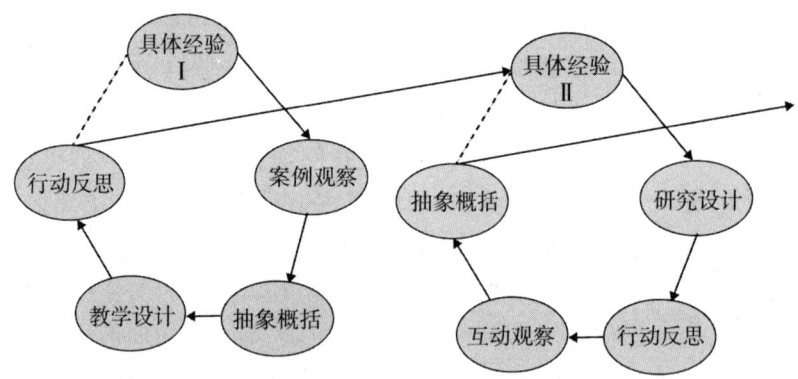

第一阶段 网络课程支持下的自主学习   第二阶段 课程指导下的协作教研

图 2—2 基于设计的体验式学习迭代过程

（一）网络课程支持下的自主学习

网络课程支持下的自主学习的过程：网络课程支持的自主学习
阶段主要是通过学习有关信息技术和信息化教学方法的网络课程，

目的是通过网络课程的活动设计，教师在学习和教学实践中实现对信息化教学方法的初步体验。根据"基于设计的体验式学习"，网络课程支持下的教师自主学习的过程为：具体经验—案例观察—抽象概括—教学设计—行动反思。网络课程的设计者按照这个过程来组织材料、设计活动。

具体经验：由项目组成员通过调查项目学校的信息化环境和教师信息化教学能力入手，将要学习的内容和已有的经验之间建立关联。

案例观察：主要是通过对作品或案例的欣赏式观察，从而对观察的对象产生一定的兴趣。在观察的基础上思考信息技术作品的形式和内容，技术性教学法的应用方式和适用范围。

抽象概括：实际上是对前面观察讨论环节提出的问题的总结和归纳，就技术性教学法而言，需要从该教学法的概念、特点、类型、使用原则、理论基础等方面进行概括。

教学设计：在完成网络课程活动的过程中体验设计思想（活动设计、任务流程设计、评价方式），在参与学习活动的过程中完成作品的设计。在作品中要反映设计思想（也就是说为什么要这样设计，这样设计的目的是什么），并以此作为教学设计的依据。

行动反思：是对设计的作品付诸教学实践，同时也是将资源和工具引入"实践场"的过程，将信息化教学方法初步应用到课堂。通过教学反思将行动者的教学过程和教学经验与其他教师进行分享和沟通。

（二）应用型课题指导下的协作教研

应用型课题指导下的协作教研的过程：应用型课题指导下的协作教研阶段主要是通过应用型课题这个载体深化对信息化教学方法的认识和体验，促进教师学习共同体教师之间的深度互动，通过对教学研究活动的设计，实现对基于设计的体验式学习过程的再次实践。应用型课题指导下的协作教研的过程为：具体经验—研究设计—行动反思—互动观察—抽象概括。

具体经验：教师通过对同行的作品和行动过程进行对照，将上一轮行动中的困惑和反思带入这一轮，成为研究的主题。通过围绕技术性教学法开展行动研究过程的亲历和参与，在这一阶段主要形成在协作中解决教学问题的体验。

研究设计：设计的重心从设计一节课转向了专题研究，通过设计研究主题、研究计划、实施方案、协作活动方案，把课堂当作实验室，就"与特定学科、特定教学内容相适宜的教学方法是如何促进学生学习能力提高和学习方式的转变"这一问题开展设计研究。

行动反思：根据研究计划开展设计研究，根据研究方案相同学科的教师选择相同的教学内容应用不同的信息化教学方法实施教学，在行动研究中通过对比、反思、调整、总结、共享，教师之间的协作关系继续加强。

互动观察：借助一定的观察程序和观测工具进行科学、准确的观察，观察结果成为课堂评价的依据。教师通过观察讨论同行们的课例，并将这些课例与之前学习的理论和案例进行对比，对技术性教学法的形式和内涵进行剖析，从形式上的模仿转向方法内涵的探讨。

抽象概括：通过与以往的教学方式进行对照，用实例、流程进行描述。根据行动研究的需要，教师会重新进入到网络课程中进行学习，经过比较和思考，概括设计原理，形成更加深入的认识和体验。

综上，基于设计的体验式学习的阶段性特征可概括如下（见表2—4）。

表2—4　　　　　基于设计的体验式学习的阶段性特征

	网络课程支持下的自主学习	应用型课题指导下的协作教研
具体经验	基于情境、案例和任务的体验	协作解决教学问题的体验
观察	案例观察； 观察要点来自学习活动的设计； 在观察的基础上发起讨论，讨论主题主要由项目组成员发起	互动观察； 教师更加关注解决教学问题的方法； 观察要点来自研究方案，观察对象来自同伴、学生、工具等多个方面

续表

	网络课程支持下的自主学习	应用型课题指导下的协作教研
抽象概括	对网络课程中的名词、概念和流程的复述； 使用 LAMS 活动、互动评价进行强化	用实例、流程进行描述具体行动过程； 注重区分不同教学法之间的异同； 评价具体情境中的教学活动
设计	任务来自完成网络课程中的作业； 主要是对网络课程中案例的模仿	设计行动研究的方案； 专题学习网站自动生成系统作为资源整合平台和教学平台； 将技术、教学法、内容知识进行整合； 设计资源，设计活动，设计评价方式
行动反思	将学习作品付诸教学实践，具有模仿的特点； 将资源和工具引入实践场； 将信息化教学方法初步应用到课堂当中	以专题形式重组教学内容，以同课异构方式促进多元化教学； 在开展基于设计研究的基础上，具有知识建构的特点； 在教学实践中反思和修正研究过程

三　网络环境下城乡互动教师学习共同体的运行效果

网络环境下的教师学习共同体本质上属于实践共同体，是课程学习、教学研究和教学实践在时间上连续不断、空间上紧密关联、性质上相互交融的统合整体的连续统。其最终目的是共同体成员在互动中形成个人获得极大满足、成员积极的相互依赖、共同体文化特色鲜明的态势。要实现教师信息化教学能力提升为导向的教师学习共同体愿景，教师学习共同体需要通过网络课程支持下的自主学习、课题驱动的协作教研和基于整合技术的教学实践三种学习方式。对应于这三种学习方式，应该在认知性维度、技术性维度和社会性维度三个方面提供不同程度的支持，不同的学习阶段和学习方式在不同的维度上各有侧重。网络环境下的教师学习共同体学习方式与构建维度之间的侧重关系如表2—5所示。

表2—5　网络环境下的教师学习共同体学习方式与三种维度的关系

	认知性维度	技术性维度	社会性维度
网络课程支持下的自主学习	强侧重	中侧重	弱侧重
课题驱动的协作教研	中侧重	弱侧重	强侧重
基于整合技术的教学实践	弱侧重	强侧重	中侧重

（一）对认知维度的数据分析

1. Moodle 课程有效地支持了教师的自主学习

如表2—6所示，被调查对象对 A7 项"所有 Moodle 课程提供的学习内容和学习活动适合自学"，认为"非常同意"的人数达到 60.5%，MA7＝4.3953 是本调查中满意度最高的选项，说明学习内容和学习活动的适切性对学习者的支持作用非常明显。

表2—6　　认知维度的调查数据

编号	非常不同意（%）	不同意（%）	不明确（%）	同意（%）	非常同意（%）	Mean 均值（M）	Std. Deviation 标准差（S）
A1	0	9.3	9.3	39.5	41.9	4.1395	0.94
A2	0	7	11.6	53.7	27.9	4.0232	0.83
A3	0	9.3	14.0	55.8	20.9	3.8837	0.85
A4	0	14.0	41.9	30.2	14.0	3.4419	0.91
A5	0	9.3	18.6	41.8	30.2	3.9302	0.94
A6	0	20.9	41.9	23.3	14.0	3.3023	0.96
A7	0	4.7	11.6	23.3	60.5	4.3953	0.88
A8	0	9.3	34.9	39.5	16.3	3.6279	0.87
A9	0	23.3	32.6	30.2	14.0	3.3488	1
A10	7.0	37.2	25.6	30.2	0	2.7906	0.97
A11	4.7	34.9	23.3	30.2	7	3	1.07

A9 项"我能够很容易地在 Moodle 平台上了解我的学习进度"，自

主学习最主要的特点是学习者根据自己的条件控制学习过程，MA9 = 3.3488，表明课程平台支持自主学习的功能基本能够满足学习者的需要。

2. 网络课程促进了教师知识的意义建构

A1 项"所有 Moodle 课程清楚地写明了学习要求及目标，有利于促进学习和实践"和 A2 项"所有 Moodle 课程提供的案例加深了我对信息化教学的认识和体验"的认可程度的均值都达到 4 以上。

A4 项"Moodle 课程的设置能满足我对信息化教学的需求"，MA4 = 3.4419，A6 项"通过 BBS 论坛的主题讨论有助于我对信息化教学方法形成持续的、更加深入的认识"，MA6 = 3.3023，这两项数据的均值都比较低，可以看出仅仅靠课程学习还不能满足教师对信息化教学的需求，同时也印证了我们之前设计连续统在教学实践中提升信息化教学能力的必要性。

3. 网络课程促进了教师能力的提升

教学设计能力、教学评价能力和教学实施能力是网络课程所有学习活动的核心价值，被调查者对这几项能力的生成同样持肯定态度，其中 A3 项"在完成 Moodle 课程的学习活动的同时也完成了信息化教学设计"，MA3 = 3.8837；A5 项"所有 Moodle 课程中的讨论和互动评价有利于我对教学法的应用做出恰当的评价"，MA5 = 3.9302；A8 项"课程中的学习活动有助于在行动和反思的基础上提高教学实践能力"，MA8 = 3.6279。

4. 对技术支持下教师专业发展意义的理解有待提高

关于认知维度，被调查者仅对 A10 项"我和我周围的教师都非常明确网络课程对自身专业发展的意义"的认可程度最低。这一方面说明项目学校教师对网络课程支持教师专业发展的意义缺乏信念。另一方面，通过 A11 项"在参与项目的过程中，我非常了解学习、研究和教学实践始终是一个连贯、循环的进程"，MA11 = 3，说明被调查者对项目实施的意义总体上还缺乏了解，而且 SA11 = 1.07，说明被调查者对该项认识上的分歧也最大。

（二）对技术维度的数据分析

1. 良好的技术支持是保障持续交流的动因

如表 2—7 所示，B1 项"平台提供解决网络技术问题的一系列常见问题解答",MB1 = 3.511628,B9"项目组成员在需要时会帮助我解决软件的使用方法",MB9 = 3.604651;B10"项目组成员在需要时会帮助我解决网上学习遇到的技术问题,如注册登录、工具下载、作业的上传等等",MB10 = 3.418605,三项统计的均值在技术维度中属于最高值,而且三项的标准差都小于1,说明被调查者对项目提供的技术支持都比较认可,而且意见较为一致。这三项的调查集中反映了群体对网络平台和对技术支持小组的可靠性的认同。

表2—7　　　　　　　　　　技术维度的调查数据

编号	非常 不同意 (%)	不同意 (%)	不明确 (%)	同意 (%)	非常 同意 (%)	Mean 均值 (M)	Std. Deviation 标准差 (S)
B1	0	14	34.9	37.2	14	3.511628	0.91
B2	4.7	23.3	39.5	23.3	9.3	3.093023	1.02
B3	7	20.9	30.2	32.6	9.3	3.162791	1.09
B4	4.7	23.3	27.9	37.2	7	3.186047	1.03
B5	7	23.3	34.9	32.6	2.3	3	0.98
B6	4.7	14	30.2	32.6	18.6	3.465116	1.1
B7	11.6	14	32.6	37.2	4.7	3.627907	1.02
B8	9.3	25.6	27.9	32.6	4.7	3.137209	1.07
B9	2.3	7	27.9	53.5	9.3	3.604651	0.85
B10	0	16.3	34.9	39.5	9.3	3.418605	0.88

2. 网络环境的稳定性是深入互动的基础

B5项"'三人行'平台上网络链接都很可靠,即点击后没有'无法显示'或者链接错误的情况发生"。B6项"项目提供的网络环境运行稳定,为我们的学习和研究过程提供了很好的支持"。B7项"平台上提供了共享的空间(如专题学习网站、BBS、Blog等),可以使我方便地获取其他教师提供的资源"。B8项"'三人行'网络平台上各学习平台之间的导航链接清楚明了,我不会迷航"。

3. 交流的深度取决于个人的信息技术能力

B2 项"项目组采用的交流工具（如 BBS、QQ 群、Blog）能让我方便地与同伴交流"。B3 项"项目组提供的'专题学习网站'这个平台很好地促进了技术、教学法和教学内容的融合"。B4 项"我能通过'三人行'平台或 QQ 群及时获得项目开展的最新信息"。这三项的均值都大于 3，而且标准差都大于 1，说明被调查者对这三项总体上比较认同，但是意见比较分散，不太统一。我们对这三项统计的分析是，对这三项的态度取决于被调查者的信息技术水平、对网络交互平台的了解程度，以及对社会性工具的使用习惯差异。

（三）对社会维度的数据分析

1. 通过互动产生团队的互相依赖

如表 2—8 所示，C1 项"我们的课题研究团队能够有效地设计和实现协作任务"，$MC1 = 3.72093$，居社会性维度选项之首，而且 $SC1 = 0.80 < 1$，说明意见集中度非常高。总之，被调查者对各自研究团队社会性交往活动基础上形成的协作任务的自我评价比较高。C2 项"我非常明确在共同体中个人的权利和义务以及组织的行为规范"，C4 项"我们的团队能够有效地化解冲突"，C6 项"虽然我跟平台上的其他团队成员不能面对面交流，但是我很信任他（她）"，从这三项看，课题驱动的协作教研团队在社会性维度上，实现了以信任、互惠为基础的社会性关系。

2. 通过互动增强了个人间的协作关系

C3 项"通过网络协作教研，我和一些其他学校教师结成了良好的友谊关系"，C5 项"我比较喜欢参与熟悉的人发起的讨论交流"，C7 项"在教学实践中遇到困难时，我知道通过何种渠道获得帮助"。从这三项看，被调查者都比较同意在个人兴趣、爱好基础上形成的个人间的协作关系，并且在此基础上进行讨论并互相传递信息和教学资源。同时三项标准差都大于 1，说明意见分歧比较大。

3. 研究团队还需要更多的外部支持

C8 项"我们的研究团队获得了来自学校和家长的更多支持"，$MC8 = 2.860465$，均值非常低，说明被调查者总体上认可程度低，但是标准差 $SC8 = 1.26 > 1$，说明意见分歧较大，一个共同体的持续发展则需要多层次的外部支持，尤其是在教学研究和实践基础上形成的共同体，更需要来自家长和学校的支持。许多教师在访谈中也提到参加培训后，如果学校领导和家长采取真心扶持的态度，他们就能很快地将学习内容转化为教学行为，产生立竿见影的效果。反之，如果学校领导和家长采取冷眼旁观的态度，会严重挫伤教学改革的积极性。

表2—8　　　　　　　　　　社会维度的调查数据

编号	非常不同意（%）	不同意（%）	不明确（%）	同意（%）	非常同意（%）	Mean 均值（M）	Std. DeviBtion 标准差（S）
C1	0	7	27.9	51.2	14	3.72093	0.80
C2	4.7	23.3	25.6	39.5	7	3.209302	1.04
C3	7	18.6	30.2	20.9	23.3	3.348837	1.23
C4	9.3	18.6	32.6	27.9	11.6	3.139535	1.15
C5	9.3	18.6	23.3	27.9	20.9	3.325581	1.27
C6	11.6	16.3	32.6	18.6	20.9	3.209302	1.28
C7	9.3	16.3	41.9	20.9	11.6	3.093023	1.11
C8	16.3	23.3	32.6	13	13	2.860465	1.26

（四）结论与总结

从学习支持的角度来看，认知、技术和社会性三个维度之间的关系是互相依存，认知维度的支持是导向，技术维度的支持是基础，社会性维度的支持是可持续的保障，三者互为基础，不能割裂。

技术支持为教师学习共同体的发展创建一个学习和交流的环境。通过调查得知，建立一个稳定、顺畅、易用的网络环境对于任何一个虚拟学习共同体来说都是基础保障。网络环境的稳定性决定了资源获取的便利性和使用网络进行交互的积极性。此外，在网络学习环境下的远程指导和技术支持服务是保障学习共同体可持续发展不可或缺的因素。

认知维度体现了教师群体对自主学习方式和学习内容的态度。课程学习是实践活动的基础,课程为教师的自主学习提供了支架;课程要为有利于建立合理的评价方式进行设计;在课程的学习中初步建立教师的协作关系;同时课程为教学研究等学术活动提供案例示范和研究主题;课程学习、课题研究和教学实践的过程中,应该树立教师对技术支持的教师专业发展的信念,与之对应的策略应该在课程的呈现方式、评价方式、管理与协作方式、学术活动开展方式都体现出资源和工具引入不同学习阶段后较之前有所不同。为了弥补认知维度在网络课程支持的自主学习阶段给予的支持不足,研究与实践活动可以促进课程的发展和扩充,在研究与实践活动中获得的体验和作品是重要的过程性课程资源。

社会维度的调查反映了教师在教研团队小群体中的社会行为和社会认同,同时也反映了群体化教师学习共同体走向教师学习共同群体化的过程中面临的社会协作困境。获得学校、教育行政部门、专家的外部支持是教师学习共同体发展壮大的重要条件,决定着学习与实践活动、学术活动、管理与协作的有效性,同时也保障着课程、资源和工具的有效指导作用。以课题驱动的协作教研为代表的学术活动是在社会维度给予重点支持的策略,通过研讨、交流和共享,增强了对课程学习的理解,促进了对教学实践的支持作用,通过学术活动使得教师学习共同体获得管理和协作的能力、外部支持的能力,使得教师学习共同体协调发展、持续发展的能力进一步增强。

第三章

技术支持的混合式教师培训模式

第一节　技术支持的混合式教师培训的理论基础

技术对于教师培训的支持，一方面表现在引入信息技术扩大培训规模、提高培训质量；另一方面表现在教师学习和体验信息技术如何促进学生的学习。教师培训的本质是通过目标规划设定、知识和信息传递、技能熟练演练、任务达成评测等系列现代信息化的流程，让教师通过一定的教育训练技术手段，达到预期的教学水平提高的目的。教师培训是教师学习的重要方式，从根本上属于社会性学习。

一　学习的本质认识

学习在中国古代实际上是两个词，"学"是指获得知识和技能，"习"是指实践、巩固知识和技能，因而在《论语·学而》中就有："学而时习之，不亦说乎。"在《现代汉语词典》中，对"学习"一词的解释是：从阅读、听讲、研究、实践中获得知识或技能。学习是知行合一的代名词，而在人们的潜意识中偏重了"学"——人的认识活动，而忽略了"习"——人的实践活动。对于学习本质的理解，不同的学习理论都强调学习的某种心理特征。行为主义的学习理论：学习是在刺激和反应之间形成联结。格式塔学派的学习理论：学习的目的和实质在于形成和发展人的内在认知结构、完形（格式塔）。认知主义的学习理论：学习活动本质上是一种主体转变客体的结构性动作，其目的在于取得主体对外部自然与社会环境的适应，从而达到主体与环境之间的平衡，同时将这种动作协调结构内化为主体的认知结构（图式）。社会建构主义的学习理论：学习是人所特有的高级心理结构与机能，这种机能不是从内部自发产生的，而只能产生于人们的协同活动和人与人的交往之中。桑新民教授从哲学的角度对学习的本质进行了讨论，学习的本质是人类个体的自我意识与自我超越。本书所提到的教师学习共同体中的学习机制，是教师群体提升自己教学能力的行动框架，教师专业的特殊性决定了教师学习方式属于非正式的学习、实践中的体验式学习和社会化的协作学习。

教师的学习属于非正式学习，它是一种有明确目标的、自我调控的自主学习过程。非正式学习区别于基于课堂的严密的组织学习发生方式，并不意味着非正式不需要有组织的活动、不需要组织的监督和评价。教师参与学习活动的过程，是基于学习共同体协作知识建构的过程，是在实践中获得体验的过程，这些方面都需要在高度社会化的组织中发生。因此，从学习的角度来说，教师学习共同体就是教师在非正式的学习环境中，通过认知和实践获得经验的社会活动。从组织的角度来说，教师学习共同体就是由一群具有共同愿景的学习者，在协作学习、协同教学中，在交流沟通、思想碰撞中，个体和团体都获得发展的创建学习型组织的过程。

二　社会性学习

从学习方式的角度研究教师共同体，可以帮助我们在更抽象的层次理解教师这一特殊群体学习发生的本质特征。教师专业的特殊性决定了教师学习方式属于非正式的学习、实践中的体验学习和社会化的学习。美国成人教育学专家维多利亚·J. 马席克（Victoria J. Marsick）、卡伦·E. 瓦特金斯（Karen E. Watkins）对成人所持的学习方法进行了专门的观察与研究，认为非正式学习和偶发性学习应该成为成人学习的主要方式。雪伦·B. 梅瑞安认为，非正式学习如自我导向学习、网络学习、教练、辅导、绩效规划等，通常是有目的的，但并非是严密组织的，它们都包含了审视学习需求的机会。非正式学习可能在学习机构中发生，但不是典型的基于课堂的、组织严密的学习。学习的掌握权主要在学习者手中，它可以在一个组织有目的的鼓励下发生，也可以在一个不大有利于学习的环境中发生。

教师的学习方式是一种有明确目标的、自我调控的自主学习过程。值得一提的是，非正式学习不需要严密的组织，其目的主要是为了区别基于课堂的学习发生方式，但这并不意味着非正式学习不需要有组织的活动、不需要组织的监督和评价。教师参与学习活动的过程，是基于学习共同体协作知识建构的过程，是在实践中获得体验的过程，这些方面都需要在高度社会化的组织中发生。可以说，社会性学习是构成学习共同体的基本思想，也是适合教师学习共同体的学习方式，其核心内容可以归纳为：

（1）参与和体验，是社会性学习的基本形式。社会性学习源于班杜拉所提出的社会学习理论，认为人的学习是在社会环境下，通过人与人之间的观察、模仿、塑造而进行的[①]。班杜拉的社会学习理论强调通过观察和模仿进行学习，重视榜样的作用，强调学习是个人对行为的自我调节，这些自我调节主要是通过设立目标、自我评价，从而引发动机功能来实现。温戈则指出，参与社会性实践是人类进行学习并获得认同的基础，并因此提出了"实践者共同体"这一社会性学习理论，将学习阐释为一种社会性参与的过程。学习是作为共同体成员（learning as belong）、参与实践（learning as doing）、获得体验与意义（learning as experience），以及建立身份与认同（learning as becoming）的过程，温戈等人强调通过共同体中的实践探究，获得体验构成了人类学习的方式。

（2）人的社会属性是社会性学习所考察的基本属性。人的社会属性是人作为集体活动的个体，或作为社会的一员而活动时所表现出的特性。作为一种社会活动，学习首先发生在社会层面，其次才是个人层面的心理活动。人的社会化的过程不仅是个人接受社会经验的影响，内化社会的行为准则，掌握社会生活知识技能；还是个人积极参与社会生活，介入社会环境，参加社会关系

---

① 阿尔伯特·班杜拉：《社会学习理论》，中国人民大学出版社 2015 年版。

系统，再现社会经验的过程。网络环境下城乡互动教师学习共同体的社会维度反映了在形成教师学习共同体和促进教师专业发展的过程中，采取相应的策略和机制促进教师之间的互动，形成群体互动规范和群体成员间积极的相互依存，保持学习共同体的文化特色。

（3）强调技术的作用。伴随着社会性软件的出现，Web 2.0、虚拟社区、社会性计算等技术性名词成为一种普遍现象，这些技术扩大了参与的时空，协作工具和资源极大丰富，更重要的是使"社会性"的特点体现为高度的用户参与、内容的用户创建等自底向上的"草根"特色。技术促进学习的效果成为学者们争论的焦点，而大量研究结果并不能说明这种学习方式的优越性，有学者将其原因归结为"社会属性的缺失"。在信息技术环境下的学习需要更多的学习支持，学习支持的来源是多元化的，既有来自同伴间的学习支持，又有来自助学者的学习支持。也就是说，技术环境下的社会性是产生互动的基础。

三　体验式学习理论

（一）体验式学习

"体验式学习"是从英文"experiential learning"翻译而来，从字面上理解，即通过亲身实践和体验，从而进行学习。《现代汉语词典》对"体验"的解释是"亲身经历以认识周围的事物"，强调体验学习的"经历"。《牛津高阶英汉双解词典》对"体验"（experience）一词做出这样的解释："通过在一段时间内做某事而获得的知识和技能及其过程；曾经发生在你的身上，对你的思考和行为方式造成影响的事情；在某些方面影响你的事情或活动；经历过影响你的或发生在你身上的特殊情形；拥有或意识到特殊的情感或身体上的感受。"我们可以发现：牛津词典中对"体验"的解释强调对当事人的"影响"，伴随"体验"的是知识和技能的获得，思想和行为方式的变化。

美国体验式教育协会将体验式学习定义为："学习者从直接体验中构建知识、技能和价值观的过程。"

《体验式学习的力量》一书的作者柯林·比尔德和约翰·威尔逊将体验式学习定义为："人们在以往的体验和知识的基础上，通过对自己的经历或事物的观察有意识或无意识的内在化获得的洞察。"

我国学者王国强认为，体验式学习是指在设定学习目标的前提下，学习者在真实或者模拟的环境中，进行切实的实践和体验，然后通过反思和与他人的感悟分享，从而实现自我知识、能力以及态度的提升与重构的一种学习方式。

系统地论述体验学习理论的是库伯，他的代表作《体验学习：让体验成为学习和发展的源泉》（*Experiential Learning：Experience as the Source of Learning and Development*）构建了体验学习完整的理论框架。体验学习模型构建的是"能够探讨和加强教育、工作和个人发展之间的重要联系的框架"。

综上，体验式学习模型如图 3—1 所示。

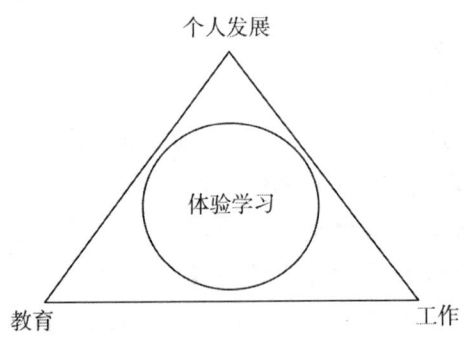

图 3—1　体验式学习模型

（二）学习经验圈模型

学习体验是一种学习中的心理现象，体验是学习的一种过程和方式。库伯认为，体验学习是以双重认识论为基础的：既包括经验论者的具体经验，通过直接感知的过程掌握事实；又包括唯理论者的抽象概括，通过抽象概念化的协调过程掌握事实。学习发生在对具体经验的直接感知和对符合系统的领悟的理解层面，同时学习过程需要通过行动应用的外延和内在反思的转换层面。欣赏性感知和批判性领悟是认知的两个过程，欣赏主要是关心且对某人经历感兴趣的过程，同时它还是一个价值参与的过程。感知和领悟之间的动态联系是知识创造的核心。

学习经验圈模型是库伯根据勒温、杜威、皮亚杰的学习模式发展而来，成功地吸收了杜威的经验学习理论，即强调学习是对经验不断地改造与重组的过程，并主张将各种经验融入传统教育形态之中；以及勒温的"场理论"（field theory）与行动研究，勒温认为，学习的最佳环境就是情境中立即的、具体的经验和分析的、超然的概念间产生对话性的紧张与冲突，也唯有从当下的具体经验开始，透过观察的行动，形成概念和类化，并迁移到新的情境中验证其有效性，学习方能真正发生在学习者身上。

学习经验圈模型提出体验学习过程是一个四阶段的循环过程，涉及具体体验、反思观察、抽象概括和行动应用四个学习环节。该模型强调运用体验学习方法在课堂（培训场所）和真实世界（工作场所）之间建立起联系；工作场所可以成为提高和弥补正规教育的学习环境，可以通过有意义的工作和职业发展促进个人发展。以经验为基础的教育形式在专业培训中扮演着重要角色。因此，该模型对我们研究教师的学习过程具有指导意义。该模型所对应的四种知识形态：（1）通过感知获取经验，并通过缩小内涵的转换形成同化性知识；（2）通过领悟获取经验，并通过缩小内涵的转换形成发散性知识；（3）通过领悟获取经验，并通过扩大外延转换经验形成复合性知识；（4）通过感知获得经验，并通过扩大外延转换经验形成顺应性知识。以及四种学习方式：外延式感知、外延式领悟、内涵式感知、内涵式领悟（见表3—1）。随着这一领域研究的深入，库伯等人通过实证研究将不同专业类型学习者的学习方式进行测量，得出学习方式、知识类型和人格类型与专业类型显著相关的结论，并且提出通过学习类型进行专业教育，从而增强职业适应性。其研究范式可以通过图3—2中各个要素之间的对应关系来表示。

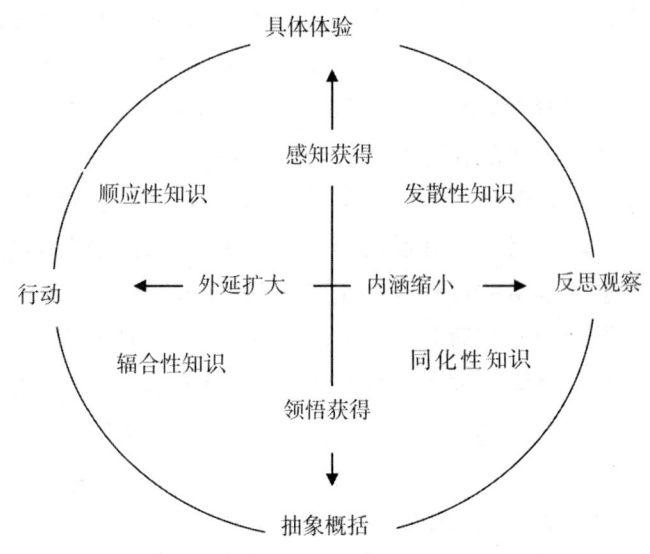

图 3—2　库伯学习经验圈模型

表 3—1　　　　　　　　　　**体验式学习理论知识类型**

知识类型	学习方式	职业类型	职业能力
顺应性知识	外延式感知	社会服务和教育	坚持目标；需求发展机会；影响领导他人；个人融入；与人交往
复合性知识	外延式领悟	与科学相关行业	创建新的思维方式、行动方式；将新观点付诸实践；寻找最新解决方法；建立目标；决策
发散性知识	内涵式领悟	自然科学和数学	组织信息；建立概念模型；验证理论与观念；设计实验；分析大量数据
同化性知识	内涵式感知	艺术和人文科学	对他人感受敏感；对价值敏感；聆听他人；收集信息；歧义情境中寻找内涵

　　结合学习经验圈模型，我们认为，教师群体的学习机制以促进专业发展为终极目标，在人际互动中，设计并改进行动方案中的思维方式和行动方式，发展具有创新性、个人化教学模式的行动框架。按照常理，"行动—反思"为促进教师专业发展的导向性框架，

其知识类型与学习经验圈理论模型中"顺应性知识"相对应，以修正和改进为主旨。"顺应性知识"为我们设计教师学习方式提供了方法论的指导，但是教师在学习过程中不仅以发展具体经验为目标，同时还应该发展教师的抽象概括水平，在具体的行动中形成适合学科背景和个人知识结构的教学模式。在教师的行动框架方面，已经有诸如"促进学习者共同体"、"互惠教学"、"通过设计学习"、"支架支撑的知识整合"等方式。这些行动框架作为一般性的教学方法，以发展学生学习为目标重心的行动框架。我们所研究的教师的学习机制是一种以"设计"为核心的，平衡体验式学习的四种知识类型的行动框架，以发展教师信息化教学能力为目标重心的行动框架。

四 基于设计的学习

设计与现实生活的方方面面都有着联系，只要我们想改变一件事物或参与到为满足自己和他人需要的事件中，我们就在进行着设计。人类在设计中进行着创造，人类在设计中认识着大自然、改造着大自然。西蒙认为，所谓设计就是为将现存情形改变成向往情形而构想行动方案，是一种问题解决的系统优化过程。设计科学的使命是发展有效的知识，以产生出对现场问题的解决方案。设计科学的典型工具是技术规则，这些规则告诉人们，要想达到某些结果，就要采取什么样的路径。布坎南（Buchanan）认为，设计是人们为了实现个人或集体利益，形成构思、计划与制品的能力。设计过程就是学习的过程，通过设计产生对特定知识的深度理解；同时，设计也是一种能力，是通过人工制品体现其设计思想，为特定目的服务的过程。那么对于中小学教师来说，设计意味着针对不同的教学情境采取何种策略和方法，以及为了能够有效地应用教学方法而进行的探究过程，通过设计建立解决问题的模式的过程。

（一）设计作为有效学习的支撑

许多研究者认为，教学设计是使教学结构最优化的理论，教学设计的过程是预设的过程，许多教师对教学设计的敷衍，一方面来自对专家抽象而繁杂的教学设计模式程序的厌烦；另一方面认为教学设计是在生成的过程中逐渐完善的理解超过了对教学预期的实现。正如罗兰德（1993）所述的那样，当我们把教学设计描述为一种预定过程时，却忽略了它创造性的一面；在强调设计必须领先理性的同时，又疏忽了该过程对直觉的领先；在注意设计中的归纳过程时，又将其中的演绎过程置于一边。此外，在把设计视作最优化过程的同时，对对话在设计过程中的重要作用缺乏足够的意识。

持理性设计观的学者认为，设计是计划和组织，是预设、联系和控制。简言之，它包含了所有排除无序和偶然的方法。教学设计是一种联系科学（linking science），它包含这样一类知识，它描述的是以优化所期待的教学成果（如业绩和效应）为目的的教学行为。赖格卢特强调遵循规则与程序的重要性，他认为，这些设计原则精确地预测了现象的未来，在教学设计中这就是学习。在这一看法中，设计是寻求对规则的理解的一门科学，因此，在实际运用这些规则时，设计更接近工程学。设计者首先要像一个工程师那样工作。

伊尔等人在承认设计是不简单的，它需要高水平的认知过程的同时，则更多重视创造性，强调艺术性与主观事物的重要性。一个"艺术家"或一个教学设计者认为规则与程序的应用是有其局限性的，各种处方并无用处，因为教学设计是极其复杂的现象，它包含许多变量，而且这些变量如此不确定，以至于设计者必须将每一个设计视作独特个案，而不是一种反复发生的事件。设计的产出与设计的过程与其背景相关。

罗兰德提出，设计就是为创造某种具有实际效用的新事物而进行的探究。设计是探究的过程，根源于融理性与创造性为一体的设计观，这一思想成为后来拥护"设计研究"理论的基础。教育研究不同于实验室研究，"教育革新的潜在效益存在于将探究与科学/研究的更少连接，而与设计更多的连接当中"[①]。基于以上理解，设计对于教师从事的教育改革的意义不可谓不显著，其意义主要体现在以下几点：

1. 设计是问题解决的过程

设计过程是通过揭示问题与解决方案、新事物与旧事物之间的

---

① G. Rowland, "Designing and Instructional Design", *Educational Technology Research & Development*, 1993.

内在依存关系，去设想并体验快速学习某种尚未存在的东西的一种过程。"问题"是人不具备跨越所在的此岸与欲去的彼岸之间裂缝的方法时所处的一种情境。为了跨越这一裂缝，他们必须理解问题的实质并发现解决问题的途径。

2. 设计是学习的过程

设计过程是一个学习过程。设计需要大量的相关认知，从而促进教师学习、行动和反思。通过设计，教师从知识的消费者转变为知识的生产者。罗兰德把设计视作构建知识的周期，在这一周期中，设计者做出假设（与每一行动的结果有关的并具有设计产品的特征的预测），对其进行质疑并能挖掘支持假设的论据。而这一学习过程是通过对问题的分解，对问题反复进行详细描述，推理和知识重构的过程。

3. 设计是计划与情境的统一

计划更多地符合理性设计观的特征，由计划决定行动的走向，它的作用是预测各种可能性以及采取相应的对策。雷蒙等人认为，设计过程是一种状态转变系统。设计者的设计过程都会因设计情境的改变而改变。"情境性行动"是一种回应目前所遇到的情境的行为。然而，它的功能不限于对刺激的反应，还致力于形成情境以作出后继的决策。由于教学情境大多数情况下都是不可重现的，所以每一次的行动都是创造性的反应。一个完整的设计包括计划和修正的过程，而教师的设计产品是面向课堂的，教师设计活动的目的在于在预设与生成中让课堂变得更精彩。

4. 设计是社会性互动的过程

往往承担设计任务的是一个设计小组，每个设计者都是小组中的一个成员。小组成员之间的相互作用必然会影响设计过程。设计过程还应包括人际关系、权力地位和工作中产生的焦虑等。此外，还必须注意协调设计过程中产生的各种利益冲突。

（二）通过设计学习技术

科勒等人认为理解技术对于教学法的作用比积累技术能力更重要，灵活的教学方式比发现有用的工具更重要。为了实现这一思想，他们提出"通过设计学习技术"（learning technology by design）

来促进技术性学科教学法知识（Technological Pedagogical Content Knowledge）。这一理论的主要结构是：

（1）指导者的角色是教师学习的促进者和问题解决咨询专家，他们为教师设计真实的需用技术解决的教学问题，而不直接教给教师具体技术手段的操作技能。

（2）设计能力不能够用讲座或授课习得，而是通过以"做中学"的方式体验产生的。

（3）设计的目的是为了再次设计。设计不是一次性完成的，设计最大的特征是循环，设计的过程是反复试验的过程，课堂就是实验场所。在设计中获得的反馈是一种有意的调节和变化。

（4）评价教师学习效果的方式是考察教师对其参与的课题（项目）的理解、认识及观念，而非对某种技术手段的具体运用。

（5）设计的过程是对话的过程，是设计者与人造物（作品）之间的对话和协商。来自指导者和同行的反馈对改进设计方案很重要。设计是通过构建包括指导者、教师在内的研究团队。合作设计利用多种技术手段解决真实教学问题的方案，并在实施中不断修正和精致方案的过程。

作为上述思想的核心——"设计"，在网络环境下城乡互动教师学习共同体中的不同角色都负有设计的职责。一方面，是指作为指导者角色、教师学习的促进者和问题解决咨询专家的设计，通过我们对项目、课题、课程、技术解决方案的设计来促进教师的学习。另一方面，是指城乡教师在自主学习基础上进行的教学设计和教研设计，以达到教师在对设计产品的实践中发生有效的学习。

第二节　技术支持的混合式教师培训的现状与趋势

一　技术支持的混合式培训发展现状

（一）技术支持的混合式培训的由来

混合式培训出现在以提高绩效为目的的企业培训领域，印度 NIIT 公司 2002 年发表在美国培训与发展协会（American Society for

Training & Development，简称 ASTD）网站上的《Blended Learning 白皮书》中提出，混合式学习应被定义为一种学习方式，这种学习方式包括面对面、实时的 E-Learning 和自定步调的学习。混合式学习是将多种单一的学习形式组合起来，在降低学习成本的同时达到更好的学习效果。它可以是传统的面授学习、电子化学习、研讨会、导师制等方法中任意两种，或更多种形式的组合。技术支持的混合式教师培训就是将传统的培训方式的优势和 E-Learning 的优势结合起来。

汤姆逊（Thomson）是全球最大的企业职业学习方案提供商之一，汤姆逊公司对企业中的混合式培训进行过较为全面的研究，历经几年，通过对几百个个案进行全面分析，形成"汤姆逊工作绩效影响因素研究"报告。该报告的结论是：好的混合式培训方案能够带来更好的生产、工作效率。NETg 是全球知名的企业教育培训专业公司，NETg 公司研究小组认真研究对比混合式培训和单一的培训模式分别带来的效能，得出特定的混合式学习培训解决方案比单一的电子化学习培训解决方案更能有效地提高工作绩效。NETg 总裁乔·道尔蒂（Joe Dougherty）介绍说："这一研究证实了混合式学习模式的高效性。最终的分析强调电子化学习课程与多样化的教学工具和解决方案的正确运用能确保培训能够提高工作绩效、实现企业的战略目标。"Bersin & Associates 是著名 E-Learning 研究和顾问公司，经过近两年的混合教学研究和与 30 多家公司的深入接触，发现当网上课程同传统课堂教学结合时，学生不仅能学到更多知识技能，其相互间的互动活动和满意度也得到大幅度提高。Bersin & Associates 还预测混合教学即将替代网络教学而成为下一个大的趋势。

受国外培训机构培训方式的启发和影响，也基于混合式学习效益的不断扩大，国内以非学历为主的培训机构最近几年采用混合学习方式的逐渐增多，如北京新东方最早采用网上学习和网下授课培训英语，华尔街英语（国际最大英语网校）在中国开设了混合式学习课程，中国人民大学工商管理网络研修班利用网校进行了非学历教育的分散混合式网络培训。

国内郭绍青团队从 2006 年以来开始在"网络环境下城乡互动教师专业能力协同发展研究"、"中国—UNICEF'灾区教师培训'"、"英特尔®未来教育'实践孕育创新'"等多个教师专业发展项目中实施"混合式教师培训模式",就是在混合学习理论的指导下,将传统的集中面授培训、网络远程培训和校本培训等方式结合起来,在组织形式上分级、在培训内容和活动上分层的混合式教师培训。它实现了上述各种教师培训模式的优势互补,并且在组织形式、内容和活动设计上遵循教师行动学习特征和学习活动设计理念,较大程度地克服了单一培训模式的效果难题。

针对以往教师培训工作存在针对性不强、内容泛化、方式单一、质量监控薄弱等突出问题,教育部下发了〔2013〕6 号文件《教育部关于深化中小学教师培训模式改革 全面提升培训质量的指导意见》。意见指出各地要积极推进教师网络研修社区建设,推动教师网上和网下研修相结合、虚拟学习和教学实践相结合的混合学习,推动培训模式综合改革。2013 年 10 月,教育部印发《教育部关于实施全国中小学教师信息技术应用能力提升工程的意见》,正式启动能力提升工程。能力提升工程改变传统以面授培训为主的培训方式,推行网络研修与现场实践相结合的混合式培训新模式,重点推行网络研修与校本研修整合培训,推动教师在网络环境下学习。混合式培训强调培训环节进课堂,教师行动研究与反思实践的有机结合;强调基于研修平台的线上、线下培训的有机结合;采用集体备课、观课慕课、课程研修等对校本研修活动进行支撑。

从以上国内外研究及应用情况可以看出:

(1)混合式培训的对象主要是成人(或在职学习者)的学习,其原因在于这类人群目的性强、动机明确。由于工作与学习时间容易冲突,采用混合式的在线学习与面对面讲授相混合,确实能收到效果。

(2)目前混合式培训课程主要集中在 ICT(信息传播技术)培训方面。混合式培训在企业培训和远程教育中应用开展得比较好,在教师教育中的应用则刚开始起步,处于探索阶段。

(3)目前混合式培训的理论基础来自于混合式学习,从认识上与网络培训、远程教育等概念有比较大的相似度,学术界对混合式培训的内涵特征的研究相对薄弱。

（4）混合式教师培训的研究正处于从对学习内容的混合，即信息技术与学科教学内容的混合，向提高教师绩效为目的、融合多种学习方式特点的培训模式发展之中。

（二）技术支持的混合式培训的特点

1. 集中培训和远程培训相结合

传统短期集中培训最大的问题就是培训规模受限制，短期培训难以转化为实际教学能力。而远程培训的缺陷则是在强调自主性的同时缺乏约束性，缺少真实的学习情境。技术支持的混合式培训就是要整合两种形式的特点，将自主学习和群体中的学习统一起来。恩格维格（Engvig，2006）提出，在先进的网上课程学习中，学习者一般花费1/3的时间阅读印刷材料，1/3的时间学习网上材料，1/3的时间参与网上交流、网上互动以及完成作业和小组项目。这种典型的混合式学习模式，体现了自主学习和协作学习的混合、传统学习环境和网络学习环境的混合。在集中培训中鼓励课堂观摩、集体备课、师带徒、结对子的学习方式，实现了自主学习与协作学习的结合。在远程培训中通过异步交流与同步交流相结合，远程指导与自主学习相结合的方式。

2. 学习与教学实践相结合

知行合一是教师学习共同体的指导思想，也是教师专业发展的理念，但是由于教师长期习惯了学习、培训与教学实践相脱离的方式，教师自学形成的知识容易形成离散形态的知识形式，非系统化的知识难以有针对性地在教学实践中进行巩固和检验，因此需要一种将学习与教学实践联系在一起的机制。"知易行难"就要求有一种强有力的校本研修的支持，设计以发展实践性知识为目的的教师培训。实践性知识是指基于理论知识与教师个人经验的、在特定的教育教学情境中形成的、支配着教师具体选择与判断的综合性知识，是由教师实际应用的教育信念，教师的自我意识，一定的教学技术、规则、经验、情境知识、判断力知识等组成，是实践化了的学问知识。技术支持的混合式培训要求以课例为载体实现培训与教学实践的结合，通过课例的设计、实施、推选和反馈的互动机制架起学习与教学实践之间的桥梁。

3. 信息技术素养与信息化教学方法相结合

从第一章所呈现的各种相关的教师专业发展标准当中可以看到，教师所应该掌握的技术不仅仅是对工具、软件的应用技术，还应该包括将这些实体技术恰当地应用到课堂教学的过程中的主体技术。从知识的角度讲，就是"实践性知识"，因此，技术支持的混合式培训中的混合的另一层含义就是作为培训内容的信息技术素养与信息化教学方法的混合。教师的信息技术素养包括教学资源的获取能力、教学资源的加工能力、教学资源的整合能力等；信息化教学方法包括演播教学法、概念图教学法、网络探究教学法、基于项目的学习等信息化环境下的操作性方法。

二 混合式学习是技术支持下教师专业发展的有效形式

Wide World，全称 Wide-scale Interactive Development for Educators，即教育者的大规模合作发展。它是哈佛教育研究生院（HGSE）在 30 多年研究与实践基础上开发的一个创新职业发展项目，核心思想是"为了理解的教与学"。该项目带给我们的启示是：

（1）面对面交互有效地与在线课程相融合的混合式学习方式被证明是行之有效的。

（2）具有核心价值观。为了理解的教与学把理解放在最显著的位置，其最主要的思想是通过让学生参与到积极的学习中，把学习与学生的生活相联系。

（3）通过提供丰富的学习支持。每门课程由一位教师和一群有经验的教练指导。教师负责设计并监督课程，每一位教练带领一个学习组共同工作。根据所教年级和科目，把学习者分到不同的学习组中，每组由大约十个个人或小团队组成，并为每组分配所教年级和科目相当的教练。教练的任务是协调小组的在线讨论，提供持续的反馈，支持整个学习组的互动。

（4）以探究为核心的持续的工作改进。课程的学习是在合作、对话和探究中完成的，这种方式给予教育者充分的体验，以改进日常教学工作。

（5）每个成员都在共同体中得到发展。参与 Wide World 项目本身就是进入一个学习共同体中，学习者可以在课程结束后继续享受富有深刻见解的讨论和反馈。

网络课程支持的教师专业发展项目以 Tinkfinity（http：//thinkfinity. org）和 PBS'TeacherLine（http：//www. pbs. org/teacherline/）为代表。它们给我们的启示是：

（1）它们都采用级联式的培训方式，例如，Tinkfinity 项目由上级组织培训学区、地区和州级的培训者，再由这些培训者将预先打包的课程带到他们所在的学校。

（2）依托标准开发课程，包含了大量课程类别，例如 PBS'TeacherLine 共有 135 门课可供选择，其中教育技术类课程 36 门。教育技术类课程有不分年级和学科的课程，如利用技术创建基于问题的课程（Utilizing Technology in Creating a Problem-Based Curriculum），该课程适用于从幼儿园到中小学 12 个年级的教师。还有分年级和学段的课程，如数学的 6—8 年级利用数据分析做比较（Making Comparisons with Data Analysis for Grades 6-8）；又如培养小学数学的合作学习、讨论和批判性思维（Fostering Cooperative Learning, Discussion, and Critical Thinking in Elementary Math），适合学段 1—5 年级，这门课程是严格按照国家数学教师委员会的标准进行开发的。

（3）以发展教师（学习者）能力为课程目标，课程目标与学习任务、学习作品紧密联系。比如，《培养小学数学的合作学习、讨论和批判性思维》的课程大纲如表 3—2 所示。

表 3—2　　　　　　　　　在线教师专业发展课程目标

课程目标	学习任务	学习作品
能够确定一个合适的解决的问题	选择一个要解决的问题	四个潜在的与课程标准相关的问题，说明它们将开发哪些问题，并简要解释为什么这是一个有意义的问题，并用于学生的研究

续表

课程目标	学习任务	学习作品
能够集思广益，组织相关的问题提问	头脑风暴解决相关问题的办法	一个基本问题清单。包含三个或更多的问题解决类别，每个类别下列出要回答的问题
能够定义学生的学习作品，并识别学生需要完成作品的相关活动	定义学生的作品，概述学习活动	课程产品或活动的描述，单元主题和教学过程的大纲
能够开发学生完成需要解决问题的活动步骤和策略	开发活动步骤和策略	每一个活动的步骤和策略。学生要被明确地告知所要使用的技术
能够识别促进和提高学习过程和学习产品的技术		
能够设计确定学生学习能力的教学评价办法	决定学生的学习如何被评估	评估学生工具（量表）

（4）U-S联合的方式，由大学机构开发课程，实施培训，给予在线和面对面的辅导。课程的推广者和导师的来源都是从全社会进行选拔和招聘，有些项目采取"一对一"的导师制，导师由教学知识和教学技能丰富的教师担任，重点发展入职教师的教学能力。

三　培训模式创新是技术支持的教师专业发展项目的动力

在许多人眼中，培训是教师专业发展的代名词，认为教师经过培训能够改变教学行为。多数教师也习惯于参加由授课人确定内容和活动流程的培训班式的培训课程。通常培训课程有一整套清楚的目标或预期收获，包括对知识和技能的掌握。现代教师培训强调参与式培训，教师个体在参与群体活动中与其他个体共同合作学习，主张参加培训的教师根据自己的需要和条件即兴创造培训的模式。

加强教师教育信息化是我国以教育信息化带动教育现代化政策的重要内容之一，《国家中长期教育改革和发展规划纲要（2010—

2020 年）》明确提出："到 2020 年，基本建成覆盖城乡各级各类学校的教育信息化体系，促进教育内容、教学手段和方法现代化。……提高教师应用信息技术水平，更新教学观念，改进教学方法，提高教学效果。"

如表 3—3 所示，尽管目前国内已有较多的培训模式，但在信息化及教师专业发展高度化之下，对中小学教师培训模式的创新与完善将是一个持续探索的过程。中小学教师培训模式的改革需要去借鉴和吸收那些已有的且运用较为成功的培训模式的合理之处，再根据区域特性和实际情况来修改完善。就当前的情况来看，在培训中只采取单一的培训模式已无法很好地满足培训需求，因而多种培训模式的有效整合就显得尤为重要。

表 3—3　　　　　　　　国内主要的教师培训模式

培训类型	概念界定	培训目的	组织实施者	培训内容及方式	特点
校本培训模式	主要把中小学校作为培训基地，根据本校及全体教师的实际情况，以提升在职教师教育教学水平的一种继续教育培训活动	解决实际问题，全面提高教师综合素质	上级教育行政部门统筹指导，学校自身组织、领导.	主要是以自己学校的需求和教学方针为中心，由学校内的优秀骨干教师来引导其他教师，实现互教互学	1. 与学校的实际结合紧密，具有一定的针对性；2. 形式较为多样，可行性较强
短期集中培训模式	由各地水平较高的师范院校以及培训机构等，对农村中小学的学科教师以集中培训的方式进行的一种短期培训活动	主要是解决农村的中小学教师在教育教学工作中的实际问题，使其教学水平及能力得到提升	教育行政部门、中小学校、师范院校或培训机构	主要包括师德、学科及能力知识，以案例教学、同伴讨论等方式进行	1. 培训形式多样，注重教师的参与；2. 培训内容注重针对性、有效性；3. 支持培训对象有效学习和深度研修

续表

培训类型	概念界定	培训目的	组织实施者	培训内容及方式	特点
置换脱产研修模式	高等师范学校的师范生到中小学校去支教或顶岗实习，替换出来的部分农村骨干教师到其他优秀的中小学或培训学校进行脱产研修的方式	更新教育理念，提高农村中小学骨干教师的整体素质，从而起到带头、示范的作用	教育行政部门、中小学、师范院校	主要以教师专业发展需求为核心，包括教育理念、专业知识及能力等，以专题讲座、课堂观摩等方式进行	1. 具有较强的针对性、实用性；2. 充分发挥了示范引领作用；3. 促进了教师教育的职前职后一体化
远程培训模式	通过音频、视频、课件等形式，运用实时和非实时互联网信息技术将远程课程培训传输到受训教师那里的教育形式	整合、共享优质培训资源，提高教师队伍的整体素质	参与教育行政部门组织的选拔且胜出的师资培训机构	主要是"模块"化的内容，由培训机构搭建教师专业发展的培训平台，制作培训课程	1. 不受时间、地理位置的限制，不影响教师的正常工作；2. 信息量大，有可选择性、可重复性

"国培计划"中对培训模式的创新就充分体现了这一点，尤其是教师工作坊研修、网络研修与校本研修整合培训这两种培训模式。教师工作坊研修主要是对各地"种子"教师经过培训进而由他们引领骨干教师进行工作坊研修，构建学习共同体。其研修方式主要体现了集中面授的方式与网络研修方式这二者的结合，从而实现了线上的学习与线下的实践相结合。网络研修与校本研修整合培训则是在教师工作坊的基础上，进一步实现了跨校的线上与线下研修活动，构建了跨校学习共同体，在培训机构建立的"个人空间—教师工作坊—研修社区"一体化网络研修体系下，依靠研修社区，各校开展网络研修与校本研修相结合的教师培训。我们可以看到这两种培训模式均重点关注了网络研修与面授的关系，充分考虑了线上学习与线下实践的一体化，理论与实践得到了有效整合。随着技术

的发展，教师培训需求的扩大，相信培训模式的整合或者说融合将是未来教师培训发展的一个趋势。培训模式的创新将在以提升时效性、针对性及参与培训的教师自主性的基础上，充分利用网络及面授各自的优势，建立多种研修形式，构建系统的培训体系。

第三节 技术支持的混合式培训模式

网络远程培训较传统面对面集中培训最大的区别就是扩大了培训的规模，使得大范围、大规模、长期持续的培训可以延续。技术支持的混合式培训就是要将面对面培训参与性强的特点和网络远程培训覆盖面广的特点结合起来。

如图3—3所示，技术支持的混合式培训模式包含多种要素：（1）角色。它本质上反映一种社会关系，以及个体在特定的社会关系中的身份及由此而规定的行为规范和行为模式，对于教师培训的角色的关注实际是研究该角色的行为特点，从而研究教师在专业发展道路上的行为变化。（2）层级。在较大规模的网络远程培训中通常都采用两级培训，例如"国培计划"远程培训，层级决定结构，扁

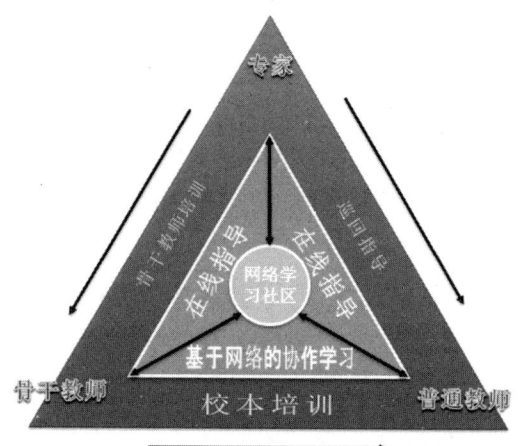

图3—3 技术支持的混合式培训模式

平化的层级结构有利于信息的及时传递和反馈。（3）学习方式。它包括教师的集体学习与个别化学习相结合，教师的自主学习与和教师之间的协作学习相结合。（4）互动方式。它包括面对面培训和网络远程培训，面对面培训由专家实施对骨干教师的短期集中培训和专家进校进行巡回指导，以及由骨干教师组织和实施的校本培训；网络远程培训主要是利用网络社区开展一对多的讲解和一对一的答疑辅导。

技术支持的混合式培训模式是基于角色的、分层的和案例的多种学习方式相结合的、多种互动方式相结合的培训模式。

一　基于角色的混合式培训

"角色"一词源于戏剧，运用角色的概念来说明个体在社会舞台上的身份及其行为以后，角色的概念被广泛应用于社会学与心理学的研究中。社会学对角色的定义是"与社会地位相一致的社会限度的特征和期望的集合体"。角色是一个抽象的概念，不是具体的个人，它本质上反映一种社会关系，具体的个人是一定角色的扮演者。所谓角色，指的是个人在特定的社会和群体中，与其社会地位或身份相联系并按规范执行的行为。[1]

每个人在日常生活中都扮演着多种角色，在社会学的研究范畴中考察行动者的时候经常把个体视为属于某些类型的人，而不是各个独立的人，并且解释是什么因素使他们不同于其他类型的行动者。个人则是通过了解角色规范和行为准则过程中实现角色认知，这些准则规定了个人在充当某一特定角色时所应有的行为和活动方式以及规范，是构成社会群体或社会组织的细胞，是人的多种社会属性和社会关系的反映，并随着社会实践的发展而不断更新内容。[2]

在大学与中小学合作的教师学习共同体中，大学研究者与中小学教师都是教师学习共同体中的行动者，每一种类型的行动者都担任不同的社会角色。我们按照行动者在共同体中发挥的作用把它分为以下三类基本角色：

---

① 章人英：《社会学词典》，上海辞书出版社 1992 年版。
② 奚从清、俞国良：《角色理论研究》，杭州大学出版社 1991 年版。

1. 专家角色

专家角色由大学教师、研究生和教育局相关部门人员组成，负责开展调查，通报消息，网络课程开发，开展骨干教师培训，提供技术支持，规划项目进度和监督实施。从实施远程教育的角度来看，专家角色主要发挥的是服务性作用，即发挥组织、激励、反馈和评价的支持服务作用。

（1）需求调查：针对参加培训的中小学，首先要对教师在教学方面的需求进行调查了解，整理之后将其反馈给受调查者当地的教育部门。（2）商讨确定培训方案。在明确需求的基础上，对本次培训提出具体要求，且共同商议制定初步培训课程以及相应的培训协议。（3）开始培训。前一阶段先以信息化教学的知识及方法等内容为主，在大学等师资培训机构对参训老师进行培训；后一阶段通过网络指导和骨干教师实施的校本培训，在教学实践过程中对教师进行培训。（4）跟进培训。在一轮培训结束后，培训的学校与合作的大学等师资培训机构继续保持对话，对未解决或新发现的问题再次培训。

2. 骨干教师角色

骨干教师角色由中小学学科骨干教师、学校领导和信息技术教师组成，负责开展校本培训，组织教研活动，开展校际间的互访。一般来说，骨干教师的教学技能和学科知识普遍高于其他教师，骨干教师在校本培训中起到带动、示范、辐射的作用。骨干教师是学习的先行者，是校本培训的组织者和规划者，同时还承担着反馈和评价的职责。

骨干教师角色不一定要带有"骨干教师"的荣誉称号，而是能够对其他教师的发展起到带动作用的群体。在关于教师专业发展的著述中，大部分学者对骨干教师的作用持赞同态度，如巴克斯主张，应该首先培训学校中的骨干教师，帮助他们进一步在理论与实践中得到成长，并通过他们来带动其他教师。很多学者认同了巴克斯的观点，并提出了相同的观点：如果一个学校即将随着实践的发展进行规模较大的改革，那么骨干教师对改革的领会以及他们的创造性活动将是至关重要的。他们指出，如果没有骨干教师的积极支持与推动，任何教育改革都很难取得实质性的成功。

　　但是还有一部分学者，如卢乃桂和陈铮在《赋权予教师：教师专业发展中的教师领导》一文中，剖析了骨干教师作为影响教师专业成长的一支重要力量。文章指出，中国教师在职的专业发展受到行政部门的主导，骨干教师们作为正式的教师领导在各种专业发展活动中发挥着重要作用，然而也呈现出精英化、等级制与工具性等特征。这些特征对教师专业发展产生了消极的影响。

　　因此，既要发挥骨干教师的示范、带动作用，又要避免骨干教师的精英化、特权化的倾向。对骨干教师的要求是：（1）各个学科具有丰富教学经验的教师，在业务上是公认的骨干。（2）在学校教师中有一定的影响力，有一定的组织、协调能力，能够义务性地组织和开展校本培训和教研活动。（3）思想活跃，善于接受新事物，具有一定的信息技术能力，对信息化教学方式具有浓厚的兴趣。（4）具有良好的人际关系，愿意付出时间和精力。其中，最重要的一条原则就是权利与义务的关系，骨干教师不仅拥有直接获取培训资源的机会，还负有带动其他教师发展的责任。

　　莱特富特（Lightfoot）指出，"赋权"可以理解为组织内的个人为了争取个人的选择、自主的空间和尽自己的责任而参与组织决策的机会。因此，赋权的专业发展就是要增加教师的个人选择、自主空间和参与设计的机会。① 所谓"赋权"就是要尽量增强个体自主性，提高个人的参与程度，最终通过人际互动获得学习的体验。因此，"赋权"的首要条件就是增强普通教师的参与。

　　3. 普通教师角色

　　普通教师角色应广泛参与在线的交流和讨论，通过校本培训和教研提高业务素质，将培训和研究中的成果付诸教学实践，需要经常记录和反思自己的教学过程。从某种程度上来说，教师专业发展的过程就是由新手教师发展为熟练教师、由普通教师发展成为骨干教师的过程。在我们组建的教师学习共同体中不乏由默默无闻的普通教师发展成为颇具影响力的意见领袖，由于他们在网络环境支持

---

　　① Lightfoot, S. L., "On Goodness of Schools: Themes of Empowerment", *Peabody Journal of Education*, Vol. 63, No. 3, 1986, pp. 9-28.

的互动中所表现出的积极、接纳的态度，获得了丰富的教学知识和技能，成为共同体中资源的拥有者，从而赢得众人的尊重和信任。

二　基于分层的混合式培训

（一）两级培训的传播学理论基础

两级培训策略来自于大众传播的两级传播理论，拉扎斯菲尔德等人于 1940 年在俄亥俄州伊里县进行了一次关于选民如何在总统大选时做决定的调查，发现人们受大众媒介的直接影响很小，主要影响来自于他们身边的朋友或家人，来自于他们的人际关系网络，由此得出了一个重要的结论，就是"两级传播论"。"两级传播论的观点是：意见通常从广播和印刷媒介流向意见领袖，再从意见领袖流向人群中不太活跃的部分。因为这个过程是分为两个阶段，所以这种经由意见领袖从媒体到大众的过程被称为'两级传播'。第一级是从大众媒介到意见领袖，第二级是从意见领袖到全体大众。"①

两级传播理论指出，受众并不会从远离他们生活的信源那里直接获得信息，而是更多接纳那些生活空间周围"意见领袖"的意见。这些意见领袖对信息有较多关注，并且思维活跃，易对他人造成影响。由此我们看到"意见领袖"是两级传播理论的核心。意见领袖是指在信息传播中一些具有特殊影响力的人，他们拥有改变个人或团体思想和行为的力量。他们的影响力并不来自权力和职责，即使有一定的职位，它具有的影响力也远远超过他所担任的职位。他或是社会有声望的人，或是某一领域内出类拔萃的人物，或是拥有一定社会资源的人。意见领袖起到信息流向的控制和对信息内容的筛选的作用，他们会将自己认为有价值的信息传播给其他人。

1962 年，美国新墨西哥大学埃弗雷特·罗杰斯（Everett M. Rogers）教授在《创新的扩散》（*Diffusion of Innovations*）一书中指出，创新事物在一个社会系统中要想继续扩散下去，首先必须有 10%—20% 的人采纳这种创新物，创新扩散比例一旦达到临界数量，

---

① 毛峰：《传播学概论》，中南大学出版社 2006 年版。

扩散过程就会进入快速扩散阶段，这个过程一直延续，直到系统中有可能采纳创新的人大部分都已采纳创新。[①] 罗杰斯认为，创新扩散总是借助一定的社会网络进行的，在创新向社会推广和扩散的过程中，信息技术能够有效地提供相关的知识和信息，但在说服人们接受和使用创新方面，人际交流显得更为直接、有效。因此，创新推广的最佳途径是将信息技术和人际传播结合起来加以应用。罗杰斯曾经对教育、农业推广、社会公共政策等领域中数百个个案进行了综合研究，并最终将创新事物的传播过程分为以下五个阶段：

第一阶段——获知，接触新事物，知道其性质与作用；

第二阶段——说服，形成对新事物的赞成或不赞成的态度；

第三阶段——决定，取得更多的信息，进一步考虑、讨论，决定是否采用；

第四阶段——实施，将前面所做出的决定付诸行动；

第五阶段——确定，寻求更多信息来支持、巩固原有的决定。如果得到的信息多数与原来的决定冲突，就可能导致改变原来的决定。

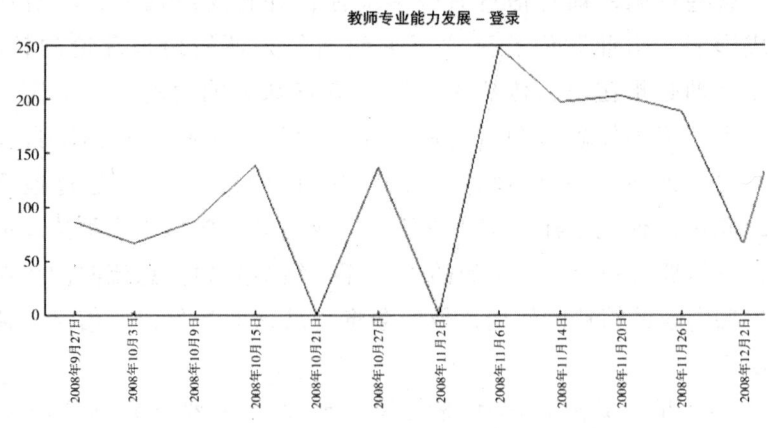

图 3—4 网络课程平台登录人数阶段性趋势

创新扩散理论为我们解决教师培训问题提供了新的思路。教师

---

① 埃弗雷特·M. 罗杰斯：《创新的扩散》，辛欣译，中央编译出版社 2002 年版。

利用网络社区平台的网络课程进行自主学习对所有教师来说都是一件不平常的新事物，人们表现出不同程度的支持和抵制。首先需要有10%—20%的人采纳，如果这些人能够成为"意见领袖"从而建立起创新扩散网络，那么就有可能加速扩散进程。我们制定的教师培训策略是由研究者培训各个学校的骨干教师，再由骨干教师进行校本培训。图3—4反映了教师在一定时间内登录网络课程的数量变化，横轴表示时间，纵轴表示登录人数，我们从网络课程的后台选取自2008年9月到2008年12月间，登录网络课程平台的人数，起初两个月为骨干教师的集中培训时间，期间登录人数呈现波浪曲线，骨干教师经过三轮集中培训之后，教师登录人数也随之徒增，接下来又缓慢下降到一个较稳定在100人左右的动态范围内。骨干教师作为意见领袖的作用体现在通过自身的发展带动其他教师共同发展。这一规律反映了这样一个事实：整个扩散过程中，骨干教师群体起到"意见领袖"的作用，在对骨干教师培训中获得这样一个启发——集中对这关键的10%—20%的人进行培养，是一种行之有效的干预策略，发挥骨干教师的带头作用实施校本研修，随着校本研修机制的成熟外部干预逐渐递减，是一种降低成本取得高效的途径。

（二）两级培训的实施方式

1. 骨干教师集中培训

骨干教师集中培训是通过每次利用3天的时间，对各个项目学校的骨干教师集中进行多轮次的培训，以期骨干教师将集中培训的内容带到校本培训中进行扩散。培训方式采用参与式的方法，培训内容除了对网络课程学习活动的培训外，集中对教师学习中出现的问题的集中解答和对教学法的集中研讨。

骨干教师每次在参加集中培训之后，首先在网络课程平台进行自主学习活动，完成相应的信息技术、信息化教学理论与方法的学习，完成相应的作业、学习活动序列、评价等任务。骨干教师在学习相应的知识技能的同时，开展校本培训。在校本培训中收集优秀的案例和学习中出现的问题，在下一次的集中培训中进行研讨。

2. 校本培训

在校本培训中由骨干教师对全校其他教师讲解学习任务，安排学习进度，收集优秀案例，对学习成果提供反馈意见，并且进行答疑解惑。基于网络平台的自主学习为教师学习提供丰富的资源和便利的条件，教师之间、教师与专家之间可以利用网络相互交流。

从培训内容和培训形式上给予校本培训自主的空间，教师的培训要从课程内容上、时间安排上给予较大的选择空间。校本培训可以采取多位骨干教师合作的全校教师培训，也可以采用以教研组、年级组为单位的培训。前者组织性更强，有利于骨干教师间的协作；后者灵活度更大，有利于形成研讨氛围。

综上，两级培训实施流程如图3—5所示。

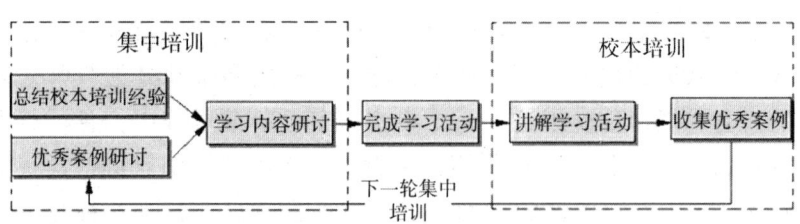

图3—5　两级培训实施流程

三　基于案例的混合式培训

案例是对真实情境的描述，其中包含着一个或多个问题，也可能包含着解决这些问题的办法，不同的人从不同角度看待案例就产生案例的不同运用方式。案例提供了一种典型的情境，在情境中教师运用自己的经验性知识应对和处理面临的教育困惑，教与学的知识和技能内蕴于情境中。从案例中观摩者可以观察、理解、判断教师和学生的典型行为、思想、感情，从中受到启示。案例具有的实践特性，基于案例的教师研修活动使观摩案例、研究案例成为教师获得实践性知识的重要手段，案例的意义还在于优秀教师积累的丰富的实践智慧，可以通过案例得到有效的保存和传递；同伴的经验可以通过案例让大家共享；教师学习共同体的活动借助案例的交流探讨，将会变得充实而富有意义，正因为案例是理论知识和教学实践的桥梁，案例在教师专业发展中发挥着重要的作用，案例成为经验性知识向专业知识转化的途径。

（一）技术支持的混合式培训中案例的形式

1. 从案例的载体形式上，可以分为视频形式的案例和文字形式的案例

教学视频案例，也称课例、课堂录像，是以教学观摩、教学研究为目的，以视频为主要形式，记录某个真实教学活动的全部过程或片段，能为教师呈现真实的课堂教学情境及向专家学习的机会，帮助教师实现隐性教学知识显性化并生成教学实践性知识。

教学视频案例以其直观、真实、可视化强的特点已经成为信息化时代最重要的教学资源。第一，相对于现场观摩而言，教学视频案例不仅同样具备身临其境的临场感，而且克服了现场观摩中教师难以长时间保持注意力而忽视某些关键教学事件的局限性。教学视频案例可以更有效地捕捉课堂教学细节，揭示教学事件的模糊性和复杂性，满足教师学习从具体到抽象的认知特点，将课堂教学全面、完整地呈现在教师面前，使教师可以真实感受到课堂教学的复杂性、师生活动的多样性以及教学情境的丰富性。第二，教学视频案例的技术特性又可以满足教师在时间序列上对于教学过程的精确定位和重复播放，达到反复浏览、多次学习的目的。

2. 从案例在教学过程中的作用，可以分为教学设计案例、课堂实录案例和教学反思案例

教学设计案例是以图文形式对教学过程的规划和蓝图，是一种预设性的教学资源，"说课"视频也能起到同样的作用。教学设计案例应该突出设计的指导思想、理论依据和特色，进行学情分析、内容分析、教学目标分析、教学重难点分析，对拟采用的教学方法和教学评价方式等方面进行说明。

课堂实录案例是以文字形式对自己或他人的实际教学过程的真实记录，是课堂的生成性资源，如果配上相应的教学反思或课堂观察评论，有助于阅读者更好地理解和共鸣。一般的记录方式是：剧本对白式，即使用对白的方式记录师生对话，用注释的方式添加动作、气氛等；叙事描述式，即以记叙文的方式描述课堂教学过程。

教学反思案例是以文字形式对自己的教学过程的反省和深思，是教师通过对其教学活动进行的理性观察与矫正，从而提高其教学

能力的活动的一种分析教学技能的技术。它是促使教师的教学参与更为主动、专业发展更为积极的一种手段和工具，是改进教学、促进教学质量提高的有效途径。

3. 从案例的应用方式上，分为教学过程案例、教学研究案例和教育叙事案例

教学过程案例是对教学过程实际情境的描述，以故事的形式更能够吸引人的阅读兴趣，发人深省，在撰写的过程中不仅仅是陈述现象，还应该加入更多的思考，不要记成"流水账"。

教学研究案例是对教研活动实际情境的描述，应该做到客观真实，尽可能如实记录每个参与者的观点，以"头脑风暴"的形式分析问题、解决问题为主线，包括要解决的问题、寻找解决问题方法的过程、解决问题的过程、事件的结局、是否产生新问题等。

教育叙事案例，即是讲有关教育的故事。它是教育主体叙述教育教学中的真实情境的过程，其实质是通过讲述教育故事，体悟教育真谛的一种研究方法。非为讲故事而讲故事，而是通过教育叙事展开对现象的思索、对问题的研究，是一个将客观的过程、真实的体验、主观的阐释有机融为一体的一种教育经验的发现和揭示过程。写自己认为有重要意义的教学经历或教学"故事"。提供案例所涉及"事件"的情境分析，用于读者了解决策与情境之间的关系。以"问题"为主线，有矛盾、冲突甚至"悬念"，能引起读者兴趣和深入思考。

数字故事是将"讲故事"的艺术与多种媒体（图片、声音、视频、动画）结合而形成的一种讲故事方式。数字故事通过生动感人的故事情节，借助多媒体技术增强其表现力和感染力，进而充分展示作者的经验和情感。

4. 从案例所记载的主体上，分为教师成长案例和学生成长案例

优秀教师的成长案例是一部鲜活的教科书，教师的成长案例通过诸多关键性的教学事件以及对教师本人的触动和影响反映个案教师的成长过程，在事件的描述过程中应该提供对读者了解"事件"有用的资料背景资料，如所在学校的情况、个人的工作背景等。学生成长案例是教师对学生思想和行为的事件的观察记录，有利于教

师走进学生的心灵深处，研究学生的心理，尤其是对特殊学生给予个别化的指导提供借鉴。

（二）案例教学法在技术支持的混合式培训中的应用

案例教学，是一种开放式、互动式的新型教学方式。通常，案例教学要经过事先周密的策划和准备，要使用特定的案例并指导学生提前阅读，要组织学生开展讨论或争论，形成反复的互动与交流，并且案例教学一般要结合一定理论，通过各种信息、知识、经验、观点的碰撞来达到启示理论和启迪思维的目的。在案例教学中，所使用的案例既不是编出来讲道理的故事，也不是写出来阐明事实的事例，而是为了达成明确的教学目的，基于一定的事实而编写的故事，它在用于课堂讨论和分析之后会使学生有所收获，从而提高学习者分析问题和解决问题的能力。

技术支持的混合式培训通过案例展示，达到学习者对相关学习内容所涉及的案例和情境的感知，从而获得认同和体验，将要学习的内容和已有的具体经验之间建立起联系。乔纳森（Jonassen）指出，从问题解决能手中抽取的故事，按照他们的教学课程排序，用案例库的形式提供给学习者，这样能够比其他方法在战略和战术上更广泛地支持问题解决。[①]里斯贝克和尚克（Riesbec & Schank）认为，人的经验是以案例的形式储存于脑海中，当人们遇到问题时必定先回想是否曾遭遇过相同的问题，然后靠着过去的经验来解决类似的问题，并把试行的结果再修为经验的累积，而增加解决问题的能力。[②]

以案例为中心的结构特点是：（1）围绕一个主要的情境进行组织，情境包含一个非常重要的任务或是一个看似难以完成的、具有很强挑战性的任务或问题。因此，在信息技术网络课程中我们设置了一位主人公，我们将他置身于一种困难的环境中，以获得同情，

---

①　Jonassen D. H.，"Hernandez-Serrano J. Case-based reasoning and instructional design：Using stories to support problem solving"，*Educational Technology Research & Development*，Vol. 50，No. 2，2002，pp. 65-77.

②　Riesbeck，C. K.，Schank，R. C.，*Inside Case—Based Reasoning*，Hillsdale，IL，Lawrence：Erlbaum Associates，1989.

唤起学习者帮助他脱离困境的渴望。（2）情境与学习者的经验相联系，创设情境的目的是产生可迁移的解决问题的能力。表3—4中的情境是每个使用过计算机的人都曾经遇到过的问题，就为教师学习这项技能增添了动力。（3）情境的创设直接反映学习目标。例如，在表3—4中所呈现的情境：列举计算机中毒的症状；描述计算机病毒的传播途径；分析计算机中毒的原因。（4）以案例为中心的结构特点是：案例必须是典型的，案例要能够为后续观察和讨论、教学设计任务提供依据和参照。

表3—4　　　　　　　　**信息技术网络课程情境案例**

> 　　星期一的早晨，王老师打开计算机准备给学生们讲解新课，他将做好的课件存到了笔记本电脑上，可是当他打开笔记本电脑后，发现存储到桌面上的课件不能正常打开，并且笔记本也出奇的慢，鼠标反应迟钝。幸好王老师之前在 U 盘中备份了一份课件，他拿出 U 盘插入教室的计算机中，可是不幸又发生了，U 盘竟然也打不开。他反复试了几次也没能将课件打开，最后教室的计算机系统也崩溃了。王老师不明白究竟发生了什么事情，本来运行正常的课件为什么一夜之间就不能用了呢？是什么东西搞瘫了他的笔记本电脑呢？
>
> 　　我们在使用计算机的过程中也许会碰到一些无奈的事情，例如一打开邮箱，看到邮箱中塞满了垃圾邮件，使得邮箱空间所剩无几；存储好的文件不翼而飞；计算机像蜗牛一样缓慢……更为甚者计算机系统崩溃。是什么原因导致的这些问题呢？遇到这些情况应该怎么办？下面我们一起来解决这些问题，也帮助王老师揭开他的不解之谜。

情境脉络化是培养能力的关键因素，能力的本质是"知道如何采取行动"，教学能力就是知道怎样解决学科领域的相关教学问题。"能力导向"的网络课程，是混合式教师培训的基础，是以能力为基准设置学习目标，是以案例为基础的情境化学习方式的体现，也就是在支架中学习支架教学法，在情境中学习情境教学法，在探究中学习探究式教学法。图3—6是支架式教学网络课程的片段，以视频、文字资料、讨论和测验为基本支架，在呈现顺序上不以理论为重点，而是在观察案例、分析案例和讨论中达到对支架式教学的深入理解，在设计、实施和反思中进行提升。

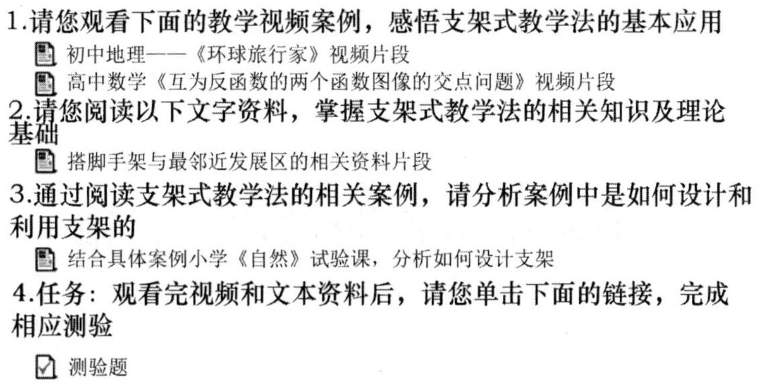

1.请您观看下面的教学视频案例，感悟支架式教学法的基本应用

📄 初中地理——《环球旅行家》视频片段

📄 高中数学《互为反函数的两个函数图像的交点问题》视频片段

2.请您阅读以下文字资料，掌握支架式教学法的相关知识及理论基础

📄 搭脚手架与最邻近发展区的相关资料片段

3.通过阅读支架式教学法的相关案例，请分析案例中是如何设计和利用支架的

📄 结合具体案例小学《自然》试验课，分析如何设计支架

4.任务：观看完视频和文本资料后，请您单击下面的链接，完成相应测验

☑ 测验题

图3—6 信息化教学方法案例教学一例

（三）校本教研中案例的应用

（1）撰写和评价案例是一个知识的外显化过程。撰写教案是一种反映教师个人教育生活、教师教育行为观念的一种很好的方法。教学案例不是简单的日记，而主要是叙述教师的教学经验的形成过程，能折射出教师对有关教学问题的认识和反思。撰写教案还可以对自己的教学经验及知识进行系统的梳理和记载，以备进一步进行研究和反思。

（2）收集和索引案例是一个知识的组合化的过程。教师通过书面或电子的形式将自己在教学及工作中的感悟记载下来，并加以分类整理，可以有效梳理自己的教学经验发展的历程，有利于教师进一步地反思和总结，同时也方便与他人的交流和分享。

（3）阅读和观摩案例是一个知识的内在化过程。在阅读和观摩案例过程中，走进案例设计者和执教者的内心深处，在思想的碰撞中形成教育信念和教学理念。

（4）反思和实践案例是一个知识社会化的过程。反思和实践案例是知识的输出环节，是教师实践性知识形成的关键，是教师隐性知识显性化的过程。

第四章

教师网络研修的设计与实施

第一节 教师网络研修概述

中小学教师网络研修作为教师专业发展的重要方式已经成为教师教育研究与实践密切关注的重要问题。教师网络研修的研究，已经涉及网络研修活动、网络研修社区、网络研修评价、网络研修发展策略等各方面，已有很多研究基于不同角度进行了关注和探讨。

一 教师网络研修

（一）教师网络研修的概念

对于教师利用信息技术进行研修的称呼有很多种，和传统校本教研相区别，"网络研修"、"网络教研"、"网上研修"等突出"网络"、"网上"条件环境的词语是其中最为常见和流行的。本书中对以上定义进行了收集整理，从不同研究角度和层次分析研究者的逻辑出发点和研究范围，以求较为科学合理地提出本书中关于网络研修的定义（见表4—1）。

表4—1　　　　　　　　　网络研修（教研）定义

研究者（时间）	定义
李艺（2007年）	在我国新课程背景下，随着信息技术逐渐深入而出现的新型教研形式，其特点是能够实现数字化教学资源共享，促进教师缄默知识线性化以及专家引领下的教师自主专业发展

续表

研究者（时间）	定义
肖正德 （2007 年）	以促进教师发展为目的，以在学校的真实情境中发现问题、研究问题、解决问题为着眼点，应用现代信息技术，不断优化和改善教研手段、过程和结构，提高教学质量的一种新型教育教学研究模式
闫寒冰 （2007 年）	对象是中小学教师；目标是改变教师自身的学习行为及教学行为，适应教育改革背景下的专业发展需要；宗旨是以网络教育为根本手段，以教师为本，强调在行动中学习、在行动中研究；内容是以解决或完成具体工作相关的问题或任务为脉络组织学习内容；形式是关键环节面对面（如第一天面授），其余时间通过远程（BBS、语音教室、博客、成果共享系统、E-mail）
罗蓉等 （2004 年）	依托网络资源进行教研活动的一种教研形式，其中主要内容是资源共享和交流互动
黄红梅 （2006 年）	运用新课程理念，依托网络资源，进行信息共享和交流互动，并且在此基础上开展深入的教研活动，最终达到经验共享、教研共鉴、共同创新的一种新型的教研形式
吴岚 （2008 年）	教师运用新课程理念，依托开放、动态、交互的网络教研平台，对学校真实情境中的教学问题进行反思，与其他教师、专家、教研员交流探讨，并实现教育教学资源的共享与开发，促进教师专业化发展
许世红 （2012 年）	网络支持平台作为教研的支持环境，通过网络资源的共建与共享、网上学习、网上备课、网上听课、网上评课、网上交流与研讨等多种形式，为中小学教师的自我反思、同伴互助和专家引领提供平台，为教师提供多样、及时、丰富、便捷的专业支持
赵守拙 （2014 年）	以现代信息技术为基础，以互联网为依托，以教师为主体，以自主参与为特点，进行教育教学资源的呈现、收集或对各种教育教学问题进行探讨、研究、解决的所有网上交流、培训活动的总称

　　已有研究从不同角度对网络研修（教研）进行了定义，认为其出发点是教育教学中存在的真实问题及教师需求；目标是教师自身的学习行为及教学行为，适应教育改革背景下的专业发展需要；支撑环境是网络；特点在于实现数字化教学资源共享；主要方式是网

上交流研讨（学习、备课、听评课）。综合以上定义不难发现，网络研修具有如下特征：

（1）强调技术手段在教师网络研修中的重要作用。相比传统的教研，技术手段的引入，对于传统教研的模式、范围、方法等产生了较为深入的变革，为教师研修带来了丰富的资源、更为宽广的研修范围、更为多样的研修方式和体系化的研修评价等一系列积极的因素。从以上定义可以看出，现阶段最为常见的是教师利用网络研修社区（教师学习资源中心、教师在线实践社区、教师在线学习社区）或社会性软件（QQ、Wiki、博客等）支持教师网络研修的开展。（2）强调教师利用技术手段进行广泛深入的交流。相比传统的校本教研，技术支持的网络研修更强调资源共享、信息共享和与校级教师、区域内外教研员（专家）进行充分的交流和互动。网络研修的出发点更多地聚焦于教师教学中存在的实践问题，通过教师自我反思、同伴互助、专家引领等交互方式促进教师对于问题的解决和知识的建构，最终达到促进教师专业发展的目标。研修方式也不仅仅局限于传统的听课评课、集体备课、教研组会议等，而是聚焦于教师利用网络开展的资源的共建与共享、网上学习、网上备课、网上听课、网上评课、网上交流与研讨等。（3）强调教师网络研修和传统研修的混合研修方式。多数学者普遍将网络研修认为是教师研修的一种新的形式或方法，并且认为网络研修是校本研修的延续和扩展；将现代信息技术应用于教师研修，主要目的是不断优化和改善教研手段、过程和结构；在网络研修的关键环节采用面对面的形式，其余时间通过远程（BBS、语音教室、博客、成果共享系统、E-mail）。随着研究的深入，可以看到，网络研修并不等于网络与教研的简单累加，而是信息技术与教研的全面整合；网络教研在技术层面上是一种多元化主体、跨时空、低成本、高效率的教研形式，在文化层面上是一种自主、平等、民主、协商、共建、共享的教研机制。

但是随着信息技术和教师专业发展理念的不断发展，以上时间较早的定义已经不能全面阐述今天的中小学教师网络研修的整体。基于对中小学教师网络研修特征的全面分析，笔者认为网络研修是指：以中小学教师在学校的真实情境中发现问题、研究问题、解决问题为研修的出发点，依托开放、动态、交互、体系化的技术环境，通过在线学习、同伴互助、专家引领等方式，促进教师的专业发展。

（二）教师网络研修活动类型

（1）同课异构。不同地域、学校的教师分别执教相同教学内容，通过网络研修社区的视频同步录播功能进行网络直播，在不同区域、机构的专家、教研员进行点评和引导，区域内其他学校的教师通过社区开展教学观摩，并参与互动交流。通过这种实践对比、专家点评、教师参与的方式，提高教师积极参与网络研修的意识，增强对教学理念与方法的把握，促进教师将网络研修学习到的先进教学理念转化为实际的教学行为和能力。"同课异构"网络研修能够：提供真实可信的课堂情境；提高教研活动的针对性；提高教研活动的绩效；促进区域教育均衡发展和有利于提升教师的专业化水平。

（2）案例（课堂教学实录）分析。通过分享教学案例（课堂教学实录），教师与同伴之间或者在专家的带领下，针对案例进行深入分析、交流讨论，在此基础上反思自己的教学方法、教学策略、教学行为和教学手段中的优点和不足，借鉴优秀的教学案例，丰富自己的教学经验，提高课堂教学能力。

（3）集体备课。针对教学设计方案中的设计环节，教师群体利用网络研修社区集体讨论规划某一内容的教学目标、教学方案、教学重难点、教学过程等内容，并对教学时间、课堂反思进行修改完善。通过这种方式，逐步优化教学设计方案，将个人智慧转化为集体优势，实现教师个体知识的共同拥有与个性的全面发展。

（4）专题（问题）研讨。针对教学实践或日常学习中经常遇到或非常关注的教育教学问题，利用网路研修社区，在同伴之间开展针对专题（问题）的深入交流研讨，或者开展头脑风暴，以期获得解决教育教学问题的综合经验，促进教师的专业成长。

（5）课题研究。将传统的课题研究中制订课题研究方案、研究课题开题、实施课题研究和课题总结等过程利用网络研修社区完成。参与课题的教师在网络研修社区中共享资料,进行研究方案设计,将研究过程中的过程性资料在网络研修社区中进行共享,形成系统化的课题研究网络研修社区,促进研究资料的共享与分享;课题组成员可以及时发现研究中的不足,讨论总结研究中的成果与经验,通过行动学习的方式促进教师专业能力的发展。

各种类型网络研修活动之间对比没有优劣之分,每种不同的网络研修活动形式在不同时期、不同环境、不同条件和不同应用策略中能够满足教师专业发展的不同需求,集体备课类主要解决教师教学设计方案的不断精练和教学设计水平的不断提升;专题(问题)研讨使教师针对具体问题进行不断的思想碰撞和交流,促进教师对于具体问题的理解和解决;案例分析帮助教师对于优秀案例、教学设计方案、反思、课件等的观摩和研习,发展其中值得自身借鉴和学习的地方,促进教师对于优秀案例的理解,在模仿的基础上,不断提升自身的能力;同课异构过程中,教师观摩同伴对于同一节课的授课,从中发现自己的不足和值得借鉴的地方,在此过程中提升自身的教学能力。混合型网络研修活动是将单一型网络研修活动的有效汇聚和融合,并结合共同体理论,加入相应的管理和组织。其主要目的是辅助教师对于系统的教学理论、知识的学习,并在此基础上的教学实践应用反思,促进教师程序性知识和实践性知识的系统掌握。

二　网络研修社区

(一)　教师网络研修社区概述

1. 教师网络研修社区的含义

关于网络社区(Netword Community,Web-base Community),有很多名称,如虚拟社区(Virtual Community)、网上社区(Online Community)、数字社区(Digital Community)、电子社区(Electronic Community,简称 E-Community)、赛博社区(Cyber-Community)等,本书中统一使用"网络社区"一词。网络社区的创始者霍华德·莱因戈德(Howard Rheingold)将其定义为:因网络而衍生出来的,一定规模的人们以充沛的感情进行某种程度的公开讨论,在网络空间形成的个人关系网络的社会共同体。[1] 正因为网络社区对人类社会有着巨大影响，自从诞生以来就成为人们普遍研究和关注的对象，导致了它的多种多样的定义。

　　由于教师网络研修社区没有统一的定义，同时各学者普遍认为教师网络研修社区是教师网络学习社区的一种，因此在本节的综述中，笔者主要从教师网络学习社区的角度出发进行综述，寻找教师网络学习社区和教师网络研修社区的区别和关系，尝试梳理出教师网络研修社区的定义、特征等内容。网络学习社区的定义在网络社区的基础上形成，国内外也有众多学者开展相关研究，形成了众多定义，本书对其中的一些进行了摘录与分析（见表4—2）。

表4—2　　　　　　　　　　　　　　网络学习社区定义

学者	概念	时间
Hiltz & Wellman	虚拟学习社区既是一个学生和教师共同完成目标的学习小组，又是一个学生们交流情感、信息、寻找支持的归属感的社区[2]	1997年
Russell	虚拟学习社区是一个采用某些技术手段来协调其成员集体在学习方面需要的组织，即虚拟学习社区是一种网上学习组织[3]	1999年
齐剑鹏	网络学习社区是来自不同学历水平和知识层次的学习者在网络环境下组成的一种学习群体，社区成员自愿参加社区的各种活动，相互学习和交流学习经验，并自愿承担学习社区的责任和义务[4]	2001年
Carlen	虚拟学习社区是一个社区成员在网络环境下，通过获取、产生、分析和合作建构知识的对话与被指导的学习过程所形成的人际团体与学习环境[5]	2002年

　　[1]　Rheingold, H., *The Virtual Community: Hom Esteading on the Electronic Frontier*, *Reading*, MA: Addison-Wesley, 1993, p. 5.

　　[2]　鲍有斌：《学习型组织与虚拟学习社区》，《远程教育杂志》2004年第3期，第25—27页。

　　[3]　Russell, M., "Online Learning Communities: Implications for Adult Learning", *Adult Learning Technology*, No. 2, 1999, pp. 28-31.

　　[4]　齐剑鹏：《网络学习社区——在线国际远距离合作学习的一次新尝试》，《电化教育研究》2001年第12期，第44—48页。

　　[5]　Carlen, U., *Typology of Online Learning Communities*, http://www.learnloop.org/olc/typologyOLC.pdf.

续表

学者	概念	时间
Kowch & Schwier	虚拟学习社区是由自然意愿及共同的理念和理想而结合在一起的群体，即虚拟学习社区是一种网上的学习群①	2003年
王陆	虚拟学习社区是以建构学习理论为基础的，基于计算机信息处理技术、计算机网络资源共享技术和多媒体信息展示技术的新型远程教育网络教学支撑平台；同时也是一种新型的学习组织，不仅具有社会学属性，也具有人机系统的基本属性特征②	2004年
甘永成	是由具有共同兴趣及需求的人们，利用网络传播的特性，通过网上社会互动满足自身需求而构筑的新型的生存与生活空间。参与者着重于相互的交流、沟通与互动，进而产生相互之间的生活空间③	2005年
马红亮	网络学习社区是指在某一特定的网络空间中，由学习者和助学者共同组成的，具有持续的师生、生生互动关系的社会集合体及其网络活动区域④	2006年
张立国等	虚拟学习社区是指在某一特定的网络空间中，由学习者和助学者共同组成的，相互间具有持续交互关系的学习共同体及其网络空间，其中学习者和助学者是虚拟学习社区中的交互主体，网络空间是交互活动得以展开的环境。合理的学习交互网络的形成和发展是虚拟学习社区发展的决定性因素；网络空间的科学构建是虚拟学习社区得以存在和发展的物质基础⑤	2009年

---

① Kowch, E. G., & Schwier, R. A., *Characteristics of Technology Based Virtual Learning Communities*, A vailable：http：//www.usask.ca/education/coursework/802papers/communities/communities.htm. 2014-12-28.

② 王陆：《虚拟学习社区原理与应用》，高等教育出版社 2004 年版，第 12 页。

③ 甘永成：《虚拟学习社区中的知识构建和集体智慧发展》，教育科学出版社 2005 年版，第 38 页。

④ 马红亮：《虚拟学习社区的社会学分析》，《中国远程教育》2006 年第 9 期，第 20—24 页。

⑤ 张立国、郭箭：《对虚拟学习社区的解读》，《现代远距离教育》2009 年第 4 期，第 22—25 页。

学者	概念	时间
马秀峰等	通过 Internet 虚拟空间媒体，一组共享共同语言和价值的人们基于一定的教学策略进行交流和合作学习的形式①	2009年
梁林梅等	虚拟学习社区，又称在线学习社区，是以计算机网络和通信技术为支撑的教与学平台，是借助于网络和通信工具以现实协作和合作学习为目的，通过探究协作与交流等活动形式建立的虚拟学习共同体，其特性为技术性共同的兴趣和目的互通的学习领域交汇的时空社群认同合作探索②	2011年

鲍曼（Bauman）指出，在社区成员之间的理解、公共价值观、归属感、责任、深思熟虑和合作是社区的典型特征元素。③综合以上学者关于网络学习社区的定义，本书认为网络研修社区应该具备如下特征：（1）和其他网络社区相区别，网络研修社区首先强调教师教育属性；（2）强调开放性，是高度开放"社会"，包含了具有共同属性和目标的成员，是教育由封闭走向开放的途径之一；（3）边界和排他性：网络学习社区有明确的成员分类，明确地界定哪些人是社区成员，而哪些人不是；（4）规则：社区成员都遵循一定的准则，有一定的管理和评价机制；（5）群体构建：强调交流、沟通的互动过程中，构建相互之间的学习共同体。

2. 教师网络研修社区的特征元素

（1）共同的目标。拥有共同的目标是教师参与网络研修的群体属性和基本条件。网络研修社区中，学习者处于平等地位，拥有共同的目标和意愿，在社区成员间建立相互支持和相互依赖的亲密关系，为达到研究活动的目标，解决教学中存在的问题而积极地交流，不断发现新知识，不断提升个体的智能和集体的智慧。

（2）紧密的交互。交互是虚拟社区的重要特征之一，人们在社

① 马秀峰、李晓飞：《虚拟学习社区——教师专业发展的新平台》，《电化教育研究》2009 年第 4 期，第 35—38 页。

② 梁林梅、孙俊华：《知识管理》，北京大学出版社 2011、2004 年版，第 12 页。

③ Bauman, Z., *Community - seeking Safety in an Insecure World*, Cambridge：Polity, 2001, p. 53.

区中往往会通过自我展现与社会互动以获取社会认同的机会。这里的交互指的是教师之间的双向或多向、教师与网络研修社区（平台）的交互，实现教师之间、教师与助学者之间的沟通以及传递各种反馈信息和评价信息。根据社会认同理论，个人自我概念的建立来自于对群体的认同，网络研修社区互动的增加有助于个体维持积极的自我概念，巩固其对网络研修的信念与认同感。

（3）互惠互利。互惠互利是指社区中包括教师和学习者在内的所有成员之间的双向互惠互利性质的学习。

（4）共享知识和资源。共享知识和资源是网络研修社区的主要目的之一。学习者共享他们的知识和资源，共同解决问题，共同承担学习任务，逐步形成可随时访问的共享的知识库和资源库。知识和资源包括某一学科的专业知识、教学知识、经验总结、教学课件、教学反思等资源。

（5）注重协作与反思。反思是传统教师研修中重要的方式，网络环境中的研修注重教师参与式的协作与反思。网络环境跨越了时空限制，提供了各种同步、异步的交流工具，扩展了协作与反思的范围、深度和广度。教师在协作中碰撞灵感与激发智慧，在反思中得到鼓励和支持，促进深度学习。

（6）共同实践/行动。网络研修社区不仅仅是共享知识，更重要的是把学到的知识应用到实践中学、应用到教学中去、应用到问题解决过程中去，这也是教师参与网络研修的最初动力和最终目标。教师通过网络研修社区，参与共同的学习活动和项目，进行交流和合作，使学习更加深入，从而加深对知识的理解和掌握。此外，也为某一项任务培养了团队协作精神和工作能力，同时也避免了网络学习的孤独感。

3. 教师网络研修社区的发展阶段

布朗利用扎根理论，通过对教师、学生在网络课程中的过程进行分析，提出了社区建立的三个阶段①：（1）认识他人或结交朋友

① Brown, R. E., "The Process of CommunityBuilding in Distance Learning Classes", *Journal of Asynchronous Learning Networks*, Vol. 5, No. 2, 2001, pp. 18-35.

学习者在网上寻找有"共同特征的人",如地理位置、学术背景、动机等彼此吸引的人;(2)社区赋权(Community Conferment):学习者之间相互交互,提出想法并得到他人的认可,同时也对其他参与讨论的人有亲切感;(3)友谊:通过长时间、广泛的人际交流,学习者之间逐渐建立友谊关系,这是社区发展的最高级别。路易斯和艾伦(Lewis & Allan)在研究的基础上提出了网络学习社区发展的六个阶段[①]:(1)建立阶段:基于特定的目的或目标,建立共同的社区;(2)引导阶段:社区建立起来之后,辅助者借助技术手段帮助引导成员进行交互,进行信息的交换;(3)孕育阶段:社区成员逐步开始交互,群体逐步培养信任感,参与者更加关注讨论的主题;(4)提高绩效阶段:群体共同处理基于实际工作的真实问题,分享资源、知识和经验;(5)执行阶段:注重实践的阶段,将社区中的知识迁移到工作场所的情景,并以产品、结果等形式出现;(6)结束或改变阶段:社区生命周期的终点,并且达成了最初的目标,形成新的目标。

网络研修社区包括共同的目标、紧密的交互、互惠互利、共享知识和资源、注重协作与反思和共同实践/行动。这为研究中如何判断是否构建合理、实用的网络研修社区提供了判定的标准和要达成的目标。除此之外,本书认为国内网络研修社区的发展主要经历或正在走过四个主要的阶段,第一阶段是以资源、新闻信息汇聚为代表的教师专业发展网站,教师登录网站进行资源的下载和相关教研活动信息的查阅;第二阶段是以社会性软件作为网络研修社区支持教师开展发帖、回帖、提交作业等形式开展网络研修的平台;第三阶段是以"工作室"、"工作坊"为代表的汇聚相关资源、开展封闭研修活动,使教师在一个较为封闭的虚拟社区中,在专家或教研员的带领下开展网络研修活动;第四阶段是专门的"虚拟研修社区",以虚拟技术等构建专门的网络虚拟学习社区。国内的网络研修社区应处于第二阶段向第三阶段过渡的时期,本书力求针对网络研修社区发展的第三阶段,进行相应的功能框架设计,探寻能够有

---

① Lewis, D. & Allan, B., *Virtual Learning Communities: A Guide for Practitioners*, Maidenhead: Open University Press, 2005.

效支持教师网络研修的社区功能。

（二）教师网络研修社区设计理念

国内外学者从不同角度提出了网络研修社区的设计理念：帕洛夫与普拉特（Palloff & Pratt）较早地提出了建设虚拟学习社区的基本步骤①：（1）清晰地界定群体的目的或目标；（2）营造一个独特的聚集场所；（3）从内部促进有效的领导；（4）制定规范和明确的行为守则；（5）允许成员扮演不同的角色；（6）允许并促进不同的小群体出现；（7）允许成员解决他们自己的争端。秦亚玲提出网络研修平台设计的四个原则②：（1）操作简便、管理方便，充分考虑平台使用用户主体教师对于简便操作社区的需求；（2）平台界面友好，具有可操作性、可控制性、导航简明、符合教师学习的特征；（3）功能齐全、具有实效，满足教师研修需求，能进行交流、共享、协作与互动；（4）扩展性强，满足对于后续研修变化的需求，能够方便地修改和扩展。单举芝等提出基于 Web 2.0 研修平台设计的指导思想③：（1）以人为本，构建和谐网上学习环境，为教师搭建平等交流的环境，强化交互功能，使教师能够及时获得帮助，找到志同道合的学习研讨伙伴，产生对虚拟研讨环境的归属感，使教师在研修过程中获得平等与尊重。（2）适合成人学习，支持自适应和自组织，社区设计应充分考虑教师成人学习特点，支持在任何时间和地点开展研修活动，为过程中的同步、异步交流提供便利，学习资源设计"模块化"，内容设计"微内容"，便于教师及时获取。梁银英等基于社会资本理论视角对网络学习社区进行了分析，提出结构维度、关系维度和认知维度④：（1）结构维度，主

---

① Palloff, R. M. & Pratt, K., "Online Learning Communities in Perspective", Luppicini, R. (Ed.). *Online Learning Communities*, Charlotte, North Carolina：Information Age Publishing, 2007, pp. 3–15.

② 秦亚玲：《Google 云服务下的校本教研活动设计与应用研究——以黄冈市北湖中学网络教研平台为例》，上海师范大学出版社 2010 年版，第 24—25 页。

③ 单举芝、刘述：《基于 Web 2.0 的教师远程研修平台设计初探》，《中国电化教育》2009 年第 3 期，第 106 页。

④ 梁银英、王海燕：《虚拟学习社区社会网络构建策略》，《中国电化教育》2011 年第 10 期，第 64—69 页。

要衡量社会网络中各种关系的总和，包括网络关系的强弱、网络密度、连通性、中心性等结构特征；（2）关系维度，从外部和内部两个方面进行学习约束，外部方面利用规范和惩罚，内部方面增加互惠性，减少单方面知识获取义务和期望；（3）认知维度，指社区的共同愿景和成员理解一致的共享语言，包括共享的语言、意义符号、编码，共同的经历共享、文化和价值共享。李胜波等提出在线实践社区环境设计要素[①]：（1）以问题为导向，驱动教师同伴互助，通过教师参与解决问题，主要关注教师的问题解决、帮助他人解决问题、解决问题的过程中获得满足等。（2）以六度空间为纽带，利用六度空间的理论与社会性软件密切结合，增强同伴交流和互助，促进交互。（3）构成要素分析：①活动主线，主动建构的、有意义的、真实的、合作的活动；②关系维系，维系彼此的关系，建立相关的规范；③行为聚焦，建立合作机制和信任，关注同伴互助机制；④交互核心，包括同伴间的信任、活动或行为要素；⑤机制动力，机制是各要素间的相互作用过程和方式，是推动社区发展的动力；⑥工具支架，支持社会建构、同伴观点理念和评论、创造问题情景、探究问题信息工具等。（4）迭代式的设计过程，各要素构成微迭代过程，整体设计框架构成宏观替代，契合分析真实的问题情境—提出解决方案—与真实问题进行比较—修正设计框架的设计过程。

　　基于以上分析，笔者认为网络学习社区包括环境构建、结构维度构建、关系维度构建和认知维度构建四个方面。环境构建包括虚拟学习社区平台的设计、学习任务的设计和学习资源的选择；结构维度的构建从学习者和助学者两种角色类型着手；关系维度的构建包括建立快速信任制定规范与惩罚和明确义务与责任；认知维度的构建从培养共同愿景和共享语言两个方面进行。

　　（三）教师网络研修社区功能设计

　　1. 网络研修社区框架

　　网络研修社区框架应包括：（1）知识导航模块：分为平台导航

　　① 李胜波、李爽、孙洪涛：《促进教师同伴互助的在线实践社区环境设计框架》，《中国远程教育》2010 年第 11 期，第 23—28 页。

和名师知识地图，其中平台导航由站点知识地图和平台使用视频说明构成，平台导航将研修过程中的知识流动（知识的获取、存储、共享、应用）形象地展现出来；名师知识地图帮助教师快速找到所需的知识来源。（2）知识获取整理模块：包括知识获取和知识整理，教师通过关键字便捷获取所需知识，按照分类目录进入资源中心和知识展区；教师进入个人知识空间后，进行资源汇总、整理、查看。（3）知识共享交流模块：通过论坛研讨、BBS 交流、视频评课、站内邮件、个人 Blog 等，促进教师间知识的交流；通过知识圈子、在线系统备课，促进教师知识协作。（4）管理模块：主要包括用户权限管理、系统文章管理、公告发布、邮件系统管理、Blog 使用管理。

2. 网络研修社区交互设计

（1）同步交互和异步交互相结合，增加了交互场景的真实感和交互信息的时效性，方便教师随时学习，还提供给教师更多的思考空间。（2）交互工具的采用：根据交互类型、同异步交互方式和具体的网络教研活动选择合适的交互工具，更好地发挥其特点和作用。

3. 网路研修社区中资源库设计

网络学习社区中学习资源个性化推荐框架，框架分为资源应用层、推荐服务层和数据支撑层。（1）资源应用层，为社区学习者提供资源定制、浏览、学习和评价个性化界面，系统识别并调取学习者偏好模式，呈现符合学习者个性化需要的资源界面。（2）推荐服务层，即核心功能层，根据学习者偏好模式构建学习者模型，为推荐引擎提供推荐依据，根据学习者偏好模式构建资源模型。（3）数据支持层，提供所需数据源，包括学习者基本信息、偏好模式数据、学习资源数据等用于个性化资源推荐匹配服务。除此之外，张敏霞（2011）提出教师在线实践社区中资源建设理论：（1）教师在线实践社区中的资源以案例式资源为主。（2）教师在线实践社区中资源分为初级资源、再生资源和高级资源；初级资源是尚未作任何开发的原生态资源；再生资源是通过对初级资源的开发加工，形成的延伸资源；高级资源，也称知识资源，是对再生资源的继承、重组及耦合，对社区成员们的公共知识进行知识萃取之后所形成的新的实践性知识。有学者在教师研修社区设计了具体经验阶段、反思性观察阶段、抽象概念化阶段和积极实验阶段，并针对每个阶段的不同进行了资源应用策略设计[①]：具体经验阶段，实现个人初级资源向群体资源的转化活动，即由隐性知识向隐性知识的转换过程，通过相互之间的观察、模仿和亲身实践等途径完成了知识的社会化。反思性观察阶段，实现群体初级资源向再生资源的转换活动，即隐性知识向显性知识的转化过程，通过比喻、比较、演绎、推理和深度会谈的方式表达成显性概念，促进个人隐性知识的外化。抽象概念化阶段，实现的是群体再生资源向群体高级资源的转化活动，即显性知识向显性知识的转换，通过对外化了的显性知识碎片进行整理、归类、萃取、组合等途径，转化为更系统的新的显性知识，促进知识的组合化。积极实验阶段，实现的是群体高级资源向个人初级资源的转换，即显性知识向隐性知识的转换，实现了知识的内化。

从已有研究来看，网络研修社区一直是教师网络研修研究领域的热点问题，各学者主要从网络研修社区功能设计有效支持教师网络研修的角度进行相关研究和实践。从以上综述中可以发现，教师网络研修社区不是单纯网站的教师发展应用，不仅仅局限在具体活动和管理的实现，而是要从系统层面设计，交互设计、资源设计、评价设计、管理设计等方面在详细设计的基础上，有效支持教师网络研修活动开展、绩效评价等目标的实现。在本书干预模型的构建过程中，网络研修社区作为重要的支撑环境，对于教师网络研修的有效性具有重要的影响。在具体设计中，应重点考虑提供丰富的交互方式，激发教师研修过程中的积极性，改善社区中的人际关系；突出网络研修社区的易用性，发挥各种技术优势，满足不同类型教师网络研修发展的需要。

三 教师网络研修评价

评价是教师网络教研效率效果的保证。通过文献研究发现，目

---

① Nonaka, I. & Takeuchi, H., *The Knowledge-Creating Company*, NY: Oxford University Press, 1995.

前国内学者对教师网络研修的评价研究主要集中在网络研修评价维度、网络研修评价方法和网络研修评价内容等几个方面。

（一）教师网络研修评价维度

不同的研究者认为教师网络研修效果应从不同的维度进行评价。整体设计方面，李克东（2012）提出从社区的活动质量、社区的网络特征、社区中的角色表现、社区形态的变化、问题发现与解决、教师的专业发展六个方面来评估活动的绩效。具体包括：（1）社区的活动质量表现为，共享性资源的上传、浏览、利用率如何；互动的程度、发问、回应、辩论及跟进；是否有团队领袖、凝聚力及合作是否密切。（2）社区的网络特征指标，主要回答多少人参与帖子、帖子总数多少、被阅读帖子有多少、互动回应帖子有多少、深度互动（往复三次以上）帖子有多少等。（3）社区中角色分为问题提出者、话题回应者和第三旁观者，在网络社区中重点培养话题的抛出者和善于发问的教师。（4）从社区形态的变化过程来评估网络教研活动的发展过程，包括教师、话题数量变化、话题变化内容、教师角色变化、群组变化等。（5）问题发现与解决，发现与解决教学问题的数量及质量。（6）教师的专业发展，经历从教育观念更新、专业素养提升、信息素养提升、教学素养提升四个方面，最终促进教师教学方式的转变。还有学者探究依据柯氏培训评估方法的四个维度对教师网络研修活动进行绩效评估：反应评估、学习评估、行动评估、成果评估。提出了三方面的评估指标：教师对教师网络研修活动的满意度评价、教师网络研修活动对教师的实践性知识发展影响的评估，以及教师网络研修活动对项目学校发展的影响评估。根据评估模型和评估指标指出了一种教师网络研修活动的绩效评估的流程。

网络研修评价内容方面，学者们从社区成员关系、表现性评价、交互效果、临场感等方面进行了探讨。网络社区中的成员关系方面，覃学健等（2009）借助社会网络分析软件 Ucinet 研究了一个班级社区，从网络密度、中心性、小团体等角度探讨了该虚拟学习社区的特点并提出了建议。刘敏等（2014）对教师虚拟社区意见领袖的社会网络位置及角色进行了分析。教师网络研修表现性评价方面，吕萍（2010）借助网络技术自动跟踪记录和统计的功能优势，介绍了网络环境下教师专业发展表现性评价设计，对教师利用网络进行专业学习的能力或倾向的表现和过程进行分析和判断。彭敏军等（2011）对在线学习参与度进行考量，并针对数据和质量制定了具体的实施方法。黄伟（2010）以海盐教师博客为对象，重点关注教师网络学习的参与度、参与方式和学习深度等问题。网络研修社区交互评价方面，网络研修效果的核心体现在研修共同体的互动情况，因此针对网络研修交互的评价一直以来都是网络研修评价的主要维度。严亚利等（2010）采用社会网络分析和内容分析法量化分析了教师博客交互的状况和深度，提出了教师博客交互程度编码方案。王竹立等（2009）按照交互程度的不同，把交互分为浅度交互、中度交互和深度交互。网络研修临场感方面，何苗（2010）通过内容分析法对研修论坛中学员间的社会临场感和人际关系进行评价，认为"社会临场感"对激发动机、减轻压力、缓解学习孤独感等具有重要作用。

（二）教师网络研修评价方法

网络研修评价方法除问卷调查、访谈等一般研究常规之外，还包括社会网络分析等方法。问卷调查法，对网络研修平台的功能、界面设计、参与网络研修教师研修情况、态度倾向、参与程度、研修效果等进行调查研究。访谈法，了解教师对网络研修的需求、进行网络研修的方法、网络研修的具体情况、存在的困难和问题等。社会网络分析法，对网络社区中成员的互动情况进行量化分析，用图论法和矩阵法描述网络研修社区中的各种关系。内容分析法，将协作知识建构过程分为观点表达、观点联结、观点建构三个阶段，对发帖内容的知识建构归类指标。结构化方程，对教师在社区中的采纳内容、采纳时间、教学能力三个变量之间的相互作用关系进行了研究。除此之外，有研究者采用混合式的方法对教师网络研修社区效果进行评价：胡小勇（2011）运用总体设计—数据采集—网络分析—结果阐释—反馈完善的研究路线动态结合问卷调查、内容分析、SNA 等方法创新性地构建了整合现实网络与虚拟网络的混合式区域教研协作分析框架，使用该框架对天河区小学英语学科组进行案例研究，发现在该团队中虚拟教研对现实教研起到了有益补充作用。王陆（2012）在深入开展教师实践社区 COP 的基础上，针对网络社区中教师专业发展的绩效评估问题，提出 COP 绩效评估的方法与技术。其包括三种方法与技术：基于真实性评估的方法与技术、基于情境视角的绩效评估方法与技术、课堂教学行为分析方法与技术。白继芳（2009）将半衰期理论引入到虚拟学习社区对于首帖的研究中，提出首帖半衰期的相关概念，对不同半衰期的首帖文本编码分析，并对于如何在学习论坛中发帖提供建议。

国内学者对于网络研修评价研究所采用的主要方法为问卷调查、访谈、社会网络分析、内容分析（话语分析）、实验研究等，对网络研修成员关系、论坛交流程度、表现性评价、交互评价、参与度评价、整体效果评价等方面进行网络研修效果评价研究。尤其注重运行社会网络分析的方法对研修社区中学习者和意见领袖交互、位置、关系等的评价。同时也清楚地认识到，研究者对于网络研修社区的交互相关评价关注较多，对于研修社区中学习积极性、贡献度等方面研究有待进一步深入。本书在构建中小学教师网络研修干预模型中，在网络研修评价部分，设计混合式的网络研修评价方式，针对教师自身、教师网络研修社区、网络研修共同体、教师网络研修知识的实践应用等方面展开系统评价，客观科学评价网络研修成果，促进保障网络研修效果的提升。

四　促进教师网络研修发展策略

（一）支持服务策略

1. 助学策略

杨卉、冯红（2012）提出了以教师的认知支持、情感支持、学术支持为目标的 7 种助学策略，包括：活动前的促进教师适应环境策略；活动中的引领研修活动深化策略；培育实践共同体共享文化策略；促进教师教学行为改进策略；活动总结阶段的以真实评价促进研修质量发展策略；用评价奖励机制提高教师研修动机策略；研修作品加工展示促进教师实践性知识共享策略。教师网络实践共同体在线助学活动设计应注意将多种助学支持作用有机结合，可促进助学效果最大化；在活动开展不同阶段需要的认知支持、情感支持和学术支持力度不同，助学策略和方法选择上应给予充分考虑；提出了教师网络实践共同体在线助学者基本专业能力和素质要求。①

2. 反馈策略

及时的反馈能够促进教师网络学习活动参与度的提升。在网络研修平台中在线时间长、发帖回帖数高、研修活动中表现积极的教师,与助学者在网络中的交流沟通相对较多,获得的助学者平台回复率相对较高,助学者在网络平台中的积极反馈能够影响研修教师网络活动中心度的提升。②

3. 情绪调节策略

在教学策略上应该充分注意对学习者情绪的引导,具体体现为:第一,引导学生将精力集中在学习任务上,而不是因对失败的恐惧而分心;第二,引导发题求解失败时,通过回溯步骤发现错误,或调整思路,而不是选择放弃;第三,引导学生把失败归结于努力程度不够、缺少信息或错误的解题策略,而不是能力不足。③助学的情感人际支持、认知支持能够有效促进教师完成网络研修任务,加强对研修教师的情感人际支持和认知支持能够帮助其提高学习效率、促进其专业水平的发展,指导研修教师有计划地进行研修活动,能够在研修方法上给予相应的指导。

4. 助学者支持策略

徐磊、王陆(2013)通过研究发现:助学者所提供的情感人际支持和认知支持与研修教师的学习效率具有较高的相关性;助学者的网络平台回帖率与研修教师的网络中心具有较高的相关性;通过进一步的回归分析得出,助学者的助学支持对提高研修教师的学习参与度起到了积极的促进作用。因此,(1)无论采用哪种教师网络实践共同体,都离不开助学者和教师间的交流,助学者要与教师进行社会交往,提供持续关注和及时反馈,确保其积极主动地参与到

---

① 杨卉、冯红:《教师网络实践共同体在线助学策略和方法研究》,《中国电化教育》2012 年第 6 期,第 50—55 页。

② 徐磊、王陆:《远程校本研修中助学支持服务对研修教师学习参与度的影响研究》,《中国电化教育》2013 年第 8 期,第 59—63 页。

③ 詹泽慧、梁婷、马子程:《基于虚拟助理的远程学习支持服务及技术难点》,《现代远程教育研究》2014 年第 6 期,第 95—103 页。

学习活动中来。（2）助学者要提供及时有效的反馈信息。（3）通过形成性评价对研修活动开展过程中教师的表现、所反映的情感、态度等做及时评价，达到激励和改进研修行为的作用。（4）指导研修教师制订研修计划，对研修过程提供全方位的支持。（5）研修活动设计要与教师的实际教学背景紧密结合。

（二）促进交互策略

1. 发挥意见领袖的作用

虽然虚拟学习社区的成员流动性很大，但还是存在着较为稳定的"精英型"成员，他们知识丰富、文字表达能力强、分析问题深刻、有独特见解、对其他成员会产生很大影响，是构成虚拟学习社区社会网络信息通路的重要人物，可以担任助学者的角色，或者担任小组的组长、各个讨论区的版主等，组织组内成员积极参与互动，激发社区整体的积极性。

2. 发挥指导小组作用

成立网络指导小组，实现专业引领，网络研修需要进行有效引导和适当鼓励，需要在信息技术教育教学方面有丰富经验的骨干教师做主持；应该鼓励教育领域的专家积极地参与到网络教研的队伍中来，形成一个有层次、有步骤的领导团队，定期组织教师针对某一具体教学内容做深入分析、实践检验、再分析实践的教研活动。

3. 发帖回帖策略

（1）在内容的选择上，选择论证类、协商类、创作类、反思类的发帖，发帖内容应该是基于问题的思考，针对某一言论的质疑，提出自己的新观点，对学习过程的感知和评估等，这样其他的学习者更加有兴趣参与讨论，并且能够在讨论中产生思维的碰撞，有利于意义的建构。（2）对于共享类的发帖，发帖者不仅提供资料，还需提出自己的观点，这样更能促进讨论与学习。（3）鼓励学习者浏览和阅读论坛中的发帖，对已经讨论过或者已经有了相关发帖的问题，应该采取跟帖等方式。（4）将具有重要意义的帖子置顶显示、标记显示，或者采用将内容总结重新发布的方法等，进一步引起学习者的关注，促进学习的深入开展。

4. 教学互动服务

虚拟助理作为教学引导者或者学习活动组织者与远程学习者之

间进行对话和交流的服务。虚拟助理具备三项功能：调整教学过程中传递的信息量；点明或分享需要重点关注的地方；调整教学进度和学习氛围。[①] 注意交互频度的适当性，做到自主和交互的均衡。

（三）组织氛围及管理策略

（1）建立良好研修氛围，制定规范与惩罚约定交互，激励参与者产生知识共享意愿。营造信任、共享的社区文化。通过建立起合理的激励机制，激发成员的知识转移意愿，促进和激励组织成员相互学习；营造起有利于知识转移的开放、协作、信任、互利的组织文化，以促进成员之间的交流，使其愿意与他人共享知识，达到知识转移的效果。吸引孤立者，主动寻找形成这些孤立者的原因以及采取相应对策，吸引他们加入到社区的知识圈中来。建立快速信任，制定规范与惩罚约定交互。频繁沟通信息预先分类，从而向团队成员提供及时的反应，任务清晰界定成员遵守时间表和截止日期，提供经常性的积极反馈，成员彼此支持，个体和群体的期望明确，成员遵守承诺。加强参与者的主观行为规范，营造一种尊重知识、提倡共享的良好氛围，对于那些积极共享自己知识的参与者给予表扬。帮助参与者获得成功的体验，在参与者获得即便很小的进步时也及时给予鼓励和赞扬。引导参与者端正态度，引导其把社区看作所有成员共同成长进步的空间，而不是竞争的场所，打消其共享知识将会使自己失去优越性的顾忌。

（2）加强网络研修组织管理，明确各级义务与期望，培养研修支持团队。在网络研修过程中加强引导、进行及时总结，有机结合同步和异步研修方式，发挥两种教研方式各自的优势，提高教研质量。明确各类人员义务与责任，建构合理身份。培养研修组织者，充分发挥组织者作为研修过程的管理者、引导者、协调者、促进者的作用，引领、推进、促进教师知识建构。[②]

（3）促进共同体建设，重视弱连接在知识网络中的作用。加强

---

① 詹泽慧、梁婷、马子程：《基于虚拟助理的远程学习支持服务及技术难点》，《现代远程教育研究》2014年第6期，第95—103页。

② 冯立国：《网上教研的教师教研行为研究》，《开放教育研究》2008年第12期，第110—115页。

网络研修社区中共同体建设，不仅能够增进成员间的深入交流，也能强化社会归属感和文化归属感。学习者在教师的帮助下与专家或同伴交流各自的经验感受，不仅能共同建构和分享知识，完成特定的学习任务，而且还可以体验到彼此的接纳和支持，从而增强克服困难的信心和学习的动力。加强弱连接在知识网络中的作用，弱连接能在知识结构不同的群体之间起到信息桥梁的作用，将两个知识领域不相关或关系疏远的局部团队网络联系起来，将不同局部团队的知识带给对方，有利于改善组织的知识结构，提高群体的转移或吸收能力，扩大知识转移的范围，在获取新知识方面更有优势。

通过上述分析发现，研究者已经提出了众多网络研修促进策略，主要集中在意见领袖、组织氛围、团队建设、助学者策略、情感支持等文化氛围层面。本书将意见领袖、助学者、组织氛围等也列为网络研修影响因素，并通过专家咨询、教师问卷填答等方式确定影响程度，最终在本书的干预模型中，针对意见领袖、助学者、组织氛围等方面进行系统设计，并进一步提出可操作的实施策略，促进教师网络研修的效果提升。在本书干预模型阶段，重视组织氛围、共同体方面对于教师网络研修的促进作用，明确网络研修共同体各角色的定义与作用，通过提出网络研修共同体构建策略、重视教师博客社群中意见领袖的作用等方面，提出网络研修干预策略。

第二节　教师网络研修设计

一　教师网络研修设计要素

（一）理论基础

1. 技术接受模型

技术接受模型（Technology Acceptance Model，简称 TAM）是戴维斯（Davis）在 1989 年提出的专门用于解释和预测用户对信息系统和信息技术接受程度的理论模型，该模型提出后，他的学生文卡特斯赫（Venkatesh）以及其他的研究同事在 2000 年又提出了技术接受模型 2（TAM2），在 2003 年提出了整合性技术接受与使用模型（UTAUT），2008 年提出了技术接受模型 3（TAM3），这些模型对个人信息技术接受领域产生了重大而深远的影响。戴维斯在 1989年提出的技术接受模型包含了感知有用性、感知易用性、态度、行为意愿及使用行为五个部分，如图 4—1 所示。

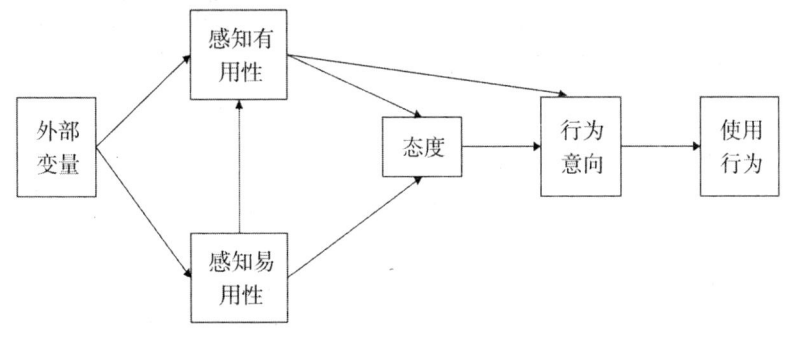

图 4—1 技术接受模型（TAM）

其中，"使用行为"是用户对某种新技术的实际操作行为。行为意向指的是用户愿意采用技术的意愿。态度是指用户对技术所表现出来的评价和感受。感知有用性是指用户认为一个信息系统能使用户减少所付出努力的程度。感知易用性是指用户使用某一特定系统的感知容易程度。外部变量是其他可能影响用户接受系统的因素，如系统设计的特征、开发过程、用户的培训等外部影响因素。技术接受模型认为用户的信息技术使用行为（Actual System Use）由行为意向（Behavioral Intention）决定，而行为意向受使用态度（Attitude Toward Using）和感知有用性（Perceived Usefulness）影响。使用态度由感知有用性和感知易用性（Perceived Ease of Use）决定。同时，感知易用性还会影响感知有用性，感知有用性和感知易用性都受到外部变量的影响。

TAM 明确地把行为信念分成感知有用性和感知易用性两个独立的变量。研究者可以更容易地识别决定行为的各个行为信念的相对影响，并通过控制外部变量来测量对各个行为信念的影响，因而具有更好的解释度。教师网络研修设计中，将技术层面（网络研修社区）的外部影响因素归纳为感知有用性和感知易用性，考察它们对教师网络研修社区态度、行为意向、使用行为的影响程度。

2. 计划行为理论

计划行为理论（Theory of Planned Behavior，简称 TPB）起源于认知框架下的多属性态度理论（Theory of Multiattribute Attitude，简称 TMA）。菲什拜因（Fishbein）的多属性态度理论认为行为意向由行为态度所决定，而行为态度又受到预期的行为结果及结果评估的影响。[1] 在多属性态度理论基础上，菲什拜因和艾奇森（Ajzen）提出了理性行为理论（Theory of Reasoned Action，简称 TRA），该理论认为行为意向受行为态度和主观规范的影响，是决定实际行为的直接因素。[2] 随后，艾奇森（1985，1987，1988，1991）对理性行为理论的模型进行了拓展研究，在模型中增加了新的预测变量——感知行为控制变量（Perceived Behavior Control，简称 PBC），提出了计划行为理论（Theory of Planned Behavior，简称 TPB）[3]，如图 4—2 所示。

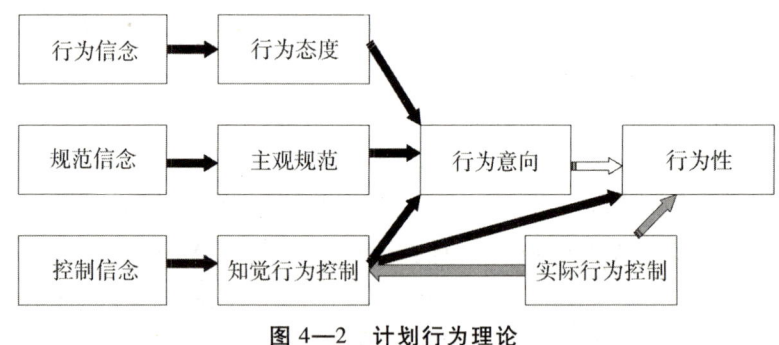

图 4—2　计划行为理论

①　Fishbein M., "An Investigation of the Relationships Between Beliefs about an Oobject and the Attitude Toward Thatobject", *Human Relations*, Vol. 16, 1963, pp. 233-240.

②　Fishbein M., Ajzen I., *Belief, Attitude, Intention and Behavior: an Introduction to Theory and Research*, New York: Addison-Wesley, 1975.

③　Ajzen I., "The Theory of Planned Behavior", *Organizational Behavior and Human Decision Processes*, Vol. 50, No. 2, 1991, pp. 179-211.

　　计划行为理论认为个体行为（Behavior）是个体在特定时间和特定环境内，对特定目标所做出的可观测的反应，包括对象（target）、行动（action）、环境（context）和时间（time）四个要素（段文婷，江光荣，2008；艾奇森，2006），个体实际行为不仅受其行为意向的影响，还会受到诸如机会、资源、个体能力等实际控制条件的约束，在实际控制条件准备充分的情况下，个体实际行为直接由其行为意向所决定，行为意向越强烈，越有可能采取实际行为[①]。决定行为意向的主要变量包括行为态度（Attitude toward the Behavior，简称 AB）、主观规范（Subjective Norm，简称 SN）和知觉行为控制（Perceived Behavioral Control，简称 PBC），变量与行为意向呈正相关关系，态度越积极、他人支持越大、知觉行为控制越强，行为意向就越大，反之就越小。个体的行为态度受到行为信念（Behavioral Beliefs）的影响，主观规范主要受到规范信念（Normative Belief，简称 NB）和顺从动机（Motivation to Comply，简称 MC）的影响，知觉行为控制受到控制信念（Control Beliefs，简称 CB）和知觉强度（Perceived Power，简称 PP）的影响。

3. 自我决定理论

　　自我决定理论（Self-determination Theory，简称 SDT）是一种关于人类自我决定行为的动机过程理论，强调自我决定在动机过程中的能动作用，解释人们如何形成自己的行为和动机意识，从而分析个人情绪动机和行为。它是由美国心理学家德西·爱德华和赖安·爱德华·M（Deci Edward L. & Ryan Richad M.）在 20 世纪 80 年代提出的。自我决定理论描绘了人类动机和人格研究的一个宽泛的框架，关注的焦点是人类行为在多大程度上是自愿的和自我决定的，强调自我在动机过程中的能动作用，重视个体的主动性与社会情境之间的辩证关系。自我决定理论认为，动机是人类有效活动的核心环节，因此有效社会活动的关键是如何有效且充分地调动行为主体的内在动机。自我决定的潜能可以引导人们从事感兴趣的、有益于

---

① Ajzen I., "The Theory of Planned Behavior", *Organizational Behavior and Human Decision Processes*, Vol. 50, No. 2, 1991, pp. 179–211.

能力发展的行为，这种对自我决定的追求就构成了人类行为的内部动机。人是积极成长定向的有机体，人类具有追求心理成长和发展的倾向，也具有很强的主观能动性，通过努力最大限度地实现和发挥自己的潜能。[①] 德西（Deci）等认为自我决定理论包括四个子理论，即基本需要理论、认知评价理论、有机整合理论和因果定向理论。不同的理论可以解释来自不同领域的、针对不同问题的研究结果。基本心理需要理论解释了基本心理需要的含义以及心理需要和主观幸福感的关系，是自我决定理论的核心理论。认知评价理论主要解释社会情境中的各种因素对于个体内部动机的影响，认为社会和环境因素通过支持或阻碍基本心理需要的满足来增强或削弱内部动机。有机体整合理论把动机分为不同的调节类型，并探讨影响行为调解内化的环境因素。因果定向理论（Causality Orientations Theory）主要描述人们先天倾向中的个体差异，以及这些差异怎样影响个体对于环境的选择和适应。

4. 沉浸理论模型

心理学家米哈里·契克森米哈（Mihaly Csikszentmihalyi）博士于 1975 年提出沉浸理论（Flow Theory），描述了人们在活动中完全被吸引并投入情境当中，过滤掉所有不相关的知觉，而进入一种沉浸状态。[②] 沉浸理论中的核心概念是"沉浸体验"（Flow，也称心流），契克森米哈指出沉浸体验是"当人们全情投入时，获得的一种贯穿全身的感觉，在这种状态下，动作与动作之间似乎受到一种内在逻辑的指引，而无须行为主体进行有意识的干预。他感受到的是贯穿各种动作间的一股整体的流，并受控于自己的行为。此时，自我和环境之间、刺激与反应之间、过去和现在以及未来之间的差异微乎其微"。沉浸理论指出影响沉浸体验的主要因素是挑战（challenges）与技能（abilities），并提出了关系模型，如图4—3所示。如果

---

① Deci E. L., Ryan R. M., "The 'what' and 'why' of goal pursuits: Human needs and the Self-determination of Behavior", *Psychological Inquiry*, Vol. 11, No. 4, 2000, pp. 227–268.

② Csikszentmihalyi, M., *Beyond Boredom and anxiety*, San - Francisco: Jossey – bass. 1975, p. 72.

技能较低而挑战太高，参与者对环境缺少控制能力，会产生焦虑或挫折感；反之，如果技能较高而挑战太低，参与者会觉得无聊甚至失去兴趣，沉浸状态则主要发生在技巧和挑战两者平衡的情况下。

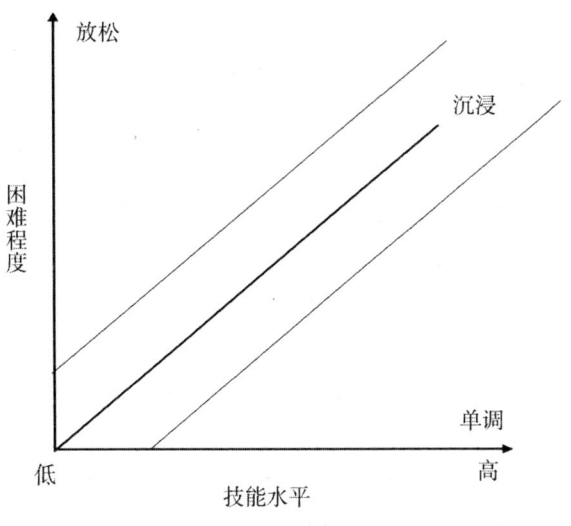

图4—3　沉浸理论模型

基于沉浸理论模型发现，教师在网络研修中达到沉浸的状态应该发生在技巧和挑战两者平衡的情况下，因此技巧和挑战是教师网络研修的重要因素，即教师的自我效能和网络研修社区的感知易用性是影响中小学教师网络研修的核心因素。

（二）教师网络研修设计要素

马立（2011）提出了教师网络研修要素框架：分别是技术支撑（网络研修平台）、活动主体（学习共同体）、核心内容（混合式学习）、关键因素（资源与互动）、保障机制（评价与管理）。徐小为（2007）针对农村教师网络研修模式的影响因素进行了理论研究，从主观、客观两个层面提出了影响因素：（1）主观因素方面，教师自身忽视教育教学基本理论学习，抽象思辨能力的薄弱、理论水平的低下、不愿意进行高水平的脑力劳动、缺乏分析和综合问题的习惯等。（2）客观方面，学校财力有限、缺乏专业引领、区域发展不平衡等。澳大利亚学者克莉丝·布鲁克（Chris Brook）从在线学习

社区角度出发，提出了在线学习社区的核心要素，包括系统因素
（System Factors）、课程因素（Course Factors）、指导者因素（Instruc-
tor Factors）、小组因素（Group Factors）、个人特点（Student Charac-
teristics）。乔爱玲等（2014）提出中学教师远程研修障碍影响因素，
包括远程研修能力、远程研修心理、远程交流、远程研修支持服
务、远程研修资源五个维度。（1）远程研修能力因素，包括知识获
取因素、知识筛选因素、知识吸引因素和知识传播因素；（2）远程
研修心理因素，包括认知因素、情绪因素、意志因素和个性因素；
（3）远程交流因素，包括学术交流因素和感情交流因素；（4）远
程研修支持服务因素，包括学术支持因素、情感支持因素和组织管
理因素；（5）远程研修资源因素，包括质的因素和量的因素。

　　从教师网络研修构成要素方面来看，教师网络研修（在线学
习）的制约因素主要包括教师个体自身因素、平台环境因素、资源
因素（课程、资源）、互动因素、指导者因素、管理机制等方面。

　　西班牙学者 R. 阿特阿加·桑切斯（R. Arteaga Sánchez）利用
SEM 方法，在 TAM 模型的基础上，探索使用 Moodle 平台动机的影响
因素，包括五个方面：（1）技术支持（Technical Support）；（2）感知
有用性（Perceived Usefulness）；（3）感知易用性（Perceived ease of
use）；（4）计算机自我效能（Computer Self-efficacy）；（5）态度
（Attitude）等对系统使用（System Usage）的影响。朱珂等（2013）
利用 TAM 模型，探讨了 Sakai 网络教学平台应用的影响因素，主要分
为：教师的有用性感知；对学生学习方式的兼容性感知；培训，利
用网络平台前的培训，包括培训内容、培训效能等；有用性感知，
使用网络平台获得更多交流机会、提高学习成绩、提高学习效率、
解决难点问题；易用性感知，网络平台交流方便、认知负荷低、误
操作较少；使用意愿，愿意深入使用平台，选择平台进行学习。

　　路兴等（2011）根据混合式学习及科技接受理论（TAM），以
北京大学教学网为案例，对混合式学习的教师接受度构建出分析模
型，包括技术特点、教师特点、课程特点、主观规范和服务品质等
五个维度：（1）技术特点，包括媒介丰富性、系统可靠性、系统灵
活性；（2）教师特点，包括对网络的态度、电脑经验、电脑自我效

能；（3）课程特点，包括适用性和交互性；（4）主观规范，包括政策、示范和学生促进；　（5）服务品质，包括培训和支持；（6）认知有用性，包括效率和效果；（7）认知易用性，包括使用和操作。香港学者 E. W. T. 倪伟定（E. W. T. Ngai）探讨了使用 WebCT 的影响因素，利用 SEM 方法提出了影响因素及其作用关系，包括技术支持（Technical Support）、感知有用性（Perceived Usefulness）、感知易用性（Perceived ease of use）、态度（Attitude）、使用目的（Intention to use）等方面对于系统使用（System usage）的影响。

通过以上分析发现，影响网络研修社区的因素主要集中在：教师自我效能、使用态度、使用目的、学习风格，TAM 模型中提到的感知易用性、感知有用性，社区（平台）本身的可靠性、丰富性、友好性等三大方面。

根据已有理论基础和研究基础，本书在三轮专家咨询的基础上，构建教师网络研修要素框架，如图 4—4 所示。该框架包括 7 个要素：个体因素、研修平台及环境因素、网络研修设计因素、主观规范、互动感知、支持帮助、教师网络研修。其中：（1）个体因素，由研修意愿、研修动机（能力提升、问题解决、获得荣誉、获得晋升）、作用感知和计算机自我效能（计算机操作能力、网络应用能力）等 4 个子要素构成；（2）研修平台及环境，由支撑环境（网速、计算机拥有、平台稳定性）、易用性（导航清晰、操作简便、方便管理）和有用性（促进交流、帮助学习）等 3 个子要素构成；（3）网络研修设计，由活动设计、资源设计和评价设计等 3 个子要素构成；（4）主观规范，由外部规范（领导要求、考核办法要求、研修制度研究）和群体影响（同事参与、及时反馈）等 2 个子要素构成；（5）互动感知，由意见领袖（意见领袖存在、引导言论）、专家支持及引导（专家存在、及时支持、带领研修）和学习者互动（及时反馈、效果评价）等 3 个子要素构成；（6）支持帮助，由情感支持（关系融洽、个性发挥）和技术支持（技术问题解决、技术帮助）等 2 个子要素构成。所有要素和子要素共同对于"教师网络研修"这一个核心要素存在影响。

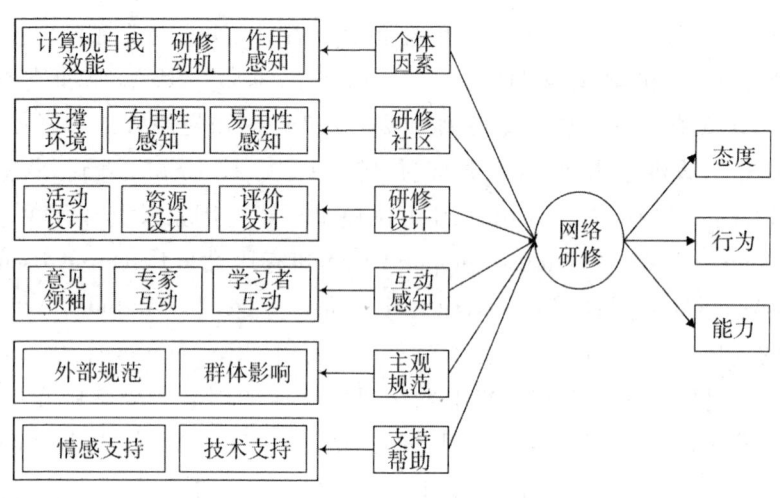

图 4—4　教师网络研修设计要素

二　教师网络研修设计

（一）教师网络研修体系设计

网络研修设计是一项体系化的设计，必须针对网络研修的各个要素进行设计，即研修教师自身、网络研修社区、网络研修设计、主观规范、互动感知、支持帮助等方面，提出系统、科学、有效的设计策略，促进教师在网络研修中出现态度、行为的变化，进而提升教师能力，促进教师专业发展。本书从宏观、中观、微观 3 个层面进行网络研修设计（见图 4—5）。宏观层面，主要从教师网络研修的整体规划和支持的上位角度审视中小学教师的网络研修，具体包括各级教育行政部门、培训机构、专家共同设计制定顶层设计、规范制度、支持保障、绩效评估，以及培训机构组织、专家应该为教师提供的感情支持和技术支持；中观层面，主要从教师网络研修环境和资源角度进行规范，核心要素是网络研修活动设计，包括资源设计和评价设计，以及依托网络研修活动感知的网络研修社区的设计和规划，社区应具备知识学习、在线研修、管理评价和资源汇聚等功能；微观层面，主要从学习者、意见领袖、专家的网络研修共同体层面进行设计，突出共同体中角色的具体定位和发展策略。中小学教师网络研修干预模型纵向是影响教师网络研修的核心因

素，并由外而内集中，在各核心因素的共同作用下，促进教师网络
研修态度、行为的转变，并最终实现能力的有效提升。此外，中小
学教师网络研修干预应为整体系统，不能对每个因素割裂进行干
预，影响干预效果。

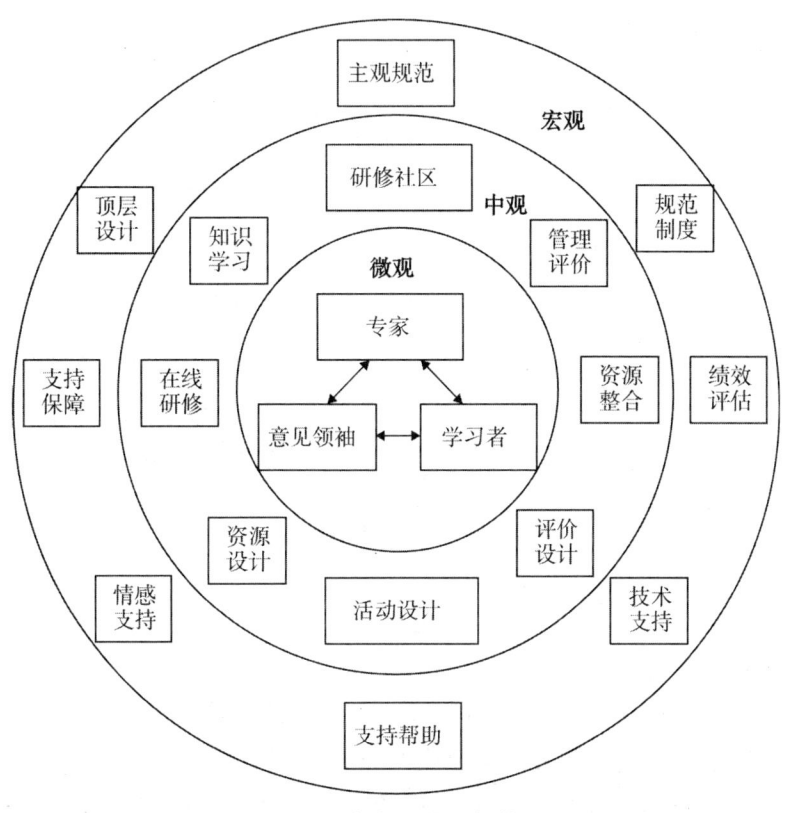

图4—5　教师网络研修体系

（二）教师网络研修共同体设计

网络研修共同体，其实质还是网络环境下的教师学习共同体，
本质上属于学习共同体、实践共同体、知识建构共同体的范畴。教
师学习共同体是将共同体概念在教师专业发展领域的发展。理想的
教师学习共同体，是探究和体验学习方式，是一个能够不断产生新
的学习活动的"学习场"，是个体都能够自我更新的可持续发展的

生态系统。本书中将"教师网络研修共同体"界定为：有共同目标和意愿的中小学教师通过"他组织"或"自组织"的方式在教师网络研修社区汇聚，在与专家、意见领袖的充分交流、互动、共享的氛围中，促进共同体整体和个体的发展。本书提出的教师网络研修共同体也遵循教师在线学习共同体的构成要素和发展过程，但是在具体的环境和应用中突出了特定的角色定位和发展策略。

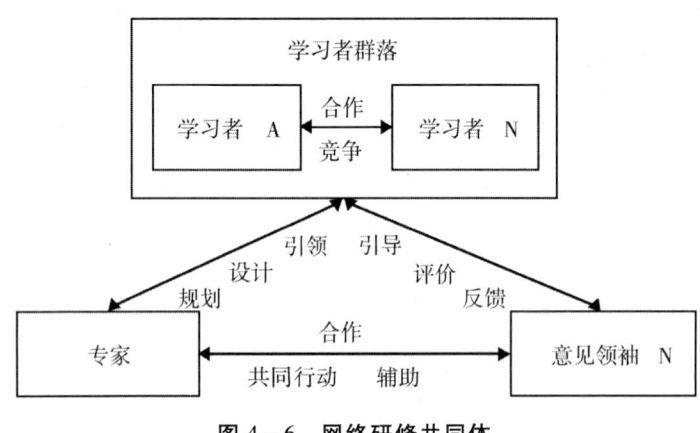

图4—6　网络研修共同体

1. 网络研修共同体角色及之间的关系

网络学习共同体的角色划分，国内外早已开展大量的相关研究。胡世清（2013）以不同类型、组织模式的虚拟学习社区为例，分别从角色类型与职责、角色交互方式与工具两方面，对虚拟学习社区中的角色结构进行分析，提出了学习者（潜水者、活跃者）、教师（助教）、管理者（秩序维护、执行考勤、技术支持）等角色；王陆（2009、2010）、杨卉（2012）重点讨论了在线学习社区中的意见领袖、助学者和网络研修活动中专家的角色。本书基于已有文献研究的基础上，提出了学习者、意见领袖、专家三种网络研修共同体角色，如图4—6所示。对于已有研究中提到的很多"管理者"角色，本书不予考虑，原因在于"管理者"角色最重要的定位在于技术支持、技术维护等，部分还承担了评价、统计、结果反馈等责任。对于后部分，在网络研修共同体中应该由"意见领袖"

来实施；对于"技术"相关角色功能，本书认为没有必要进行讨论。除此之外，网络研修共同体中的交互是最为重要的构成因素，"管理者"并没有参与到网络交互中，只是做一些辅助性工作，这也是"管理者"没有纳入网络研修共同体的重要原因。网络研修共同体角色可以分为：

学习者。学习者是网络研修中的主要角色，通常以群落或群体的关系存在，即有群体的学习者存在；网络研修中的所有规划、设计和活动都是主要围绕学习者展开的。网络研修的学习者主要角色定位有：参与者、讨论者、竞争者、合作者、贡献者、知识建构者、行动者、反思者。即网络研修社区中的学习者不单纯进行自主的学习，还需要积极地参与到网络研修共同体中，与身边的其他参与者充分讨论和交流；和身边的群体及时合作的关系，也需要在合作中进行竞争，教师需要共同合作才能完成或者更为高效、高质量地完成某一些网络研修活动和任务，但是也需要竞争才能使自己变得比其他同伴更加优秀，更加具有发言权，而成为意见领袖；教师网络研修的过程中，不断贡献自己的智慧、知识、作品，融合他人的观点、理念、方法、作品，完成循环上升的知识构建，达到网络研修的目标；除此之外，教师还应该是积极的行动者，将构建的程序性知识向实践性知识进行迁移，最终完成能力的提升。与此同时，在不断合作、交流、行动的过程中，不断地进行反思，通过反思和实践的结合最终促使自身的专业发展。

意见领袖。关于意见领袖的定位很多，比如：意见领袖在群体中非常活跃，积极地与学习者进行交流讨论；意见领袖是群体中的焦点人物，他们的发言受到较多关注，影响面较广；意见领袖在群体成员中有较高的支持率或认同度，往往能左右群体的意见走向，并且有研究表明：在教师虚拟社群中，社群成员更多地受到意见领袖的影响，而不是专家的影响。[1] 基于以上认识，研究者认为在网络研修共同体中，不设置"助学者"角色，充分发挥意见领袖在网络研修引导过程中的重要作用，与学习者和专家紧密交互，促进交互深度进行和学习者能力提升。原因在于：以往对于助学者的研究中，普遍认为助学者是帮助教师积极开展网络研修的辅助人员，主要工作在于发起问题、技术支持、解答教师研修中存在的简单性问题，对于不同学科教师在研修过程中遇到的实际问题，或者说学科相关的难点问题，助学者一般难以回答，或者没有能力和经验进行回答，这样就导致了助学者实际上更多地被设置为督促者和技术问题回答者，常见的发言更多局限在"请老师们登录"、"请老师完成作业"、"某某老师您的用户名和密码已经找回"，对于促进教师网络研修的深入开展没有最本质的影响。因此本书对于"助学者"角色并没有单独定义，而是将"意见领袖"的作用进一步放大，在研修过程中，承担引导研修方向和指导的职责；在研修前和研修后，制订具体研修计划，评估研修效果，并收集研修中存在的意见和问题，为后续的研修提供支持。在实施过程中，也是不指定或者安排"意见领袖"，而是前期由"助学者"完成基本的帮助和评价，中后期在网络研修社区中寻找不同工作室、任务小组的意见领袖，并组成新的"助学者"团队，以意见领袖为主，开展学习者的引导、评价、支持帮助等工作，这对于意见领袖来说，也是在合作、互动交流中的发展和进步。

专家。这里的专家，确切地说应该是网络研修中的专家团队或专家小组，由学科专家、资深教研员、学科特级教师、教育学专家等成员构成，强调学科特性和技术特征；专家与学习者之间应该是中等强度交互，但是与意见领袖至少应达到中等强度交互，甚至应该是高强度的交互。现阶段网络研修的现状是：参与教师的人数众多，但专家组的人数较少，很难保障每个教师都能得到专家指导，因此在"意见领袖"过程中本书设计了充分发挥意见领袖的作用。专家的主要角色是引领、制定发展规划和诊断评估，和意见领袖的"引导"相区别，专家的任务是"引领"，是从整体宏观的层面对学习者群体的发展进行引领，而不是针对某个小组、个人的引导；专家还应该制定群体的发展规划，面向群体规划发展路径和框架。此外，专家的重要作用还在于对于学习者群组的诊断性评价和研修效果评估，根据诊断结果和评估结果，完善方案的制定和开展具有针对性的网络研修活动。最后，专家对于意见领袖的带动和促进，形成层级式网络研修共同体发展建构。

2. 网络研修共同体构建策略

（1）明确学习者、意见领袖、专家之间的关系，尤其是专家与意见领袖间的异同。学习者是网络研修共同体的主体，通过学习和研修、实践最终得到能力发展，意见领袖和专家都是围绕学习者的需要进行规划和设计，并给予学习者帮助和支持。意见领袖也是网络研修社区学习者群体中的一员，通过个人经验和与学习者交流，能够清楚地了解到学习者研修过程中的实际需要和遇到的困难，进而给学习者最为直接的引导和帮助。除此之外，意见领袖和助学者构建的新团队，能够给予学习者及时的评价，修正发展路径，达到最深层次的帮助和支持。专家的作用主要在于宏观层面对于学习者群体的发展规划，和意见领袖之间及时指导也是合作的关系，这样做的主要目的是充分利用专家在深层次和具有较快发展的学习者的帮助和支持作用。

（2）综合考虑学习者群体构建——同质分组和异质分组。成员关系的异质性和多样性是学习共同体区别于其他各种学习小组、工作团队和居民社区的重要特征之一。[①] 网络研修共同体交互的主要环境为网络环境，因此具备一定信息技术能力的学习者显得格外重要。因为在影响因素研究的结果中发现了不同教龄、区域教师对于网络研修态度、行为和能力感知的不同，因此网络研修学习者群体应该由多元属性、多元能力的异质教师构成，在学科、教授学段等方面应强调同质教师的组合，通过厘清同质和异质学习者群体的关系，才能更好地促进教师群体的发展。

（3）重视教师博客社群中意见领袖的作用，对于意见领袖带领学习群体进行网络研修，给予适当的精神和物质的奖励。[②] 同时，意见领袖也来源于学习者群组，是学习者中优秀的代表，也具有更

---

① 赵健：《学习共同体的建构》，上海教育出版社 2008 年版，第 121 页。

② 唐章蔚：《教师博客社群中意见领袖的现状调查与分析》，《电化教育研究》2010 年第 7 期，第 91—95 页。

高层次的发展需要，因此专家团队也给予意见领袖更多、更深层次的帮助和支持，带领意见领袖进步和发展，为学习者树立正面的模范，明确发展的路径和方向。在此基础上，专家团队和意见领袖共同行动，形成合力，共同促进学习者群体的发展。

（三）教师网络研修活动设计

1. 网络研修活动设计

网络研修活动设计是网络研修干预模型的核心，教师对于网络研修社区、网络研修支持帮助等都通过网络研修活动进行感知，影响因素中网络研修活动对于网络研修的态度、行为、能力也具有最为显著的影响。根据情景认知与情景学习、活动理论、教师在线学习等理论指导，构建网络研修活动模型。其中情景认知与情景学习理论体现在强调教师网络研修活动过程研修情景和研修问题的构建与设计；活动理论体现在对于教师网络研修活动中学习者与同伴、专家、意见领袖的交流，强调学习者的积极性；教师在线学习理论体现在将网络研修活动分为三个方面，根据不同的在线学习类型进行详细设计。

（1）基于情景问题、案例的自组织教师网络研修活动设计。

基于情景问题、案例的自组织教师网络研修活动强调教师网络研修的自组织性，解决在专家的弱干预下，意见领袖带领教师开展网络研修活动，最终实现教师教学经验的习得，促进教学改革，如图4—7所示。教师网络研修的主题主要来自真实的教学问题情景、相关案例，其中真实的教学问题情景主要是教师在教学设计和教学实施过程中遇到的问题情景，如给定主题设计一堂基于探究式理论的课程，在探究式课程实施过程中小组合作的高效和优化等；案例主要包括名师课程、优秀教学实录、优秀教学设计、共同体成员自己的案例等；名师课程主要是名师优秀教学案例的呈现，让教师了解和领略名师的优秀风采，示范学习；优秀教学实录和优秀教学设计也是呈现高水平的内容，让教师了解优秀教师的授课方法和技巧，参考学习；共同体成员的案例主要是研修教师自己的教学设计和教学实录，和成员共同参考学习。将真实问题情景、案例等视频、文本材料在网络研修社区中进行呈现，意见领袖组织共同体教学进行深度交流互动，然后共同体教师反思实践，进一步进行交流讨论，直到完全掌握某一个问题的解决方法或深入了解了呈现案例的技巧方法后，开始新的真实问题情景、案例的学习和讨论，并循环开展"材料呈现—主题讨论—反思实践"的循环过程，最终促进教师对于教学设计、教学实施中问题解决和方法技巧等程序性知识的获得。

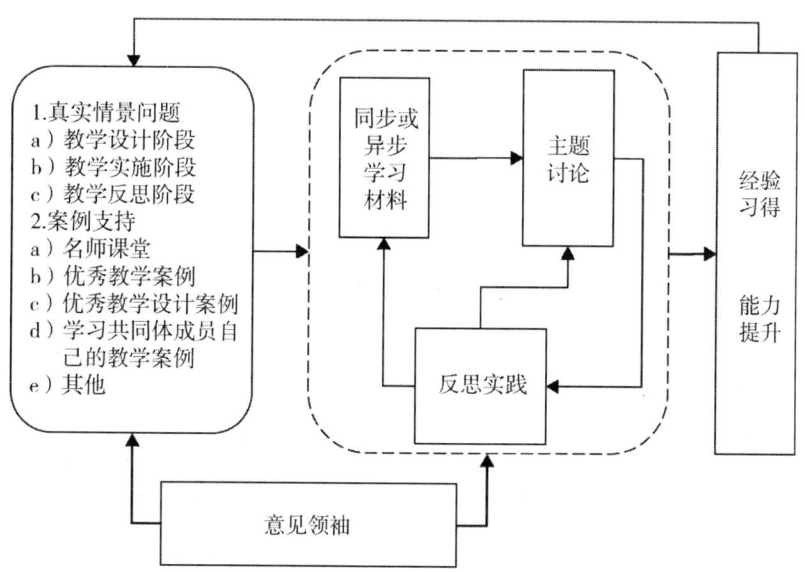

图4—7　基于情景问题、案例的自组织教师网络研修活动

（2）专家引领的在线研修共同体活动设计。

专家引领的在线研修共同体强调网络研修活动的计划性和引领性，解决教师在专家团队的强干预下，通过有计划性的知识学习和研修活动开展，促进教师教学能力的发展和持续性的在线学习能力的培养，如图4—8所示。

第一阶段由专家团队对教师网络研修需要和要求进行研究，并进行足够的材料准备，在此基础上在网络研修社区环境中构建独立的专家引领研修空间，包括结构设计、资源准备、教师发展计划、

主体活动、评价设计等，主要目的是构建类似"名师工作室"的
相对独立的专家引领的研修空间；核心阶段首先进行有计划的知
识与技能的学习，主要是掌握基本的理论基础知识，然后在专家
的强干预下，进行学习共同体活动开展，可以是课例点评、集体
备课、专题研讨、案例学习、课例研磨等多样的研修活动，在研
修的基础上，进行教学实践和反思，并针对实践中存在的问题，
继续进行专家引领的网络研修活动，形成循环上升的闭环；解决
知识的理论和实践能力后，在专家引领下再次开展"知识与技能
学习—学习共同体活动开展—教学实践与反思"的学习与研修活
动，最终促进教师教学能力的发展、在线学习能力的培养，直到
最终促进教师形成自主的在线学习能力，实现自我的专业发展能
力提升。

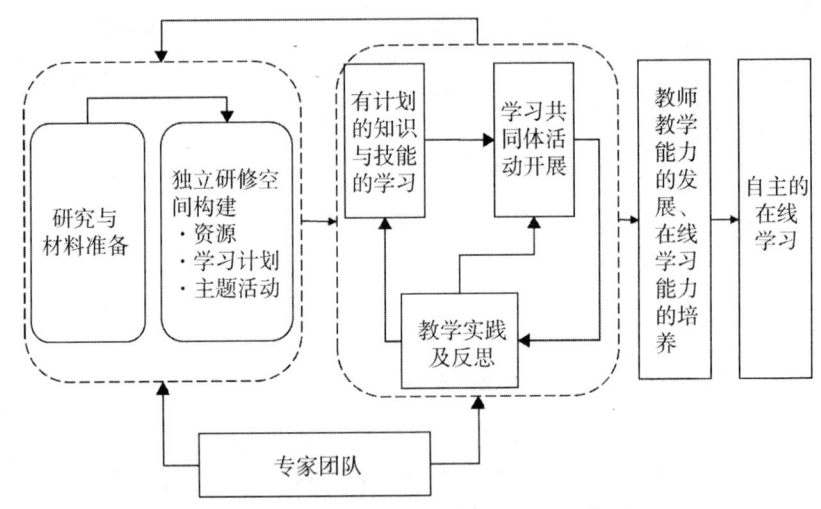

图4—8 专家引领的在线研修共同体活动设计

（3）基于实践共同体的网络研修与校本教研融合发展。

基于实践共同体的网络研修与校本教研融合发展强调专家引领
下的网络研修和校本教研混合研修，通过教师教学理念的变化最终
促进学生学习方式的变革，如图4—9所示。

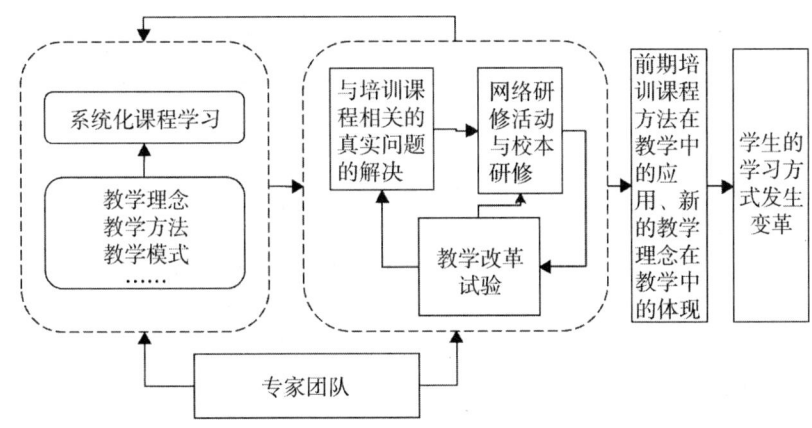

图4—9　基于实践共同体的网络研修与校本教研融合发展

第一阶段是教师在线学习系统化的网络课程，内容主要包括教学理念、教学方法、教学模式等，强调课程内容的系统化和体系化，课程呈现形式可以是MOOC、微课程等，并进行课程学习结果的评测；在完成第一阶段的基础上，进入到网络研修和校本教研混合阶段，通过专题研讨、集体备课等在线网络方式首先解决课程知识在教学实践中的真实问题的程序性知识的学习，然后通过课例研磨等方式实现网络研修与校本研修的对接，并与教学改革实验相结合，在实践中不断反思，在反思的基础上不断深入实践。通过这种循环式的网络研修和校本研修结合的方式，促进教师网络课程学习中的理念、方法、模式等在教学中不断深入应用，促进自身教学能力的逐步提升，最终反映在课堂上，促进学生学习方式的变革。

以上提出的三种网络研修活动分别针对不同的网络研修类型和组织要求，基于情景问题、案例的自组织教师网络研修活动支持大规模的教师网络研修开展，重点强调教师自组织的群体共同发展；专家引领的在线研修共同体强调在一定范围内，专家引领下的实践与反思，存在多个独立的网络研修空间，也可以实现大规模发展；基于实践共同体的网络研修与校本教研融合发展强调系统性和体系化，与校本教研相结合，解决教学改革过程中存在的问题和困难，需要长时间、重复、大量的研修活动，最终促使教师专业发展，进而促进学生学习方式的变革。这应该是一种完美理想化的网络研修活动状态。在具体活动设计过程中，还要遵从网络研修活动设计的八个基本要素[①]：（1）活动任务：交代学习活动的顺序和组织机制，使学习者在进入活动之前能够对活动有整体认识，做好准备；（2）预期目标：明确整个活动后应取得的成果，告知学习者在多长时间内以何种学习方式完成学习任务，提交何种成果；（3）活动角色：列出活动中涉及的各类角色，使学习者明确自己所应承担的职责；（4）活动工具：使学习者明确活动中所需要的工具；（5）学习资源：学习者根据需求选择活动所需资源；（6）活动步骤：使学习者明确活动的步骤，学习者根据自身情况和学习风格选择步骤；（7）活动时间：规定每个步骤所需的时间，使学习者把握节奏；（8）评价方法：多元化的设计评价方法和内容，评价和目标保持高度一致。

2. 网络研修资源设计

（1）注重网络研修资源的多元构建。

网络研修资源来自两个方面：预设性资源和生成性资源。预设性资源主要是给教师提供优质的课程资源和研修资源，如名师示范课、优秀教学设计、经典课堂教学实录等，在研修设计中，与活动设计情景和问题相结合，提供给教师参考学习；生成性资源主要是参与教师在研修的过程中，通过与专家、意见领袖、同伴相互交流，不断修改完善形成经典的过程性成果，可以是教学设计、教学实录、教学反思等内容。预设性资源是经过专家等遴选、修改、完善后在网络课程学习或研修活动中提供给教师的，生成性资源是教师在学习和研修过程中生成的。生成性资源最终也逐步归入到预设性资源库中，并在下一轮研究过程中提供给新的研修教师，通过学习鲜活的教师发展成果实例，促进新一轮教师网络研修的积极性和发展意愿。

（2）研修资源内容的多样化呈现。

网络研修资源应根据具体研修活动需要进行多样化组织的呈现。在系统化知识学习过程中，应采用网络课程、MOOCs 的方式，

---

① 何字娟：《从活动理论看教师网络教育活动的设计》，《中国远程教育》2009 年第 11 期，第 58 页。

支持教师开展"线性"知识学习和研修活动，即为达到某一网络研修目标，围绕目标由一系列活动形式组成活动流实现，教师在完成规定研修活动后，才可以进行后续活动的开展，这样逐次推进，促进教师在掌握必需知识的基础上，开展后续研修活动，让教师掌握体系化的教师理念、教学知识和技能；在具体问题情景中的资源应该以微视频、内容片段等方式进行碎片化、针对性的呈现，针对网络研修中的具体问题，进行情景化的设计和实现，支持教师针对某一主体、特定的问题开展网络研修活动，促进深度学习和理解。

（3）智能化的教师网络研修资源推送。

资源推送服务是指虚拟助理按照一定的技术标准或协议，自动地选择用户所需要的信息和资源，在合适的时间以最优方式将资源传递给用户的服务。资源推送的典型模式包括：基于用户兴趣的推送、基于学习内容的推送、基于知识情境的推送以及基于社会网络分析的推送。在网络研修资源设计时应充分考虑利用技术手段实现自愿的推送服务，通过数据分析，根据教师网络研修习惯、爱好和需要推送所需资源，支撑教师更加有效开展网络研修活动。

3. 网络研修评价设计

汤姆斯·盖斯基（Thoms R. Guskey）教授在《教师专业发展评价》中提出专业发展评价的目的是为了寻求增进发展有效性的方法，从而促进学习，并提出从以下五个层面进行专业发展评价：教师对专业发展活动的反应、教师的学习、教师所在组织的支持和变化、教师对新知识和技能的应用、教师所教学生的学习结果。

（1）教师网络研修评价维度。基于以上认识，研究者提出教师网络研修评价应该从以下三个维度进行科学评价：①教师网络研修发展性评价：注重教师发展性评价，摒弃传统以教师发帖回帖、提交作业、在线时长等考试方式，制定体系化评价体系，借助网络研修社区数据分析功能，注重从教师整体表现的发展性评价，从参与度（发帖、回帖、在线时长等基本态度表现）、贡献度（被引用率、转载率、置顶、精华等影响表现）、学习质量（学业成绩）等方面进行发展性评估。②教师网络研修共同体发展评价：除针对教师个人评价外，还应对教师所在的研修共同体进行系统化评价，强调教师个人学习和共同体的同时变化，以及强调他们的相互支持作用。③教师网络研修结果应用评价：教师网络研修的最终目标在于提升教学质量、促进学生学习方式的变革，因此教师网络研修评价最终的落脚点应该在于教师对于网络研修知识、技能实际应用和教师课堂教学质量的提升。

（2）教师网络研修评价方法。教师网络研修牵涉到网络研修共同体、网络研修社区、网络研修活动等众多要素，因此在评价方法的选择上也要强调"混合式"的评价方法。在网络研修共同体活动方面，采用社会网络分析，通过分析网络研修社区中教师、教师之间、意见领袖的社区中心目的、社区结构和密度，评价网络研修共同体的互动效果；采用内容分析方法，编制互动分析表，对网络研修社区中教师发帖编码后进行分析，评价教师发帖的有效性和学习效果。在教师网络研修结果应用评价方面，采用课堂观察、课堂录像分析等从定性、定量两方面对教师课堂教学效果进行评价；在教师网络研修态度变化等方面，通过问卷、访谈了解教师对参与网络研修的态度倾向、行为表现等方面进行评价。总之，采用综合性的评价方法对教师网络研修效果进行全面的效果评价。

（四）网络研修社区设计

网络研修社区是网络研修活动、资源、评价，网络研修共同体交互、协作、共享的重要支撑环境，对于网络研修的整体设计具有非常重要的意义。本书采用"理论构建"和"平台分析"两种思路共同构建网络研修社区。"理论构建"部分在研修综述中已经展开，主要分析了国内外已有网络研修社区的功能架构、类型等研究成果。"平台分析"，通过对国内外已有的教师网络研修社区（教师专业发展平台）进行分析，了解目前国内外教师专业发展网络支持平台的理念、整体架构、运行机制及特征，为构建网络研修社区结构框架设计以及平台的功能模块设计与开发提供了有价值的现实依据和参照。

1. 已有网络研修社区模块及功能

近年来，我国各类教育机构、公司、学校、科研院所也针对教师专业发展的趋势，相继推出各种类型、各种性质的网络环境下的支持教师网络研修社区（平台）等。通过搜索，我们选取了27个具有一定规模且具有一定代表性的教师网络研修社区（平台）进行功能分析（包括国内和国外），如表4—3所示。其中国内政府主办平台8个、研究机构主办平台10个、国外平台9个，针对其运作理念、整体架构、运行机制及特征等方面进行了详细分析。从网站的功能看，国内支持教师专业网站平台中，有为教师专业发展提供资源的网站（资源型）、有教师专业发展的主题网站、有促进某一学科教师专业发展的网站（单一学科型）、有采用某一种特定方法（途径）促进教师专业发展的平台（特定方法型）、有区域联片教研网站（区域型）。从网站建设者来看，有国家层面支持教师专业发展的平台（宏观型）、有地方区域的平台，也有各类教育机构、公司开发的网站和系统等。研究过程中，笔者对于对网络研修社区（平台）进行了整体分析，根据其功能和用途，对其模块进行了整体分类，主要包括：集体备课、说课（评课）、示范课、课例研讨、案例研究、教学评价、课题研究、专题研讨、教学沙龙、名师工作室、网络课程、资源库、导航、注册登录、在线考试、学分管理、常见问题解答（辅助）、合作机构、成功经验、网站简介等。

表4—3　　　　　国内外典型网络研修社区分析统计表

所属国家（地区）		平台数	平台名称
中国	政府主办	8个	浦东教师研修社区、齐鲁名师、大庆基础教育研培网、日照网络教研平台、宽正网上教育教学平台、永康市教师专业发展平台、网络视频（说课）教研平台、西城教育研修网
	培训机构（企业）主办	10个	奥鹏教师网络研修社区、百年树人、北大培研平台、国家开放大学、华南师范大学中小学教师远程培训网、全国中小学教师继续教育网、山东教师教育网、四川省中小学教师继续教育网、中国教师研修社区、湖南省中小学教师发展网

续表

所属国家（地区）	平台数	平台名称
国外	9个	Tapped In、Math Teacher Link、Thinkfinity、National Teacher Training Institute、WIDE WORLD、OLC4TPD、Californa Virtual Campus、Education World、College Board
总计		27

（1）国内政府主办网络研修社区功能架构分析。

政府主办平台中，注册登录、资源库、专题研讨所占的比例均为100%，说明在这类平台中，这三个模块都能受到普遍重视，几乎出现在每一个平台的界面中；导航、课题研究、课例研讨所占的比例均为87.5%，说明这三个模块都受到了普遍关注，仅有极少部分网站没有涉及这三个模块。教学评价、示范课、案例研究、集体备课、名师工作室、教学沙龙这六个模块也受到了相当多平台的重视，超过50%的平台都涉及了这些模块；学分管理、在线考试、网络课程、说课（评课）受关注的程度相对较低，均在25%以下，如图4—10所示。

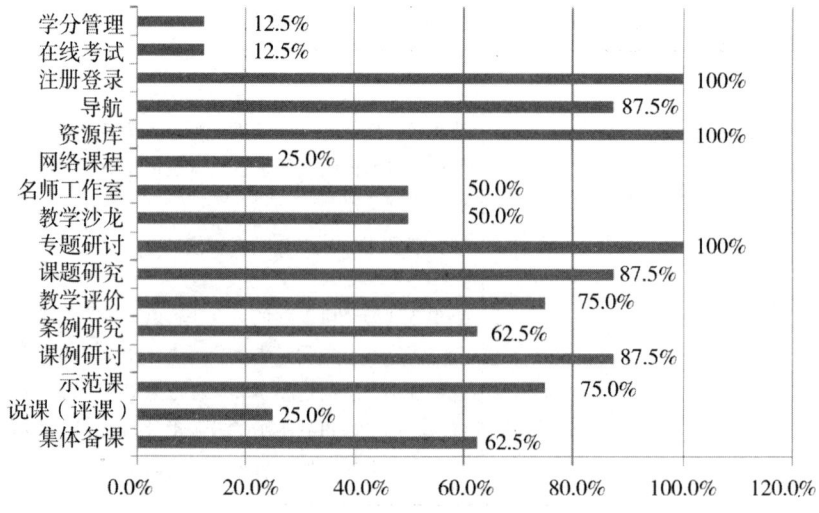

图4—10　国内政府主办平台中典型功能模块统计

（2）国内培训机构（企业）主办网络研修社区功能架构分析。

通过对研究机构开发的平台分析发现：注册登录、导航、资源库、名师工作室、教学沙龙、课例研讨受到了开发者百分之百的重视，我们所分析的每一个平台中对这些模块内容都有所涉及。有50%以上的平台涉及了网络课程、专题研讨、教学评价、案例研究、集体备课、课题研究六大模块，说明这些模块是开发者普遍关注的。其中网络课程、专题研讨均占80%，受到了比较高的关注，只有20%以下的平台涉及了学分管理、在线考试、示范课、说课（评课）等内容，如图4—11所示。国内培训机构（企业）主要面向"国培计划"、"中小学教师信息技术应用能力提升工程"等提供培训服务，社区功能均按照文件中的要求进行设计和开发。

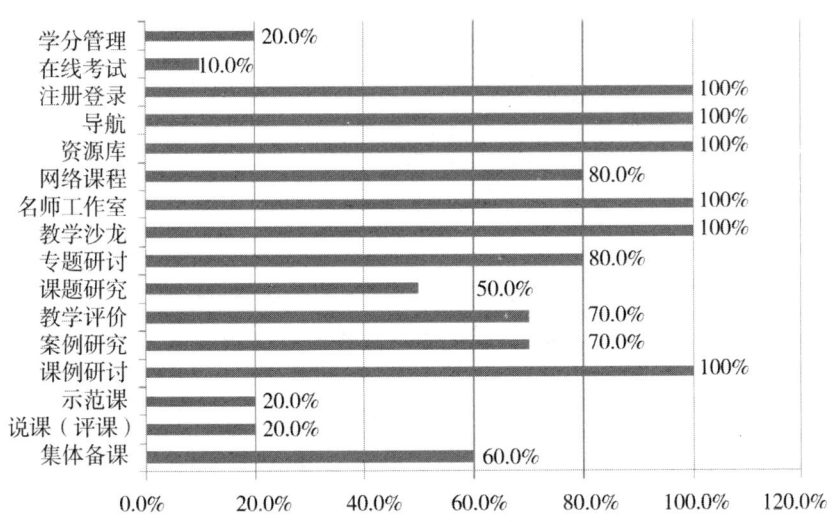

图4—11　国内培训机构（企业）主办网络研修社区典型功能模块统计

（3）国外网络研修社区（平台）功能架构分析。

国外平台中，网站简介、在线考试、注册登录、导航、网络课程受到了所分析的每一个平台百分之百的重视。常见问题解答（辅助）、学分管理、资源库、专题研讨、课题研究、课例研讨所受的关注程度都在50%以上，学分管理和常见问题解答（辅助）均占66.67%，专题研讨和课例研究均占55.56%，成功经验、示范课、集体备课所占比例较低，只有11.11%，如图4—12所示。说明这三个模块在国外没有受到普遍关注。具有中国特色的名师工作室和说课（评课）在国外网站中没有出现。另外，国外平台中所涉及的常见问题解答（辅助）、合作机构、成功经验、网站简介等模块在国内平台中没有出现，说明国外更加注重对于典型成果案例等方面的推介，注重其在教师专业发展过程中的作用。

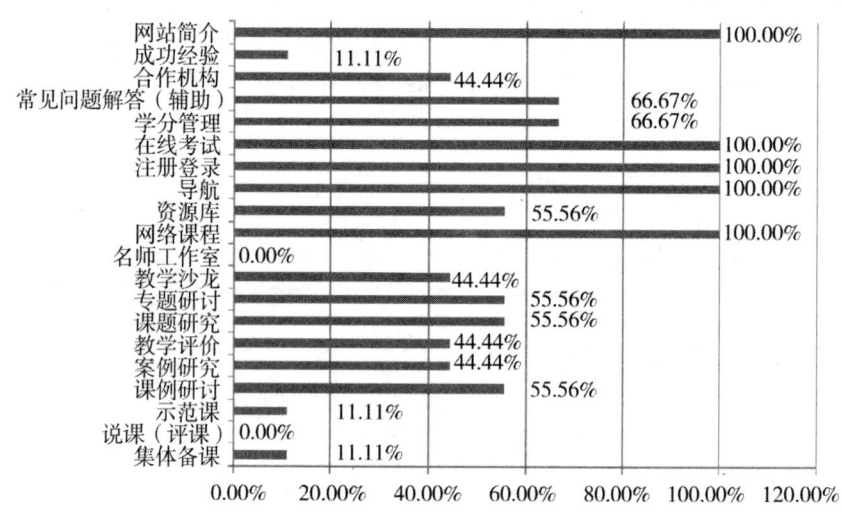

图4—12　国外网络研修社区典型功能模块统计

　　整体上看，对上述3类平台的综合分析发现：注册登录、导航、资源库、课例研讨在平台中受关注程度非常高，其中注册登录率为100%，是平台中必不可少的模块。网络课程、专题研讨、课题研究、教学评价、案例研究受到了比较多的关注，其中资源库占85.19%，课例研讨为81.48%。名师工作室、课题研究、教学评价、案例研究这几个模块也受到了重视，均在50%以上。学分管理、在线考试、说课（评课）、示范课等所占比例较低，均在50%以下。从教师专业发展理论来看，国内外教师网络研修社区（平台）存在显著差异：国内社区数量较多、涉及内容较为丰富、包容性宽泛、教师专业发展的理论途径较为完整，但是专一性、实用性、核心功能存在着不足。相比之下，国外教师网络研修社区（平台）更加符合"知行合一"的教师专业发展理念，提倡不但"知"（知识的获取），而且还要"行"（教学中进行实践），同时也注重教师输入和输出，即教师的获得与教师的成果，具有重要的参考价值。

2. 典型网络研修社区梳理

本书选取了部分有代表性的平台进行了详细分析和梳理。

（1）浦东教师研修社区（http：//jsyx. pudong-edu. sh. cn/）。

浦东教师研修社区在教育信息化基础平台的基础上，将已开发的平台整合起来，建设成一个集教师教研科研、培训一体化的研修系统，建立起一个面向浦东全体教师的统一对外的大型研修社区。其总体目标是：以研修活动为中心，以教师的专业化发展为目的，以信息化为手段，立足于以教师为本，提供针对教师个体研修的服务；立足于同伴互助，提供针对团队的协作式学习服务；立足于专业引领，为多层次的专家梯队支持，并为教师群体提供跨学校、跨学科，乃至跨区域交流的服务平台。其主要功能架构如图4—13所示。

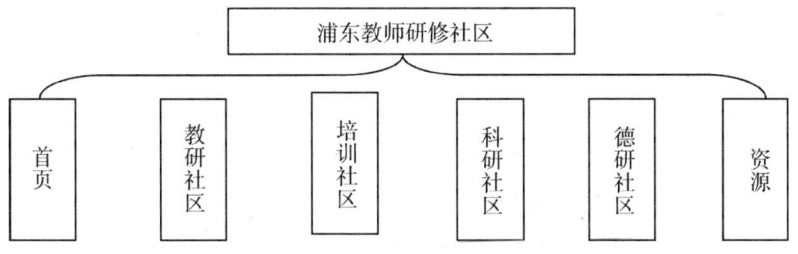

图4—13　浦东教师研修社区功能框架

教研社区：参与教研社区的教师可以了解教研公告及最新的教研动态、计划，方便自己掌控教研进度。考虑到学科、学段的差异性，教研社区做了细致的区分，不同学科、不同学段的教师可以方便地进行个性化选择，教师可以结合本人的教学实践经验，在网上通过发帖表达意见、参与点评和研讨，或献计献策等。培训社区：将培训划分为"干部培训"、"教师培训"、"校本培训"、"学科骨干组"、"基地工作组"、"教师专业发展"6类，参与不同种类培训的老师可以有选择地浏览该培训的项目成果、研修资源等。在培训中表现出众的前四名教师将被推荐为培训之星，这对激发教师的参与性起到了很好的促进作用。资源：属于研修社区的一个特色栏目，分为教研资源、科研资源、培训资源和德育资源。每类资源都进行了非常必要的分类设置，方便用户筛选。成功登录研修社区后，不仅可以浏览资源，还可以进行下载、上传、评价等操作，访客身份只有浏览权限，类似百度文库的功能。评价功能可以很好地帮助大家推荐出优秀的资源。

浦东教师研修社区是国内应用比较好的教师研修平台，结合浦东教育云，为所属各学校用户提供教育信息化所需的网络空间，资源获取与共享平台服务及教学、科研、管理等应用的云服务。同时为学校老师提供教育信息化所需的日程安排、微博、博客、在线邮箱、网盘及教研等应用的云服务。总体来说，科学合理的社区管理、及时高效的动态更新、热门的研修话题、丰富的研修资源、适当的激励措施、强大的技术支持与服务促进教师专业发展。

（2）西城教育研修网（http：//www. xcjyyxw. cn/tresearch/XCindex/index20100727. jsp）。

西城教育研修网是北京市西城区教委于2004年9月创建的，为西城区的中小学、幼儿园干部教师的教育教学提供了丰富的教育资源和网上研修的平台，在支持课程改革、校本教研和构建研修一体模式，以及促进教师专业发展、提高教学质量，促进区域教育持续、均衡发展等方面取得了突出的成效，并产生了很好的社会影响。自2007年开始，该平台工作以课题的形式推进。课题研究使区内相关的教育行政人员、教研科研人员、学校干部教师聚集在一起，使区内的教育工作者和区外的有关研究者聚合在一个平台上，形成一个研究共同体。其主要架构和功能如图4—14所示。

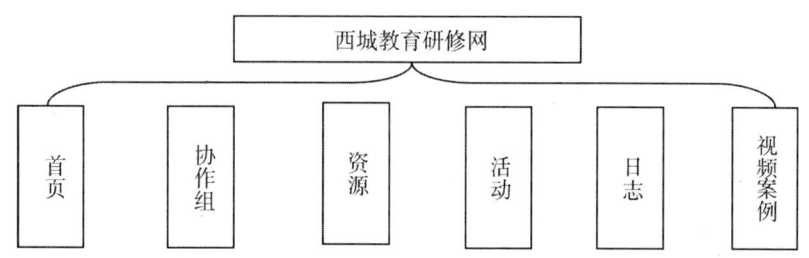

图 4—14 西城教育研修网功能框架

首页：有"频道"、"优秀协作组"、"优秀工作室"、"通知公告"、"西城快报"、"研修之星"、"网络视频会议"、"资源库"、"友情链接"、"常用软件"等内容。协作组：协作组是一个开放的平台，教师们可以在特定的协作组内发表自己的感想，交流研讨。协作组按学科、学段分类，简单明了的目录式呈现，便利了教师们的检索和查询，同时也满足了不同群体学习者的需求。每个协作组内有小组的信息、成员、资源目录、专题讨论、研修课程、视频案例研修课堂、访客留言、推荐日志等，通过浏览我们能够明确该协作小组的详细资料，为学习提供了巨大的便利。资源：提供了各种类型的丰富资源，可供区内相关的教育行政人员、教研科研人员、学校干部教师等学习和下载。资源针对不同群体和学习者分类，资源类型多样：试题、主题资源、文献资料、案例、经验交流等。活动是平台的核心模块，教师可在"研修活动"中针对教学、学习、课程等在专题讨论区跟帖交流，将比较好的想法和大家交流。"优秀活动"中，针对教学中的重难点问题，邀请优秀教师对教学的策略等进行研讨，通过观看相关视频、网上讨论交流、定期进行专题辅导等形式促进帮助教师学习。日志：教师发表个人感想的平台，设定了"心情故事"、"成长笔记"、"教育叙事"、"教学反思"、"教育评论"、"班主任随笔"、"教学设计"等几大部分。视频案例：提供了大量按照学科、学段分类的丰富的视频案例，让教师们学习和反思自己的教育教学。

西城教师研修网以资源建设为基础，以开展网上研修为重点，支持校本教研，促进干部、教师专业发展，实现优质资源共享。平台以先进的教育理论为引领，针对教师教学实际问题、学生的学习方式、课程的内容等进行深入剖析。通过丰富的视频案例、日志、资源、活动，各种资源和视频的开放式选择，可以大大提高教师的实际教学能力，丰富教师的实践经验，提高教师的教学理论知识。总体来看，西城教师研修网为每位老师创建个人工作室，提供个人反思、学习与知识管理空间；网络研修学习型组织——协作组；学科教研员牵头的网络研修引领方式；丰富的研修资源和视频案例；活动过程跟踪反馈策略和评价激励策略；专题讨论区吸引教师参与网络研修；建立完善的研修工作机制；凸显教师的主体性，学习自主性增强；强大的技术支持与服务等方面值得借鉴。

（3）Education World 平台（http：//www. educationworld. com）。

Education World 平台是一个可供教育工作者通过网络汇集与分享观点的平台，教育工作者可以随时登录并共享高质量的教学计划、研究资源等。目前该平台可为教育工作者提供包括课程计划、实践信息、教育类文章、网站检索等在内的资源。

资源：为教师提供多个学科的课程设计、图片、视频、工具、模板、PPT 等资源。论坛：通过发帖与他人交流等形式，学习者讨论在学习过程中遇到的各种困难。群组：建立基于主题的小组，通过组内讨论、资源共享等活动，共同完成某一项任务来促进组内成员之间的发展。教育工作者：成员介绍，可以通过添加好友、发送信息、查看资料等进行交流。博客：建立博客，收集优秀文章和资源，并进行分享。此外，平台还能够自动生成最新博文及关注度高的博主，让其他学员进入进行观摩。视频墙：收集平台中不同学科、主题相关的视频列表，通过本模块进行点击浏览，对自己收藏的优秀视频学员也可以自行上传并与其他教师进行讨论交流。反馈：实现与平台管理者的异步交流，帮助学员解决问题。

Education World 平台最大的特色在于学习者在网络环境中组成网络学习小组，共同交流、互动、协作、学习，在遇到困难时小组成员可以相互帮助，共同完成学习任务，以网络研修共同体的形式促进教师群体的发展。

3. 网络研修社区功能架构

在以上分析的基础上，本书提出网络研修社区功能设计框架，由个人空间、研修工作室、实践工作室、支持帮助、管理辅助五个大的模块构成，如图4—15所示。通过一体化的网络研修社区的学习、研讨、实践，促进教师程序性知识向实践性知识的转化和教学技能的提高，最终促进教师的专业发展。

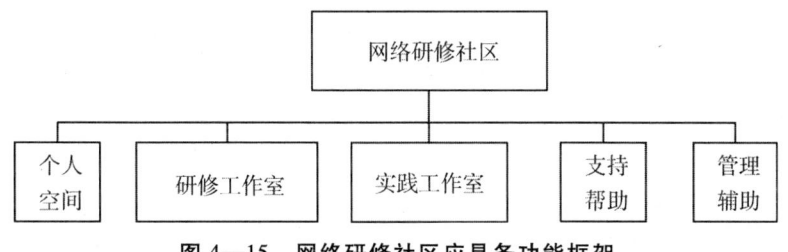

图4—15　网络研修社区应具备功能框架

个人空间模块：教师登录平台后的首要页面，是教师在整个网络研修社区中的管理、统计、分析中心，教师了解学习进度、收藏整理优质资源、撰写反思日志、实现研修活动的自主管理和个人专业发展规划等功能。

研修工作室模块：重点解决通过多种方式教师程序性知识的获取和实践性知识的初步掌握。可以是由专家或专家小组（名师、学科专家、优秀教师、优秀教研员）制订教师研修计划，建立个性化的研修模块，设计系统化的研修课程，提供微课程、教学案例、文字材料等数字化的研修资源，组建网络研修共同体，开展同步异步相结合的混合式研修活动；可以提供专题讲座，聚焦于某一专题内容，汇聚国内外专家学术讲座，为教师提供独立的、具有较高针对性的视频或文本的专题知识，改变教师观念，进行新思想、新理念的传递，促进教师某一专业知识、理念和技能的获得，提高教师的专业素养；可以是案例集锦，汇聚优秀教师的公开课、示范课、教学评优课等生成性优质资源，提供教学实录、教学设计方案、说课视频、专家点评、教学反思以及教学中使用的数字化资源，教师可以通过研磨课例和下载资源，进行模仿教学，提高教师的教学能力；可以是专题研修，针对教师实际教学中遇到的困惑和问题，组织以学科为单位的学习共同体，设计以教师需求为导向的研修专题，在专家或教研员的引领下，开展区域协作研修活动，促进教师针对某一问题进行广泛而深入的研讨，通过分享经验、撰写反思等活动，拓宽教师思考问题和解决问题的视野，提升教师实际教学问题解决能力和协作教研能力。

实践工作室模块：在研修工作室系统知识深入学习研讨的基础上，在实践工作室中进行教学时间尝试，帮助教师程序性知识向实践性知识的深度转化。通过教学设计—教学实践—教学反思—教学再设计—再实践的循环方式开展。教学设计可以通过网络集体备课开展，聚焦于教师教学设计环节，通过教学设计方案撰写、教师在线集体讨论和修改，采取同步、异步讨论的方式，实现校内、校际的教师协同备课，并保留备课过程中的生成性材料，教师在反复修改完善教案的过程中，提升教学设计能力。在集体备课的基础上，教师进行教学实践活动，教师提供教学实录、教学设计方案和教学课件，开展教学实践展示、在线观课、慕课、点评与研讨等活动，最终提升教师的教学能力。此外，在实践研修中，教师还可以针对实际教学中遇到的困惑和问题，支持校内或校际教师开展跨区域的自组织研修活动，帮助教师通过参与讨论、分享经验、共享案例、撰写反思等，提升教师实际教学问题解决能力和协作教研能力。

支持帮助模块：教师情感支撑模块和技术辅助模块。此外，在教学过程过程中遇到教学设计、教学活动组织、教学评价、信息技术应用等问题时，通过寻求帮助模块，向专家或同行提问，寻求解答，平台对已回答过的问题可直接推送答案。教师在平等、相互尊重、愉快的氛围中互动、交流、合作、反馈，及时解决困惑和教学问题。

管理辅助模块：主要技术层面的科学设计与实现，提供标准数据接口，注重网络研修社区教师个人信息、研修信息的安全性和教师发帖内容的合法性。辅助模块主要提供自定义的搜索管理、界面美观、导航清晰等方面进行设计和实现。

4. 网络研修社区设计运行策略

（1）注重网络研修社区的易用性设计。

网络研修社区在设计和运行过程中，首先要考虑的是易用性，即无论技术层面的复杂程度如何，在应用层面必定以"简单、实用"作为网络研修的最基本准则。这在网络研修影响因素的阐述中已明确提出这样设计的原因：网络研修社区面对的教师年龄差距较大，既有城市的教师，也有农村的教师；既有"数字土著"等伴随着网络和手机等数字技术成长起来的教师，也有"数字移民"等正在慢慢接受技术的教师，所以面对不同特点教师而开发的网络研修社区必定要照顾到全面教师需求。网络研修社区的易用性首要考虑的是界面的简洁大方和导航的清晰明了，避免信息的过度呈现从而出现信息迷航，可以在社区页面呈现较少信息，将个人空间作为汇聚所有相关信息的模块，教师登录后学习信息、交流信息、管理信息、评价信息等分类呈现，使教师能够在特定页面了解所有信息、操作所有功能，为教师网络研修提供便利。其次是充足的技术保障，避免出现网络研修社区链接丢失、连接不稳定、学习成果丢失等问题，影响教师对于网络研修社区的信心和参与网络研修活动的兴趣，如果多次发生此类问题，待技术完善或升级后也很难挽回教师对于平台的信心，进而影响网络研修质量。最后是提供完善的技术帮助支持，将网络研修社区操作指南或操作重难点以及操作问题以文字材料或者微视频的形式呈现，并在网络研修活动中加入对于网络研修社区的认识，通过学习、交流的方式，促进参与研修的教师对于网络研修社区基本操作的掌握，为后续网络研修活动的顺利开展提供足够的支撑。

（2）强调体系化设计和运行。

Web 2.0 时代网络研修社区的要求相对较低，功能较为简单（发帖、回帖、观看视频），研修对象单一且固定，因此设计时不需要考虑到复杂的网络研修要求和情况。随着大数据、云计算的到来，如何在 Web 3.0 时代构建满足不同类型、不同要求、不同活动的研修对象多元化、研修活动多样化、研修过程体系化的网络研修社区显得尤为重要，因此在网络研修设计过程中更应当注重体系化的设计。首先是构建体系化、模块化的功能模块，每个模块既可以独立开展活动，也可以根据具体网络研修的要求和环境的要求"积木式"构建功能模块组合。其次是网络研修用户数据的"云技术"存储，不再封闭和独立，更加多元和开放，满足教师在不同时间、不同社区、不同活动中持续开展网络研修的需要。

（五）网络研修支持帮助设计

在"支持帮助"方面，本书文献分析中已经进行了综述，大量的研究都集中在"技术"层面和角度，对学习者帮助和支持，"情感支持"的研究比较少，国内注重从"归属感"和"情感倾向"等方面开展研究，国外主要从"Online Human Touch"（在线人情味、在线人性化、在线人性关爱）等方面开展研究。社区归属感是指在协作学习技术尤其是计算机网络技术和通信技术的支持下，社区参与者基于自身需要（掌握知识、获得技能、情感交流等）或是为了完成特定的学习目标，而在参与者之间通过相互联系、沟通与交往所形成的对特定网络空间心理上的依赖与喜好，这种心理趋向使得学习者产生对自己所在虚拟学习社区身份的确认。[①] 克里斯汀提出了在线人性化的概念框架：学员参与、社区发展、个性化通信、教师发展、数据驱动决策，即在线人性化促进学习者发展是要靠学员、社区、教师、结构化分析和数据分析共同实现的，并通过实践分析，证明了在线人性化的重要性和必要性。胡世清等也将虚拟学习社区中的交往分为带有情感倾向的交往和情感中立的交往两种，并且消极的情感倾向会使社区成员对社区产生厌恶或者不愿继续留在社区学习的情感[②]，直接影响网络学习质量。本书也将网络研修的支持帮助分为"情感支持"和"技术支持"。在网络研修影响因素的研究中，数据分析结果证明"情感支持"对于教师参与网

---

① 张立国、刘菁、解素敏：《虚拟学习社区中学习者归属感的培养》，《现代教育技术》2009 年第 12 期，第 84—86 页。

② 胡世清、高长俊：《虚拟学习社区角色及组织结构研究》，《远程教育杂志》2013 年第 1 期，第 99—105 页。

络研修的"行为"、"态度"、"能力感知"等都具有显著的影响作用，因此情感支持的设计是"支持帮助"重点领域。

1. 情感支持

（1）加强对网络研修社区文化氛围建设和发展。现在的网络研修社区中注重的是先进的技术和强大的功能等"硬环境"方面的规划建设，鲜有对教师网络研修文化、氛围、人文环境等"软环境"的规划和发展，而恰恰文化氛围即是教师们在网络研修中最为需要和最有效促进研修的途径和方法。加强网络研修人文环境建设，需要有多样有效的互动方式，不仅仅局限在发帖、回帖、看视频等机械的学习互动中，进行在线的混合式学习活动，让不同时空的教师们共同完成某一件具有挑战性和实践性的探究式任务，专家和意见领袖给予实时有效的帮助和指导，允许教师将任务结果分享到研修社区中共享，让大家相互评论；营造相互尊重、认可、愉快、信任的研修氛围，每个人都渴望被尊重、认可，尤其是成人学习者。因此在网络研修过程中，共同营造相互尊敬的研修氛围，注意挖掘每位学习者的优势和特点，鼓励学习者充分表达自己的观点，培养紧密的人际关系；设定共同的发展目标，在研修过程中总体目标既定的情况下，让学习者讨论明确共同的研修目标和达到目标的路径，促进教师对整体研修设计的认识和感知；科学的活动组织和及时有效的反馈评价，精心设计和制定网络研修的主题、活动、内容、评价等，保证教师在明确的主题、丰富的活动、有效的激励机制和合理的评价规则下顺利开展网络研修活动。通过以上方面的设计和活动，增加网络研修社区中学习者彼此的凝聚力和向心力，为达到同一目标共同努力的研修氛围。

（2）注重意见领袖（助学者）团队人际交流技巧方法的培训。在网络研修前中期，必须对助学者团队、意见领袖等与学习者进行密集交互的角色进行专门的人际交流技巧和方法的培训，使之掌握相应的技能，加强与学习者的沟通交流。通过这种方式，使意见领袖和学习者之间建立紧密的个人联系，成为"朋友式"的学习关系，促进学习者的社区归属感。

2. 技术支持

（1）在网络研修社区整体宏观技术层面，注重构建基于大数据分析的支持帮助和智能评测系统的评价反馈机制。利用网络研修社区的记录学习者登录、互动等数据，分析学习者在一段时间内的网络研修互动情况，根据教师登录频率、登录时间、地点偏好、交流互动频率等一系列网络研修偏好数据分析，记录教师的行动路径，根据分析情况更加有针对性地给予指导和帮助。同时，利用技术手段自动评价教师一段时期的积极性和网络研修效果，并通过邮件、在线留言、手机短信等方式自动给予学习者人性化提示，利用技术手段加强网络研修氛围。

（2）构建多样化支持帮助体系。综合利用 QQ、微信、手机短信、手机 APP 等热点技术手段，实时或非实时地帮助教师解答在网络研修过程中遇到的各种困惑，如在网络研修平台上建立 FAQ 模块，经大数据分析自动提炼统计后的教师普遍关注热点和难点问题或已成型的经典讨论结果、案例，通过微信、QQ、APP 等自动推送给学习者，利用技术手段促进网络研修高效开展。

（六）网络研修社区建设的问题

现阶段，我国网络研修实践层面正处于全面推广开展阶段，国家、省、市、县、学校、培训机构、科研院所（教师培训研究实施机构）等各个层面对于网络研修有足够的了解和认识：教育行政部门长期以来开展类似的网络研修试点工作，高校、科研院所也在研究和实践层面进行了大量而富有意义的研究和实践工作，各培训机构（企业）也有大量、丰富的培训经验和基础。但是，对于我国现阶段的网络研修如何更加有效地开展，如何整合更多的力量、资源来促进教师网络研修的质量提升，也有非常多的顶层设计问题，需要各级教育行政部门、教师教育研究机构、企业共同承担完成。研究者在调研过程中，实地了解和访谈学习者（教师）、中小学校长、省级培训负责人、培训机构负责人等，遇到了一些困惑和思考，依靠个体或者说部分单位的力量无法解决，必须依靠较高级的教育行政部门做好规划，才可以深入开展。困惑问题梳理如下：

（1）网络研修社区建设主体问题：是谁可以或者说应该建设网络研修社区，面向什么对象建设网络研修社区？如果各级教育行政部门、科研院所、培训机构（企业）都可以建设网络研修社区，那么网络研修的效果如何保障？如何监测这些建设主体的培训效果？最后这个问题也引出了下面的第（2）个问题。

（2）网络研修社区管理主体问题：如果教育行政部门、科研院所、培训机构（企业）都可以建设网络研修社区，那么不同建设主体的管理主体是谁？如何可以真正掌握不同建设主体的核心数据，有效监测教师网络研修的效果？

（3）网络研修社区建设规范问题：各级主体都可以建设网络研修社区，那么如何定位网络研修社区的功能、技术和管理？如何判定某一个网络研修社区是否适合教师，满足开展网络研修的需要？即网络研修社区建设规范问题和网络研修社区的准入问题。

（4）网络研修社区有效运行机制问题：大量的网络研修社区存在，包括省、市、县级的，但是真正能够高效运行的为数不多，除了政策性强制要求参加的。在政策层面，如何让网络研修社区有效运行，尤其是省、县层面从政策角度规划网络研修？

（5）网络研修延续性问题：在访谈中，有老师谈到连续两三年网络研修或者类似网络研修形式的培训，但是每年研修的平台、内容完全不一样，每次都需要登录新的平台、记录新的网站、注册新的用户名密码、学习重复的内容，只是不同的形式，没有连续性，也没有将以前的网络研修作品保留，一切都是重新开始，认为现在的网络研修都很没有意义。如何尽可能地保证网络研修整体的延续性，针对不同培训基础的教师开展不同层次的网络研修活动，也是在设计层面就需要考虑到的重要问题。

（6）网络研修社区数据统一接口问题：对上一个问题的分析，不同的培训机构有不同的网络研修，建设自己的数据库，导致教师每次参加网络研修培训都需要注册所属培训机构的网络研修社区用户名密码，浪费资源且影响网络研修积极性。如何构建不同层面的网络研修数据统一接口问题，也是国家、省级层面需要解决的重要问题。

（7）网络研修社区资源集中整合问题：同样对于第（5）个问题，每次网络研修都有不同的形式，但是基本相同主体、内容的网络研修资源，包括课程、视频等，每次网络研修培训结束后，省级层面仍然没有留下继续支持开展的网络研修资源。如何构建资源集中整合的网络研修同样需要宏观的顶层设计。

（七）网络研修政策保障设计

1. 加强顶层设计，明确各层面网络研修主体责任和义务

以上调研过程中遇到的困惑，研究者认为不是独立的网络研修社区、网络研修共同体、网络研修活动设计和支持帮助等能够解决的问题，而主要是国家、省级科学的顶层设计才能够克服和解决的问题，应进一步明确国家、省、市、县、学校、培训机构、科研院所（教师培训研究实施机构）的责任和义务。

（1）国家层面是网络研修最高规划和执行者，建议组建国家层面高水平网络研修专家团队（或挂靠国家层面教育信息化专家团队），详细制定国家层面网络研修相关政策规划和评估各省级教育机构、培训机构网络研修实施效果，大力支持鼓励各个层面建设网络研修，即鼓励和支持各级教育行政部门、科研院所、培训机构（企业）都可以建设网络研修社区。制定网络研修社区建设和管理规范，从网络研修社区整体架构、功能模块、标准技术接口、有效运行规范等方面做出明确规定。网络研修社区建设方面应明确网络研修规划和建设的方法、过程、应具备的功能、达到的目标，重点说明每个子功能实现的具体功能（要求、构成、作用等）和对教师参加网络研修的促进作用，明确要求各个网络研修社区开发者预留标准数据接口，方便调阅各个社区的底层数据。网络研修考核方面对于网络研修培训机构或要求各省级教育机构对网络研修培训机构制定具体考核评价办法，建立"退出"机制。

（2）省级层面是网络研修省一级的规划和实施主体，在国家宏观规划和框架下积极规划省一级的教师网络研修实施和评估。建立

省级层面"退出"机制，对于考核不合格的网络研修培训机构和市（县）级别组织不利教育行政机构果断"退出"，不允许培训机构继续承担网络研修工作；遴选有完备组织和管理规划的市（县）教育行政部门申报本地区组织管理网络研修培训工作，并给予一定经费支持管理和组织工作。

（3）市（县）层面重点解决教师网络研修"连续性"问题，统筹规划国家、省级和本级的教师网络研修，摸底本地区教师网络研修的需求和期望，根据具体需要统筹安排各层级网络研修活动，建立教师网络研修申报遴选机制，而不是指定机制，促进教师在一段时期内"连续"、"逐步深入"（主体连续、内容连续、效果连续）地开展网络研修活动。

（4）培训机构是网络研修实施主体，直接影响到网络研修高质量地开展。应按照要求，进行网络研修社区、资源、课程、评价、实施等方面的设计，完善支持服务机制，预留标准数据借口，建立本地化的支持服务团队，从而保障网络研修的顺利开展。

2. 构建各层级网络研修管理平台

在国家中小学教师信息管理系统的基础上，尤其是国家中小学教师培训管理系统的基础上，构建国家省、市（县）体系化网络研修管理系统，主要功能是管理、监测、评价各层级开展的网络研修活动，将各个网络研修社区核心数据进行收集，实时统计分析网络研修在线人数、各教师网络研修路径、网络研修活动、网络研修效果等数据，从国家、省级、市级任意层面都可以掌握具体每一位教师的活动路径，也可以了解网络研修开展的宏观数据，如某一县级网络研修的在线人数、某一省级网络研修教师的整体进度等，进行各个层面的预测、分析和管理。同时，系统对于自组织的网络研修活动也可以进行监控评测，如某一县级自组织的网络研修活动，借助系统的大数据分析功能，上级部门可根据系统分析结果作为认定教师继续教育学分的重要指标，不再根据下一级教育行政部门的报送结果盲目给予教师各种评定和奖励。

3. 加强经费投入和管理，科学绩效评估

进一步加强经费投入及管理，制定详细网络研修绩效考核方法，科学合理开展网络研修绩效评估。继续加大网络研修经费投入，聘请第三方机构评估费效比，加大对网络研修经费管理。创新网络研修绩效考核办法，改变传统以教师发帖回帖、提交作业、在线时长等考核方式，注重从教师整体表现的发展性评价，从参与度、贡献度、学习质量等方面进行发展性评估，即认为教师网络研修存在一定的能力发展就给予证明，全面评价教师网络研修的成果。除此之外，改变以往由培训机构提供网络研修合格教师名单直接进行认定培训结果，发放培训证书，记录教师继续教育学分的考核办法，利用网络研修管理平台直接统计分析教师学业表现，进行评定。并以此为主要依据，对网络研修培训机构和网络研修组织机构（各级教育行政管理部门）展开评估，同时兼顾各机构（组织部门）网络研修方案执行效果，区域内教师的整体态度、行为、能力变化，网络研修效益持续发挥等方面开展全面科学的绩效评估。

第三节　教师网络研修实施案例

英特尔（中国）有限公司—中央电教馆联合实施的"落实英特尔®未来教育理念　促进区域教师协同发展"试点项目（以下简称"试点项目"），将研究中提出的中小学教师网络研修干预模型的部分子模型在项目中进行了实践应用。以先进教育理念与教师专业发展理论为指导，主要目标在区域和学校两个层面实现：区域层面是把英特尔®未来教育已有培训经验、培训课程体系有效融入区域教育信息化均衡发展过程中，研究区域教育信息化整体均衡推进的策略、方法与机制，总结区域教育信息化发展过程中教师有效培训与教师信息化教学能力发展的模式。学校层面通过网络研修、校本研修、真实问题解决的实践课题研究等活动，系统研究与探索教师能力有效提升的模式，探索教师培训知识与技能向实际教学技能迁移的有效途径。试点项目自 2013 年开始，实施区域包括云南省沧源佤族自治县、广西北海市海城区、广州市天河区、绵阳市游仙区、兰州市城关区、河北邯郸市邯山区等 7 个县区。各县区根据本地区已有条件、需求、优势和兴趣，选择不同的研究题目，在区域和学校两个层面设计具体研究目标，撰写研究方案并申报，通过专家组审核后即可开展项目实验工作。

甘肃省兰州市城关区根据本地区实际需要，具体实施了"网络环境支持的区域教师信息化教学技能协同发展模式研究项目"（以下简称"项目"），并选择中山小学、华侨小学、九州小学、十六中作为项目的实验学校。项目提出了一系列目标，其中包括"探索教师信息化教学能力协同发展网络环境支撑体系"和"探索网络环境中的教师学习共同体构建及运行机制"，并依次制定了"进行网络研修社区构建"和"开展混合式的网络研修活动"两个研究活动，本书在这两个活动中，进行了干预模型和分子模型的效果验证。

一 教师网络研修实施设计

（一）网络研修过程实施框架

在项目整体实施过程中，对干预模型中提出的核心要素进行设计与实现，共经历四个主要阶段，如图 4—16 所示。（1）研修准备阶段：包括基线调研、网络研修社区功能构建、网络研修支持与保障，主要构建网络研修社区，构建网络研修支持与帮助手段和方法等。（2）混合式研修阶段：包括在线研修和实践研修。在线研修主要集中在对系统知识学习与问题讨论、专题知识学习与问题讨论、生成性问题讨论与解决等程序性知识的获取；实践研修主要集中在通过集体备课、在线慕课、反思与再研修对实践性知识的获取。在线研修阶段和实践研修阶段相互交融，同时开展，使教师开展混合式的网络研修活动，促进教师理念、知识、技能的整体提升。（3）研修总结：主要对网络研修效果进行评价、总结与反思，对于网络研修效果进行整体评价。

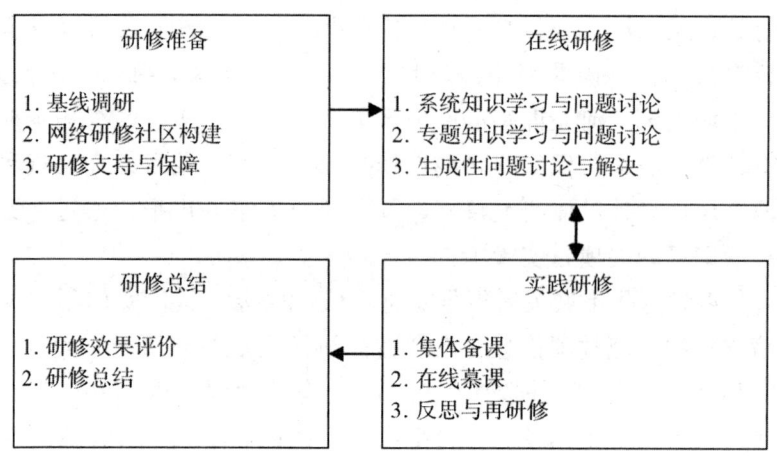

图 4—16　网络研修干预模型实践整体过程

（二）网络研修准备设计

1. 基线调研

根据项目设计背景和网络研修需要，在项目开展最初即开始基线调研活动。

（1）调研对象：甘肃省兰州市城关区项目学校教师。

（2）调研目标：了解项目学校教师校本教研和网络研修现状，分析其存在的问题及需求，为后续网络研修设计提供有效依据和为项目终期教师发展评估提供基础数据。

（3）调研指标：根据调研目标，研究者自拟《中小学教师网络研修基线调研指标框架》，分为 4 个一级指标和 18 个二级指标。一级指标包括基本信息、校本教研现状、网络研修现状和网络研修效果，二级指标包括学校所在地、性别、民族、教龄、学历、任教学科、年龄、网络应用时间、校本教研存在问题、校本教研作用层面、校本教研需要、网络研修经验、网络研修范围、网络研修频率、网络研修态度、网络研修组织与保障、网络研修活动参与、网络研修效果表征等，如图 4—17 所示。

（4）调研实施过程及结果描述：基线调研在 2014 年 3 月开展，采取分层抽样的方法，选择甘肃省兰州市城关区的 10 所学校开展。共计发放《中小学教师网络研修现状调查问卷（基线调研）》150

份，回收 142 份，有效问卷 137 份，有效率为 91.3%，采取 SPSS 22.0 和 EXCEL 2013 进行分析发现，被调查教师教龄、学科、职称分布均衡，调查数据能够反映大部分教师对校本教研和网络研修现状的评价。详细数据分析在后续部分进行呈现。

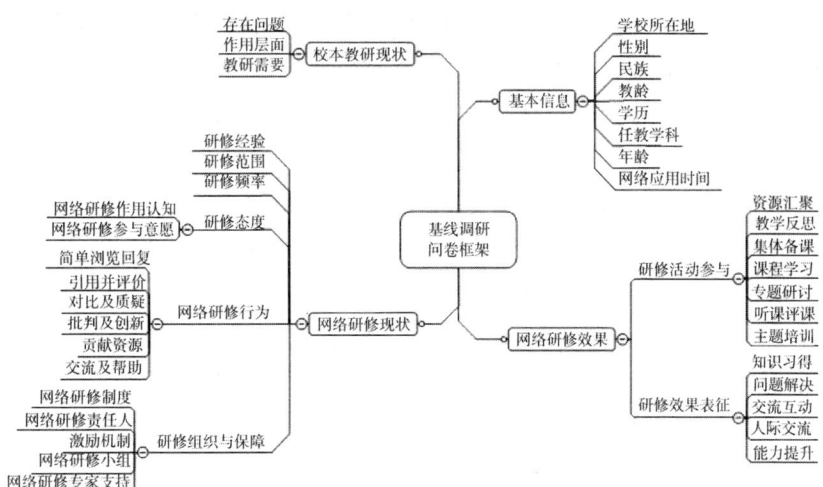

图 4—17　基线调研问卷框架

2. 网络研修社区设计

在本书模型的指导下，兰州市城关区在其"教育公共服务平台"中下设"研修社区"子平台，"研修社区"中又根据不同研修主体需要以具体知识内容为主题开设不同的"研修工作室"和"实践工作室"，支持项目开展区域研修活动。项目中的研修社区由专家或专家小组（名师、学科专家、优秀教师、优秀教研员）制订教师研修计划，建立个性化的研修模块，设计系统化的研修课程，提供微课程、教学案例、文字材料等数字化的研修资源，组建网络研修共同体，开展线上线下相结合、同步异步相结合的混合式研修活动，促进教师在专家引领下教师实践教学能力的提升和教师专业发展空间。网络研修干预模型社区实践框架如图 4—18 所示。

（1）个人空间模块：教师登录平台后的首要页面，是教师在整个网络研修社区中的管理、统计、分析中心，教师了解学习进度、收藏整理优质资源、撰写反思日志、实现研修活动的自主管理和个人专业发展规划等功能。

（2）研修工作室模块：包括网络研修、专家讲座、案例集锦、专题研修等子模块，重点解决教师程序性知识的获取和实践性知识的初步掌握，表明专家在教师网络研修过程中的重要性。

（3）实践工作室模块：在研修工作室系统知识深入学习研讨的基础上，在实践工作室中进行教学实践尝试，帮助教师程序性知识向实践性知识的深度转化，包括集体备课和课程在线模块。

（4）支持帮助模块：教师情感支撑模块和技术辅助模块。此外在教学过程中遇到教学设计、教学活动组织、教学评价、信息技术应用等问题时，通过寻求帮助模块，向专家或同行提问，寻求解答，平台对已回答过的问题可直接推送答案。教师在平等、相互尊重、愉快的氛围中互动、交流、合作、反馈，及时解决困惑和教学问题。

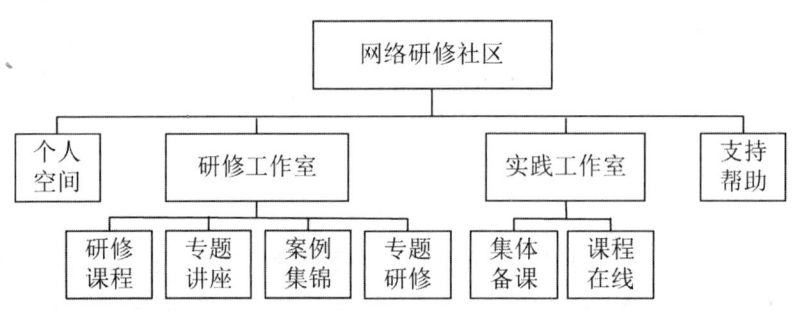

图4—18　网络研修干预模型社区实践框架

3. 网络研修资源设计

根据干预模型中网络研修资源设计提出的策略，在网络研修社区构建的基础上，根据具体研修任务需要，为教师提供系统化、专题性两种类型的网络研修课程，提供网络研修所需的视频案例、教学设计、演示文稿、资源链接等多种学习资源。

（1）系统化的网络课程设计均以"学习模块—学习主题—学习活动"进行内容的组织。一级知识结构层为模块，二级知识结构层为主题，三级知识结构层为活动。每个学习模块都有描述明确的学习目标、筹划明晰的学习计划表、脉络清晰的内容结构图、重点突出的学习主题；每个学习主题都包含引导学习的主题概述、引人深思的学习问题、指导清晰的学习活动；每个学习活动又都包含需要完成的学习任务、学习步骤、具体学习资源和过程性学习评价。

（2）专题性课程重点针对某一具体专题或知识点，充分注重课程的碎片化、针对性和多样性，以专家讲座微视频、案例视频、案例资源包等MOOCs、微视频形式的资源为主，强调"小、微、精"，但是能够充分、清晰、明了地呈现某一主题的知识要点和内容；教师能够根据具体的需要，选择某一特定主题，学习到最需要的知识内容。

（3）在线研修和实践研修支撑资源。根据具体网络研修目标和任务活动需要，提供在线研修和实践研修的支撑资源。主要包括：①支持专家引领的研修资源：根据专家引领活动设计需要，提供能够促进教师新知识、新方法、新技能获取的支撑资源，扩大知识视野；②支持案例研习的研修资源：引入具有代表性的教学案例，通过对具体案例剖析，阐释相关原理与知识在实践中的价值，丰富学习者运用原理与知识的视野；③支持任务驱动的研修资源：根据研修内容的不同，设计与之相匹配的各类任务和资源，围绕任务展开学习，在相关资源中以任务的完成结果检验和总结学习过程，使教师主动建构探究、实践、思考、运用、解决、高智慧的学习体系。

4. 网络研修支持与保障体系设计

（1）构建专家团队。项目实施过程中，建立以专家团队为核心，以助学辅导教师、县区管理员、研究生助学团队为辅助的多级、多层次培训指导团队。同时建立、健全各项规章制度、工作职责，详细制定出过程管理规范、专家团队职责、县管理人员职责、助学辅导教师职责，明确学习进程进度及评优方案，为网络研修有效实施提供保障。

（2）情感支持与帮助。在网络研修共同体方面，一是对助学者团队和意见领袖进行沟通技巧和人际交流技巧的培训，使之掌握相应的技巧；二是制定标准化的互动反馈机制，要求在规定时间和规定内容内对研修教师的问题及时进行反馈；三是尽量促使意见领袖和学习者之间、学习者之间建立紧密的互动联系，成为在线伙伴，增强学习者的归属感。在网络研修活动方面，更多地采用"情景式"和"探究式"的网络研修活动，学习者必须通过协作、互动交流等，才能完成网络研修的活动，增加彼此的亲密性和共同体的紧密性。在社区文化建设方面，营造相互尊重、认可、平等的研修氛围，对于每位研修教师给予及时的鼓励和支持，安抚教师的焦躁情绪，使之充分表达自己的观点，培养和谐的人际关系。具体情感支持和帮助通过网络研修社区支持帮助模块、QQ 群等方式实现。

5. 网络研修评价设计

（1）网络研修效果验证方法及工具设计。

根据干预模型中的"网络研修评价设计"的评价策略，本书采用访谈、问卷调查、内容分析、社会网络分析、课堂观察等方法，从参与网络研修的教师发展性评价、教师网络研修共同体发展性评价、教师网络研修结果应用等方面展开评价，如表4—4所示。

表4—4　　　　　　　　网络研修干预模型评价实践设计

方法	目的
访谈	制定访谈提纲，通过访谈了解教师对于具体网络研修活动开展的效果感知
问卷调查法	通过前后测对比，了解教师网络研修态度、行为、能力感知方面发生的变化
内容分析法	设计教师交互知识内容分析框架，选择某一主题，分析教师交互内容深度
社会网络分析	通过社会网络分析，选择某一主题，构建教师参与网络研修交互的拓扑结构图，分析教师网络研修参与情况
课堂观察	制定课堂观察量表，针对网络研修活动后，教师应用网络研修获得的知识和技能开展课堂实践的效果

在具体活动实施过程后，应用上述方法针对不同的方面进行评

价。需要说明的是，以上方法应根据具体活动灵活使用，并不是每个活动都全部采用上述方法进行全面评价。

（2）问卷设计。

通过前后测对比，了解教师网络研修现状及通过网络研修后教师态度、行为、能力感知方面发生的变化的测量。前后测对比要求前测问卷和后测问卷具有相同的指标，因此根据基线调研问卷指标设计，结合网络研修过程和结果调研需求，设计《中小学教师网络研修效果调查问卷》。与基线调研问卷不同，效果调研问卷一级指标包括基本信息、网络研修现状和网络研修效果，二级指标包括学校所在地、性别、民族、教龄、学历、任教学科、年龄、网络应用时间、网络研修经验、网络研修范围、网络研修频率、网络研修态度、网络研修社区、网络研修组织保障、网络研修活动参与、网络研修效果表征等。终期问卷通过网络问卷的形式在项目学校进行了发放，共计发放问卷 110 份，有效回收问卷 92 份，有效率为83.6%，且都是参与网络研修活动的项目学校教师。

（3）内容分析交互质量分析编码体系设计。

为了解参与研修的教师知识建构效果，笔者拟对教师交互质量进行内容分析。通过借鉴亨利（Henri）针对在线讨论提出的五维度内容分析框架[1]和古纳瓦德纳的交互知识建构模型[2]，结合本书的需要，形成中小学教师网络研修知识建构分析编码体系，如表4—5所示。

表4—5　　　　　　教师网络研修知识建构分析编码体系

类别	说明	编码
与主题浅度关联的信息呈现 Information Present	运用表情符号工具（好、赞等）	P1
	运用少量文字描述问题	P2
	简单表达自己的观点	P3

---

① Henri, F., *Computer Conferencing and Content Analysis*, London: Collaborative Learning Throught Computer Conferencing: The Najada Papers, 1992, pp. 117-136.

② Gunawardena, Lowe, & Anderson., "Analysis of a Global Online Debate and the Development of an Interaction Analysis Model for Examining Social Construction of Knowledge in Computer Conferencing", *Journal of Educational Computing Research*, Vol. 17, No. 4, 1997, pp. 397-431.

续表

类别	说明	编码
与主题中度关联的 问答讨论 Q & A Discussion	咨询或回应与主题相关的问题	D1
	对观点进行表态、归纳总结、简单评论	D2
	下载或者上传共享资源	D3
与主题深度关联的 批判反思 Critical Reflection	对观点进行评估或价值判断	R1
	结合自己的知识经验，对问题进行详细论证	R2
	对观点进行批判性思考，提出新问题	R3

（4）访谈提纲设计。

访谈，可以研究个体在特定情景下看待自己和他人的方法，研究人们对某些问题的看法。在本书中，通过对网络研修共同体的访谈，了解参与网络研修的教师对于某一主题研修活动的效果感知。《中小学教师网络研修效果访谈提纲》主要包括三个方面七道问题：①开展某一研修主题活动的收获、不足；②教师对于网络研修活动设计、网络研修资源设计、网络研修环境、网络研修评价的满意程度；③后续开展网络研修需要的支持。访谈主要伴随问卷调查在项目学校开展，主要对象是项目学校参加网络研修的教师。

（5）课堂观察量表设计。

课堂观察，就是通过观察对课堂的运行状况进行记录、分析和研究，并在此基础上谋求学生课堂学习的改善、促进教师发展的专业活动。[①] 研究实施过程中，通过课堂观察，分析教师对于网络研修知识的课堂应用情况，进而评价教师的网络研修效果。课堂观察量表针对教师课堂活动的阶段进行设计，课堂导入阶段考察集中学生注意力、激发学生学习兴趣、明确学习目的、连接新旧知识；课堂讲授阶段考察教师能够清晰流畅、介绍和强调教学重点、维持学生注意力、提问或练习等调控学生；课堂提问与对话方面，教师提出问题简洁明了、多重问题的展示顺序合理、课堂提问关注学生的

---

① 沈毅、崔允漷：《课堂观察：走向专业的听评课》，华东师范大学出版社 2008 年版，第 73 页。

层次、对学生的回答做出反应；小组合作与讨论方面，设置讨论问题情况、分组与小组任务分配情况、小组成员参与情况、教师在小组合作中发挥作用；课中、课后练习管理情况等方面。

二 教师网络研修实施效果

按照教师网络研修设计，在网络研修效果验证方面采用问卷调查、访谈、内容分析、社会网络等方法综合评测网络研修共同体的研修效果。网络研修活动内容分析和社会网络分析，都是在选择"信息技术支持合作学习"主题活动中，对"合作学习设计生成性问题解决"具体网络研修互动进行分析。将问卷调查、访谈、内容分析、社会网络分析等评价方法综合应用，最终形成以下结论。

1. 教师对于网络研修参与态度和作用感知得到有效提升

通过对比基线调研数据结果，发现教师对于网络研修参与态度和作用感知得到了有效提升，如图4—19所示。在基线调研时，教师们已经"听说过，但是没有深入接触过"网络研修，因此对于网络研修的作用感知具有较高的认识，其中对于"网络研修是常规教研的辅助和有益补充"、"网络研修是教研发展的趋势"态度系数为0.62、0.63，证明教师在未开始网络研修时就已普遍认识到了网络研修的重要作用，但是通过项目的开展，近一学期的网络研修实践，对于上述两项的态度系数达到了0.83、0.85，说明教师对于网络研修的作用认知在进一步加深。在网络研修参与态度方面，基线调研显示教师对于网络研修的参与持观望态度，"我非常喜欢网络研修这种形式"态度系数为0.46，教师普遍不了解网络研修，因此对于网络研修持观望态度。"我很愿意参与到网络研修活动中"、"我很愿意在网络研修中与别人分享经验"、"我很愿意通过研修社区帮助别人"态度系数分别为0.42、0.53、0.52，但是在终期调研教师，教师态度系数发生了较大的转变，证明教师通过网络研修，认识到了其重要的作用，并在网络研修过程中得到了收获，因此参与网络研修、分享经验、帮助别人的态度等都发生了显著提升。访谈中九州小学的W老师就提道："我可以自主安排学习的时间和地点，做到随时随地随意安排，不影响工作学习，感觉非常好，因此我要坚持学下去，长期地学习，不断提高进步。"中山小学的 Z 老师提道："本次活动对我启发很大，真是受益匪浅，使我感觉到能与这么多同行一起交流、学习，探讨课堂教学的合作学习有效性真是一件幸福的事，这应该是我这次学习收获最大的一方面，我要继续努力地学习下去。"

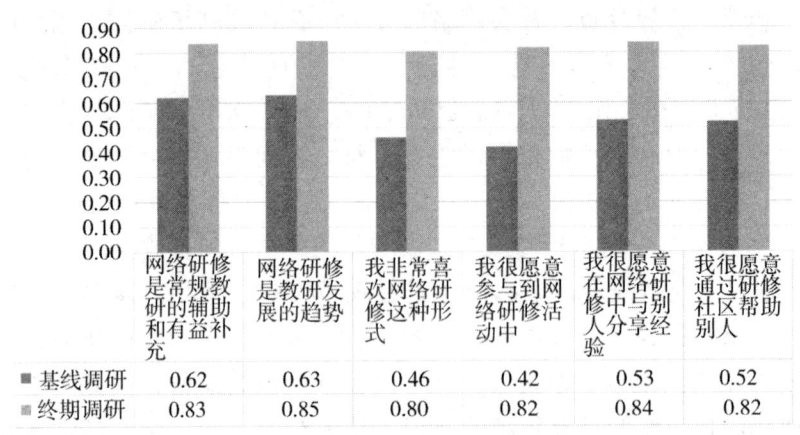

图 4—19   "信息技术支持的合作学习"主题
网络研修活动教师态度变化

2. 教师网络研修行为逐步向深度交互发展

对比基线和终期问卷调研数据发现，教师网络研修行为正逐步向深度交互发展，如图 4—20 所示。网络研修开始阶段（基线），教师网络研修行为主要集中在"单纯浏览"和"简单回应"，态度系数分别为 0.73、0.76，其余行为态度系数普遍在 0.5 以下，且"评价别人观点并表明态度"、"进行反思并提出质疑"、"进行批判性思考"态度系数集中在 0.4 左右，证明教师在网络研修刚开始的阶段，在网络研修社区的主要行为只是看看别人的发言，觉得还不错的会点赞、叫好，只是进行简单的回应，并没有进行深度的交互。在项目开展过程中，教师的这种行为逐渐发生变化，"单纯浏览"和"简单回应"态度系数下降到 0.5 以下，其余项目态度系数

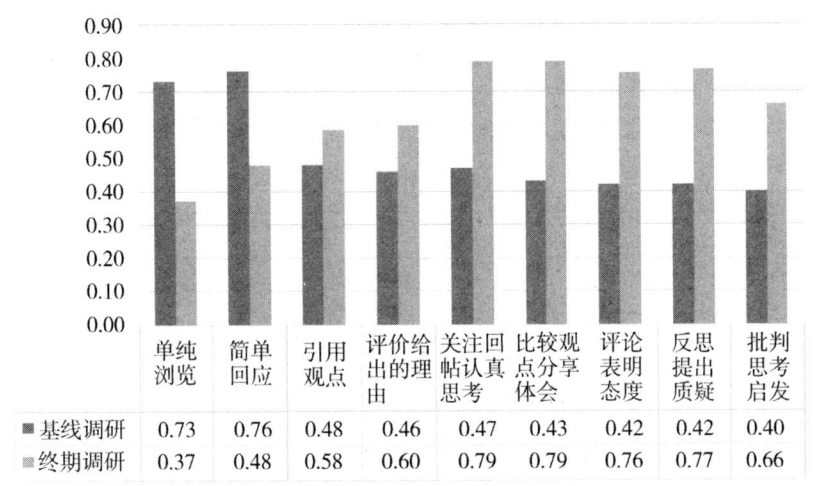

	单纯浏览	简单回应	引用观点	评价给出的理由	关注回帖认真思考	比较观点分享体会	评论表明态度	反思提出质疑	批判思考启发
基线调研	0.73	0.76	0.48	0.46	0.47	0.43	0.42	0.42	0.40
终期调研	0.37	0.48	0.58	0.60	0.79	0.79	0.76	0.77	0.66

图4—20　"信息技术支持的合作学习"主题
网络研修活动教师行为变化

普遍在0.6以上，其中"评价并表明态度"、"反思提出质疑"、"批判性思考"态度系数分别达到了0.76、0.77和0.66，证明教师在网络研修交互过程中，"结合话题总结个人看法，评论作者，并表明观点态度"、"反思话题或他人评论，提出质疑"、"因某些话题受到启发而独立思考，批判地看待话题或他人观点"逐步频繁，教师网络研修行为发生显著变化。利用内容分析法，也得出了相同的结论。根据在"网络研修评价设计"阶段提出的《教师网络研修知识建构分析编码体系》，基线使对"实践研修社区——完成合作学习框架中的目标、范围、合作者及合作类型"主题讨论的发帖进行收集分析。第三轮对"实际教学过程中遇到过哪些问题，又是如何解决的"的主题讨论进行收集及内容分析，结果如表4—6所示。第一轮发帖131个，第三轮发帖223个，基线与终期教师发帖对比，"与主题浅度关联的信息呈现"下降了18.2%，"与主题中度关联的问答讨论"略有上升（7.7%），"与主题深度关联的批判反思"上升了10.5%。教师刚参与网络研修阶段，主要发帖内容集中在"与主题浅度关联"的信息，主要是点赞、"好"或者简单的描述，在教师网络研修活动逐步深入后，"与主题中度关联的问答讨论"显著增强，教师根据网络研修活动要求，对与主题相关的内容进行回答或者表态、评论，行为发生积极变化。

表4—6　　　"信息技术支持的合作学习"主题网络研修活动教师网络发帖的变化

类别	编码	基线		终期	
		帖数（个）	百分比（%）	帖数（个）	百分比（%）
与主题浅度关联的信息呈现 Information Present	P1	12	9.2	16	7.2
	P2	31	23.7	22	9.9
	P3	19	14.5	27	12.1
			47.3		29.1
与主题中度关联的问答讨论 Q & A Discussion	D1	20	15.3	43	19.3
	D2	17	13.0	32	14.3
	D3	14	10.7	29	13.0
			38.9		46.6
与主题深度关联的批判反思 Critical Reflection	R1	7	5.3	19	8.5
	R2	8	6.1	21	9.4
	R3	3	2.3	14	6.3
			13.7		24.2

　　社会网络分析可以从参与性特征角度，对校级协作学习的协作性进行分析，且该方法对于分析学习者的社会性交互质量具有非常独特而强大的分析能力。实施过程中，笔者通过社会网络分析，选择"实际教学过程中遇到过哪些问题，又是如何解决的"，构建教师参与网络研修交互的拓扑结构图，分析教师网络研修参与情况。采用社会网络分析工具 UCINET 自带的 NetDraw 直观呈现网络研修共同体交互的拓扑结构图，如图4—21所示。

　　从图4—21中可以看到，该主题网络研修的14名教师和1名专家都参与进来，其中张老师、李老师、马老师处于拓扑结构的中心位置，证明三位老师与其他教师之间都产生了互动关系。此外，专家角色的"师大张老师"与其他教师的互动并不是很密集，证明在此主题网络研修过程中，起主要角色和作用的已经不是外部的人员，而是网络研修共同体成员之间一种自发的为达到共同目的和目标而进行的网络研修活动。

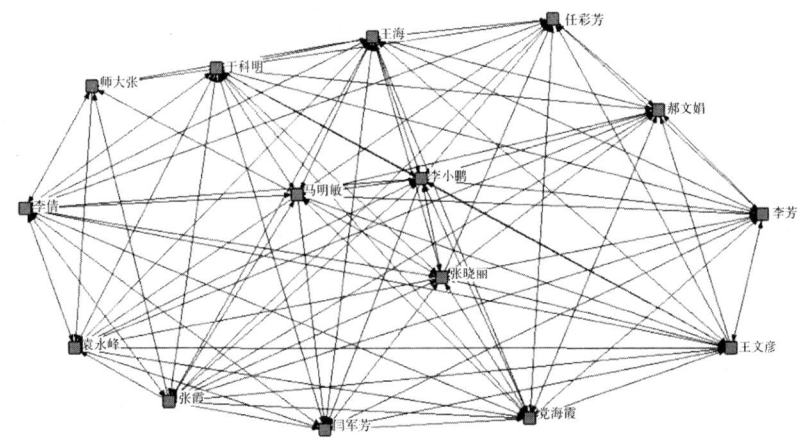

图4—21 "信息技术支持的合作学习"主题
网络研修活动教师网络互动情况

3. 网络研修社区受到教师较高评价

在网络研修活动过程中，教师对于网络研修社区功能等方面也给予了较高的评价，如表4—7所示。从整体上看，教师普遍认为提供的网络研修社区能够有效支持教师间的交流和互动，支持教师开展大范围的研修活动（态度系数分别为0.79、0.79）。从易用性方面，教师认为网络研修社区操作简便、设计美观、导航清晰、方面管理。从网络研修社区功能方面，教师普遍认为研修课程能够帮助促进系统知识的学习，研修工作室功能全面，网络研修社区能够支持多样的活动方式，网络研修社区中资源丰富且分类明确，网络研修社区中评价合理，能够体现学习成果。华侨小学的L老师就提出：网络平台（网络研修社区）很简洁、直观，根据我自己还有我所接触的很多教师的反映，上平台之后导航很清晰合理，能看到进度和成绩，哪个部分学习不足很清晰了然。中山小学F老师认为：网络平台还是为我们老师提供了很好的交流机会，尤其是有些课程的教学视频，让我从中学习了授课教师的教学方法，自己尝试着上课，然后再和同伴们交流，受益匪浅！

表 4—7   "信息技术支持的合作学习"主题网络研修
　　　　　　　活动网络研修社区认可情况   （单位：人）

描述	完全认同	比较认同	一般	不太认同	完全不认同	态度系数
对教师间交流和互助的很好支持	33	27	25	7	0	0.79
能够支持大范围的研修活动	31	33	22	6	0	0.79
操作简便、快捷	35	32	21	4	0	0.81
界面设计美观、导航清晰	35	33	18	6	0	0.81
平台管理方便、快捷	33	32	17	7	3	0.78
平台个人空间方便快速导航和对活动的记录	29	39	19	5	0	0.80
研修课程帮助我系统学习课程知识	28	39	21	4	0	0.80
多种研修方式混合，吸引我积极参与	30	36	22	4	0	0.80
研修工作室功能全面，专家引领我快速进步	28	35	22	7	0	0.78
评价合理，能够体现我的学习效果	28	29	27	6	2	0.76
虚拟奖励，体现我的学习成就	31	40	14	7	0	0.81
网络研修社区研修资源丰富	30	38	20	4	0	0.80
网络研修社区的资源分类明确	29	37	20	6	0	0.79

4. 网络研修组织管理合理，基本形成良好研修氛围

通过对比基线和终期问卷调查问卷，教师普遍认为网络研修组织管理合理，已经基本形成了良好的研修氛围，如图 4—22 所示。

在网络研修组织管理方面，教师普遍认为"学校已经形成完善的网络研修制度"、"学校有专人负责网络研修活动的开展"、"学校领导对于网络研修重视"等方面逐步加强，态度分析由基线的0.50 左右上升至 0.70 左右。网络研修氛围方面，教师普遍认为"形成了特定的网络研修小组"，且"网络研修小组关系融洽"、"网络研修小组有完善的计划"、"我的发帖能够得到同伴快速、高质量的回复"等，态度系数由基线时的 0.40 左右上升至终期的0.70 左右。值得注意的是，"专家提供培训"和"专家指导"等出

现不同程度的下降，证明与基线相比，终期时教师普遍认为专家的支持变少，这也从侧面印证了网络研修管理合理和研修氛围的形成，教师们在网络研修共同体中的交互逐步增多，感知到了更多来自同伴的支持和帮助，因此认为专家的支持会降低。在访谈中，十六中的 D 老师提出了网络研修的优势和收获："能得到专家学者的引领、指导，使学员的理念大大提升，知识能力大大提高；我和其他教师之间的交流沟通是跨区域、全方位的，甚至是无限的，我在网络研修的过程中就结识了很多其他外校的教师，感觉很不错。"

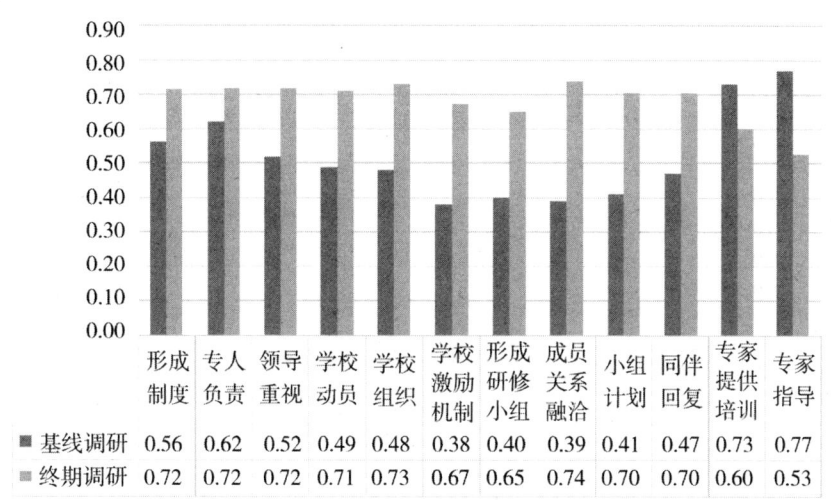

	形成制度	专人负责	领导重视	学校动员	学校组织	学校激励机制	形成研修小组	成员关系融洽	小组计划	同伴回复	专家提供培训	专家指导
基线调研	0.56	0.62	0.52	0.49	0.48	0.38	0.40	0.39	0.41	0.47	0.73	0.77
终期调研	0.72	0.72	0.72	0.71	0.73	0.67	0.65	0.74	0.70	0.70	0.60	0.53

图 4—22　"信息技术支持的合作学习"主题
网络研修活动组织管理认可情况

5. 网络研修效果整体感知提升，教师能力自我感知得到提升

通过对比基线和终期问卷调查数据，教师普遍认识在网络研修过程中获得了有意义的收获，能力得到提升，如图 4—23 所示。教师在"网络研修过程中学习到了新的知识"、"工作中的困难得到解决"、"网络研讨中获得启发"、"认识良师益友"等整体效果感知方面，终期数据相较基线数据，态度系数分别上升 0.38、0.34、0.39、0.25；教师在网络研修形式发展方面，认为网络研修"实现

多种形式的互动"、"适应时空需要"、"提高研修参与度"等方面，也有了更切实的体会，给予了较高的评价；同时，教师对于参与网络研修能力提升方面的自我感知得到提升，普遍认为业务能力提高、工作效果提高，信息技术能力、学科教学能力、教育科研能力等方面均得到提升。例如有教师在访谈中提到："（网络研修）节约培训时间，网络实现资源共享，使教师培训学习收获更多、视野更开阔。网络研修对我而言是一次难得的机遇，也是一次少有的挑战！（通过网络研修）我感觉学到了以前比较模糊的知识，并且在实践过程中，也逐步体会了一些知识的应用，从长远看利于教师队伍的成长。"

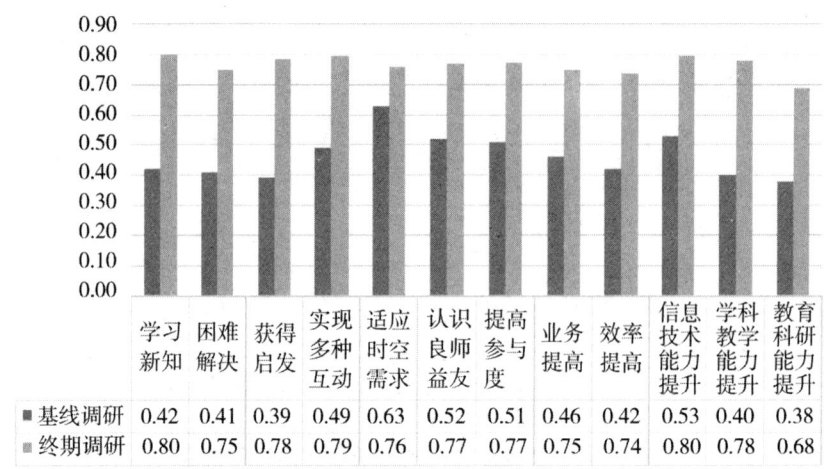

	学习新知	困难解决	获得启发	实现多种互动	适应时空需求	认识良师益友	提高参与度	业务提高	效率提高	信息技术能力提升	学科教学能力提升	教育科研能力提升
基线调研	0.42	0.41	0.39	0.49	0.63	0.52	0.51	0.46	0.42	0.53	0.40	0.38
终期调研	0.80	0.75	0.78	0.79	0.76	0.77	0.77	0.75	0.74	0.80	0.78	0.68

图4—23　"信息技术支持的合作学习"主题
网络研修教师能力自我感知情况

第五章

以"应用型课题"为载体的技术支持
教师专业发展模式

第一节 应用型课题的组织与实施

"应用型课题研究"就是在系统的教育理念、方法和技能的指导下，运用科学研究方法对教学实践中的现象和问题进行有目的、有计划的研究和实施，从而解决教学实践中的具体问题，揭示教学客观规律的创新性探究活动。应用型课题研究的主体是一线教师，以教师教学实践中出现和存在的具体问题作为研究对象，在通过问题分析、研究设计、研究实践等活动中解决具体的教学问题，促进教师对新知识、新技能和新方法的教学应用，进而实现提高教师教学技能，促进学生发展的目的。

一 应用型课题的内涵

（一）应用型课题实施目标

通过"应用型课题研究项目"的实施，促使学校教师将基础课程培训的以学生为中心的教学理念、协作探究的教学方法和信息技术工具有效应用于教学实践，充分培养学生的思辨能力、协作精神和信息技术应用能力，实现课堂教与学的方式的变革；形成学校教师共同发展的氛围与机制，实现学校层面教师能力的整体提升；促使教师和学生通过有效利用技术来支持教与学，实现师生能力在课题研究过程中的共同发展。

（1）促进教师应用以学生为中心的教学理念开展合作、探究性的教学活动。

（2）促进师生应用效能工具支持教与学，有效提高教师教与学生学的效果。

（3）促进教师现代教学技能在课堂教学实践中的熟练应用和不断提高。

（4）促进校内教师共同发展机制的形成，实现教师教学能力的可持续发展。

（二）应用型课题的基本理念

"应用"是这类教学研究活动的核心，应用型的特点表现在以下几个方面：

首先，以解决教学中的关键性问题为目标，以应用某种技术（教学方法或教学工具）解决某一类学科教学内容的有效性为目标，比如：语文教学的识字、记叙文写作的结构，数学中的统计问题、简便运算。或是以培养学生某些方面的能力为目标，特别是学生 21 世纪能力结构中的合作能力、信息素养、批判性思维、问题解决能力。

其次，要将通过学习（或培训）获取的方法应用到教学实践中去进行检验，从研究方法上属于实证性的研究。

再次，控制应用的范围和颗粒度，此类研究属于"小切口"、"小主题"的微型研究，因此其应用范围是有限适用的。这类研究活动是具有情境性的，是教师与研究情境互动的结果。此外，这类研究活动还是探索性的体验活动。

应用型课题研究以促进教师将培训知识在教学中深化应用，最终提高教师的教学技能为主要目标。通过课题选择、课题设计、课题实施与课题评价四个阶段（见图 5—1），培养和提高教师的现代教学技能，促进教师的专业发展。

1. 课题选择

在参加教师培训的过程中，教师普遍希望能够学到立刻就能投入到教学中的法宝，尤其是经过系统的培训，教师学习到了新的理念和知识，在与同伴、专家的交流中产生对新理念、新方法教学应用的理解与思辨，进而激发教师对自身教学的深入思考。当教师在获得新理念、新方法和新技能之后，对自身的教学实践便产生了怀疑和困惑。为发现和解决、消除这种困惑而进行的探索行为也随之展开。教师开始产生疑问，提出问题，在与同伴的交流中逐步实现对问题的厘清和准确定位。教师们在围绕问题解决开展交流讨论和经验共享的过程中逐步形成以共性问题的主题。

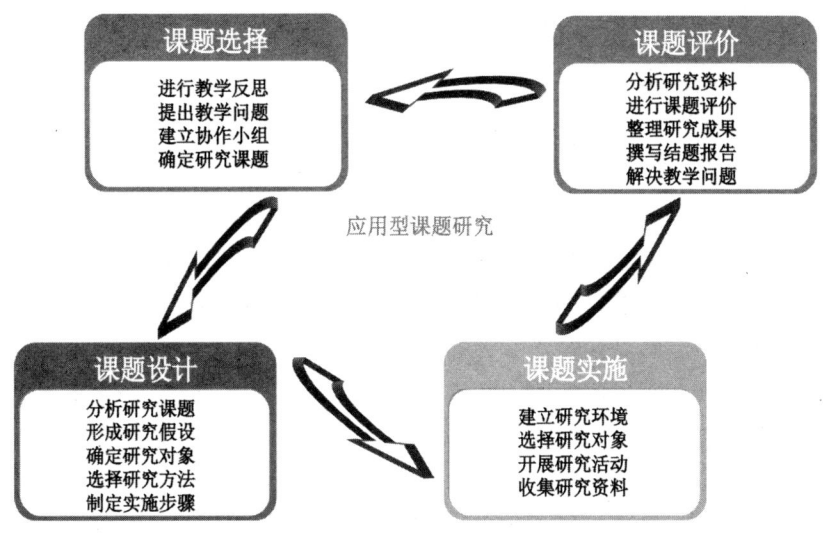

图 5—1 应用型课题基本模式

2. 课题设计

研究小组围绕课题研究，协作设计研究方案。在外部专家的指导与协助下，课题研究小组对"研究课题"进行分析，"规划"课题研究的进度，协调、设计课题研究实施方案。

3. 课题实施

完成研究对象的选择和研究环境的建立，通过实施研究计划解决教学问题。在外部技术、资源的支持下，依据研究方案，教师开展"同课异构"、"同课同教"等多种形式的教学活动。这一环节主要进行的活动有教学设计（教学内容分析、教学方案设计、教学评价工具设计）和课堂教学实施。专家通过指导设计、组织教师参与、为教师提供资源（案例）等，支持教师教学研究活动的顺利进行。

4. 课题评价

课题评价包括课题结题与推广应用。在课题研究的总结与评价阶段，教师开展教学评价和反思，通过网络研讨活动总结新经验、发现新问题、提出新的研究主题，进入下一个螺旋式上升的发展阶段。

整个过程中，专家指导团队将对课题研究小组提供及时、有效的指导和干预。完成一轮课题研究后，课题研究小组教师积极开展评价和反思，通过研讨等方式反思、总结经验，发现新问题，提出新的研究课题并尝试解决，进入下一轮课题研究。

（三）应用型课题的特点

1. 强调课堂教学实践

选题来自课堂教学实践，研究要以解决学科教学内容中的重点难点，改进课堂教学为目的，以促进教学质量的提升和学生学习方式的转变为立足点。

2. 以行动研究为特色

课题的研究方法注重质性资料的收集和分析，文字材料和声像、图表、实物等非文字成果。注重过程性资料的收集，包括教学设计、课件、课堂实录及分析、教师反思（心得）、学生反馈（访谈、观察量表、成绩等）、学生作品等内容。在设计、实践和改进的循环往复中达到对教学规律的深度认识和把握。

3. 提供过程和方法的支架

支架式指导策略是应用型课题的一大特色，从课题申报、研究计划的制订、资料的收集、研究方法的应用，到教学成果的展示和结题报告的撰写，都要相应地给予支持。支架式指导策略主要是为教师建构一种对研究中遇到的问题、接触到的新知识理解的概念框架，促进教师对问题的进一步理解。因此，教师与指导者在研究开始就先把问题加以分解，对较复杂的问题通过建立"支架式"概念框架，使得教师们自己能沿着"支架"逐步攀升，从而完成整个研究过程。整个搭建支架的过程基本遵循"搭建支架—进入情境—独立探索（合作协商）—效果评价"的流程。也就是说，在研究过程中教师遇到问题向指导者提出帮助申请，指导者首先判断问题类型，然后选择提供相应的支架，教师以支架为基础，进入研究实践场，沿着支架逐步攀升。搭建支架的类型多样，包括相关文献资料、教学案例、研究方法、教学工具、观察量表、文书模板等，根据教师研究中所遇到的问题类型和不同的研究阶段，适时给予支持并且撤出。

4. 发挥专家团队的引领作用

专家团队由大学教育技术专家、区域教研室电教馆人员和县区骨干教师组成。在项目实施的过程中由项目专家团队负责对各项目学校课题研究的组织与管理，专家团队在课题研究的每个阶段根据教师开展课题研究的进度，给予相应的支持、指导。专家团队主要通过基于主题的同步研讨、基于教学设计方案的异步点评、基于教育叙事与研究论文的异步交流方式，引导并指导教师进行交流协商、专题讨论、修改完善及反思。

应用型课题实施的过程是专家与教师共同发现研究问题、厘清研究思路、总结提升的过程。应用型课题实施的不同研究阶段，专家团队给予指导的重点不同。

（1）组成研究小组，选择研究课题阶段。专家团队对研究小组选择研究课题的过程进行帮助和指导。专家团队为课题研究小组提供《课题申报书》范例，并指导研究小组教师如何撰写《课题申报书》。

（2）收集文献资料，撰写研究计划书阶段。专家团队将为课题研究小组提供相关搜索方法、搜索内容的指导，保证课题研究小组教师收集文献资料的正确性、有效性。专家团队为课题研究小组提供《课题研究计划》范例，并指导研究小组教师如何撰写《课题研究计划》。

（3）课题实施阶段。参研教师实践和反思相互结合，个人实践和集体研讨相结合，一边收集资料，一边分析教学过程、改进教学策略。专家团队就如何进行研究、研究方法、研究策略、研究评价等问题对项目学校课题研究小组进行培训。针对课题研究小组教师采取的不同研究方法，给予个性化指导。

（4）教学成果展示阶段。专家团队对课题研究小组展示的成果进行分析、总结，并对其中不足之处给予指导。

（5）完成课题研究报告阶段。专家团队指导课题研究小组进行课题研究报告撰写工作，其中包括指导课题研究小组开展课题研究终结性评价，协助课题研究小组进行资料收集，指导课题研究小组撰写《课题研究报告》等内容。

二　应用型课题的实施过程

应用型课题的思想在许多技术支持的教师专业发展项目中得以应用，从 2008 年至 2011 年郭绍青教授主持的"城乡互动促进教师专业化能力协同发展模式研究"中初步确定了混合式培训模式和应用型课题研究的思路，并获得一定成效。到 2011 年至 2013 年的"'实践孕育创新'——应用型课题研究促进英特尔®未来教育基础课程理念向教师教学能力迁移研究"项目，在全国范围内选取的 34 个实验学校，对教师信息技术应用能力的发展进行了实证研究，取得了预期的效益。2013 年至 2015 年的"落实英特尔®未来教育理念　促进区域教师协同发展"项目，通过专家团队培养及带领、校际教研、网络培训等方式，对四川绵阳市、兰州城关区、河北邯郸市、浙江玉环县、广州天河区、广西北海市、云南沧源县等 7 个区域的项目学校教师展开系统化培训，以及通过在区县和实验学校设立应用型课题，切实推动区域化的教师专业发展。

应用型课题具体的实施过程应该经历准备阶段、实施阶段和结题阶段，在课题研究实施阶段要求实施 2—3 个轮次，每一轮次大致进行 10 周时间，每一个轮次的过程为计划、实施、检查、总结四个阶段。其具体过程如图 5—2 所示。

项目组的研究工作与子课题的研究工作同步开展，其研究侧重各有不同，为了使各方的研究工作相互配合，特制定行动规划。规划各个阶段中的工作重点如表 5—1 所示。

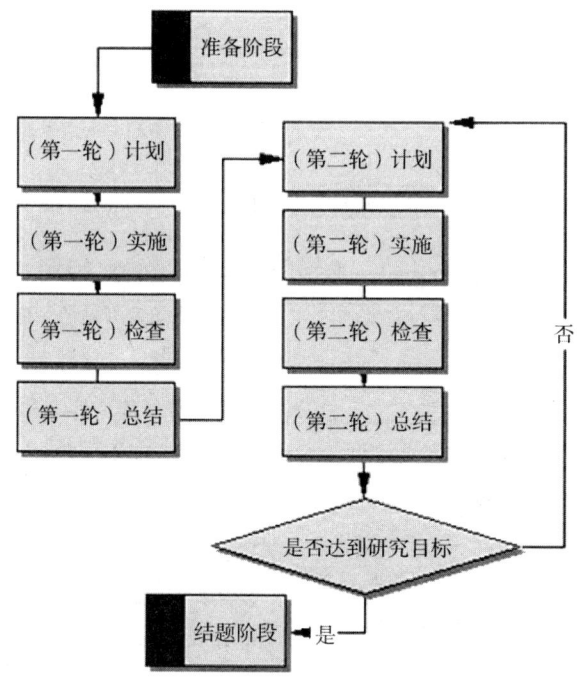

图 5—2　技术支持的应用型课题基本流程

表 5—1 　　　　　　　　　　　**应用型课题研究实施过程**

研究阶段	项目组的研究工作	子课题组的研究工作
准备阶段	1. 给出制订研究计划的要求。 2. 发放教师的基准能力分析问卷、量表，进行网络访谈。 3. 提出基线常态课堂教学录像拍摄要求。 4. 制订目标教师抽样方案，选取进行课堂录像分析的目标教师	1. 完成教师的基准能力分析问卷、量表填写。 2. 提交目标教师的常态课堂录像
	1. 分析调研数据，形成项目学校教师教学能力分析报告。 2. 为创建专题研究网站提供技术支持。 3. 对各课题组的研究计划给予反馈意见。 4. 收集各课题组的研究方案	1. 课题组成员学习研究方法 Moodle 课程。 2. 提交本课题组研究计划（包括研究内容、研究方法、实施过程、预期取得的成果、人员分工，以及时间安排）。 3. 创建专题研究网站框架

续表

研究阶段	项目组的研究工作	子课题组的研究工作
（第一轮 计划阶段） 两周	1. 帮助课题组收集文献资料和教学资源。 2. 指导开展学情调查	1. 选择教学内容、教学班级、教学环境、教学实施者。 2. 研读与课题相关的课程标准，收集相关课例资料。 3. 开展学情调查。 4. 在专题研究网站的讨论区进行学情调查讨论
	1. 收集课题资源、教学方案、研究工具。 2. 引导课题组成员积极参与网络讨论。 3. 收集各课题组教学设计方案、课堂观察量表。 4. 指导制定课堂观察工具	1. 根据选定的研究对象和研究计划，合作开发教学资源。 2. 开展"同课异构"教学方案设计。 3. 选择相应的课堂观察方式，确定观察要点，制定观察工具。 4. 针对教学设计和观察工具形成网络讨论
（第一轮 实施阶段） 四周	参与组织网络讨论	1. 实施教学活动、进行教学观察。 2. 录制课堂教学录像。 3. 撰写教学反思。 4. 课题组集体评议教学过程，形成网络讨论
（第一轮 检查阶段） 两周	参与组织教学效果的检查	1. 检查教学效果。 2. 收集并整理研究数据。 3. 初步形成研究结论，检查收集的数据和事实是否能够充分支持研究结论
（第一轮 总结阶段） 两周	1. 与课题组一起进行问题会诊，发现一些好的做法和经验加以推广，查找第一轮次研究中存在的问题、研究改进方法。 2. 总结第一轮所采取的策略和结果	1. 分析教学效果，归纳总结研究成果，哪些问题得到了有效解决，哪些问题没有解决，发现了哪些新的问题。 2. 形成中期研究报告，提出下一轮的问题解决办法

续表

研究阶段	项目组的研究工作	子课题组的研究工作
（第二轮计划阶段）两周	比较两轮的教学设计	1. 确定第二轮教学内容，可适当扩展教学内容面与学科涉及面。 2. 设计第二轮教案。 3. 修订观察工具。 4. 针对教学设计和观察工具形成网络讨论
（第二轮实施阶段）四周	两轮课堂教学录像分析和比较	1. 实施教学活动、进行教学观察。 2. 录制课堂教学录像。 3. 撰写教学反思。 4. 课题组集体评议教学过程（形成网络讨论）
（第二轮检查阶段）两周	在质（知识建构）和量两个层面比较两轮网络讨论	1. 检查教学效果，对比两轮教学研究实施的教学效果。 2. 收集并整理研究数据。 3. 检查收集的数据和事实是否能够充分支持研究结论。 4. 检查第一轮出现的问题是否已经解决
（第二轮总结阶段）两周	审核课题组是否达到结题要求	如果达到研究目标提出结题申请，如果未达到研究目标进入下一轮研究
结题阶段		1. 撰写研究报告（着重回答教学模式的有效性，教师教学能力提高与否，学生学习能力提高与否）。 2. 整理研究成果

第二节 应用型课题的研究范式

一 行动研究与教师专业发展的天然关系

（一）行动研究辨析

在传统的研究模式中，研究与行动往往是分离的。"行动"指实践者、实际工作者的实践活动和实际工作；"研究"则指受过专门训练的专业工作者、专家学者对人的社会活动和社会科学的探索，两者互不相干。表现在教育领域也是如此，教育理论者进行专门的理论研究，教育实践人员则从事专门的教育教学活动，理论与实践、研究者与实践者相分离。研究者的研究工作虽费时费力，研究结果却难以解决实际问题，而教师的教育行动也由于缺乏科学理论的指导，无法取得科学、条理的效果。为了解决理论与实践、行动与研究相脱离的现象，在众多的社会工作者、心理工作者和教育工作者的共同努力下，行动和研究得以有机地结合，形成了集理论研究与实践研究于一身的新的研究方法——行动研究。

行动研究的出现，摆脱了传统研究模式下理论研究和实践研究相分离的弊端，架起了理论研究者和实践研究者联系的桥梁，使更多的科学理论在实践中得到应用，越来越多的中小学教师参与到研究中去。行动研究是实践性很强的旨在改进教师工作状态的研究活动，在行动研究中有利于完善教师专业知识和结构，有利于教师理论知识转化为教学实践，因此，行动研究与教师专业发展之间存在天然的联系。

关于什么是"行动研究"，不同的研究者从各自的研究背景出发，给出了不同的定义。

国外学者对行动研究的定义如表5—2所示。

表5—2　　　　　　　　**国外学者对行动研究的定义**

国外学者对行动研究的定义	
库尔特勒温（Kurt Lewin, 1947）	行动研究是包含三个步骤的一个螺旋式过程：（1）探索性的计划；（2）采取行动；（3）探求行动的结果
考瑞（Stephen Corey, 1953）	行动研究是实际工作者力图对他们的问题进行科学的研究，以指导、改进和评估自己的决定和行动的过程

续表

国外学者对行动研究的定义	
约翰·埃里奥特（J. Elliot）	行动研究旨在提供社会具体情境中的行动质量，是对该社会情境的研究
卡尔与凯米斯（Carr & Kemmis, 1986）	行动研究是在社会情境中（包括教育情境），自我反省探究的一种形式，参与者包括教师、学生、校长等人。其目的在于促进社会的或教育实践的合理性及正义性，帮助研究者了解实践工作和相关情境，使实践工作能够付诸实施而有所成效
格里克曼（Carl Glickman, 1992）	教育中的行动研究是同行在学校环境下对他们的活动进行研究，以实现改进教学的目的

我国也有许多学者对行动研究提出了定义（见表5—3）。

表5—3 **我国学者对行动研究的定义**

我国学者对行动研究的定义	
台湾蔡清田《教育行动研究》	行动研究是"由实务工作者在实际工作情境当中，根据自己实务活动上所遭遇到的实际问题进行研究、探索解决问题的途径和方法，并通过实际行动付诸实施，进而加以评价、反省、回馈修正，以解决实际问题"的一种研究方法
谢幼如、李克东《教育技术学研究方法基础》	行动研究是从实际工作需要中寻找课题，在实际工作过程中进行研究，由实际工作者与研究者共同参与，使研究成果为实际工作者理解、掌握和应用，从而达到解决实际问题，改变社会行为的目的的研究方法
台湾李祖寿	行动研究是一种团体研究法，注意团体历程、团体活动。它特别重视行动，尤其注重实际工作人员一面行动，一面研究；从行动中寻找问题，发现问题；更从行动中解决问题，验证真理，谋求进步。在教育方面，它是行政、课程、教学等谋求革新的重要方法

我国学者对行动研究的定义	
朱永祥《国外教育研究方法论的发展趋势》	行动研究是"一种合作的方式，使研究者与实际工作者的角色合一，来解决此时此地教育教学实际问题的研究模式，称为行动模式"
王蔷	行动研究就是"教师为了保证教学的成功，以达到预期的教学目的，在教学过程中将教学的各种行为作为意识对象，不断积极主动地进行计划、评价、反馈、检查、调控和改进的行为过程"。她认为行动研究是一种系统的反思性的探究活动，是教师为了不断改进自己的教学，使教学达到最佳的效果，而对于自己教学中的问题进行调查与研究

尽管许多学者对行动研究下的定义不同，而且从不同的角度出发做了阐述，但其中的基本内涵仍是相同的，即由与问题有关的所有人员共同参与研究和实践，对问题情景进行全程干预，并在此实践活动中找到有关理论依据及解决问题的方法。

综合不同学者的观点，我们在此给出一个比较具体的定义：教育行动研究是由教师、教育管理者和相关教育专业人员共同开展的，以其关注的教育问题为中心，在研究过程中综合运用各种具体的研究方法与技术来提出问题、搜集资料、计划行动及反省和探究，旨在解决具体教育环境中的具体教育问题。它是一种适应小范围内教育改革的探索性的研究方法，其目的不在于建立理论、归纳规律，而是针对教育活动和教育实践中的问题，在行动研究中不断地探索、改进和解决教育实际问题。因而它适用于那些教育实际问题（而不是理论问题）的研究，以及中小规模的（而不是宏观的）实际研究。

（二）行动研究的适用领域

行动研究因为参与者的不同，一般分为三个层次：某教师单独对该班某学科的教学施行新方法，或将自己的新观点转化为行动；学校组织若干教师组成研究小组，自行开展研究，或在外来的研究者指导下进行研究；由专业研究人员、教师、政府部门、资助者、学校行政领导等组成较为成熟的研究队伍，与一线教师联合开展的研究。

从开展教育行动研究的领域看，有学前教育、中小学教育、高职高专、高等教育，乃至在职教师培训。表5—4显示了行动研究的主要分布，但又不局限在其中。

表5—4 行动研究的适用范围

行动研究的具体适用范围	
适用范围	案例
课堂教学研究	课堂教学研究即在教学中引入新的技术和方法的研究。 如：基于专题学习网站的开发性学习模式的行动研究（谢幼如等）。 初中英语任务型写作教学的行动研究（陈林英）。 小学语文低年级识字教学的行动研究（李泽蕊）。 运用学案导学培养高中生英语自主阅读能力的行动研究（林礼江）。 基于问题的教学模式在英语口语教学中的行动研究（秦岚等）
学生的问题与辅导	主要包括学习困难学生的教育指导、学生不良心理行为的矫正、单亲家庭学生的辅导等。 如：大学生心理危机管理的行动研究（陈香等）。 智力障碍青少年生涯转衔之行动研究（杨淋先）。 促进农村寄宿制儿童心理健康的行动研究（方丽芬）
教师职业技能培训	为教师提供新的技术和方法的研究，改进教师教学技巧、发展新的学习方法、提升教师自我觉察能力和研究能力的研究。 如：形成性评价在英语教学中的应用（陈柏华）
对课程进行中小规模的改革研究	国家颁布的《基础教育课程改革纲要（试行）》，为学校进行课程改革提供了政策支持。 如：东北师范大学附属小学进行的校本课程开发的行动研究（熊梅等）。 透过行动研究培养课程领导能力——在西北贫困地区农村学校的探索（王嘉毅等）。 《应用型课题促进英特尔未来教育基础课程理念向教师教学能力迁移的实践研究》（郭绍青等）。 运用现代教育技术推进中小学素质教育之行动研究（姚巧红，杨该学）

续表

适用范围	案例
学校行政管理与效能	比如学校内部管控或有关问题的追踪与分析，提升学校行政效能、建构学习型组织的研究。 如：学校管理中创建学习型班级组织的行动研究（陈全）。 藏族牧区寄宿制小学宿舍管理之行动研究（董树梅）

（三）行动研究的特点

行动研究与传统的学术研究具有不同的特点，分别表现在研究问题的来源、研究目的、研究环境、研究人员、研究进程等方面。

（1）研究课题来源于教学实践。在教育行动研究中，教师在教学实践中发现问题，通过调研与分析确定研究课题。教师最关切的主题是自己置身于其中的教学情境中现况的改善与教学实际问题的解决。行动研究强调对基层的日常问题的解决，它很少关心研究结果是否对教育情境具有普遍适用性。因此，行动研究不局限于某门学科知识或某种教育理论，只要有助于解决实际问题、改进实际工作，对各种知识、方法、技术和理论都主动容纳、吸收并加以利用。

（2）研究目的是解决实际问题，改善实际工作。行动研究的目的不在于发展理论和普遍应用理论，而在于当时当地情境的改善。教师行动研究注重的不是传统教育研究强调的所谓"发现教育规律"或"填补理论空白"，而是解决教师教学实践中遇到的实际问题。

（3）研究环境是在实际自然情境中。行动研究既不是在实验室里进行的研究，更不是在图书馆中进行的研究。行动研究的环境就是教师工作于其中的实际环境。实际情境总是处于一个开放的状态，是千变万化的，而问题总是在实际情境中产生的，问题的解决也总是在实际情境中进行的。行动研究是一种对特殊情况采取相应措施的现场研究方法，以解决实际问题为首要目标，能够有效地克服以研究者主观假设为研究出发点的缺陷，强调研究者深入实际情境与教师一起随时发现新情况，并不断对计划加以调整，从而使研究更具有客观性和针对性。

（4）行动研究中教师成为研究者。实践研究者即教师，既是行动研究的执行者，也是行动研究的客体，即教师本身及其教学工作也是研究的焦点。专家学者参与研究扮演的角色是提供意见与咨询，是协作者，而不是研究的主体。

（5）行动研究中强调理论研究者与实践研究者的合作。行动研究摆脱了传统研究中理论与实践、研究者与实践者相分离的弊端。在行动研究过程中，双方共同参与研究和合作，各自发挥自身优势，相互取长补短，共同解决实际问题。

（6）行动研究是一个反思循环的过程。在行动研究中，理论研究者和实践研究者都需要不断对自己的行为和预先的措施计划进行反思，从而制订新的计划，再实施、反思。这是一个不断循环的过程，以达到最终解决实际问题的目的。

（7）行动研究与传统的量化或实验性研究不同，它在研究对象、研究过程和研究目的方面都有自己的特征。接下来我们通过行动研究与一般教育研究的具体比较来更好地体会它的特点（见表5—5）。

表5—5　　　**行动研究与传统的量化或实验性研究的比较**

	行动研究	传统的量化或实验性研究
问题的提出	由教师本人或与研究人员合作提出，是教师直接关心的问题	一般为研究员所选的问题，与教师或学生没有直接关系
研究的对象	研究自己的学生和自己的教学，研究与本人有密切关系	研究的对象为某些学校或某些教师或某些班级的学生，与研究者本人无直接关系
研究者角色	设计者、实施者、参与者、评价者	设计者、指导者、评价者
研究的过程	自下而上，既重视结果，也重视过程	自上而下，重视结果是否验证假设
研究的方法	观察、反思、日志、座谈、调查问卷等	实验、对比、测试、调查问卷、数据统计等

续表

	行动研究	传统的量化或实验性研究
研究的本质	强调研究过程和研究的可持续性（长期行为）	强调结果（短期行为）
数据的分析	重视客观的数据、主观的感受以及自然环境的影响	重视客观数据，排除干扰，严密控制变量，量化分析
结论的意义	结论不具有普遍性，可以直接应用于改进实践	一般得出普遍性的结论，用于提供宏观指导和参考
研究的目的	促进教师职业发展，改进教学实践	验证理论，发现规律，提供宏观指导和决策

二 基于设计的研究

"应用型课题"为广大教师参与教学研究提供了一个载体，以课题带动教学研究、深化教学应用，是实现以教学研究促进信息化环境下的课堂教学的重要途径。应用型课题研究的主要目的是围绕校际协作课题和学校团队课题，以改善课堂教学方法为核心，通过校本教研和跨区域的网络教研，深化本校教师之间的协作、城市与农村学校之间的协作，提高项目学校教师的整体教学研究能力，并在教师开展设计研究的过程中将信息化教学方法的知识应用于课堂。

教学研究应该采用什么样的范式？教师开展教学研究是采用叙事研究这样的人类学方法，还是采用实验研究这样的检验性的实证方法。研究者本人认为纯粹的叙事研究比较零散，容易将教学研究引入一种泛化的状态。而在教育领域开展实验研究的弊端在于，教师难以掌握实验研究的方法，在教育情境中难以对变量进行严格的控制，因而难以形成有效的研究。20世纪90年代以来，被称为教育设计研究（Education Design Research，简称EDR），即为解决教育实践中的问题，通过设计并开发相应的项目、过程和产品来干预教育过程。与教育行动研究相比较而言，教育设计研究更加注重设计，以及设计产生的人工制品干预实践过程，包括体现课程设计的原则、服务于课程实践的产品。在巴拉巴看来，设计研究应该尊重自然情境，所形成的相关理论能够解决自然情境中的问题，同时还要能够设计出相应的制品来体现问题的解决过程。因此，这一过程有可能要经过多次循环后，才能够形成更强的有效性。里夫斯（Reeves）用图示方法来诠释设计研究与传统实证研究（预言性研究）的差别（见图5—3）。

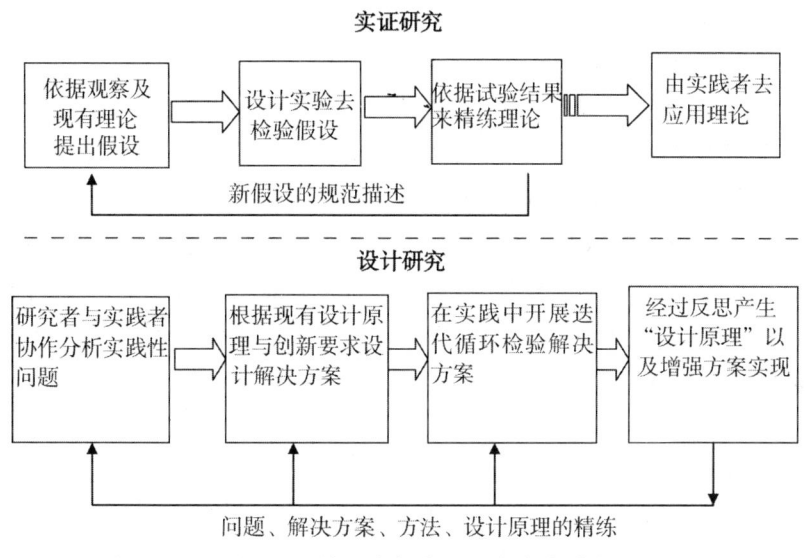

图5—3 设计研究与实证研究路线对比图

教育设计研究是基于现实问题出发设计支持学与教的革新，并在设计实施过程中经过多次迭代的修正产生"设计的原则"，即实用的理论。设计研究基于对基本原理的探寻和立足于应用的双重目标的特征。应用型课题研究就是在基于设计的研究思想基础上，教师以"课题"开展教学研究的载体，从本质上是为了探索一种教学模式，属于应用激发的基础研究，"整合教学设计与学习研究"。应用型课题研究与教育设计研究的契合之处表现如下：

1. 目标导向性

应用型课题研究的核心目标就是要通过教学实践发展学生的学习能力，因此课题研究团队根据这一导向，结合以往的教学经验，在初中语文综合实践能力、初中语文古诗词鉴赏能力、小学语文口语交际能力、小学数学空间与图形能力、小学数学统计分析能力、小学语文作文能力等方面开展研究。

选题立项的过程就是设计过程的始端，就是要设计一项问题解决方案：（1）选题都围绕学科单元教学内容，立足于探究具体教学单元所适用的信息化教学方法，解决以往教学中的难点问题。（2）课题以促进信息化教学资源、信息化教学方法在教学中的应用，提升学校信息化教学水平为目标。（3）开展教学研究的根本目的是利用信息化教学方法促进学生学习能力发展和学习方式的转变。

2. 实施过程的循环迭代性

应用型课题研究以系统化学习为前提，在教学实践中去检验，并且不断调整设计方案和实施方式，研究的过程就是设计—行动的循环过程。应用型课题研究的基本过程是在一定目标的引领下，经过分析、设计、实施、评价、再设计、再实施的环节，以达到对教学方法的熟练掌握，以及对不同教学情境下的教学活动形成关于解决问题的动态方案。

应用型课题实施过程的循环迭代性是由于：（1）研究者面临的设计情境是变化的，在不同的时间、不同的地点，以及面对不同的学生，教学活动是一种双边的活动，因此没有完全一样的教学过程，教学活动不可能像实验研究那样精确地控制与实验对象有关的各种变量。（2）研究者通过对每个行动环节进行观察和反思的基础上进行综合性判断，从而需要对原设计过程进行修正，以达到"获得一个理想设计和现实之间的满意平衡"的目的。

3. 研究成果的多元性

研究过程的循环迭代性注定了设计研究的过程导向性。从人工制品的角度来看，应用型课题研究是一个产品累积的过程。因此，研究成果应该注重过程性材料的收集和整理，以反映研究过程中解决问题的方式和方法。由此可知研究成果必定是多样化和多元化的，在项目子课题中将以下内容都视为研究成果：单元教学内容分析与相应的教研活动记录；教学方案设计与相应的教研活动记录；课堂教学观察量表、教学效果评价表；课堂教学观察记录、学生反馈（作业、作品、测验或成绩等的分析）、课堂教学实录、教师教学反思、教学效果评价报告；相关的调查问卷、访谈材料，以及对调查资料的分析和整理；教学录像研讨记录、教师教研反思或日志等。

三　信息技术对行动研究的支持

（一）数据的获取、统计和分析

1. 数字化文献的获取

文献是指通过一定的方法和手段，运用一定的意义表达和记录体系记录在一定载体的有历史价值和研究价值的知识。文献是科学研究的基础，任何一项科学研究都必须广泛搜集文献资料，在充分占有资料的基础上，分析资料的种种形态，探求其内在的联系，进而作更深入的研究。

互联网时代人们的写作方式、阅读方式都发生了变化，现在大多数人都已经放弃笔和纸，转而用计算机写作了，文献资料的出版、存储和检索方式也发生了巨大的变化，数字出版、云存储、网络检索代表着新时代学术资源的使用方式应运而生。教师要将自己的教学研究以论文的形式发表出来，就需要先了解别人在这个领域做过哪些研究，这些研究与自己的研究有哪些异同，新手教师想了解如何做教学研究，想知道如何写论文，都离不开对文献的使用。图书和期刊是教师开展行动研究最有力的工具，阅读和分析文献可以帮助研究者了解国内外相关研究的现状，借鉴相关研究的得失，拓展和启发研究思路。数字化的文献无论是从来源之广还是获取之便利程度上都较传统方式更胜一筹。国内知名的文献数据库有：中国知网（《中国期刊网全文数据库》，http：//www. cnki. net），万方数据知识服务平台（http：//www. wanfangdata. com. cn），维普网（《中文科技期刊数据库》，http：//www. cqvip. com）。

2. 数据的收集

数据是指关于自然、社会现象和科学试验的定量或定性的记录，是科学研究最重要的基础；数据的载体可以是文字、图像、声音等。信息技术为收集和整理这些数据提供了方便。

（1）图像。

信息技术的飞速发展使得信息量激增，信息的获取方式多样化，正所谓"一图胜千言"，人类进入读图时代，图像所表达的含义更直观、更简便。因此，收集图像是现代研究者所必备的技能，数码图像易于储存、复制和分享的特点为教师专业发展活动提供了有力的支持。教师教学的录像为分析课堂、促进教师教学技能的提升有很大的帮助，通过摄影、摄像记录图像成为现代教师不可或缺的技术手段。

（2）访谈。

访谈是获得对实际情况了解的重要手段，尤其在行动研究过程中，访谈和问卷调查的目的与研究开始阶段有所不同。此外，它还是反思行动、调整部署的重要依据。视不同的问题访谈的对象可能包括有关专家、社会人士、学生家长、学校领导、同事、学生。访谈资料作为行动研究的重要内容需要后期进行分析，以录音手段和语音识别技术为代表的信息技术可以为访谈资料的记录和分析提供帮助。

（3）调查问卷。

问卷也是收集集体数据的一种方式。它是获得比较客观的数量化材料的重要手段，相对于访谈更容易量化。无论是在问题的分析阶段，还是在计划的实施过程，或是结果的分析时期，都可以运用问卷获得有关的信息。问卷星（http：//www.sojump.com/）在线问卷调查、测评、投票平台，提供在线设计问卷、采集数据、自定义报表、调查结果分析系列服务。它可以提高问卷调查的工作效率，降低成本。

①在线设计问卷：问卷星所见即所得的问卷设计界面，支持多种题型，并可以给选项设置分数（可用于量表题或者测试问卷），也可以设置跳转逻辑。

②发布问卷并设置属性：问卷设计好后可以直接发布并设置相关属性，例如问卷分类、说明、公开级别、访问密码等。

③发送问卷：通过发送邀请邮件，或者用 Flash 等方式嵌入到网站或者通过 QQ、微博、邮件等方式将问卷链接发给好友填写。

④查看调查结果：可以通过柱状图和饼状图查看统计图表，卡片式查看答卷详情，分析答卷来源的时间段、地区和网站。

⑤创建自定义报表：自定义报表中可以设置一系列筛选条件，不仅可以根据答案来做交叉分析和分类统计还可以根据填写问卷所用的时间、来源地区和网站等筛选出符合条件的答案集合。

⑥下载调查数据：调查完成后，可以下载统计图表到 Word 文件保存、打印，或者下载原始数据到 Excel 导入 SPSS 等调查分析软件做进一步的分析。

图 5—4 显示了利用问卷星进行问卷调查的实例。

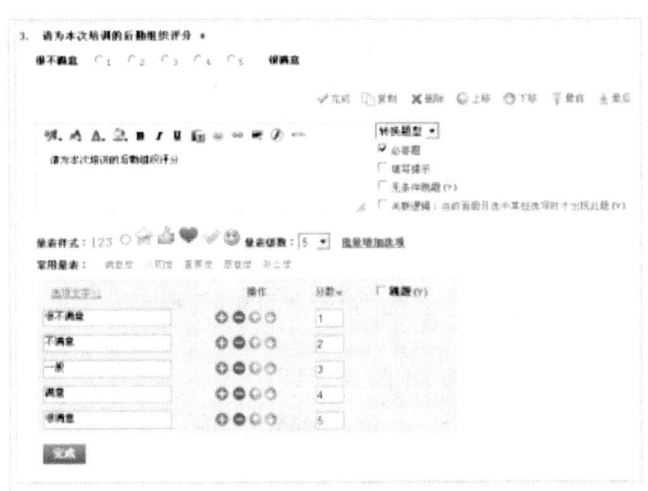

图 5—4 利用问卷星进行问卷调查

3. 数据的可视化

随着科学技术的发展，特别是计算机技术的迅猛发展，人类产生与获取数据的能力成几何数量级增加。面对海量的数据，想通过人工分析这些数据从而得以深刻地理解并进一步形成正确的概念和看法几乎是不可能了。人们需要新的技术来帮助理解这巨大数量的数据。数据可视化技术正是在这样的背景下获得了人们越来越大的重视并迅速发展。所谓数据可视化，是对大型数据库或数据仓库中的数据的可视化，它是以图表、图标、图形、图像，颜色、大小、形状等可视化方式呈现信息，使人们不再局限于通过关系数据表示来观察和分析数据信息，而是以更直观的方式看到数据及其关系。数据可视化技术凭借计算机的巨大处理能力、计算机图像和图形学基本算法以及可视化算法，把海量的数据转换为静态或动态图像或图形呈现在人们的面前，允许通过交互手段控制数据的抽取和画面的显示，使隐含于数据之中不可见的现象成为可见，为人们分析、理解数据、形成概念、找出规律提供了强有力的手段。

（1）柱状图（Bar Chart）。

柱状图是最常见的图表，也最容易解读。它的适用场合是二维数据集（每个数据点包括两个值 x 和 y），但只有一个维度是需要比较的。柱状图利用柱子的高度，反映数据的差异。肉眼对高度差异很敏感，辨识效果非常好。柱状图的局限在于只适用中小规模的数据集。

图 5—5 显示了小华在一次考试中各门课成绩和全班平均分相比较的情况。

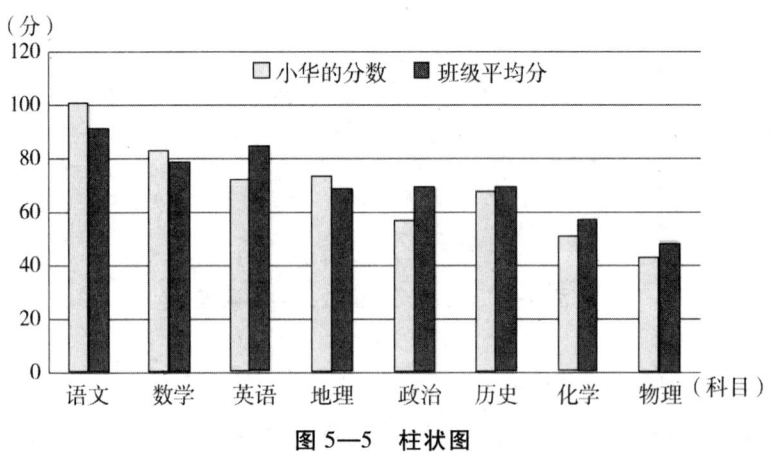

图 5—5　柱状图

（2）饼状图。

饼状图主要用于静态数据，且数据没有变化的趋势。用于比较整体的不同部分，总数的不同比例，或者以非自然顺序归类的一组数据的总结。展示的数据应不超过 6 个部分，用实际值或百分比来显示每个部分。

小李老师是某学校信息技术老师，他对 80 个学生的调查和测试发现，能熟练掌握计算机操作的人数为 21 人，一般操作的人数为 49 人，基本不会操作的人数为 10 人。小李老师根据调查的统计表，用饼状图来展示学生的计算机操作水平，为他以后的教学提供了很好的依据。

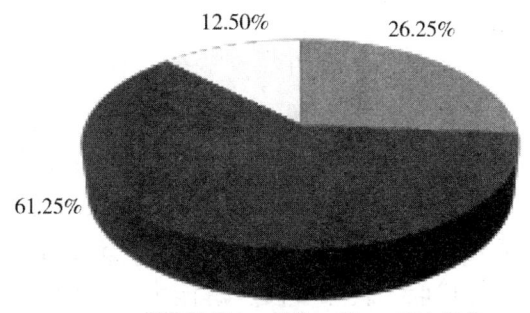

图 5—6 饼状图

（3）折线图。

折线图是以折线的上升或下降来表示统计数量的增减变化的统计图。与条形统计图相比，折线图不仅可以表示数量的多少，而且可以反映同一事物在不同时间里发展变化的情况。折线图的特点是可用于演示数据随着时间变化而推进的发展趋势。

图 5—7 显示了通过六次数学考试成绩的统计，反映了某班数学平均成绩在缓慢稳步上升的趋势中，张山数学成绩急速下滑，王义数学成绩直线上升的趋势。教师则应该根据这一趋势查找张山成绩下滑的原因，并给予关注和个别化辅导。

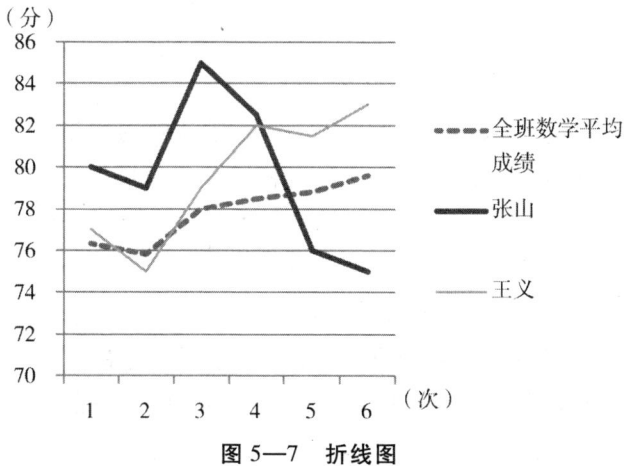

图 5—7 折线图

（4）雷达图。

雷达图适用于多维数据（四维以上）的比较，它有一个局限，就是数据点不易太多（一般不超过6个），否则无法辨别，因此适用场合有限。以雷达图形式可进行多个同类班级在各知识点的比较、每个学生各知识点间的比较，能够清晰地找出各班级或各个学生在知识点上的薄弱点。图5—8显示了某个班数学考试测评中对各个知识点的掌握程度，教师可以分解能力点的测评，有针对性地对薄弱环节进行强化训练。

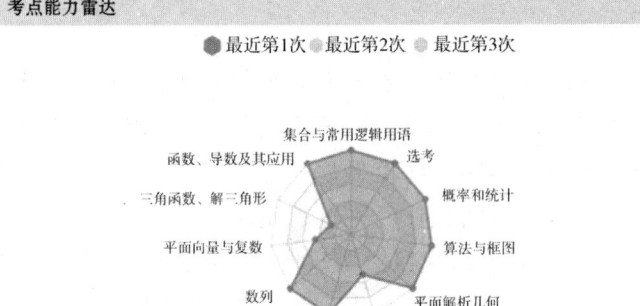

图5—8　雷达图

（5）动态气泡图。

数据可视化的一种模式是，可以用颜色来显示相关性，大小显示量的多少，或者方向表示趋势。Gapminder是瑞士Gapminder基金会开发的一个在线互动图表数据平台，在默认状态下用不同的颜色代表不同的地理区域，用气泡大小代表各国人口，基于时间轴动态呈现世界银行提供数据绘制的世界各国各项发展指数。各个国家历年的各项发展指数，包括了二氧化碳排放量、儿童死亡率、经济增长率、每千人网民数量、军事预算、自然环境、城市人口等。它用一系列分散的点代表不同的国家，点的位置由轴线对应的指数决定。

图5—9显示了世界100多个国家从1800年以前到过去的200多年间人均收入和人均寿命关系的走势，气泡的面积代表各国人口数量，横轴代表人均收入，纵轴代表人均寿命，按下"play"键就

可以动态地显示，在短短的几分钟内从一个侧面演示了人类近代史，让人浮想联翩、叹为观止。

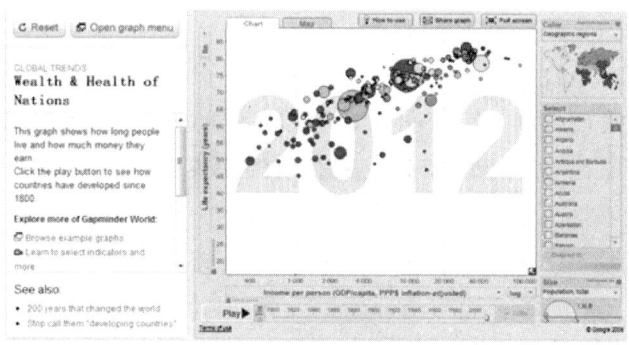

图 5—9　动态气泡图

（6）树形图。

树形图是数据层次结构的可视化。数据表中的行或列，由一个矩形表示，矩形的面积和颜色分别反映数据集的属性。图 5—10 为 2008 年世界 CO_2 和 GDP 关系的数据。矩形面积代表排放量，颜色的深浅程度代表 GDP 数量。

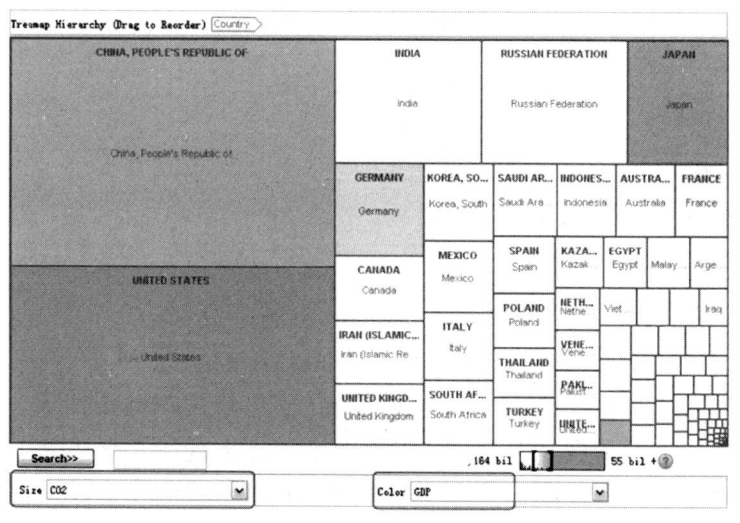

图 5—10　树形图

以矩形的大小来看，中国是 CO_2 排放最多的国家，多米尼加最少（0.1k）；以颜色来看，中国、美国、日本、德国、英国、法国这六个国家的 GDP 排名靠前，其中美国的 GDP 值最大，帕劳群岛最小（0.2bil）。

（7）字云图。

字云图是通过文字云图工具制作而成的反映文字频率的可视图的一种形象比喻，可以作为一种有效的文本分析工具。"字云图编辑器"能够让人们看到在一个给定的文本中单词出现的频率，你可以调整字云图中单词的字体、布局和颜色方案。图 5—11 是奥巴马《Yes, we can》演讲稿的一部分。

图 5—11　字云图

（二）信息化学科教学工具

1. 思维导图在小学作文教学中的应用

思维导图（Mind Map）是一种非常有用的思维工具，由英国著名心理学家、教育家托尼·巴赞（Tony Buzan）在 20 世纪 60 年代发明。作文本质上呈现的是作者的思维过程与思维结果，作文训练的核心就是思维训练，作文的意义也在于思维的训练与发展。思维导图所强调的发散性思维正是作文教学所需要的。一名小学五年级语文老师，在平时的作文教学中发现他们班学生的作文存在以下问题：内容空洞无物，或缺乏真情实感，或层次混乱不清，行文游离中心，语言不够顺畅等。造成上述问题的原因是多方面的，但其中重要一点是学生缺乏对事物观察的方法，作文整体结构缺乏设计，从而写作的思路没有打开。直到运用思维导图进行作文教学后，以上问题得到改善，学生写作水平得到提高。在以"元宵节之夜"为话题进行写作时，首先播放欢度元宵的视频录像，录像中有五彩缤纷的烟花、形态各异的花灯、皎洁明亮的圆月、欢乐的人群等，生动美丽的画面可以一下子把学生带到欢度元宵的节日场面。其次，利用思维导图，确定主题、罗列素材、构思画图，用发散性思维的理念来多角度点拨。如当学生兴致勃勃地欣赏完欢度元宵节的节目场面后，可引导学生："那么元宵节给你留下了怎样的印象呢？"当同学们回答"元宵节之夜给我留下的印象是美丽、迷人的"时，可继续引导学生确定美丽、迷人的元宵节之夜为主题，进而让学生罗列出一些美丽、迷人的景物，再经过聚合思维对自己的素材进行整理。然后引导学生利用 MindManager 把以上构思过程体现在思维导图中（见图 5—12），以便学生在写作时思维更流畅、内容更充实。

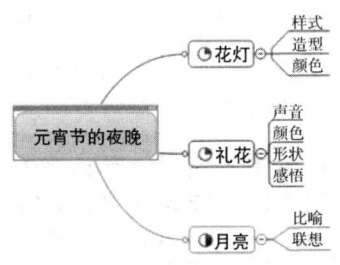

图 5—12 思维导图写作训练

运用思维导图进行课堂写作训练，把作文中所写的主要内容体现在思维导图中，帮助学生理清写作思路，整理收集写作素材，促进了学生思维的发散性。对于教师而言，思维导图可以作为一种教学资源、工具，利于教师对学生进行思维引导，打开了学生的写作思路。同时，学生在写作文时，先形成一幅结构图，方便教师了解学生的写作思路，从而进行学生写作的个性化指导。

2. 几何画板在数学教学中的运用

几何画板是一种数学教与学的工具性软件，它功能强大且操作简单，在规定了一些数学条件之后所显示出来的数学结论是客观存在的，能够为学生提供一个主动学习，积极建构新的认知结构的学习环境。数学是一门抽象而又十分严谨的科学。长期以来，我们的数学课堂教学几乎都是"粉笔+黑板"的模式，这种教学模式不易调动学生的学习积极性，无法满足学生需要透彻理解的要求。初中数学老师在教学过程中经常为如何讲解公式定理易于学生理解所困扰，学生对于定理一般处于知其然不知其所以然的状态。直到运用几何画板进行教学后，学生对于公式定理的理解有了明显的改善，学生的思维能力和掌握知识的能力也得到提高。

基于几何画板的数学探究式学习的主题和内容一般是封闭的、确定性的知识，任务是实验探究类的，因此探究方法是按照实验探究的流程来设计的。基于几何画板的数学探究活动中，以数学科目的特点及内容为依据，其主要可以采用观察猜想—制订方案—验证猜想—得出结论—交流汇报的探究流程。在探究学习过程中，学生可以根据教师提出的问题进行猜想，然后制订探究方案，通过几何画板来验证他们的猜想是否正确，进而根据验证结果得出自己的实验结论，最后全班进行交流分享，实现意义建构。

首先，教师根据勾股定理发现的起源，展示等边直角三角形三边对应的面积的关系，然后由特殊到一般，设疑"是否所有直角三角形"都存在这样的关系，给出"命题1：如果直角三角形的两直角边长分别为 a、b，斜边长为 c，那么 $a^2 + b^2 = c^2$ 是否是真命题"。其次，学生把几何画板作为动态黑板，先用几何画板画出和命题1中相关的图形（见图5—13），再用几何画板的"度量→面积"功能分别计算出正方形 A、B、C 的面积，通过比较可以得到：SA + SB = SC，即 $a^2 + b^2 = c^2$。最后，学生在初步验证的基础上，发现更多的验证方法，拓展了解题思路和解决问题的方法，向高级数学思维能力发展更进了一步。

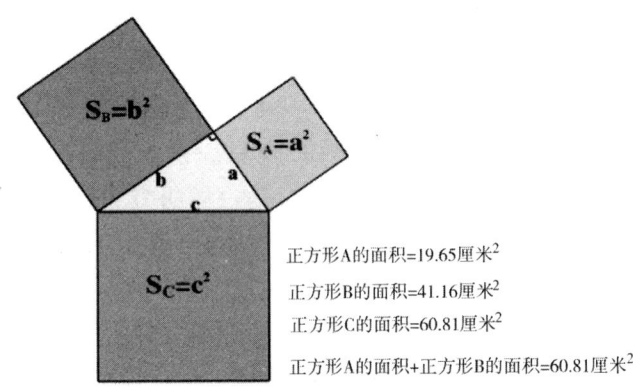

正方形A的面积=19.65厘米^2

正方形B的面积=41.16厘米^2

正方形C的面积=60.81厘米^2

正方形A的面积+正方形B的面积=60.81厘米^2

图5—13　利用几何画板探究勾股定理

在运用几何画板的教学活动中，教师改变了教学方式，提高了对数学公式定理讲解的水平。随着几何画板在数学教学上的运用，教师逐步从重灌输向重启发和探究转变，从重知识教学向重能力教学转变，从重教轻学向重学轻教转变，从重理论向重实验转变，从而提高了教学效果。与此同时，教师的教学水平也得到了快速提升，促进了学科教师专业化水平的发展。

3. 虚拟实验室在教学中的应用

虚拟实验室是一种基于 Web 技术、虚拟仿真技术构建的开放式网络化的虚拟实验教学系统，是现有各种教学实验室的数字化和虚拟化。实验者可以像在真实的环境中一样完成各种预定的实验项目，所取得的学习或训练效果等值于甚至优于在真实环境中所取得的效果。在虚拟实验环境下，教师不必面对不同种类的实验仪器、实验药品等进行整理、维修、更新，教师利用虚拟器材库中的器材自由搭建任意合理的典型实验，或实验案例，虚拟实验可供学生自己动手配置、连接、调节和使用实验仪器设备。在避免真实实验或操作所带来的各种危险、降低实验教学的成本的同时，学生的实践能力和创新能力得到提高。

虚拟实验在中小学科学课程中普遍得到应用。物理学科是一门以实验为基础的自然学科，物理实验在物理学科教学过程中有着不可替代的地位和作用，而教师在传统物理教学中发现以下问题：

（1）某些实验无法实施。在中学物理的实验中，有一类实验是不能由学生亲自动手做的，因为这类实验是有危险性的或者是课堂教学无法完成的，如"水的沸点与气压的关系"实验等。（2）实验方案死板，禁锢学生思路。有些中学物理实验一直沿用一种实验方案，而且对于一个实验每个学生看到的都是一样的方案，进行实验的过程都一样，留给学生自己动脑设计实验的空间很小，这在一定程度上禁锢了学生的思路。（3）实验室维护费时又费力。

仿真物理实验室，是针对物理教学而设计的一个开放性教学平台、课件制作平台和物理实验仿真平台。其功能强大、操作简单、交互性强、具有可探究性，为师生探究学习活动的顺利开展提供了一个实验器具完备的综合性实验室条件，师生可以亲自动手创建所能想象的所有物理场景。

仿真物理实验室由运动及动力学、电学、光学三部分组成。其中运动及动力学模块提供了小球、弹簧、绳子、连杆、轨道、电荷等各种运动对象，并集成了重力场、电场、磁场、外有引力等物理环境，模块界面如图5—14所示，师生可以在此环境中开展自由落体运动、单摆、带电粒子在电场中的加速与偏转、地球人造卫星等探究实验，例如《探究单摆的周期与哪些因素有关》，探究任务要求学生利用仿真实验，测量八组不同振幅、不同质量、不同摆长对应的周期，借此来找出周期与振幅、质量、摆长、重力之间的关系。

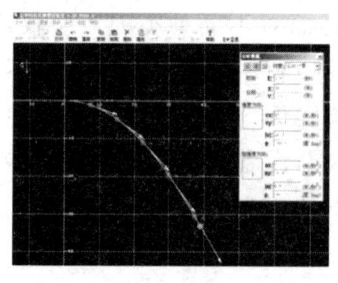

图5—14　仿真模拟平抛运动

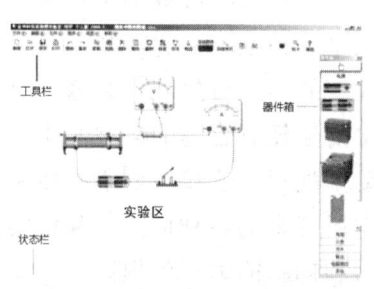

图5—15　仿真模拟电路实验

电学模块提供了电源、电阻、仪表、开关等数十种具体的电子元器件，界面如图 5—15 所示。师生可以利用这些电子元器件，搭建自己的实验电路，开展对串联与并联电路、用伏安法测量电阻、用惠斯通电桥精确测量电阻、用电磁继电器实现对电路的简单控制等探究实验。

光学模块则提供了方形玻璃砖、三角形玻璃砖、棱镜、理想凸透镜、理想凹透镜、凸面镜、凹面镜、光线等实验器件，界面如图 5—16、5—17 所示。师生可以在任意组合的实验环境中，开展探究实验，例如平面镜的反射实验、介质的折射实验、介质的全反射实验、凸透镜的汇聚实验等。这一模块不但能够进行仿真，还可以为师生演示整个物理过程的详细情况，这为师生开展探究学习、完成探究任务、观察实验现象提供了很大的便利。

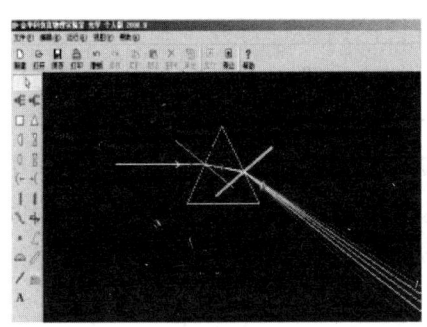 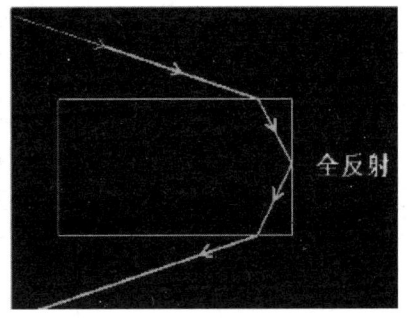

图 5—16　光学模块仿真实验界面　　　　图 5—17　全反射光学实验

（三）课堂教学分析

教师要做课堂中的研究者、研究型教师已经成为广大中小学教师追求的目标。在传统的课堂教学中往往以课堂观察即"现场听课、评课的方式"来对一个教师的某节课或整体教学水平做出评价，从而给教师的教学反思一些指导性建议。这种方式虽然在某种程度上能够就发现的课堂教学中存在的问题从而对某位老师的教学水平做出一个判断、评价，但是该判断、评价方式受到个人主观因素的影响极大，因而它不能够对教师的教学给出全面、客观的评价。

弗兰德互动分析（Flanders Interaction Analysis System，简称 FIAS）作为研究课堂教学的一种工具、方法，应该被广大中小教师当作其成为研究者必备的技能来学习并掌握。弗兰德分析方法所要分析的是教室情境中师生双方所说的语言和教学行为。它不但可以用来记录和分析教师在教学情境中的教学行为，提供教师改进教学的反馈信息，以减少生手教师耗费不必要的时间和心力外，更可以作为教师教学评价的一项参考指标。通过使用 FIAS 的数字代码系统对课堂上发生的一系列事件按时间顺序记录，这些事件按先后顺序连接成一个时间序列，呈现出课堂教学的结构、行为模式和风格。

对课堂教学的行为进行分析和评价，可以使教师更深入地了解和反思自己的行为、学生的行为以及师生之间的互动、师生与技术的互动，从而采取有效的教学措施与手段，达到提高教师专业实践能力的目的。弗兰德互动分析的过程分为以下几个步骤：

1. 编码

编码就是根据对课堂观察和分析的内容进行分类和分解，并对每一项都基于描述性的说明。为了便于后期的统计和分析，描述应该清晰，项目之间不应该互相包含和界定不清。

FIAS 的编码系统把课堂上的语言互动行为分为教师语言、学生语言和沉寂或混乱（无效语言活动）三类，其中教师语言又分为间接影响（表达情感、鼓励表扬、采纳意见、提问）、直接影响（讲授、指令、批判）两大类共 7 种，学生语言有应答、主动 2 种，沉寂与混乱作为一种，此编码系统共计 10 种（见表 5—6）。

表 5—6　　　　　　　　　课堂互动编码分析表

行为分类		具体行为	编码
教师语言	间接影响	表达情感：教师用没有威胁的方式接纳或澄清学生的感受	1
		表扬或鼓励：教师赞赏或鼓励学生合适的行为	2
		接纳或利用学生的观点：教师澄清、充实或发展学生的观点	3
		提问：教师就内容或程序向学生提问，并希望学生回答	4
	直接影响	讲授：教师就内容或程序提供有关事实或观点，发表自己的见解	5
		命令：教师以言语直接指使学生做出某些行为	6
		批评学生或为权威辩护：教师以权威的方式改变学生行为的语言	7

行为分类	具体行为	编码
学生语言	应答：学生为了回应教师的提问而做出的讲话	8
	主动发言：学生自发、主动地讲话	9
无效语言	停顿、短暂的沉默和混乱	10

2. 数据采集

FIAS 分析系统对观察和记录编码有详细的规定，按照它的规定，在课堂观察中，每 3 秒钟取样一次，对每个 3 秒钟的课堂语言活动都按照编码系统规定的意义赋予一个编码号，作为观察记录。这样，一堂课记录 800—1000 个编码，它们表达着课堂上按照时间顺序发生的一系列事件，每个时间占有一个小的时间片段，这些事件先后连续，连接成一个时间序列，表现出课堂教学的结构、行为模式和风格。

3. 形成矩阵

在形成分析矩阵时，每次要从数据序列中依次取相邻的两个数作为序列对，然后以分析矩阵中的前一个数据为行数，后一个数据为列数，在所对应的单元格中的计数增加一次。例如：数据序列为 4，5，6，2，3，6，9，首先要依次将两个相邻的行为数据组成一个序列对，如 4—5、5—6、6—2、2—3、3—6、6—9。其中 4—5表示在第 4 行、第 5 列的单元格中计数 1 次，5—6 表示在第 5 行、第 6 列的单元格中计数 1 次，依次类推，就可以得到整堂课的 FIAS互动分析系统的分析矩阵，如表 5—7 所示。

4. 数据分析

（1）矩阵分析。

在表 5—7 所示的分析矩阵中，我们可以发现：

落在积极整合格的记录次数较为密集，而缺陷格的记录次数很少，这说明该课堂教学中教师和学生的气氛比较融洽。

这堂课形成的封闭矩形框落在了（4—4）、（4—8）、（8—8）、（8—4）四个点上，也就是说，这堂课是典型的讲授—训练教学模式，师生互动回应流由"教师提问—学生回答教师的问题—教师再提问……" 等几个环节构成。

表 5—7　　　　　　　　　　课堂互动矩阵分析

		教师							学生		无效	合计
		(1)	(2)	(3)	(4)	(5)	(6)	(7)	(8)	(9)	(10)	
教师	(1)	2	0	0	2	0	1	0	1	0	0	6
	(2)	0	0	0	3	1	4	0	0	0	1	9
	(3)	0	1	3	7	3	1	0	3	0	0	18
	(4)	1	2	0	64	12	16	0	42	8	6	151
	(5)	0	1	0	17	69	12	0	0	0	0	99
	(6)	1	1	1	18	9	54	0	14	11	6	115
	(7)	0	0	0	0	0	0	0	0	0	0	0
学生	(8)	0	2	13	29	3	14	0	92	0	1	154
	(9)	0	1	0	8	0	10	0	0	278	1	298
	(10)	2	1	1	3	2	3	0	2	1	36	51
合计		6	9	18	151	99	115	0	154	298	51	901

从表 5—7 中我们还可以看到，所有数据的最大值是 9—9 行为，即学生主动讲话行为。这是因为在本节课中，教师把学生分成了小组，共进行了三次小组活动，在小组活动中，学生都积极发言，互相讨论，这些都被研究者记录为"学生主动讲话"编码。

同时还可以看到教师提问、讲解和指示以及学生应答的值也比较高，本节课教师没有大段的讲解，而是以问题和任务的形式让学生去探索，所以教师不断地提问，请学生或小组回答，还在小组活动过程中提示学生该如何做，给不同的小组以不同的指导。

（2）比率分析。

①课堂结构。

根据表 5—7，我们可以计算出：

教师的语言比率＝1—7 列次数/总次数＝44.2%

学生的语言比率＝8—9 列次数/总次数＝49.8%

课堂沉寂比率＝第 10 列次数/总次数＝5.7%

教师提问比率＝第 4 列次数/总次数＝16.8%

从教师语言比率、学生语言比率、课堂沉寂比率可以看出这节课是以学生语言为主的，师生互动比较频繁，是一个比较开放的课堂。

②教师倾向。

根据表 5—7，我们还可以计算出：

间接影响与直接影响比率＝1—4 列次数/5—7 列次数＝86%

积极影响与消极影响比率＝1—3 列次数/6—7 列次数＝28.7%

我们可以看到在这节课中间接影响与直接影响的比率小于 1，这表明教师倾向于以讲授为主。从积极影响与直接影响的比率来看也小于 1，这说明了教师过多地使用命令式的语气，接纳、鼓励学生的话语比较少，经过这样的分析，这节课还需要从调动学生参与积极性的角度进行改进。

（四）信息化教学研究工具

1. 利用思维导图整理研究思路

20 世纪 70 年代，英国心理学家、脑力开发专家托尼·巴赞提出了思维导图的概念。创建伊始，思维导图就已被广泛应用到讨论、笔记、准备报告、论文写作、计划安排等方面，影响着全世界 2.5 亿人，帮助他们提高思维能力和记忆能力。思维导图已被誉为 21 世纪全球革命性思维工具。在思维导图的定义上，托尼·巴赞认为："思维导图是人类思维的自然功能，是打开大脑潜力的万能钥匙。它要求注意的焦点清晰地集中在中央图形上；主题的主干作为分支从中央向四周放射；分支由一个关键的图形或者写在产生联想的线条上面的关键词构成；比较不重要的话题也以分支形式表现出来，附在较高层次的分支上，各分支形成一个连接的节点结构。"思维导图是由颜色、线条、图形、符号这四要素组成的，在表现形式上是树状结构的。在思维导图中，同一层次的节点数目表示思维的广度，分支的层级表示思维的深度。思维导图就像我们大脑中的地图，可以将我们的思维、想法完整地呈现出来。

手工绘制思维导图，软件绘制仅起到辅助作用。然而手工绘制的思维导图不利于修改，且制作过程比较费时，制作技巧要求也比较高，常常会让使用者花费更多的时间和精力在绘制过程中，而无法完全投身于思维过程。思维导图软件工具非常多，常用的思维导图工具有 Mind Manager、Mind Map、Inspiration 等，还有 FreeMind、iMindMap、NovaMind、OpenMind、XMind 等。利用软件绘制思维导图节省时间，便于联想、想象和修改，而且软件界面美观、整洁。此外，思维导图绘制软件可以添加图形、图片和超链接，还可以辅助远程操作和实时在线交流。

英国（UK）学者莎拉·爱德华兹和尼克·库珀（Sarah Edwards & Nick Cooper）提出，思维导图可以用作一种教学资源协助教师准备讲义，因为它以关键词笔记和标注的方式使得教师的备课和总复习快捷而有效，让知识或信息更新迅速。在美国，思维导图已经成为广大中小学教师编写教案的教学工具。澳大利亚科廷科技大学（Curtin University of Technology）马来西亚研究者利用思维导图来组织并展现课程内容，开展基于思维导图的教学实践活动，结果受到了众多师生的喜爱和好评，而且这些教师和学生还希望通过更多的实践和反思完善"思维导图"的教学活动。思维导图是一个将零碎事物系统条理化，将抽象事物图文并茂具体化的重要发散思维工具，可以帮助教师在教学研究过程中制订研究计划，整合教学资料，分享研究成果。图5—18是某学校教师开展教学研究的规划。

（1）利用思维导图建立研究框架。

利用思维导图可以快速建立研究框架，形成整个研究过程的规划。专家对课题的指导可以先以框架的形式提供给从事行动研究的一线教师，利用"头脑风暴"的功能在充分讨论的基础上，思维导图通过修改和添加分支可以便捷地调整结构，反复修改、不断磨合，在框架的基础上不断完善研究计划。

（2）利用思维导图拓展研究思路。

在研究框架的基础上，利用思维导图的"便笺"功能，为每一主题及其子主题添加更丰富的文字和相关资料，达到对每一项研究工作的深入说明和解释；利用思维导图的"标注"功能，对某些研究注意事项进行重点标准，进行优先级的设置；利用思维导图"关联"功能，建立起各个子项目之间的关联关系，使复杂的研究过程更加清晰有序。

（3）利用思维导图来管理研究进度。

通过思维导图内置的甘特图对研究任务设置时间进度，以达到对研究工作进展的监督、检查和调整的依据。

（4）利用思维导图整合研究资料。

研究过程资料的及时收集和整理对研究工作的开展具有重大意义，研究团队成员所掌握的研究资料和工作记录都是非常有价值的材料，但是在实际研究工作中往往忽视了这个环节对课题结题工作带来的一定难度。在图 5—18 中，该研究的过程性资料有学生问卷、相关文献、调研报告、教学设计、教学反思、教研记录等，利用思维导图"附件"功能将各种文档插入到相应的子项目中，以达到对研究过程性资料进行及时的收集和整理。

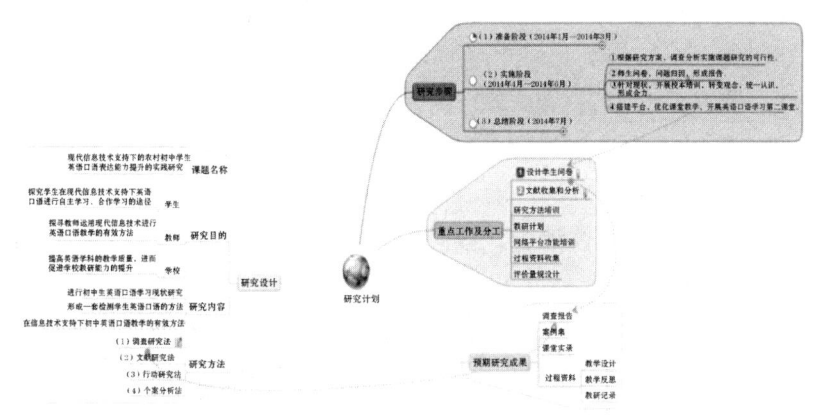

图 5—18　利用思维导图开展教学研究

2. 利用电子档案袋发展教学评价

档案袋评价（Portfolio Assessment）是 20 世纪 80 年代在美国评价改革运动（Assessment Reform Movement）中兴起的一种新型评价方式。它以文件夹的形式收集了学生在一段时间内自主选取的具有代表性的学习成果以及学习反思报告。档案袋通常包括学生参与选择的学习成果、内容选择的标准、判断价值高低的标准以及学生的自我反思报告。电子档案袋，也称电子学档（E-Learning Portfolio，简称 ELP 或 ePortfolio），是指信息技术环境下，学习者运用信息手段表现和展示学习者在学习过程中关于学习目的、学习活动、学习成果、学习业绩、学习付出、学业进步以及关于学习过程和学习结果进行反思的有关学习的一种集合体。其主要内容包括学习作品、学习参与、学习选择、学习策略、学习自省等材料，主要用于现代学习活动中对学习和知识的管理、评价、讨论、设计等，主要由学习者本人在他人（如教师、学伴、助学者等）的协助下完成，档案的内容和标准选择等必须体现学习者的参与。

（1）支持学生发展性评价。

关注学生的发展是行动研究的立足点，对于学生发展状况的观察和分析是一项长期的任务，电子档案袋是适合开展学生发展性评价的重要方法。电子档案袋并不是什么高深的技术和神秘的工具，与其说是一种技术、工具，不如说是一种方法更准确，有很多办法可以实现，有专门为记录电子档案袋而开发的软件或网站，或者用网盘、博客、有道云协作等公共免费软件实现。

A. 教师可对学生的学习过程进行跟踪和指导，有利于教师了解学生发展的过程。

B. 实现了多主体评价，教师和学生均可在方便的时间和地点参与评价。

C. 教师采用多元主体评价方式对电子作品进行评价（学生自评、组内互评、组间互评），优点是激发学生的兴趣和积极性，培养学生的自我发展能力和对学习负责的意识。

（2）支持教师自身发展性评价。

在教师的专业发展过程中，有效的知识管理对教师的成长起到关键作用。知识管理有三个方面的含义：一是对显性知识的管理，表现为对已运用的文字、音像等载体格式化了的客观知识的管理活动；二是对隐性知识的管理，表现为对人头脑中存在着的尚未外显知识的发现、开掘活动；三是对显性知识和隐性知识之间相互作用与转化的管理，表现为对知识由个体向群体或组织扩散、由原始信息向经验智慧转换过程的管理，它着力于知识的运用和创新。在教学过程实施档案中收集教学的影像资料、个人汇报课和公开课、与学生的课堂教学交往专题、典型教学事件、听课记录与体会、在教学实施后的教学反思等，都是教师实现个人实践性知识的途径。

教师在制作、整理档案袋的过程中可以实现有效的知识管理：

A. 形成教师专业发展计划，在建立和修正教师专业发展计划的过程中，丰富和发展教育理念和教育信念。

B. 梳理和加工教学资源，在教学前档案中收集教学设计专题、教案专题、集体备课专题、教学资料库、教学课件库，梳理和加工教学资源的过程，也是教师教学能力提升的过程。

C. 形成反思的习惯，促使他们对自己的教育教学工作进行回忆和梳理，并且选择有意义的方式表达出来，这无疑会使他们养成有意识地积累资料、叩问自己的教学思想的习惯，使他们努力将自己处在潜意识状态中的教育教学理论清晰化、系统化，从而走上主动成长之路。

（五）网络交互工具

1. 博客的教育功能及其应用

博客，只是音译，它的正式名称为网络日志，是一种通常由个人管理、不定期张贴新的文章的网站。博客的特点是操作简单、持续更新、开放互动、展示个性等。它的主要用途是：个人自由表达和出版；知识过滤与积累；深度交流沟通的网络新方式。许多人选择通过博客记日记、写见闻、写感受、写自己的心路历程。不同类型的教育博客涌现在互联网上，比如教师博客、学生博客、家长博客、校长博客、学校博客、班级博客、学科博客等。苏州教育博客曾经形成一个庞大的网络——张家港教育博客、常熟教育博客、太仓教育博客网等八个区域性社群，以及上百所学校的 Blog 社群，构成与全国教育工作者互联的"苏州教育博客学习——发展共同体"，至少有 5000 名教师在网上建立了自己的博客。天河部落（http：// www. thjy. org/）是广州市天河区的网络教研平台，在汇集教师博客的基础上推出了《天河教育科研》电子期刊。

（1）以个人博客为基础的教育叙事。

"叙述思考是一个发现的历程"，许多教师的博客记载了教学中的点点滴滴，这种网络日志的形式让教师反思教学，一个成功的教育博客对教学具有推动和启发作用。因为博客的记录性使博客们知道他们在经历什么，通过语言他们发现了自己的内在经验。博客的书写能够使教师将日常生活、学习和工作以及周围的世界紧密联系起来，也为无从下手的教研提供平台。Blog中灵活的"写—录"方式，为使用者积累材料提供了方便的条件，特别是在网上进行搜索和阅读的时候，可以随手将所需要的材料进行记录（这种记录也可以是超级链接方式的）。

（2）以博客群为基础的网络教研。

网络媒介发展的一个自然规律是：个人的零散的非专业化的，始终会走向同类集中和专业化。教师博客的发展、成长也必是从个人试验探索到团队合作，到新平台构建，到区域联合，到最后紧密结合实际教学研究工作。

博客从个人走向团队，形成了博客群。博客群实现校际间教师的联结，实现同一个区域内博客的互动、交流和研究，促进了教师网络教研的发展。网络教研，是在网络环境下，实现教学资源共享，协作完成教学研究的过程中形成的生态环境。目前，博客的草根性，使它成为教师进行网络教研的最简易平台。

（3）基于主题的多人共用博客。

不仅教师个人可以申请博客，几个教师也可以共同申请创建一个博客。这类博客多以一个固定的主题展开，每位成员发布自己关于主题相关的资源，共同从不同的角度研究或学习主题。例如，可以建立用于中小学语言、写作、主题学习、研究性学习、心理教育等方面的主题。"天河部落"中的"学困生研究"，它能够长时间地关注一个主题，使思想在实践中检验，认识得到不断的升华。

（4）利用教育博客实现家校互动。

在博客中，通过构建电子档案袋，能够反映出学生的整个学习进程和各个学习阶段的发展过程，描绘出个人知识形成和认知提升的渐进轨迹，教师、学生和家长都可以定期了解各个阶段学生的进步情况，在全学校甚至更广的范围内形成新的有效的评价体系。

2. QQ 的教育功能及其应用

腾讯 QQ（简称"QQ"）是腾讯公司开发的一款基于 Internet 的即时通信（IM）软件。腾讯 QQ 支持在线聊天、视频电话、点对点断点续传文件、共享文件、网络硬盘、自定义面板、QQ 邮箱等多种功能，并可与移动通信终端等多种通信方式相连。

（1）师生沟通的途径。

教育行为归根到底是师生的交往，"教学交往是指教学主体之间（教师与学生、学生与学生）以精神客体为中介所构成的交往活动"。使用 QQ 或 QQ 群交流，可以减轻学生的心理压力，拉近师生间的心理距离。

（2）信息发布快捷。

QQ 群发布信息，具有快速的点对面特点。群聊和群公告简要告知教师，学校已发布的新信息；群论坛、群邮件与群共享，可对信息内容进行分类呈现、直接送达与共享下载，比起传统的书面通知更快捷、方便。在"群论坛"中设置相应的分类，如学校通知、教研信息等，将信息分门别类地发布与保存，以便教师随时方便地浏览获取信息，特别是寒暑假、周末等特殊时期，学校经常无法集中教师传达有关的信息，用群统一发布信息，可确保各种重要信息及时传递。

（3）实现集体备课、听课评课。

集体备课能有效凝聚集体的智慧，由于教师的教学年限、业务水平、学科专长和教学经验各有不同，从而导致教学水平的差异，而开展集体备课就解决了这一问题。通过同科教师的积极讨论，可以集思广益、博采众长，在讨论的过程中相互启发，在思想的碰撞中擦出智慧的火花。集体备课的操作程序是：确立课题—组内讨论—确定主讲人（形成初案）—集体研讨（形成共案）—个性化设计（形成个案）—教学实践（跟踪）—课后交流、反思—总结与评价。每一位教师在集体备课的基础上，都要根据自己的教学风格、不同的教学对象，自己对教学理论、教学方法、教学内容的理解，在集体备课的基础上形成教案，每个人都可依据本班实际情况做适当调整，进行"同课异构"，使教案具有个性化特征。

在 QQ 群里评课时，利用语音话筒，可以让更多的教师得到发言的机会，因为在这种只闻其声未见其人的活动中，有时也可以避免一些教师直言面对的尴尬。当一个教师在评课时，其他教师也可以通过 QQ 群发消息，不受时间限制地发表自己的意见。许多教师不经意的抛砖引玉，就可能带来更多更深层次的教育反思，从而让教师在群聊中得到更多有益的教学建议。

（4）专家辅导、答疑讨论。

专家引领对教师专业发展起着至关重要的作用，利用 QQ 群专家参与校本教研解决了时空上的障碍，既可以采用同步的定时定点的讨论和答疑，也可以采用异步的即兴即时的讨论和答疑，群里的教师可以进行多人聊天，随时交流。同群的老师可以就某一个教学困惑展开讨论，也可以将自己的教学反思传入群论坛与大家一起分享，其他教师可以跟帖。这样进行网上教学研究，大家可以在一起畅所欲言，每个人都能发表自己的观点，大家也都能看到。大家的思想相互碰撞，会产生许多思维的火花。

（5）实现资源共享。

学校教研工作中，常常需要教师填写各种信息、表格等，可以通过群邮件、群共享以电子文档的形式发送或共享，方便教师下载填写。

共享教师的教案、课件、教学反思、课堂实录等资源，还可以将与本校课题研究相关的资料进行共享，开拓研究思路。

各种课题活动信息、分工及要求、文件材料也可以及时上传到共享平台，供教师学习查阅，节省时间，方便教师获取各种资源，大大提高教师工作的效率。

QQ 群所提供的网络空间，还为我们提供了永久保存的免费服务。这样我们就可以将课题活动、教研信息在实现共享的同时自动保存下来，逐渐积累起一个课题资源库。

3. 微信的教育功能及其应用

微信（WeChat）是腾讯公司于 2011 年推出的一个为智能终端提供即时通信服务的免费应用程序。微信支持跨通信运营商、跨操作系统平台通过网络快速发送免费（需消耗少量网络流量）语音短信、视频、图片和文字。同时，也可以使用通过共享流媒体内容的资料。社会正迈入"微时代"——"微博"、"微信"、"微电影"；教育领域也迈入一个网络教研的新时代——慕课、翻转课堂、微课程、微教研……一个又一个时尚的名词相继出世。"微时代"和网络时代改变着我们的生活方式和思维模式。

（1）微信公众平台。

通过微信公众平台"订阅号"、"服务号"建立教研平台，"订阅"这个词一度是传统平面媒体的专用词，人们订阅报纸、期刊、杂志，相伴的过程是收发、传阅、转借，"订阅"微信公众号只需要扫一扫二维码，点击链接地址，其传递和扩散之快、影响面之广无以匹敌。微信用户关注微信公众账号后将成为该账号订阅用户，微信公众账号可以通过微信公众平台发送消息与订阅用户进行互动。

微信公众平台有三个基本用途：一是群发推送：后台主动向手机、平板电脑等用户终端推送重要通知或趣味内容（含语音、图片、文章、视频等）；二是自动回复：用户根据"指定关键字"，主动向后台提取想要的信息；三是一对一交流：后台可以针对用户的特殊疑问，为用户提供一对一的对话解答服务。

（2）建立微信群组。

它的基本功能是：聊天时支持发送语音短信、视频、图片（包括表情）和文字，是一种聊天软件，支持多人群聊；实时对讲机功能即用户可以通过语音聊天室和一群人语音对讲。

4. YY 语音的教育功能及其应用

YY 语音是广州多玩信息技术有限公司研发的一款基于 Internet 团队语音通信平台，功能强大、音质清晰、安全稳定、占用资源较少的免费语音软件。而 YY 教育是 2011 年 6 月基于全球最大的团队语音工具 YY 而推出的最专业的互动网络教学平台。YY 教育凭借互联网的技术优势，以新型丰富展现形式实现了线上即时互动课堂，提供清晰流畅的高音质语音视频服务，可以使学员打破时空和地域界限、想学就学。"国培计划"网络研修与校本研修相整合培训项目使用 YY 语音组织大规模远程视音频会议，组织专家的答疑、讲解，开展专题。

（1）平台载体：网站提供平台型教育类电子商务服务，以课程市场为主体，展现英语学习交流、综合外语学习、计算机与软件、艺术类培训指导、其他类培训教学、文学会所等类别丰富课程，为学习者提供多种选择。

同时，教育机构、组织生产的频道和讲师也拥有个性的展现主页。频道展现主页是指每个教育频道由系统默认产生的专属界面，能够清晰查看频道号、简介、本频道"即将开始"和"过往"的课程详情、讲师列表及用户评价等内容。也就是由 YY 教育为频道提供，实现个性化展现及推广功能的服务。更多功能目前正在开发当中，如往期课程的视频、录音、课件和讲义等相关文件共享下载等，能帮助引导学员更便捷地选择感兴趣的频道进入学习。

（2）课堂载体：YY 语音软件和教学培训频道（课堂），极大满足教育打破时空界限的迫切需求。用户可以通过在电脑和手机上安装 YY 客户端，注册 YY 账号，随时随地进入教学培训频道参与在线课堂的学习，与讲师和其他学员交流互动。

（3）丰富的教学工具：支持语音互动、文字沟通、举手发言、桌面分享、白板、PPT、讲师名片、教学视频等强大功能。

（4）丰富的互动模式：即时通话，满足使用者的实时异地交流。支持群内再分组，方便组织管理，将群内人员进行分组，每个小组相当于一个小群。独创主题模式，每个主题可以用于讨论指定内容，YY 群将讨论"发帖—回帖"的主题模式和群进行完美结合。改变传统群的讨论模式，让沟通更加专注，主题可以设置关注、置顶和精华。聊天记录永久线上保存，随时随地翻查。服务器保存所有聊天记录，可以在任何一台电脑上登录 YY，查看群内全部聊天记录。

第三节　英特尔®未来教育实施的应用型课题研究

一　开展课题研究的背景

英特尔®未来教育基础课程项目定位于面向农村中小学教师和

学生的 21 世纪教学理念和信息技术基本技能的培养，对我国"农远工程"项目学校教师、学生信息素养及 21 世纪学习、工作技能进行了系统的培训，促进了"农远工程"资源设备的有效应用，受到广大教师的普遍认可。为进一步发挥基础课程应用效益，课程结合英特尔®未来教育项目及新课程改革推进现状，英特尔®未来教育项目提出"培训、应用、研究一体化"的教师发展战略，适时实施"'实践孕育创新'——应用型课题研究促进英特尔®未来教育基础课程理念向教师教学能力迁移研究"项目（以下简称"应用型课题研究项目"），以有效促进基础课程培训成果深化应用。

应用型课题研究项目建立在将教师培训、科研与日常教学有机结合的教师能力培养理念基础上，采用课题研究为依托的推进模式，努力实现教师培训所学理论知识向教学实践技能的迁移。以行动研究为主要特色的应用型课题研究过程本身渗透着对英特尔®未来教育培训课程中"制订计划"、"动手实践"、"认真检查"、"交流分享"四大环节的践行和师生思辨能力、协作能力和团队精神的系统培养，在此过程中探索利用技术变革教师教学方式和学生学习方式的有效途径。此外，项目以培训内容教学深化应用为出发点，在应用的过程中形成实际教学技能，通过实践探索技术创新应用的模式，不断在脚踏实地的实践中探索创新点——"实践孕育创新"。

依据英特尔®未来教育基础课程项目培训内容和应用型课题研究项目具体目标，项目选择了目前教师以及英特尔培训都持续关注的三个核心问题作为教师开展研究的内容。应用型课题研究项目将围绕以学生为中心的课堂教学模式改革、信息技术支持的有效教与学、教师现代教学技能提升等方面，依托 3 个子课题展开系统深入的研究。下面是对每个子课题的主要内容、研究思路等基本范畴的说明。

1. 中小学学科教学中合作探究式学习方式的实践研究（子课题一）

为培养学生 21 世纪成功所需的基本技能，课堂教学方式要实现以教师为中心向以学生为中心的转变。英特尔®未来教育基础课程培训本身采取了合作、探究、参与的学习方式，体现了以学习者为中心的课堂教学理念。本课题主要针对如何将这种理念和方法有效融入日常教学以实现教与学的方式的变革展开研究。研究者可以围绕特定学科某一单元、主题的教学内容，展开深入的教学设计与教学实践，探索新理念、新方法在课堂教学中的应用。

2. 课堂教学活动中提问与反馈技能应用研究（子课题二）

在 21 世纪的课堂里，教师们将花费 90% 的时间来辅助学生学习，而只用 10% 的时间直接教学；辅助学生学习需要多种技巧，包括听说技巧、指导技巧、观察和监督技巧、提问技巧、鼓励技巧以及干预技巧等。英特尔®未来教育基础课程倡导以学生为中心的教学理念，并针对辅助学生学习的技巧进行了培训。本研究课题针对如何将提问和反馈技能有效应用于课堂教学过程中展开研究。

3. 信息技术效能工具支持的中小学有效教学实践研究（子课题三）

基础课程教师已经系统掌握了文字处理、电子表格、多媒体等现代信息技术工具的使用，通过信息技术支持的有效教学研究，促进教师探索出信息技术工具的创新应用方法、总结技术支持课堂教学的有效模式。该课题将促进教师把"英特尔®未来教育基础课程"中习得的技术应用到教学实践中，项目学校研究课题可侧重具体的某项技术进行，如研究多媒体工具、文字处理工具、电子表格工具等的创新设计、教学应用策略、教学应用效果等。该课题适用于语文、外语、科学等各个学科。

二　项目学校开展课题研究的基本流程

通过自愿申请的方式，项目组选定包括吉林、湖南等在内的全国 15 个省、市、自治区的 31 所基础课程项目学校的 358 位来自语文、数学、英语、科学等学科教师参与项目的实施。经过一年时间的努力，最终有 26 所学校顺利完成研究，并达到了预期的效果。

项目学校教师作为课题研究的主体，根据预先确立的研究课题制订研究方案和实施计划，在进行系统网络课程学习和案例研读的基础上，设计研究工具，开展系统的以集体研讨和备课为主的课题研究，并在教学实践过程中收集相应的研究数据。以此来分析研究中提出的教学问题解决策略的有效性，进一步总结、反思、完善教学方案和教学问题解决策略。图 5—19 和图 5—20 所示，是英特尔

"实践孕育创新"项目学校课题研究流程和网络环境下开展教研活动的过程记录。

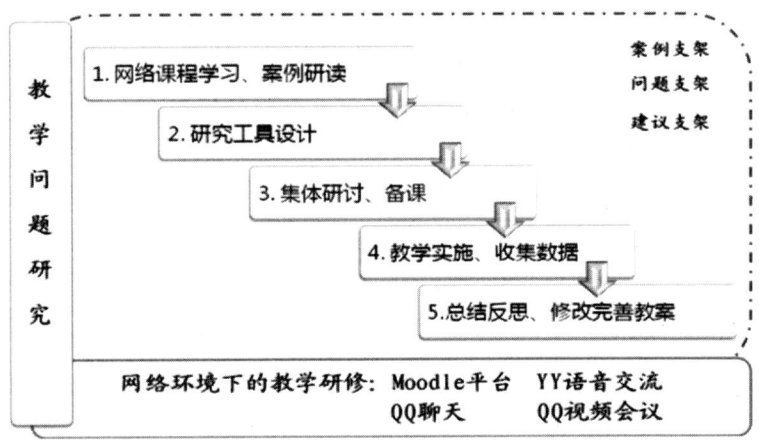

图5—19 英特尔"实践孕育创新"项目学校课题研究流程

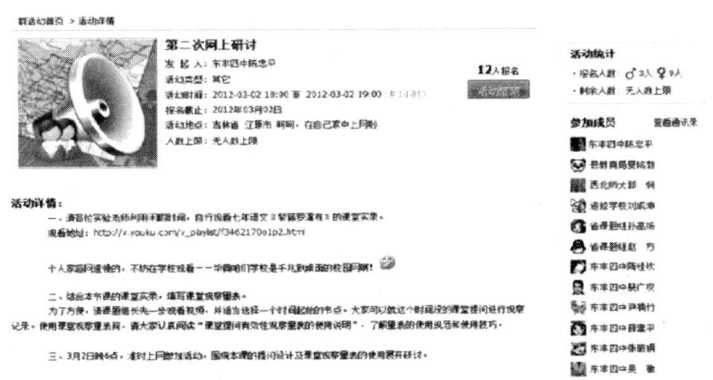

图5—20 英特尔"实践孕育创新"项目学校课题研究记录

三 教师实践性知识在课题研究中提升

以吉林东丰第四中学的课题研究为例,教师需要进行教学设计、教学实施、教学观察、教学反思等,并不断迭代。这些任务的完成过程即是教师实践性知识获得的过程(见图5—21)。

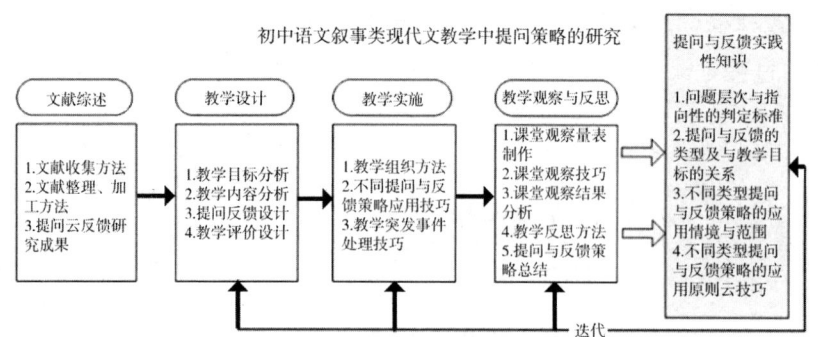

图 5—21　以"提问与反馈策略"教师实践性知识生成过程

　　"教学设计"前，教师将运用如何收集、整理加工文献等实践规则类知识和策略性知识，获得其他教学实践者和研究者对提问与反馈策略的研究成果，为后期的提问与反馈教学设计提供依据。在进行"教学设计"时，教师将对学生、教学目标、教学内容进行分析，运用培训中学习的建构主义学习理论、提问与反馈类型、不同类型的提问与反馈方式的运用情境和运用技巧等实践规则和策略性知识，以及文献中获得的实践规则和策略性知识进行"同课异构"教学设计，"同"是指教学内容相同，"异"主要体现在不同提问与反馈方式的运用。"教学实施"活动针对同课异构方案由不同的教师完成，尝试就同一教学内容，采用不同的提问与反馈方式。这一过程不仅是前期设计成果的行为或语言表现，也将整合如何组织教学和处理教学突发事件等实践规则和策略性知识。"教学观察与反思"是教师在教学现场或课后通过观看课堂实录的方式利用已设计好的观察量表进行教学分析和反思，总结提问与反馈的技巧、运用情境和教学目标的关系，并总结就同一教学内容，何种提问与反馈的方式效果更好。这一环节将整合课堂观察量表的设计与制作、课堂观察技巧、课堂观察结果分析方法等实践规则和策略性知识，还将整合教学反思方法与教学反思报告撰写方法等知识。

　　这些以实践为基础的归纳，既包括教师创建新的认知图式，又包括教师调整已有的认知图式（培训中获得的），图式结构是以提问和反馈这一教学问题为载体而组织的，包括情境（内容情境）、教学理论（提问与反馈类型及与教学目标的关系）、实践规则（不同类型提问与反馈策略的应用情境与范围、不同类型提问与反馈策略的应用原则）、策略知识（不同类型提问与反馈策略的应用技巧）和具体的行为或言语表现。

随后选择不同的教学内容进行多轮迭代研究，在实践迭代中，由于每一次情境的变化和对提问与反馈这一问题的反复刺激，促使教学中关于提问与反馈的基本情境特定程序达到重叠程度，以至于当教师再遇到类似问题时，将会运用实践性知识高度自动化地去理解和解决。这些知识以综合的形态储存在大脑中，并成为头脑中的实践性知识。

参与课题研究教师的感言：

"我们从原来对许多问题懵懂不知，到在研究过程中明确了有效提问的概念、了解了问题的分类及理论依据、进一步认识了教学提问的作用，逐渐学会运用各层次问题提高教学效率。虽然教师不必把所有问题区分得那样清楚，但在设计教案时，会根据教学目标设计问题，如果一般性问题多了，就会相应取消，思考怎样设计出探询性问题和高层次问题。而不再像原来有一本教辅书，直接就上课，不考虑问题的方式和学生接受问题的角度。如何利用高层次问题和探究性问题引发学生深入思考，并促使其连续回应，这是需要进一步解决的问题。"

"以前上课时我总问一些'是什么'的问题，经过课题研究，我发现很多这种问题都是徒劳的，我现在改问'为什么'和'怎么样'的问题。以前我只是强调低层次或收敛型问题，有时候同时会问到学生很多问题或是学生回答完毕没有任何的评价，学生不认真听课时我会以提问作为惩罚，现在我不再那么鲁莽地提问了，我会按照教学目标，事先设置一些问题，不再是为问问题而问问题。"

教师一改过去形成的"做课题就是写个开题报告，然后快到结题时交个结题报告、两篇论文、教育叙事等"这样的认识。有的教师也认识到"其实我们开展教学研究有着得天独厚的条件，教学研究不像想象的那么神秘"。"应用型"课题研究让教师成为学习者、思考者、有心人。谈到自己在课题中的变化，教师们表示："我由开始的无所适从到现在渐渐得心应手，认真参与课题组的各项活动，并在课题研究中不断成长。"有的教师体验到了研究的快乐，谈道："课题研究为我的成长牵线搭桥，从熟悉课题、理解课题，到教师专业水平不断提高，在尝试活动前的准备到活动后反思的过程中，体验着课题研究带来的成功快乐，促进我们继续搞课题研究的热情。"

第四节　专题学习网站支持的应用型课题研究案例与分析

专题学习网站生成系统的建设思想，在区域范围内为广大师生和教育行政管理人员提供一个比较低的"技术门槛"，以资源收集和知识社区建设为目标，实现信息社区和知识社区的融合。它既是一个教学系统，还应是一个管理系统，实现优质专题学习资源的区域共享。

教师可以利用该工具：（1）快速建立专题学习网站，开展基于专题学习网站的各类教学活动。（2）与学生进行在线协商与交流，指导并监控学生的学习活动。（3）创设学习情境，对学生进行评价。（4）与其他教师共同建设专题学习网站，实现教学资源的共建共享。（5）开展校际间的网络教研。（6）进行自我反思和个人知识管理。

学生可以利用该系统：（1）完成网络环境下的各类学习活动。（2）与教师共同建设专题学习网站，与师生进行在线协商与交流，进行个人的反思。（3）迅速找到所需的资源。（4）与师生共享自己的学习成果和学习资料等。

教育行政管理人员可以利用专题学习网站：（1）进行项目管理，教育信息的内容发布，了解课题进展。（2）实现区域内的资源共建共享，优化资源的配置。（3）实现教育系统与社会的沟通、融合。

一　专题学习网站支持的应用型课题研究案例

2008 年实施的利用网络环境建立城乡互动教师专业化能力协同

发展模式研究项目旨在探索当前教育信息化环境的有效应用策略与方法，促进甘肃省教育信息化水平的发展，建立对当前农村地区教育信息化发展的支持服务体系，促进农村远程教育的发展与应用水平的提高。在项目的实施过程中，在专题学习网站的支持下，师生对知识进行深度加工，形成围绕一个特定主题的内容整体架构，形成了利用专题学习网站在开展协同教学的过程中实施应用型课题的模式。

（一）案例一：信息化环境下初中数学"图形的相似"探究性教学模式行动研究

信息化环境下初中数学"图形的相似"探究性教学模式行动研究如表5—8所示。

表5—8 信息化环境下初中数学"图形的相似"探究性教学模式行动研究

研究设计	研究背景及意义
	随着现代信息技术的快速发展，信息化资源环境为数学教学中探究性学习新模式的建立和新教学方法的实施提供了有力的支持。利用信息技术和网络平台可以突破教学的时空局限，不同学校的教师可以共同备课、开展教学，尤其是城乡教师可以协同发展。学生可以借助网络平台进行自主学习，开展基于网络的探究性学习。为此，我们提出《信息化环境下初中数学"图形的相似"探究性教学模式行动研究》。
	探究不仅是一种学生重要学习方式，也是教师实施教学极好的教学方式，所以作为教学活动组织者、引导者的教师应该在启用新教材前研究科学探究这种全新的教学方式，为以后的教学做好准备，以达到顺利过渡。本课题的实施研究，除了研究探讨课堂教学中探究性学习的实施策略外，极大地促进了教师教学观念的更新，促进了学生的健康成长。教师也以具体的课例为依托，同课教师共同研究，集体备课，分别上课，共同评议，个别反思，促进教师的专业成长。
	研究目的
	（1）构建专题学习网站下的探究性教学模式。
	（2）引导、帮助教师转变教学观念，优化教学方式。

研究设计	引导教师确立以学生自主发展为本的教学观，调整教师在教学过程中所扮演的角色，让教师成为学生学习过程的引导者、合作者和参与者，让学生成为"小老师"和学习的真正"主人"，把教学过程变为学生自主探究的过程。 （3）优化学生学习的方式。 通过增加体验学习和发现学习在学生学习方式中的比重，提高学生在学习过程中的主动性，改变学生被动学习的状态，使学生掌握一定的学习方法和研究问题的方法。 （4）培养学生的探究能力。
	研究内容
	（1）探究性学习的概念与特征。 （2）探究性教学法研究。 （3）专题网站中探究性学习教学设计。 （4）专题学习网站平台下探究性教学模式研究。 （5）专题学习网站下探究性学习有效性评价研究。
	研究方法
	（1）文献资料法。通过研读课标和教材分析，系统学习数学课程标准，研究教材。 （2）调查研究法。通过访谈、调查、观察等方式了解学生在探究性学习中的能力、态度等。 （3）行动研究法。通过分析教材内容、设计教学方案、研讨修改教学方案、实施教学方案、总结反思实施效果等活动，提高教学水平和研究能力。
	研究规划
	（1）课题实施第一至五周，提出课题，成立课题组，对课题进行可行性论证，确立小专题，撰写课题研究计划，包括研究目的、研究过程、时间安排、研究方法、数据收集等内容。 （2）课题实施第六至八周，课题研究前期准备，包括教师信息化教学能力调查、学生网络环境下学习态度调查、网络学习能力调查。 （3）课题实施第九至十二周，第一轮信息化环境下"图形的相似"探究性学习教学设计、实施、评价与总结。 （4）课题实施第十三至十六周，针对第一轮教学实施，修改教学设计，并进行第二轮的教学实施、评价与总结。 （5）课题实施第十七至十八周，数据统计与分析。 （6）课题实施第十九至二十周，撰写结题报告。

续表

研究过程	1. 准备阶段
	（1）提出课题，成立课题组，召开专题头脑风暴会。 （2）进行教师信息化教学能力调查与学生网络环境下学习态度调查。 （3）完成对课题的论证，确定实验年级、实验教师，上交课题申报书。 （4）课题组全体成员通过教师专业能力发展支持平台，进行基于项目的学习和网络研究，尤其是教学法的学习。 （5）课题组集中研讨，制订《网络环境下初中数学课堂教学中"图形的相似"探究性学习教学策略的研究》实施方案。 （6）建立"图形的相似"专题研究网站，上传《教师信息化教学能力调查报告》、《学生网络环境下学习态度、网络学习能力调查报告》课题研究计划。该网站用来支持课题研究，收集课题研究计划、实施过程、研究结论、研究成果等资料。
	2. 研究实施过程（第一轮）
	2.1 设计 **2.1.1 教学内容分析**
	（1）课题组全体成员学习教材与全日制义务教育数学课程标准，熟悉"图形的相似"教学内容及具体目标，选取"图形的相似"相关的教学内容进行教学目标分析。 （2）课题组研讨会，讨论和研究初中数学教学中"图形的相似"部分的教学内容，进行教学内容分析，收集、整理相关资料。
	2.1.2 教学方案设计
	（1）根据网络环境下探究性学习的教学特点，结合"图形的相似"教学目标分析，进行初中数学"图形的相似"探究性学习教学设计，具体包括探究性教学的过程设计、探究性教学活动设计。 探究性教学过程初步设计： 提出问题—做出猜测—寻找答案—得出结论 （2）课题组教师搜集与初中数学"图形的相似"有关的辅助资料和支持学生学习的情境资料。 （3）建立用于探究性学习课堂教学的专题学习网站，设计专题学习网站的资源。 "图形的相似"专题学习网站子网站：

续表

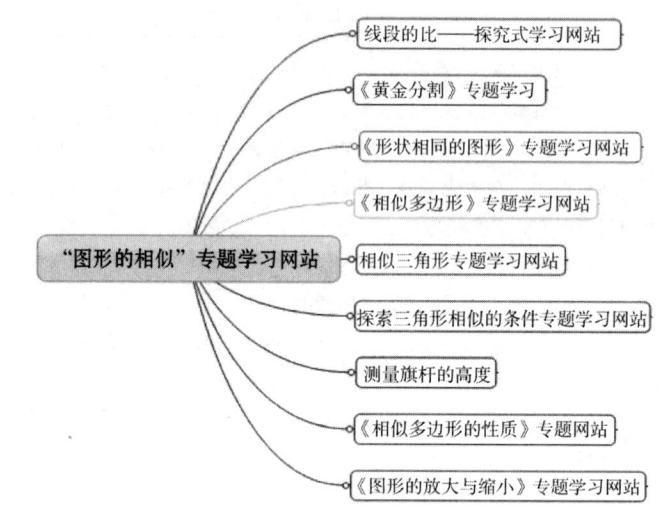

2.1.3 教学评价工具设计

研究过程

课题组研讨教学评价的方式与方法，确定需要收集的资料及数据，并根据需要，在专家的指导下完成课堂观察量表、教学评价量规等数据收集工具的设计。

附件1："图形相似探究学习"主题的探究性学习学生问卷

附件2：探究性学习评价表

2.2 课题研究实施

（1）课题组教师进行信息化环境下"图形的相似"的探究性学习课堂教学并课堂实录，在教学中运用"提出问题—做出猜测—寻找答案—得出结论"的探究性教学模式。

（2）在讲授时指定课题组的其他教师听课，并对该教师的课堂讲授进行课堂观察。

（3）集体观看课堂实录，质性分析授课教师的教学效果，撰写研究日志，研讨每位教师在课堂教学中存在的问题。

（4）进行"信息化环境下学生探究学习"调查分析，评估课题组教师教学设计与实施的效果。

2.3 课题研究检查

（1）根据研究计划，检查课题研究实施过程中的各个环节的实施情况，撰写课题研究工作总结。

研究过程	（2）将教学内容设计方案、教学课件资源上传到专题研究网站中。 （3）将课堂实录压缩并上传到专题研究网站中。 （4）整理课堂观察记录，结合教学研讨，撰写教学反思，上传到专题研究网站中。 （5）课题组教师撰写研究反思，并上传到专题研究网站中。 （6）采用问卷调查、观察、访谈的方法调查教学效果，分析整理数据，上传到专题研究网站。
	2.4 课题研究总结 好的做法和经验有： （1）在研究实施后，在对实验班100多名学生问卷调查中发现：绝大多数学生对专题网站下的探究性课堂教学持欢迎态度，并认为信息化环境下的课堂教学具有很大的自主性与探究性，能激发学习兴趣，发挥学生的主动性。 （2）课题组集中观看课堂实录，进行研讨，对每位教师提出"忠告式建议"，指出教学设计、实施中的不足，对研究的进一步进行提供指导。 存在的问题有： （1）在研究实施后，问卷调查发现，已经有越来越多的学生更愿意在一定情境下学习，但是学生们期望自己的学习方式能有进一步的改观，需要带有趣味性、挑战性的学习活动与任务。 （2）在"探究学习"与"平时课堂学习"的教学效果对比分析时，有近1/3的学生感觉"探究学习"效果一般，甚至不好。这正是长期接受传统教学模式的结果。学生已习惯于灌输式、听从式，他们的探究学习能力很差。由于网络教学的环境赋予了学生更多的灵活性、自由度和控制权，因而也增加了学习的复杂性、难度和挑战性。 （3）专题学习网站中资源不足，不能有效支持探究性学习。 需要改进的地方有： （1）强化教师在网络环境下的探究性教学中的引导作用。 在网络教学环境中，教师完全有必要以引导者、管理者的身份，一方面为学生的自主学习提供各种帮助，如辅导学生如何设置学习计划、如何选择和生成自己的学习策略、如何控制学习途径、如何区分良莠信息。引导学生看到自主探究学习的成果，从中获得成功感和幸福感，并坚定今后自主探究学习的信心。另一方面，教师可以适当引入、融合传统教学中有效的教学方法，让学生慢慢地学会并发展自主探究学习能力，最终让学生顺利过渡到完全的探究性学习。

研究过程	（2）建立完善的教学评价体系。 在前期设计的评价工具的基础上，针对存在的问题进行完善，以利于在评价中进行有针对性的诊断和正确的导向。 （3）完善信息化环境下探究式教学模式。 虽然在教学设计中进行了探究性学习教学过程设计，但是从实施的过程和效果评价上来看，探究性教学过程的设计难度较大、缺乏可操作性，需要在后续的研究中进一步完善。 （4）要大力加强对学生的网德教育。 网络是一个完全开放的环境，面对网上丰富多彩的虚拟世界，不少学生容易迷失自我，陷入网络的泥潭里不可自拔，容易滋生不思上进、无心求学的情绪。为此，我们有必要大力加强对学生的网德教育。 （5）丰富和规范专题学习网站中的资源，使其达到有效支持学习者探究性学习的目的。

3. 课题实施过程（第二轮）

3.1 设计

3.1.1 教学内容再分析

（1）课题组全体成员集中研究，仔细研读《全日制义务教育数学课程标准》，在前期教学目标分析的基础上讨论分析"图形的相似"的具体目标。

（2）课题组研讨会，讨论和研究初中数学教学中"图形的相似"部分的教学内容，收集、整理相关资料，在第一次教学内容分析的基础上进行修改和完善。

3.1.2 同课异构教学方案设计

（1）依据教学内容再分析的结果，完成教学方案的再设计。将教学设计方案提交于课题研究 BBS 论坛，与西北师范大学课题研究指导团队进行交流，提出修改意见和建议。

讨论重点：

①教学环节的安排是否得当与修改建议；

②关键环节的描述是否清楚与修改建议；

③教学方法应用是否合理与修改建议。

（2）依据西北师范大学课题研究指导团队提出的意见，课题组集中讨论，修改教学方案。

专题网站下探究性教学模式再设计：

情景导入—任务描述—学习过程—学习资源—评价—总结

（3）根据修改好的教学方案，收集、整理专题学习网站中的教学资源。

<table>
<tr><td rowspan="18">研究过程</td><td>

3.1.3 教学评价工具再设计

在教学方案修改完善后，针对前期设计的评价工具运用于实践中存在的问题，修改完善课堂观察量表、教学评价量规、调查问卷等评价工具。

附件3：数学交流评价表

3.2 课题研究再实施

（1）课题组教师进行信息化环境下"图形的相似"的探究性学习课堂教学并课堂实录，在课堂教学的过程中运用"情景导入—任务描述—学习过程—学习资源—评价—总结"的探究性教学模式。

（2）在讲授时指定课题组的其他教师现场听课，并对该教师的课堂讲授进行课堂观察，收集教学效果数据，完成课堂教学过程的视频记录工作。

（3）集体观看课堂实录，比较第一轮中的教学实践，质性分析授课教师的教学效果，撰写研究日志，研讨每位教师在课堂教学中的改进。

（4）进行"信息化环境下学生探究学习"调查分析，评估课题组教师第二轮教学设计与实施的效果。

3.3 课题研究再检查

（1）根据修改的研究计划，检查课题研究实施过程中的各个环节的实施情况，撰写课题研究工作总结。

（2）将第二轮教学内容设计方案、教学课件资源上传到专题研究网站中。

（3）将第二轮课堂实录压缩并上传到专题研究网站中。

（4）整理课堂观察记录，与第一轮课堂实录进行比较，结合教学研讨，撰写教学反思，上传到专题研究网站中。

（5）课题组教师撰写研究反思，并上传到专题研究网站中。

（6）采用问卷调查、观察、访谈的方法调查第二轮教学效果，与第一轮教学效果进行对比分析，整理数据，上传到专题研究网站中。

3.4 课题研究再总结

通过调查发现，第二轮课题研究取得了良好的效果，随着第一轮课题研究的实施课题组教师掌握了课题研究的基本环节和基本方式，对所研究的课题有一个比较清晰的思路，并通过问卷、观察、访谈等方法发现课题研究中存在的问题，对第二轮课题研究提供了指导。

在第二轮课题研究中，课题组与西北师范大学课题研究指导团队进行交流，拓宽了研究思路，采纳了他们的建议，使第二轮课题研究更加科学、规范。
</td></tr>
</table>

续表

	第二轮课题研究在第一轮课题研究的基础上，通过反复实践、对比分析，基本形成了课堂教学的探究性学习的模式和实施策略。 第二轮课题研究在第一轮课题研究的基础上完善了评价工具，注重质性评价和量化评价相结合的方式，并且强调过程性评价，使评价更加科学有效。

4. 结题阶段

4.1 完善专题研究网站

形成了专题研究网站及其子教学网站共 10 个，结构图如下：

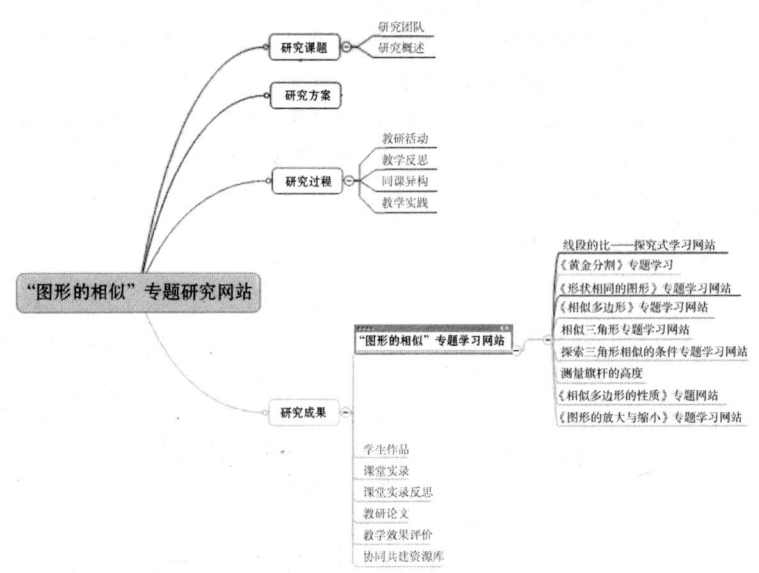

构建了利用专题学习网站进行探究性学习的教学模式：

情景导入—任务描述—学习过程—学习资源—评价—总结

（1）情景导入：又称引言，主要提供主题信息、动机因素和学习目标等，激发学生学习兴趣，创造良好的课堂氛围。

（2）任务描述：主要阐明学生在完成对主题的学习时，要达到什么样的任务结果或解决什么样的问题。在阐述时可以将任务划分为一些较小的子任务或关键问题，还可以对任务完成结果和问题解决结果进行一些规定。

（3）学习过程：主要描述学习者完成任务所需经过的步骤，教师要通过过程设计引导学生经历高水平的思维过程，以培养学生的高级思维能力。

续表

研究成果	（4）学习资源：包括一些学生完成任务所需的资源，它们一般都是经过教师精心挑选出来的作为学生上网查找资源的定位点，以避免学生在网上漫无目的地"冲浪"。 （5）评价：根据课时内容制定评价标准，评价可以是知识的反馈，也可以是完成任务的等级程度，也可以是鼓励性的语句，评价要本着巩固知识、拓展思维、鼓励学生的目的。
	4.2 研究成果
	（1）曹全荣老师的教学设计《探索三角形相似的条件》获第四届全国新世纪杯初中数学优质课评比三等奖。 （2）张立浩老师的说课光盘《探索三角形相似的条件》获"2010 年全国中小学说课展示活动"甘肃赛区三等奖。 （3）田学锋老师的说课光盘《相似多边形的性质》获"2010 年全国中小学说课展示活动"甘肃赛区三等奖。 （4）曹全荣老师在 2010 年甘肃省初中数学课堂教学竞赛活动中获二等奖。 （5）刘建军老师的课例《探索三角形相似的条件》获 2010 年张掖市多媒体软件大赛一等奖。 （6）田学锋老师的课例《相似多边形的性质》获 2010 年张掖市多媒体软件大赛二等奖。 （7）单自军老师的课件《图形的放大与缩小》获临泽县 2010 年多媒体软件大赛一等奖。
	4.3 数据资料的收集
	所收集的数据资料有： （1）制作了 1 个专题研究网站，9 个专题学习网站。 （2）收集课堂教学录像 9 节。 （3）收集优秀教案设计 9 篇。 （4）在集体观看教学实录评课的过程中，教师撰写教学实录反思并上传到专题网站中。 （5）搜集了本课题的教学论文 10 多篇、教学心得 30 多篇等。 （6）开展了个案的跟踪调查，搜集了相关的个案资料。 （7）收集了课题研究工作总结 6 篇。 （8）收集教学课件资源，并上传到专题研究网站中。 （9）收集课堂观察记录 10 余篇。

研究成果	（10）收集课题研究中所用到的评价工具。 （11）撰写研究报告一份。 4.4 结论概述 　　经过两年多的实验研究，我们已初步形成了基于专题网站下的探究性教学的教学模式，并在教学中推广应用，取得了比较理想的实验效果，引导、帮助教师转变教学观念，优化教师的教学方式和学生学习的方式。培养学生的探究能力具体体现在以下几个方面： 　　1. 实现了师生在课堂上角色的转换 　　长期以来，教师一直是课堂的"主角"，学生成了"配角"，教师的言传身教一直作为一种固定的模式代代相传，而在信息时代，传统的教育技术和教育模式受到了冲击，教师仅凭一支粉笔、一本教科书的教学时代正由于"信息高速公路"深入到人们的头脑中而逐步成为历史。网络时代的到来，正悄悄地改变着教师在课堂上的角色和地位，教师不再是高高在上的"发令员"，而是以"导航员"的身份，放飞学生，在网络中采撷智慧的火苗；学生不再是任凭教师摆布的一颗颗"棋子"，不再是学习的"奴隶"，而是课堂的主体，是学习的主人。这是教师教育观念和学生学习观念转变的体现。对学生的调查表明：45.7% 的学生认为教师采用"讲授与探究相结合"的教学方式；22.5% 的学生认为以"学生探究为主"。78.2%、56.8% 的学生认为教师在教学中对学生的学习兴趣、积极性、进取心"非常关注"或"关注"。在课堂观摩中，我们欣喜地看到，教学中教师能尊重学生的个体差异，激励每位学生学习的自信心。教师和学生之间不再是被动的服从关系，而是和谐的、互动的师生关系。在教学活动设计时，更注重学生学习活动的设计。备课时考虑了学生怎样才能参与到活动当中来，努力体现学生自主—合作—探究的学习方式。教师更加关注学生，以学生为主体，大多数课都有一定的开放式的师生互动活动，以引导代替了灌输，突出了探究。 　　例如，在刘建军老师执教的《探索三角形相似的条件》中，教师在引导学生明确任务后对问题的解决并未做讲解，而是让学生在教师准备的网络资料中"冲浪"，学生自由发挥，在阅读中不仅解决了问题，而且在寻找问题答案的过程中开阔了视野。"你能用更少的条件判定两个三角形相似吗"，引导学生用两个三角形全等的方法猜测，然后在教师制作的"资料"中操作、验证，学生三人一组讨论解决问题，学生是学习的主人，教师讲得少，学生在小组中自由发表自己的见解，展开了自主学习中的合作。

研究成果

2. 增强了学生探究性学习的动力和能力

运用专题网站进行教学,既具有多样性、新颖性、艺术性、趣味性、交互性等特点,又具有开阔视野、方便观察、启迪思维、增强记忆等作用,因此,它能有效地调动学生的智力和非智力因素共同参与认知的过程,从而极大地增强学生认知的动力和能力,促进他们的学习。从调查中发现,学生已开始逐步适应自主、合作、探究的学习方式,特别是合作与探究,得到了学生的普遍欢迎。探究性学习要求学生不但要关注书本中的知识,更要关注我们周围的生活、身边的事物。课堂教学中,课前收集资料,获取信息已成为学生学习生活中必不可少的一个环节。"合作探究"的目的是让每个学生的脑和手都动起来,弥补教师无法应对众多差异学生的不足,促进学生形成主动学习的愿望和积极参与的意识,成为真正的学习主体。正如一位学生所说:"我现在才懂得什么叫学习。"下表是学生探究性学习的调查数据。

学生探究性学习调查表

班级	学习兴趣度	课堂参与度	学习自信心	课外探究
实验班	95.2%	99.4%	85.7%	75.5%
对照班	80.3%	85.8%	78.1%	47.6%

3. 学生的基础知识与能力有了相应的拓展,综合素质逐步提高

探究性学习的课堂教学,重视学生的学习过程,强调学生通过自己的思考去获取知识,注重培养学生的沟通、交流能力。内容选择上也加强了与学生生活的联系,用生动形象的事物激发学生浓厚的学习兴趣和动机。课堂中提问的情景、思考的内容、讨论的话题、探究的项目等每个知识点的展开都力求源自学生身边的事物,体现着浓厚的生活气息。同时探究学习营造了一个非常宽松、民主、和谐的环境,充分体现了学习机会的均等化。现在的课堂与以前相比,学生表现得更活跃了,对于课堂中的活动,学生不但积极参与,还敢于发表自己的观点、见解。这些极大地激励了学生参与课堂的积极性,使课堂气氛更加活跃了,学生的参与欲提高了,参与面更广了,同学间合作学习的机会增多了。学生在问题解决上表现出较强的探索、创新意识,能综合运用已有的知识,探索性地组合信息,创造性地解决问题。学生的基础知识与能力有了相应的拓展,综合素质逐步提高,变知识的接受"容器"为知识的发现者。

4. 优化了学生的学习方式

(1) 形成了基于问题的学习。

学生以问题作为学习的载体,自觉以问题为中心,围绕问题的发现、提出、分析和解决来组织自己的学习活动,并在这样的活动中逐步形成一种强烈而又稳定的问题意识,始终保持着一种怀疑、困惑、焦虑、探究的心理状态。

研究成果	以自己敏锐的洞察力发现了问题，真正激发了学习的热情，让学生领略到了学习的乐趣与魅力。 （2）形成了基于探究的学习。 在回收的问卷中，有90%的学生认为专题网站下的探究使学习对自己有启发性。这说明网络教学是开放式的，学生探究性学习成为一种必然现象。在符合总体教学目标的前提下，学生可以有针对性地开展学习；学生通过查找、探究和加工这样一个学习过程，能够提高认知和思辨能力，有利于实现"个性化教学"，有利于开发学生的智慧潜力，教师也必然地从教室中的主宰地位转换成学生学习的指导者。 （3）形成了基于合作的学习。 学生将自身的学习行为有机融入到小组或团队的集体学习活动之中，在完成共同的学习任务时，展开有明确责任分工的互助性学习。专题学习网站的交互性使学生与计算机之间、学生与教师之间、学生与学生之间进行广泛的教学交流及及时的信息反馈，形成了开放、积极的交互教学环境。每一位学生都可以积极表达自己的意见，与他人共享学习资源。这样的学习方式能有效转化和清除学生之间过度的学习压力，有助于引导学生在学习中进行积极的沟通，形成学习的责任感，培养合作的精神和相互支持、配合的良好品质。 （4）形成了基于个性的学习。 我们把能够充分体现学生个性特征，最有利于发挥学生个性特长，并将取得最佳学习效果的学习方式融入到教学中。我们在指导学生学习时最大限度地尊重和利用学生的独特性，引导学生根据自身状况和实际需要，选择和采用自己喜欢并有效的学习方式。我们在学生的学习中加强"趋异"、"求新"、"自信"、"冒险"、"进取"等品质的训练和培养，指引学生敢于认识和研究自己所不知道的问题，善于将新的学习内容灵活变通地纳入已有的认知结构，从而改变自己已有的知识经验和认识发展水平，实现对自身的超越。 （5）形成了基于网络的学习。 我们的教师将日新月异的知识信息及时传递到学生的学习内容中来，极大拓展学生的学习视野；帮助学生构建丰富的、反思性的学习情境，为学生的自由探索创造更多的机会；帮助学生实现学习资源的合理整合，为学生的学习提供选择余地，增强学习的主体性；帮助学生模拟现实中难以实现的实验，培养学生实际操作的能力；可以毫不夸张地说，在任何时候、任何地点，不受时空限制的自主的终身学习必将因网络技术的不断成熟而成为现实。 5. 实现了信息技术与学科课程的有效结合，深化了课程教育改革 我们运用信息技术构建新的学习环境，实现全新的学习方式，通过信息技术与学科课程的有效整合实现了教学内容的改革、教学目标的改革和教学手段的改革，彻底改革传统的教学结构和教育本质，达到了培养21世纪所需的创新人才的目的。

（二）案例二：信息化资源支持下的初中语文综合性实践课"戏曲大舞台"的行动研究

信息化资源支持下的初中语文综合性实践课"戏曲大舞台"的行动研究如表5—9所示。

表5—9 **信息化资源支持下的初中语文综合性实践课"戏曲大舞台"的行动研究**

研究设计	研究背景及意义
	语文综合性实践课是新课程改革中的一个亮点。课标指出："语文综合性学习有利于学生在感兴趣的自主活动中全面提高语文素养，是培养学生自主探究、团结合作、勇于创新精神的重要途径。" 　　但在教学实践中我们常常感觉到这种课程不易操作，有时往往流于形式，学生在浩如烟海的网络中搜集资料，花费时间长，但收效甚微。在活动展示课中，学生对搜集的材料缺乏整合的能力，各人搜集材料的角度不同，教师也很难在课堂上给予学生有效的指导。 　　如何使教师在指导学生语文实践活动时，不再将个人意愿强加给学生，而是学生可以通过合作，自己决定不同的学习方式、活动展示方式，达到真正尊重学习主体、培养学生自主探究、团结合作、勇于创新精神的教学目的。 　　为了解决上述教学中的问题，达到教学目的，研究怎样指导学生有效利用网络开展合作学习活动，成为改善综合性实践课的关键。
	研究目的
	（1）通过本课题的研究进一步了解这些信息化教学方法的基本知识、基本理论和基本教学环节。 　　（2）以语文综合性实践课"戏曲大舞台"为教学内容，通过本课题研究任务驱动教学法、协作教学法、抛锚式教学法、概念图教学法、支架式教学法、探究性教学法和 Web Quest 等信息化教学方法在课堂教学中的运用。检验其对教学效果、教师教学方式及学生学习方式等方面的影响。 　　（3）提高教师利用信息技术备课、上课的能力，促进教师教学能力与信息技术能力的共同提高。
	研究内容
	（1）在语文实践课"戏曲大舞台"活动中利用任务驱动教学、抛锚式教学法、概念图教学法设计、Web Quest 教学法和基于专题网站的教学模式，通过教师讨论、课堂展示，掌握这些教学法在课堂中的运用。 　　（2）在网络环境下实践协作教学法，并对师生合作、生生合作的实践活动效果进行检测。

续表

（3）应用以上新的教学方法设计教案并建立专题教学网站。

（4）培养学生基于网络的自主合作、探究、创新的学习方式。

（5）利用专题学习网站生成系统、BBS 论坛等网络平台共享有效教学资源。

研究方法

（1）文献资料法。通过研读课标和本教材中"戏曲大舞台"内容及相关内容的分析，深入理解并合理设计教学内容。

（2）行动研究法。通过分析教材内容、设计教学方案、研讨修改教学方案、实施教学方案、总结反思实施效果等活动，提高教学水平和研究能力。

（3）行动研究法和个案研究法的结合。由于本课题研究具有很强的实践性和教学过程的难控性，因此，我们采用以行动法研究为主，辅以个案研究法，通过"制订计划—实施行动—反思总结—调整再行动"的研究程序，使课题研究深入有效。

研究规划

（1）课题实施第一至五周，成立课题组，对课题进行可行性论证，确立小专题，撰写课题研究计划，包括研究目的、研究过程、时间安排、研究方法、数据收集等内容。

（2）课题实施第六至八周，课题研究前期准备，包括教师信息化教学能力调查、学生网络环境下学习态度调查、网络学习能力调查。

（3）课题实施第九至十二周，第一轮初中语文综合实践课"戏曲大舞台"教学设计、实施、评价与总结。

（4）课题实施第十三周至十六周，针对第一轮教学实施，修改教学设计，并进行第二轮的教学实施、评价与总结。

（5）课题实施第十七至十八周，数据统计与分析。

（6）课题实施第十九至二十周，撰写结题报告。

研究过程	1. 准备阶段
	制订研究计划，包括： （1）选定教学内容，明确研究目的。研究以初中语文七年级下册第四单元语文实践活动《戏曲大舞台》为例，将西北师范大学教育技术学院开发的信息化教学方法 Moodle 平台课程中的概念图教学法、支架式教学法、探究性教学法、任务驱动教学法应用于课堂。希望通过本研究，改革信息化资源支持下的语文综合性实践活动的新的教学模式、学习方式、教学评价体系。 （2）确定研究过程和时间安排。

续表

研究过程	研究过程分为教材内容研究、同课异构教学方案设计、教学方案实施及效果检验、教学案例网络研讨、教研反思、教研成果整理等环节。计划开展两个轮次的行动研究，每一轮大概用 10 周的时间来实施。 （3）规划研究方法和数据收集。 　　从整体上来说，本研究是行动研究，用调查问卷和课堂观察的方法进行数据收集。同时还需要收集的数据有教学方案、教学反思，以及教学评议、学生的作品等。
	2. 研究实施过程（第一轮）
	2.1 设计 **2.1.1 教学内容分析**
	（1）课题实施第一周，各项目学校分头研读《初中语文新课标》，在此基础上根据课标分析"戏曲大舞台"内容的教学难点和重点，完成单元教学内容分析表，在网络上形成"教材内容分析"的讨论。 （2）课题组成员收集该单元教学内容相关的教学案例，发布在博客群中共享。 （3）课题组决定由参与课题的教师每人承担一种戏曲类型的资源开发、教学设计和具体实施。
	2.1.2 教学方案设计
	课题实施第二周，双方约定教学方案实施时间并互派教师到对方学校参与听课。经三校合议：在研究计划的预定时间各校教师将设计好的教案发布在BBS论坛，各校语文组老师参与教案的网络讨论和修改。 　　各校指定教师分别设计教学方案，并建立以此教学内容为主的专题研究网站框架。
	2.1.3 教学评价工具设计
	教学方案修改完善后，各学校分头研讨教学评价的方式与方法，确定需要收集的课堂资料及数据，并根据需要，在专家的指导下完成课堂观察量表、教学评价量规等数据收集工具的设计。
	2.2 课题研究实施
	（1）学情调查。 　　为了了解学生对教学内容的态度倾向，做到有的放矢，课题组设计调查问卷。经过问卷调查，发现学生对中国戏曲了解不多、兴趣不浓是现阶段的主要问题，如何利用教学方式的改革克服这些客观因素是研究的重点。

研究过程	（2）课堂教学实施环节，首先教师进行本环节的课堂讲授，在讲授时指定三位听课教师对该教师的课堂讲授进行评估。同时应用课堂观察量表观察师生教学活动，用教学评价量表对课堂教学效果进行评价。 （3）撰写教学反思。 （4）网络集体评课，比较授课教师的课堂教学效果。
	2.3 课题研究检查
	根据研究计划，检查教学研究实施过程中的各个环节的实施情况。 收集、检查和整理数据的收集情况。 利用调查问卷和课堂观察记录检查教学效果。
	2.4 课题研究总结
	（1）经过集体分析和专家会诊，存在的问题有： 各校教师教学水平的差异以及教学环境的差异； 注重了陈述性知识的学习，程序性知识（过程和方法）不够； 教学资源分散，专题学习网站知识性的内容多，不能支持教学方法。 （2）第一轮好的做法和经验有： 每周定时研讨，将课题研究与日常教研相结合。 骨干教师在网络讨论中起到积极的引导作用。 …… （3）下一轮研究需要改进的地方有： 进一步完善教学观察量表。 进一步学习各种信息化教学法的内涵和流程。
	3. 研究实施过程（第二轮）
	3.1 设计 **3.1.1 教学内容再分析**
	（1）课题实施第六周，各学校将各自的单元教学内容分析表提交于本课题专门的 BBS 论坛上，并在网上展开集体研讨，重点对各节的教学目标、教学重难点等方面分析的合理性发起话题展开讨论；该科的辅导教师对以往在本单元教学中的教学方法和经验给予指导；根据收集到的相关教学法在本单元教学的案例，讨论根据学科特点和教学内容特点拟采用的信息化教学法。 （2）在充分讨论的基础上，各校修改完善教学内容分析，形成最终的教学内容分析表。

研究过程	### 3.1.2 同课异构教学方案设计

3.1.2 同课异构教学方案设计

　　由师生共同完成了相应的专题学习网站的建设，每个专题学习网站都是 Moodle 平台课程中不同教学方法的体现。对这些专题学习网站的结构进行了修改和完善，使之与相应的专题以及相应的教学方法相匹配，使同课异构在教学中异彩纷呈。

3.1.3 教学评价工具再设计

　　课题实施第十周，参与课题组的各校老师结合第一轮课题实施中所暴露的问题及不足，对教学评价工具进行再设计，其设计内容主要是在初期设计的基础上增加遗漏的部分，使教学评价工具更全面、更具针对性。设计完成后，将其发布在 BBS 论坛上，并组织教师进行认真讨论，并提出修改意见，修订完成后形成教学评价工具终稿，已被新学期课堂教学实施中使用。

3.2 课题研究再实施

　　经过寒假一个多月的时间，教师们能够有足够的时间通过 Moodle 平台夯实自身的理论基础，再加上经过了第一轮课题研究的反思及经验总结，教师们对在教学中做研究有了一定的认识，这些为课堂教学第二轮的实施奠定了一定的理论与实践基础。

　　首先指定教师进行本环节的课堂讲授，对该教师的课堂讲授进行录像，以备教师们进行集体评课。

　　组织课题组全体教师进行综合评课，观看该授课教师的课堂实录，对其教学活动进行评价，评价分为授课教师自评、课题组教师互评，注意收集评课过程性资料及教师网上讨论、反思等资料。

　　将课堂教学实录压缩为 RMVB 格式，并连同教学实施方案、教学效果评价方案、工具、报告等提交于教学研究专题网站。参与课题的成员及评课的老师在各自的博客和 BBS 论坛上完成自己参与录像评课后的反思。最后，对比所指定的所有授课教师的课堂教学评价终稿。

3.3 课题研究再检查

　　对学生进行问卷调查，分析问卷调查结果和课堂观察记录，检查教学效果，并对两轮教学过程进行比较。

3.4 课题研究再总结

　　本轮的课题研究取得了良好的效果，究其原因，首先是教师通过第一轮的实践，掌握了教研的基本环节及教研的基本方式，对所研究的课题有了更直观的认识，为本轮研究奠定了基础；其次，本轮所使用的课题研究方案以及策略与各学校、教师的实际情况更加贴切；再次，本轮课堂教学实践采用了不同于上一轮的组织形式，使得课堂教学过程丰富多彩，教师们通过对比，反思也更加深刻；最后，完善了评价工具与评价方法，使得评价过程的参与者覆盖参与课题的所有教师，评价过程中，通过视频观看，教师们展开了诸如自评、他评、分片段评价等活动，使得评价活动讨论激烈，效果得到很大提升。

4. 结题阶段

4.1 完善专题研究网站

形成了专题研究网站 1 个：戏曲大舞台专题研究网站结构如下图所示。

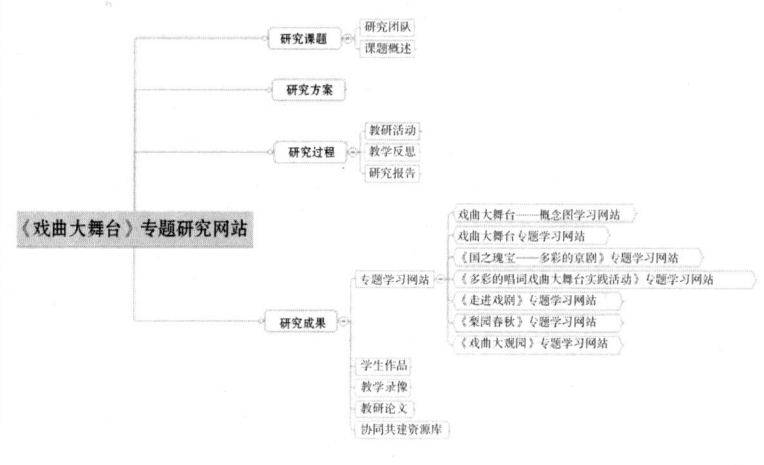

研究成果

专题学习网站

序号	网站名称	网站设计开发者
1	戏曲大舞台专题学习网站	平川中学
2	"戏剧大舞台"——概念图学习网站	平川中学张文祁
3	戏曲大舞台专题学习网站	平川中学智育海
4	戏曲大舞台专题学习网站	平川中学杜妍
5	《国之瑰宝——多彩的京剧》专题学习网站	十九中高嘉敏
6	《多彩的唱词戏曲大舞台实践活动》专题学习网站	十九中李柃煜
7	《走进戏剧》专题学习网站	十九中牛志杰
8	《梨园春秋》专题学习网站	寥泉中学
9	《戏曲大观园》专题学习网站	寥泉中学陈小英

续表

发表与之相关的教研论文及著作		
序号	教研论文及著作题目	文献出处	作者
1	《利用专题学习网站开展语文综合性实践活动的尝试与思考》	《中小学电教》	陶尕爱
2	《语文教学应给学生主动发展的天地》	《现代教育理论》	智育海
3	《语文教学中如何渗透德育教育》	《西部教育参考》	智育海
4	《做一个好老师》	《甘肃日报》	周霞
5	《"创新教育"在语文课堂教学中的实践》	《教育前沿》	张文祁
6	《初中生课文阅读指导》	《中学语文》	
7	《北师大语文八年级下册鼎尖教案》	延边教育出版社	陶尕爱主编

研究成果

4.2 数据资料收集

在研究过程中所收集的数据资料有:

(1)项目各阶段有关的诸如教学内容设计方案、教学实施方案、教学课件资源、教学效果评价工具、课堂教学实录等开发的工具及资料。

(2)项目实施各阶段,教师就每次教研活动所写的反思、心得、博客日志等。

(3)在项目结束之后,要求参与的教师撰写的课题研究反思。

(4)课题研究报告一份。

(5)4篇与课题相关的研究论文。

(6)QQ群、博客、Moodle课程等网络平台的课题研究过程性,包括主题讨论、教学反思、学习心得等。

(7)校本、校际教研过程中的活动记录。

(8)课堂教学录像分析、讨论的过程性资料和总结性资料。

4.3 结论概述

(一)教师教学的观念发生了转变

通过课题试验的开展,参与课题研究的教师逐渐发现了自己对信息技术认识的狭隘性。明白了信息技术不仅是作为教学的展示手段出现在课堂,它还可以从教学内容、教学设计、学习方式以及教学研讨等多方面来改变教学。

通过学习信息化教学方法 Moodle 课程,大部分教师掌握了媒体的使用原则,更注重它的实用性和有效性。

研究成果	改变了传统的"以教为主"的教学思想，强调学生的主体性，教师不再只是知识的传授者。而基于网络的学习，彻底颠覆了教师是知识传授者的认识。学生从网络中获得的知识远远多于从老师那里学来的。教师合作建立的"戏曲大舞台"专题学习网站，学生可以在网络环境下自主学习，通过自主、合作、探究形成自己的知识体系。 （二）提高了教师信息化教学能力 1. 教师信息技术能力提高 教师们除了在课堂教学中使用 PPT，现在参与课题组的老师还使用了概念图、电子书、专题学习网站等多种技术手段来设计、实施教学。 会利用 BBS 论坛讨论一个教学主题，会使用 QQ 群随时随地的彼此沟通，也会通过写教师博客来记录教学中的感受。 2. 教师掌握了多种信息化教学方法 通过三校教师利用语文实践课"戏曲大舞台"开展同课异构的实践活动，教师们利用这些信息化教学方法的基本内容和使用方法并设计出不同的教学结构，形成了适合学生的教学结构。例如，通过课堂观察量表反映出的数据，探究式教学法和 Web Quest 教学设计，在很大程度上调动了学生学习的积极性和参与性，从而提高了教学效率。通过集体评议教学设计方案和课后的评课，教师们在探讨不同教学方法异同的网络讨论发帖占到总帖的 50% 以上。 3. 教师对教材和教学资源的开发能力提高 在第二轮的教学研究中以专题形式开展同课异构，是对教材的二次深度开发，教师通过网络信息的检索和加工合作开发专题学习网站，对学生学习作品的指导过程中形成了丰富的教学资源，教师的创造性被充分调动出来，在利用专题学习网站进行"教学内容知识重组—融合信息化教学方法—形成多元化的教学模式"的过程中充分展示出教师的信息化教学能力。 （三）转变了学生的学习方式 学生的学习兴趣得以提高，在学情调查中发现，八年级学生对中国戏曲并不了解，学习动机和学习愿望并不强烈，但是通过教学模式的改革，学生的学习兴趣被充分调动起来，教师利用自习课和孩子们一起学习《唱脸谱》，还让他们自己制作沙锤伴奏，学生的主动性一下子被调动起来；另外，多媒体课件和网页的制作也激起了一部分爱好电脑男生对于戏曲的兴趣，剪切视频、上传资料等电教化手段让学生乐此不疲。 学生的信息素养得到提高，学生利用信息技术收集和加工资料的能力得到很大的提高，教师在自己的专题网站上建有资料库，在一定程度上减少了学生查阅资料的盲目性，从而提高了教与学的效率。

续表

研究成果	通过课堂观察发现，学生合作学习能力提高了，在李××老师"国之瑰宝——京剧"的课堂上，教师将学习小组活动探究任务定为"京剧——我们的国粹"、"京剧——你为什么不流行"、"戏曲故事的主题探索"等。之后小组成员根据各自不同的探究任务，完成对资料的搜集与整理，最终以多种形式展示出来。比如学生的探究成果展示有：小论文《京剧——想说爱你不容易》、《解说京剧脸谱的幻灯片》、《优美的唱词—诗意的文化》等都是合作学习的成果。 （四）形成了校际间教研模式 虽然学校也定时组织教研活动，但由于受活动人数和时间、地点的限制，效率往往不高。"戏曲大舞台"的课题展开之后，形成了"设计—实施—评价—修改"的教研模式。我们为同一个目标建立了教师学习共同体，三校语文组教师共同参与的 QQ 群、BBS 讨论区、专题研究网站为教师专业发展提供了良好的技术支持。一年多来，我们在群里彼此熟识，彼此交流教学反思，增进了老师与老师之间的合作，也推进了三校之间的合作。 在三人行网站的 BBS 论坛中我们可以看见，当一个教师提出疑惑时往往有很多老师去解答。针对教师们制定的教学设计，不同学校的老师都会热情地给予回帖。由于论坛不受时间和地域的限制，极大地推动了教师间的合作。特别是在第二轮的教研过程中，BBS 论坛的有效回帖率平均为 1：8.6，大于第一轮的 1：3.4。

（三）案例三：专题学习网站支持下的语文习作教学研究

专题学习网站支持下的语文习作教学研究如表 5—10 所示。

表 5—10　　　　　　专题学习网站支持下的语文习作教学研究

研究设计	研究背景及意义
	作文是学生运用书面语言进行表达和交流的重要方式，是认识世界、认识自我，进行创造性表达的过程。学生作文的形成是一种复杂的心理过程，它涉及注意、感知、记忆、想象、思维、情绪等多种心理活动。习作教学是语文教学的重点所在，尤其是在小学阶段，学生写作能力的培养是语文教学的难点。 随着信息技术的迅猛发展，网络技术和网络资源成为教育的重要组成部分，它在为教育不断提供支持的同时，也给教育教学拓宽了新思路，一些基于网络的小学习作教学的研究为我们积累了作文教学改革的经验和丰富的教学资源。教育专题学习网站是一种资源学习型网站，也是一种崭新的教学资源形态。

研 究 设 计	利用教育专题学习网站进行"网站开发—专题探索"的学与教的实践研究，既是一种新型的网络教学模式，也是信息技术与学科课程整合的一种新型形式，充分发挥了信息网络的开放性、交互性、共享性、超媒体、大容量等优势，专题网站在小学习作教学中的应用，为习作教学的改革带来了新的思路和契机。
	研究目的
	通过调查研究，总结在传统的教学环境下习作教学存在的弊端； 从学生的学习心理入手，构建专题网站，创建新型的习作教学环境； 在网络环境下，利用新的教学方法，解决传统习作教学中存在的问题，提高学生的写作能力，培养学生的学习能力。
	研究内容
	传统作文教学中存在的问题； 小学生的作文心理； 构建习作教学主题网站，创建新型的教学环境； 利用专题学习网站生成系统、BBS论坛等网络平台共享有效教学资源； 探索信息技术环境下的有效教学策略和教学模式，并应用于教学活动分析实验效果，验证专题网站支持下习作教学的结果。
	研究方法
	1. 文献研究 　查阅国内外信息技术与课程整合和基于专题网站的习作教学的相关文献，收集国内外相关案例与实践情况资料，为研究的开展提供理论指导。 2. 调查研究 　在课题实施前，对兰州交通大学附属小学、兰州市安宁区银滩路小学和兰州市五泉路小学36名语文教师和260名同学及其家长进行问卷调查，了解当前习作教学中存在的问题。研究结束后，对学生进行专题网站支持下习作教学效果的问卷调查，分析研究效果。 3. 实验研究 　将交大附小一年级的部分班级定为实验班，另一部分班级定为参照班。在实验班开展专题网站支持下的习作教学活动，参照班采用传统教学方法。将教学实践和实验研究统一起来，开展一个学年的实验活动。统计实验前后实验班学生和参照班学生的作文成绩，研究活动结束后分析实验班和参照班学生的成绩变化，验证实验假设。

续表

	4. 行动研究 通过构建专题学习网站、分析教材内容、设计教学方案、研讨修改教学方案、实施教学方案、总结反思实施效果等活动，提高教学水平和研究能力。
研究过程	1. 研究准备和计划
	一、准备 1. 教师基准能力分析准备 （1）实验班老师的信息技术能力分析 通过观察、访谈等方法了解到，实验班的四位教师都能熟练地运用计算机，具备文字处理的能力，具有专题网站制作的能力，能够下载资料、制作网页，在网站上上传资料和学生作品，并且能够和学生在线交流，能够保证实验活动的顺利开展。 （2）实验班老师和参照班老师的专业能力分析 通过观察、访谈等方法了解到，实验班的四位语文老师和参照班的四位语文老师，均具有丰富的教学经验和一定的理论水平，教龄相当，工作能力相当。 2. 专题学习网站动态生成平台准备 本研究依托西北师范大学教育技术与传播学院开发的专题网站平台。至研究开始，专题网站已经开发完成，并能正常使用和操作。同时，专题学习网站动态生成系统操作简便，技术要求低，适合教师和学生使用。 通过教师基准能力分析和专题学习网站动态生成平台准备，本课题已基本具备开展研究基础。 二、总体计划 第一轮（12 周）：第一轮研究主要在四年级开展。通过进行学情调查，分析教学目标、教学内容，分析实验班和参照班教学对象，在此基础上，构建专题学习网站，并运用专题学习网站开展教学。然后对比分析学生习作成绩，找出并分析第一轮中存在的不足和问题，准备开展第二轮研究。 第二轮（12 周）：第二轮研究扩展至四年级、五年级。通过分析教学目标、教学内容的变化，分析实验班和参照班教学对象随年龄发展的变化，在此基础上，针对第一轮中存在的不足和问题完善专题网站设计，采取有效措施和策略来改善专题网站教学。然后对比分析学生习作成绩，分析两轮课题研究的效果，撰写研究结题报告。

研究过程	2. 研究实施过程（第一轮）

2.1 设计（四周）

2.1.1 开展学情调查

一、学情调查方法

在本课题研究过程中，主要采用问卷调查法进行学情调查。

目的一：了解当前习作教学中存在的问题。在课题实施前，对甘肃省兰州交通大学附属小学、兰州市安宁区银滩路小学和兰州市五泉路小学 36 名语文教师和 260 名同学及其家长进行问卷调查。

目的二：根据学生信息技术能力和网络环境，构建出习作与学的专题网站。参照新课程标准并结合教材制订的习作教学计划，对研究对象交大附小、银滩路小学四个班 170 名学生的信息技术能力和网络环境进行调查，构建出习作教与学的专题网站。

二、学情调查结论

通过调查研究，得出传统的习作教学存在四个方面的不足：

1. 学生对写作缺乏兴趣

经过问卷调查，36% 的学生不喜欢写作文，39% 的家长认为自己的孩子不喜欢写作文，67% 的教师认为自己班的学生喜欢写作文的不到 50%，因此，缺乏写作的兴趣是当前习作教学中存在的主要问题。

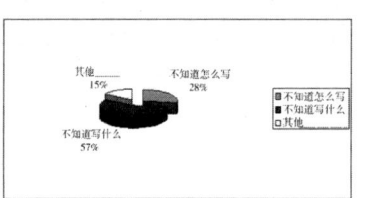
你的孩子在写作时最大的困难是（家长卷第9题）

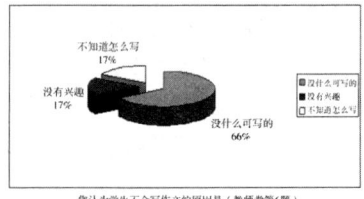
您认为学生不会写作文的原因是（教师卷第6题）

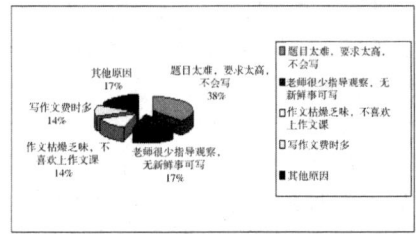
你不喜欢、害怕、讨厌写作的原因有（学生卷第2题）

教师、家长、学生对作文写作中存在的困难的分析

续表

<table>
<tr><td rowspan="1">研究过程</td><td>

2. 学生在习作中缺少写作的材料

小学生，尤其是城市的小学生，课业负担较重，连周末都要上各种辅导班，缺少观察，缺少生活的体验，也就缺少写作的素材。问卷调查结果显示，66%的小学生认为自己写作中最大的难题是缺少写作素材，57%的家长认为孩子在写作中最大的困难是不知道写什么。经过分析，我们得出结论：缺少写作的材料，题目太难，要求太高，是习作教学面临的又一大难题。

3. 缺少多元化的教学和交流的渠道，交流和沟通不及时

传统的习作教学，教师讲，学生写，教师评，学生听。学生在成文过程中除了自己，教师是唯一的读者。习作中的优点不能及时得到肯定，学生无法体验成功的乐趣。调查结果显示，50%的教师认为学生的习作从上交到讲评三天的时间效果比较好，42%的教师认为学生的习作从上交到讲评一周的时间效果比较好，而事实上只有17%的教师能在一周之内批阅并讲评学生的习作，一周半和两周之内讲评习作的教师占到66%，17%的教师超过两周的时间。学生的每一次作文，教师从指导到批阅投入了很大的精力，学生从构思到成文费了很多心思，家长从开始到结束也投入了很多关注，但缺少沟通的平台。

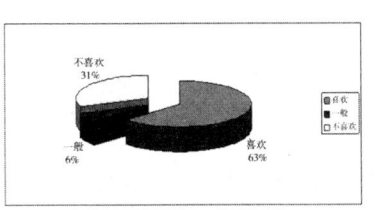

你的作文喜欢被老师范读吗？（学生卷第六题）

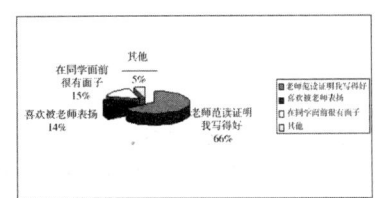

如果喜欢，原因是（学生卷第七题第一小题）

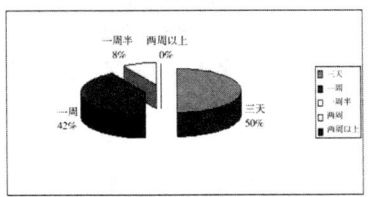

您认为学生的作为从上交到讲评多长时间效果比较好（教师卷第10题）

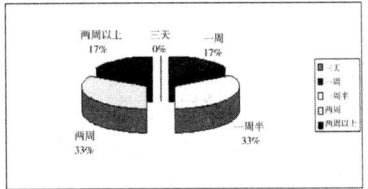

您的学生的单元作文从上交到讲评需要多长时间（教师卷第9题）

教师、学生、家长对作文评议的反馈

4. 学生缺少习作的主动性

传统的作文教学，教师处于主导地位，从作文的指导到习作的讲评，教师始终是课堂教学的主角，学生总是被动地学习，不能体现出学生的主体地位，学生在学习中不能发挥主观能动性。这样的师生关系，限制了学生思维的发展和学习能力的提高，不能促进学生的生命成长。同时，由于传统的习作缺少多元化的教学和交流的渠道等一系列的因素，学生缺少写作的主动性。

</td></tr>
</table>

续表

| 研究过程 |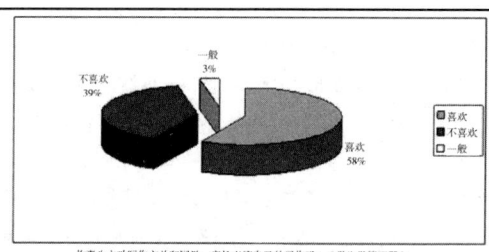

你喜欢主动写作文并和同学、家长交流自己的习作吗？（学生卷第四题）

教师、学生、家长对作文评议的反馈 |
| --- | --- |

2.1.2 课标研读

《新课程标准》是从"知识和能力"、"过程和方法"、"情感、态度和价值观"三个维度来构建教学目标的。它摆脱了过去那种单纯重视写作知识和写作技能的倾向，较为全面地规范了小学的习作教学。

1. 淡化技巧训练，重视观察能力的培养和写作素材的积累

《标准》对小学生写作的要求除了"使用常用的标点符号"外，对写作技巧几乎没有具体的要求。仅在第三阶段的目标中提到"能根据习作内容表达的需要分段表述"和"做到语句通顺，行款正确，书写规范、整洁"。新课标淡化了写作技巧训练，更注重培养学生的观察能力，养成从生活中积累材料的习惯。

2. 注重写作过程，突出写作主体

《标准》在"评价建议"中提倡为学生建立写作档案，记录学生写作态度、主要优缺点以及典型案例，反映学生的写作实际情况和发展过程。新课标对学生写作过程中的情感、态度尤为关注，即提倡学生自信、愉快地写作，对写作有兴趣。新课标重点强调了"自己"，倡导自由地表达自己的观点，以求得写作的个性化和重要性。

3. 倡导研究型写作

《标准》提倡学生能提出学习和生活中的问题，利用图书馆、网络等信息渠道获取资料，尝试写简单的研究报告。

2.1.3 教学目标分析、教学内容分析、教学对象分析

1. 教学目标分析

在专题网站支持下开展习作教学活动力求达到五个方面的教学目标：

完成教学大纲规定的中高年级习作教学的目标；

培养和激发学生的写作兴趣和写作动机；

丰富学生的写作素材，开拓学生的视野；

研究过程	培养学生自主学习和协作学习的能力； 提高学生的作文成绩，提升学生的作文能力。 2．教学内容分析 　　四年级上册习作内容：第一单元自然景观；第二单元观察中的发现；第三单元写童话；第四单元写一写自己喜欢的动物；第五单元写介绍"世界遗产"的导游词；第六单元观察《胜似亲人》这幅图，并写下来；第七单元请写一写自己或别人成长的故事；第八单元写一篇想象作文。下册习作内容：第一单元写校园里的景物或发生的事；第二单元说说自己成长过程中的心里话；第三单元写"大自然的启示"；第四单元写一张照片；第五单元写热爱生命；第六单元写家乡生活或田园景物；第七单元写我敬佩的一个人；第八单元自由创作。 3．教学对象分析 　　（1）教学对象的习作能力分析 　　本研究的研究对象为小学四年级、五年级、六年级学生，经过了写话训练和习作训练，已经具备了基本的遣词造句能力，他们能够写自己想说的话，写想象中的事物，写出自己对周围事物的认识和感想；能够在写话的过程中，乐于运用阅读和生活中学到的词语；能够根据表达的需要，学习使用逗号、句号、问号、感叹号。 　　（2）教学对象的信息技术能力分析 　　所选的实验班和参照班均为四年级学生，根据调查问卷学生具备相关的信息技术能力。能够上网查找资料，下载资料，而且会打字，40分钟能够打300—400字，具备一节课在电脑上打完一篇习作的能力。具备简单的文字处理的能力，比如修改习作、上传作文等。

2.1.4 第一轮实施计划

　　（1）让学生熟悉专题网站，能够在习作前浏览网站的相关内容，熟悉习作的要求，培养学生借助网络（专题网站）进行学习的习惯；

　　（2）借助专题网站进行课堂教学，并记录过程性材料；

　　（3）收集、分析相关数据，并找出第一轮研究中的不足；

　　（4）修改、完善第一轮研究中的不足，为第二轮研究做准备。

2.2 第一轮课题研究实施（四周）

2.2.1 构建专题学习网站

　　在前期"计划"的基础上，构建"三月丁香"专题学习网站。

　　本书依托西北师范大学教育技术与传播学院郭绍青教授开发的专题网站平台，构建了交大附小习作教学专题网站——"三月丁香之习作教学"（网址 http://61.178.81.190/zhuantinew/webnew/index.php? web_id=69）。

续表

研
究
过
程

西北师范大学专题网站平台首页图

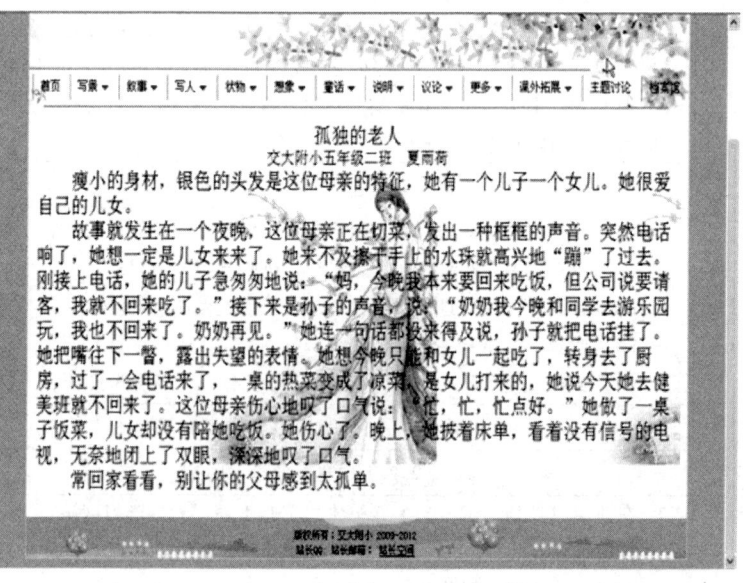

三月丁香之习作教学网站的首页

续表

研究过程	**2.2.2 专题网站支持的教学系统设计** 在课堂教学实施前，应进行教学系统设计。基于专题网站的教学系统设计，和传统环境的教学系统设计有共性也有特性。基于专题网站的小学习作教学，利用专题网站建构的便捷性、使用的高效性、资源的丰富性、充分的交互性等特点，进行专题网站支持的教学系统设计。 专题网站支持的教学系统设计案例详见附录三。 **2.2.3 课堂实施过程** 1. 实施过程 教学系统设计完成后，在专题网站支持下，本书的习作教学过程主要遵循以下方法和步骤： （1）设计资源。 在每次习作前，在网站的模块下传入习作要求、习作指导、教学设计、范文、写作素材等学习资源。 （2）课前预习。 在习作教学前要求学生在专题网站平台上先预习，阅读要求、范文等，领悟写法。 （3）课堂指导。 利用专题网站创设情景，指导选材，开拓思路，课堂讨论，教师指导，交流构思。 （4）完成习作，并提交。 在论坛里完成习作，可以借鉴一些写作素材并在论坛里提交。 （5）评议修改。 在专题网站上，学生上传习作，教师修改批阅。 （6）作文讲评。 作文讲评课过程：谈话导入→重温要求→示例评改→练笔提高。 2. 实施要求 研究过程中，此环节为循环过程：要求研究者不断地进行"教学系统设计—课堂实施—数据收集处理"过程的循环。即首先进行专题网站支持的教学系统设计，然后根据设计在课堂上实施，最后收集实施中的过程性数据。

续表

研究过程	2.3 第一轮研究检查（两周）
	2.3.1 收集并整理研究数据
	经过行动研究，收集实验班和参照班在实验一学期后的习作成绩，同时，从"学生运用专题学习网站态度"、"学生运用专题学习网站效果"等方面对实验班的学生进行"专题网站支持下，习作教学的效果"问卷调查和访谈。通过对实验数据问卷等的统计分析，得出第一轮研究结论。
	2.3.2 第一轮研究形成研究结论
	1. 专题网站支持下学生学习态度分析 　　通过调查，86.5%的学生喜欢或比较喜欢在专题网站支持下的习作学习活动；78%的同学认为与传统的方式相比较，自己更喜欢专题网站支持下的这种写作方式，而且通过利用专题网站学习作文；90%的同学对写作更感兴趣或比较感兴趣。调查结果显示，学生喜欢在专题网站支持下的习作活动，通过开展实验活动，学生的写作兴趣得到了提高。 　　2. 学生的学习成绩分析 　　研究活动开展一年，学生的作文成绩普遍得到了提高，实验班银滩路小学四年级二班作文成绩比一年前提高 7.4 分，比参照班高出 1 分；交大附小四年级一班作文成绩比一年前提高 6.2 分，比参照班高出 0.4 分（按百分制计算）。 　　3. 学生的作文能力分析 　　（1）通过问卷调查，在专题网站的支持下进行写作教学，87.4%的同学认为自己的作文水平比以前有很大提高或一定提高。 　　（2）实验班学生在各级作文竞赛中取得好成绩。其中郭文君老师负责的四年级一班在全国作文竞赛中全班 55 人获奖 27 人，学生作品公开发布 27 篇；参照班四二班 15 人获奖。2010 年 6 月兰州市"中华一家亲"现场作文比赛中全校共四人获奖，实验班占三人，参照班只有一人。 　　4. 学生的计算机水平和对网络的认识能力分析 　　通过在专题网站的支持下学习习作，79.8%的学生计算机水平比以前提高，97.3%的学生认识到网络有学习的作用，98%的学生表示今后会通过网络进行学习，学生对网络的认识能力比以前提高。
	2.4 第一轮研究总结（两周）
	2.4.1 第一轮研究取得成果
	通过第一轮研究，发现主要培养和激发了学生的写作动机，学生习作能力取得一定的提升。

续表

研究过程	1. 利用专题网站综合性的功能，创设学习情境，调动写作的兴趣，引发学生写作的动机

1. 利用专题网站综合性的功能，创设学习情境，调动写作的兴趣，引发学生写作的动机

案例：在进行写景类型作文的教学时，学生在网站上浏览相关景色的图片和文字、音频资料，通过听觉、视觉、说话、操作、角色扮演和体验等全方位的感官刺激，再结合自己的所见所闻所感，一些记忆中的片段逐渐清晰，内心的情感转化为优美的文字，写作的目标得以实现，内心的愿望得到满足。通过为学生提供学习材料和学习条件、实践，创设写作情境，让学生能从这些情境中引出好奇点，引起他们的疑惑、惊讶，在情感上产生共鸣，调动了学生的学习兴趣，引发了学生写作的动机。

2. 利用专题网站开放的资源，丰富写作素材，突破学习难点，激发学生写作的动机

按照研究计划，参与研究的教师将专题网站进行了模块化设计，学生的单元作文在相应的模块下进行，每个模块下按学生的单元作文的要求为学生设计了习作常识、范文、写作素材等资料，为学生的写作提供了丰富的资源，学生能够从网站上获取所需的学习资源，丰富了自己的写作素材，完成习作。专题网站支持下，学生利用网站资源可以完成比传统教学更高要求的习作目标，使自己从中体验到成功感，从而导致学习兴趣的产生，激发学习动机。

2.4.2 第一轮研究存在的不足

1. 网络背景下的课堂教学对教师和学生都有更高的要求

丰富的网络资源为学生提供学习资源的同时，也对学生的注意力有所分散。在进行习作评议时我们做得很成功，学生、家长、教师在网络上的共同评议取得了良好的效果。而且整个课堂学生学习任务明确，时间安排紧凑，教师也便于全方位地把握课堂。

在第一轮研究过程中，每节课都要通过专题网站平台上传课程所需资源，并且每节课结束后，教师都要在网络上评阅大量的学生习作。由此导致研究者感觉到力不从心，在第一轮研究中后期，不能有效进行专题网站支持习作教学研究活动。

2. 教师、学生、家长相互之间参与度不够

通过第一轮研究发现存在教师与学生、教师与家长、家长与家长之间的互动不足的问题，不能很好地体现"新课标"中的要求，不能充分调动学生、家长积极性，进而影响了学生的学习效果。

3. 资源建设模式单一

第一轮研究课堂实施过程中，所有教学均有授课教师上传，导致资源建设模式的单一性。同时也没有充分发挥其他教师、学生、家长对教学资源建设的共同参与。

续表

| 研究过程 | 2.4.3 第一轮课题研究反思 |
| | |

2.4.3 第一轮课题研究反思

1. 应充分调动其他教师积极性，合作构建网站

习作教学专题网站应该由本年级老师共同使用，网站的设计和资源的开发也应由所有任课教师共同完成。在网站的构建过程中，所有授课教师分工合作构建网站。参与研究的教师围绕共同的学习需求构成的团体，在工作过程中分享知识和经验，促进研究的顺利开展。

2. 加强教师与学生的互动

为增加学生的积极性和促进网络资源建设的多样化，应加强教师与学生的互动。

（1）师生共同构建网站：学生和教师共同收集材料，作为学习资源；在教学过程中，教师将学生的优秀习作上传到网站上，作为学习资源。每一位学生既是网站的受益者，又是网站的创建者。

（2）师生互动评价：为了更进一步提高学生的学习兴趣，激发学习动机，提高学生的作文能力，加强师生互动评价环节。以学生论坛为平台，大家以回复本帖的方式，对习作进行评议，学生打开自己的文章，可以同时看到大家的评议。同一篇文章，每个人所处的位置不同，对文章的认识也不同，大家的看法集中在一起，学生也更容易了解自己习作的优点和不足。而互评体现了教师评价专利权的消失，它使学生都有机会参与评价，可以对自己身边的同学的作文提出自己的看法，畅所欲言，创造出一种民主的和谐的互评氛围。

3. 加强学生之间的协作学习

学生互相批改习作：学生间进行习作相互修改，可充分调动每个学生的积极性，使其在参与的过程中，提高习作评议能力，进而促进自身的发展。

高年级和低年级同学之间的协作和互助：第一轮研究结束后，实验班的学生已经掌握了专题网站的使用方法，并且对专题网站支持的习作教学也有了一定的了解，在这个时候，让高年级的同学帮助低年级同学，能更快、更好地教会低年级的学生，也让高年级的同学体会到帮助他人的快乐。

4. 促进家校合作的实现

以专题网站为平台，家长既能看到孩子的习作，也能参与孩子作文的评议，能全面了解自己孩子的作文状况。因此，应充分调动家长参与的积极性，促进家校合作的实现，提高学生的习作水平。

3. 研究实施过程（第二轮）

3.1 设计

3.1.1 教学目标、教学对象、教学内容的再分析

随着研究的进行，原本四年级实验班和参照班的学生已经升入五年级，因此应进行教学目标、教学对象、教学内容的再分析。

续表

| 研究过程 | 1. 教学内容再分析

　　五年级上册习作内容：第一单元谈谈你和书的故事，也可以谈谈你读书的体会；第二单元二十年后回故乡；第三单元说明性的文章；第四单元生活中的启示；第五单元用具体的事例来描述自己喜欢学习汉字的经历或过程；第六单元和父母说说心里话；第七单元读后感；第八单元场景。下册习作内容：第一单元给远方的小学生写信；第二单元童年趣事；第三单元发言稿；第四单元一件感动的事；第五单元缩写；第六单元研究报告；第七单元写人；第八单元童话。

　　2. 教学对象再分析

　　（1）教学对象的习作能力分析。

　　第二轮研究的研究对象为小学四、五年级学生，经过了写话训练和习作训练，已经具备了基本的遣词造句能力，他们能够写自己想说的话，写想象中的事物，写出自己对周围事物的认识和感想；能够在写话的过程中，乐于运用阅读和生活中学到的词语；能够根据表达的需要，学习使用逗号、句号、问号、感叹号。从学生思维能力的发展来看，小学四、五年级的学生已经掌握了一定的写作技巧，对生活中的真、善、美，假、丑、恶，有了初步的辨认能力，自我意识增强，逐渐懂得发表自己对生活的见解。

　　（2）教学对象的信息技术能力分析。

　　所选的实验班为中高年级的班级，根据调查问卷学生具备相关的信息技术能力。能够上网查找资料，下载资料，而且会打字，40分钟能够打500—600字，具备一节课在电脑上打完一篇习作的能力。具备简单的文字处理的能力，比如修改习作、上传作文等。综上所述，实验班学生具备本项实验活动开展的信息技术能力。

　　相比第一轮研究中，教学对象的习作能力和信息技术能力都有了一定的提升，为第二轮研究提供了条件。

　　3. 教学目标再分析

　　五年级学生习作教学的目标为：

　　（1）懂得写作是为了自我表达和与人交流；

　　（2）养成留心观察周围事物的习惯，有意识地丰富自己的见闻，珍视个人的独特感受，积累习作素材；

　　（3）能写简单的纪实作文和想象作文，内容具体，感情真实，并能根据习作内容表达的需要，分段表述；

　　（4）学写读书笔记和常见应用文；

　　（5）能根据表达需要，使用常用的标点符号；

　　（6）修改自己的习作，并主动与他人交换修改，做到语句通顺，行款正确，书写规范、整洁；

　　（7）课内习作每学年16次左右。 |

续表

研究过程

3.1.2 第二轮实施计划

（1）同年级教师协作完善专题学习网站；

（2）专题网站支持的教学系统方案设计；

（3）课堂教学中实施教学系统设计方案，并记录过程性材料；

（4）习作评议课加强学生和家长的参与。

3.2 第二轮课题研究实施（四周）

3.2.1 协作完善专题学习网站

在第一轮研究构建专题网站的基础上，协作完善"三月丁香"专题学习网站。由于教学内容的增多，将网站按照习作类型划分为写景、叙事、写人、状物、想象、童话、说明、议论等内容，每个内容里面都设置有写作常识、单元作文、小练笔、资料库等内容。同时，为促进教师与学生间、学生相互间、教师与家长间的沟通，加入主题讨论内容。

一件令人深思的事

兰州交大附小五年级二班　齐彬志

前天下午，我上完了最后一个课外班。和同伴一起走在回家的路上，我们边走边聊一些关于玩具的信息。我漫不经心地望了望周围的路人，大家在寒风中行色匆匆。正当我要把我的注意力放到我与同学的谈话上时，我看到了奇怪的一幕。只见一名男子正紧跟在一名女子身后，这难道是她的男友？我心里这样猜想时，那名男子却蹑手蹑脚地凑上去，快速将手伸进那名女子的大衣口袋。这不是小偷的行径？正当我欲高呼"抓小偷"时，这名男子身后约两米左右的另一个男子突然转过身来，狠狠地瞪了我一眼。那眼神似乎在说："你要敢喊一声，有你好看的。"我一时不知所措，只好把目光投向别处。定了定神之后我悄悄拉住同学，同时用手向前指了指，轻声说："看小偷。"

同学回过神来，眼睛顺着我手指的方向望过去。"呀，真是小偷。"他小声惊呼。

"你有手机吗？"我问他。

"当然有啊。"同学答道，"要手机干吗？"

"你的手机能拍照吗？"我又问。

"这个······不能。"听到同学的回答，我有些丧气。我本想用手机拍下小偷的犯罪证据，以便协助警方抓住他们。这该怎么办？我一时想不出更好的应对办法。

我又看了看那里，那两名男子又转过头来盯我看。害怕他们伤害我们，我一把拉住同学急忙向家跑去。

回到家，我的心里久久不能平静。我的心一直在思考一个问题：那两个人为什么要当小偷？他们看起来身强力壮，完全可以找一份工作自食其力。哪怕凭力气挣钱也行，无非辛苦一点累一点，但总比小偷这种不光彩的"职业"好得多。再说，偷窃是违法行为。偷一两次可能会得手，时间长了，总有被抓住的一天。

这些人为什么要当小偷？这引起了我无尽的深思······

续表

研究过程	

3.2.2 专题网站支持的教学系统设计

在课堂教学实施前，应进行教学系统设计。相比第一轮研究中的教学系统设计，第二轮教学系统设计更加注重习作评议课的设计。在设计中，加入教师与学生的互动、学生之间的互动。在设计内容中，还应该考虑教师与家长互动的设计。

3.2.3 课堂实施过程

1. 实施过程

相比第一轮研究，第二轮研究课堂实施过程基本过程并没有变化，仍遵循以下方法和步骤：

（1）设计资源。

在每次习作前，在网站的模块下传入习作要求、习作指导、教学设计、范文、写作素材等学习资源。

（2）课前预习。

在习作教学前要求学生在专题网站平台上先预习，阅读要求、范文等，领悟写法。

（3）课堂指导。

利用专题网站创设情景，指导选材，开拓思路，课堂讨论，教师指导，交流构思。

（4）完成习作，并提交。

在论坛里完成习作，可以借鉴一些写作素材并在论坛里提交。

第二轮研究课堂实施环节变化主要体现在评议修改和评议讲评环节。

（5）评议修改。

习作传到论坛里后，教师先修改批阅，然后学生家长评议，最后学生之间分小组评议，再找出有代表性的习作集体评议指导。

（6）作文讲评。

作文讲评课过程：谈话导入→重温要求→示例评改→自评互改→练笔提高。

2. 实施要求

研究过程中，此环节为循环过程：要求研究者不断地进行"教学系统设计—课堂实施—数据收集处理"过程的循环。即首先进行专题网站支持的教学系统设计，然后根据设计在课堂上实施，最后收集实施中的过程性数据。

研究过程	3.3 第二轮研究检查 3.3.1 第二轮研究效果检查 　　第二轮研究中，更加注重教师习作完善专题网站和习作评议课中学生、家长的参与。专题网站支持下的习作教学活动开展中，教师的合作基于共同的目标，参与研究的教师为了共同的教学目标，集思广益，始终处于一种合作的工作状态。为了共同的目标和工作需求，教师构建网站，并通过网络分享共同的学习资源，荣辱与共地协作交流，致力于在网站的支持下完成学习任务时，合作就形成了。 　　与此同时，师生共同构建网站和师生互动评价，使每一位学生既是网站的受益者，又是网站的创建者。既分享成果，又创造价值，极大地提高了学生的信息加工能力。互评使学生都有机会参与评价，可以对自己身边的同学的作文提出自己的看法，畅所欲言，创造出一种民主的和谐的互评氛围。这种互动评价方式提高了学生的学习兴趣，激发了学习动机，提高了学生的作文能力。 　　在第二轮研究中，以专题网站为平台，家长既能看到孩子的习作，也能参与孩子作文的评议，能全面了解自己孩子的作文状况。整个评议的过程都是公开的，家长在学生论坛里，还能看到教师和同学对孩子作文的修改和评价，能综观全班的习作水平，对自己的孩子有个正确的定位，在对孩子的辅导和要求中有的放矢，加强了家校互动。同时，专题网站的教师论坛和家长论坛，为家长和教师的沟通提供了方便，家长可以就自己孩子的学习状况和教师的课堂教学进行交流和协作，促进了家校合作。 3.3.2 第二轮研究数据收集和整理 　　在第二轮研究中，统计分析第二轮实施后，学生的习作成绩，并且对学生和家长运用问卷调查和访谈的方法，了解他们对专题网站支持的语文习作教学的态度以及参与习作评价的态度和效果。 3.3.3 第二轮研究效果 　　第二轮研究活动开展一学期，五年级学生的作文成绩普遍得到了提高：交大附小五年级二班作文成绩比一年前提高 8.78 分，比参照班高出 6.98 分（按百分制计算）。 3.3.4 第二轮研究对第一轮存在问题解决情况 　　通过第二轮研究，有效地解决了教师、学生、家长相互之间参与度不够、专题学习平台资源建设模式单一的问题。

续表

研究过程	第二轮课题研究中，习作教学专题网站部分资源的收集是学生完成的。将学生按小组分配不同的任务，为了完成任务，每个学习者都必须与其他学习者讨论，交流彼此的观点并共享集体的智慧，最终在学习者之间达成一致的行动方案。小组成员共同收集资料，协助老师制作网页，完成网站的构建。学生的习作在网上提交，教师批阅完后，优秀的习作被传到网页上，作为新的学习资源，这也是协同构建网站的过程。学生以小组为单位完成学习任务的过程中，协作学习的能力也得到了提高。 专题网站在作文教学中的应用，为教师的合作提供了一个无界限的环境。在专题网站的支持下教师之间的合作突破了空间和时间的限制，在同一个环境和资源支持下，教师与教师之间突破了办公室、年级、学校的界限。不同办公室、不同年级的教师可以就教学中的问题、学生的学习情况面对面地同步讨论，也可以通过教师论坛发表意见、建议，进行异步讨论，甚至是和外校的老师，也可以通过站长QQ、教师论坛进行合作。只要是专题网站的使用者，都可以共享网站的资源，如果在网站上注册过的老师，可以补充、修正网站上的资源。即使是陌生人，也可以通过教师论坛进行交流，就教学中的问题展开讨论、合作。

4. 研究结论

研究结论	1. 调动了学生的学习兴趣，培养了学生的写作动机 在网络环境这种新型的学习环境中，学生利用专题网站丰富的学习资源进行习作学习，调动了学生学习写作的积极性，引起了学生写作的兴趣，培养了学生写作的动机。 2. 丰富了学生的写作素材，提高了学生的作文成绩和作文能力 专题网站为学生提供了丰富的写作素材，开阔了学生的视野。研究活动开展以来，学生的作文成绩普遍较实验前提高，和参照班相比较，实验班的成绩都比参照班高。学生的观察能力、想象能力和思维能力都得到了培养，在各级作文竞赛中都取得了好成绩。 3. 培养了学生的自主学习和协作学习能力 专题网站学习环境的设计和资源的设计有利于开展自主学习活动，培养了学生的自主学习能力。学生开展基于学习资源的学习，合作学习的能力和协作学习的能力都得到了提高。专题网站支持下的习作教学活动开展以来，笔者在课堂教学中逐渐形成了一种有效的学习方式，学生能借助网络解决问题，获取知识，促进生命成长。同时，学生的信息技术能力得到了提高，运用网络资源进行学习的能力也有所提高。

4. 改变了教师传统的教学理念，改变了传统的以教为主的课堂教学的方式

在专题网站的支持下，教师的角色发生了变化，成为学生学习的合作者和指导者，逐渐将课堂交给学生。与此同时，在本课题的研究活动开展过程中，教师的合作能力得到了培养。以共同的学习资源为基础，实验班的老师之间、老师与家长、老师与学生、学生与学生密切合作，集思广益，完成学习任务。教师合作活动的实施和合作能力的提高，这是比预期更大的成果。教师运用信息技术开展教学活动的能力也得到了提高。

5. 拓宽了交流和沟通的渠道

专题网站为学生提供了展示自己习作的平台，学生以论坛为平台，和家长、教师、同学共同交流，互相学习，取长补短。家长通过专题学习网站，能够看到自己孩子的成长过程，看到孩子在写作中的优势和不足，也能看到我们整个班级的学习状况。同时，通过论坛，家长可以和老师共同评议孩子的习作，也可以就学习中的问题和老师交流、互动，加强了家长和教师的合作。专题网站支持下的习作教学活动开展以来得到了广大家长的支持和认可。

6. 积累了丰富的学习资源

"三月丁香之习作教学"专题网站是可持续发展的，整个实验的过程，既是资源的利用过程，也是资源的构建过程，我们利用已有的学习资源开展教学活动，学生的优秀作品又成为新的学习资源，用得越多，资源越多。我们进行这一轮实验留下的资源，又将成为更多的使用者的资源。专题网站支持下的习作教学研究活动形成了一系列的教学策略，对自己和别人以后同类课题的研究提供了可借鉴的经验和资料。

二　专题学习网站对信息化教学能力的支撑作用

专题学习网站源于李克东教授提出的"专题探索—网站开发"的思想，它是我国本土化的信息化教学的产物。在这一思想和理念的引导下，专题学习网站在中小学的应用已经非常普遍，它作为资源库的功能，为教与学提供了便利，由于对专题学习网站的功能和定位的认识上的差异，在具体的应用方式上有着较大的差异性。

目前，对专题学习网站的认识有这样几种：（1）学习系统论。认为专题学习网站是"在网络环境下，围绕某一专题向学习者提供大量的相关学习资源，让学习者通过网络协作学习工具，进行较为

广泛深入的探究、发现学习活动的数字化学习系统"。其主要观点是在系统中重点研究学习的发生和发展过程，学习方法以研究性学习为主，以培养创新精神和实践能力、提高学生的信息素养为目标。（2）学习平台论。认为专题学习网站是"基于网络的专题探究、协作式的数字化学习平台"，注重专题学习网站的结构和功能的设计。（3）工具论。认为专题学习网站是"在网络环境下围绕某一专题整合丰富的学习资源的学习型网站"。该观点突出专题学习网站的协作工具、交流工具、评价工具的作用，它是一种整合了学习资源及学习过程的教学软件。（4）教学方式论。专题学习网站是一种网络教学方式，是深入开展研究性学习的一种数字化学习方式。笔者认为，专题学习网站是以知识的聚合和重组为目的，利用资源型网站支持信息化教学的一种整合了学习资源和学习活动的学习环境。

1. 从结构和功能上看，专题学习网站是资源型学习网站

专题学习网站从本质上应该定位于由简单网页内容组合的小型网站，专题学习网站应该突出其资源的整合功能，区别于提供多种服务的网络平台，降低专题学习网站的技术门槛，使专题学习网站的应用更加简单。将专题学习网站定位于资源网站而非学习平台，同时兼做协作、交流的工具。虽然专题学习网站与学习平台具有本质区别，但是专题学习网站可以依靠平台来实现，平台是一个包含众多功能的框架或集合，是支持信息运行的大型应用程序。平台本身与学科内容知识无关，它只对内容的可操作性提供支持，依靠平台的集成功能，通过提供组件实现集群式的专题学习网站满足协作共建和资源的共享的需求。平台的设计应该从高标准出发，而专题学习网站的建设应该从方便操作的"傻瓜式"的角度出发，以减少技术障碍。

2. 专题学习网站属于学习环境范畴，支持多种学习方式

从本质上讲，专题学习网站属于学习环境范畴，对教学活动或教学方式起到支持作用。对于专题学习网站属性范畴的确立，决定了专题学习网站的使用方式，对于基础教育而言网络并非是探究、协作和交流的最佳平台，学生探究的动力来自对事物的兴趣，真正

协作和交流是在任务和情境激发下的产物。除了远程协作的需要，不一定要通过网络来周转信息，我们可以在一些专题学习网站上看到学生留言板中的习作和 BBS 中的感想，给我们留下"网络环境下进行交流"的印象。专题学习网站是一种资源型的学习环境，并不是所有的交流和协作都需要在这种学习环境下发生。专题学习网站可以支持以下多种学习方式：

（1）辅助课堂讲授，主要用于提供与教学内容相关的教学情境，展示教学内容的结构，在课堂教学活动中，由教师操控展示，内容简单，使用时间集中。

（2）基于网络的探究，是网络环境下以学为中心的教学方法，网站除了提供丰富的学习资源外，还应该提供相应的学习工具和协作、交流的工具，同时网站还可以记录学生的学习过程和学习作品。

（3）自主学习，主要用于学生通过对网站提供的学习资源和学习活动进行自主操控完成学习任务，需要与教师建立适时的沟通和反馈。

（4）主题研修，专题学习网站本身就是学生小组合作过程中对某个领域的问题进行研究后完成的学习作品或者学习成果的展示。

3. 专题学习网站的设计立足于专题，而非知识点和课程

专题是介于知识点和课程之间的知识形态，依托专题学习网站进行教学设计的过程首先是内容的提炼，形成一个既有逻辑又符合学习者认知结构的知识框架。对专题的提炼和概括体现了对学科内容知识（subject matter）的深度理解。从教学设计的角度，顾小清认为应该秉持"基于主题单元的中观教学设计立场"，除了立足课堂以外，也需要跳出课堂，充分利用信息技术所提供的虚拟空间以及现实空间，进行一种全空间的学习活动策略主题学习作为新型的课程形式，以主题承载起整合了信息技术支持的课程单元。在主题学习单元中，符合课程标准的课程内容以主题及其专题的形式有机并且有意义地组织起来，主题单元中的学习活动，围绕主题及其专题以真实的任务模块展开，涵盖了多样的学习活动方式，信息技术以资源和工具的形式为主题学习单元的各类活动提供支持。专题学习网站对学科内容知识的重组体现在：

（1）单元内容的聚合，是在若干个有互相联系的知识点或者教学单元的基础上，形成主题。例如：统计专题学习网站，通过对常用统计图形的比较，对常用统计图形特征知识点进行了归纳和重组，扩大学生对知识点的联系，多角度加深了学生对教学内容的认识。

（2）跨学段的内容，按照螺旋式编排的教学内容为跨年级应用的专题学习网站提供了基础，小学数学"空间与图形"从一年级到六年级设计了该块教学内容的发展脉络。

（3）跨学科的内容，按照跨学科课程的理念出发构建综合性的教学内容，使学生在不同的内容和方法的相互交叉、渗透和整合中开阔视野，培养学生的综合能力。

4. 从创建方式上支持共建共享

实现区域化信息资源库。基于平台建设专题学习网站，可以形成集群化的专题学习网站，在一定的区域内形成集约化的优质资源共享，实现区域教育信息化的均衡发展。

教师群体的协作建站。有利于不同学科教师之间的内容整合，甚至是校际间教师通过远程协作共同完成，这种创建方式可以避免闭门造车，实现教师教学能力的协同发展。

师生共建。师生共建专题学习网站体现在师生共同组织教学资源，由教师设计学习资源的结构和学习活动，同时学生的交流过程和学习成果丰富了教学资源。

三　专题网站支持的应用型课题研究产生的效应

（一）"基于设计的学习"提升教师的信息技术能力

自从米什拉，科勒等人提出了技术—教学法—内容知识（Technological Pedagogical Content Knowledge，简称 TPCK）框架，技术—教学法—内容知识是使用技术进行优质教学的基础，是使教师创造性地将技术、教学法和学科内容三种关键知识整合起来，而超越三者独立存在的新兴知识形态。TPCK 是一个整合技术的教师专业知识框架，在三种知识融合的过程中就是形成教师信息化教学能力的过程。

通过何种途径促成 TPCK 的形成，并转化为教师信息化教学能力。科勒（Koehler）等人又提出"通过设计学习技术"（learning technology by design），即让教师以协作小组的形式针对真实的教学问题开发技术方案。认为理解技术对于教学法的作用比积累技术能力更重要，灵活的教学方式比发现有用的工具更重要，这一理论带给我们的启示是：

（1）指导者的角色是教师学习的促进者和问题解决咨询专家，他们为教师设计真实的需用技术解决的教学问题，而不直接教给教师具体技术手段的操作技能。

（2）设计能力不能够用讲座或授课习得，而是以"做中学"的方式通过体验产生的。

（3）设计的目的是为了再次设计。设计不是一次性完成的，设计最大的特征是循环，设计的过程是反复试验的过程，课堂就是实验场所。在设计中获得的反馈是一种有意的调节和变化。

（4）设计的过程是对话的过程，是设计者与人造物（作品）之间的对话和协商，来自指导者和同行的反馈对改进设计方案很重要。设计是通过构建包括指导者、教师在内的研究团队，合作设计利用多种技术手段解决真实教学问题的方案，并在实施中不断修正和精制方案的过程。

如何看待技术问题决定了对专题学习网站的使用，正如法国著名技术哲学家让-伊夫·戈菲所说："技术的特征之一就是既具有看得见的技术，又具有看不见的技术。一种技术并不总是与一种工具或用品联系在一起。还存在一些抽象的技术，其实在性是无可辩驳的。"由此可见，技术并不是制造和使用工具的代名词，而是技能和工具的统一体。李芒通过对"技术工具论"的反思，认为技术是一种活动方式，是主体技术与客体技术的统一。因此，从技术的角度来看，专题学习网站作为人工制品（工具）是一种物质的技术，不能代表技术的整体，而利用专题学习网站组织资源，实施有效教学行为的过程才可以视为一种完整的技术。

在教师创建专题学习网站的过程中，包含两种技能：一是对文字、图像、动画、视频进行收集、加工处理和整合的操作技能；二是对知识进行重组整合的认知策略（智力技能）。加涅在《学习的条件和教学论》一书中提出了"认知策略",认为它是由多种技能构成的。认知策略体现在思考、分析问题和解决问题的方法上。加涅认为,"策略"一词意味着从达成目标的相关行为中做出选择的"技能"。技能是一种完成特定任务的操作程序,而策略则意味着对这些操作程序做出选择、综合与创新。二者的认识并无本质上的矛盾,策略是一种完成特定任务的高级技能。在创建专题学习网站的过程中,技能和策略是促进教师知识转化为教学能力的媒介。

（二）基于"协同教学"积累了丰富的学科内容知识

协同教学是指以教师协作小组为基础,在开展教学研究的基础上,共同设计、开发教学资源与环境,协作实施教学活动,促进学生学习方式转变与学习质量提高的教学方式。协同教学的最终目的是通过教师在教师学习共同体中的协作体验,发展学生的学习能力。协同教学的核心是在团队协作中的教学,在团队的组织过程中依据教师所教的学科和年级,组成了三种团队。

1. 同学科不同年级教学团队

相同学科各年级教师共同参与,以研究学科教学法的教学应用和不同年级间教学内容和方法的衔接为主要目的。

2. 不同学科同年级教学团队

以年级为单位,鼓励各学科教师的参与,以研究教学方法在不同学科中的适用性和不同学科课程整合特点为主要目的。在"信息化资源支持下的初中语文综合性实践课'戏曲大舞台'的教学研究"中,兰州市十九中的教学团队以语文教师为主体,音乐、美术教师逐步参与到教学团队中指导学生的综合实践,体现了多学科内容整合的特点。

3. 同学科同年级教学团队

以相同年级和学科背景的教师为主体,以研究学科教学法的普适性和资源共享、促进交流为主要目的。

兰州城关区十九中和临泽县蓼泉中学、平川中学三校承担的校际协作课题团队在讨论"戏曲大舞台"综合实践课研究方案的时候,"戏曲"和"戏剧"被混用,专家及时组织了"戏曲和戏剧的区别是什么"的主题讨论。一位有着十年教龄的初中语文教师在讨论区发表看法说："这个问题的答案虽然是显而易见的，但是又是被我们容易忽略的问题，其实在我们的日常教学中就是缺少这样一'问'……"一位刚参加工作不到两年的新手教师在讨论区中谈道："中国戏曲源远流长……但是我本人知之甚少，希望在教学研究中我和学生一起成长。"这个课题团队在后来的讨论中非常活跃，在"按照戏曲种类，还是按照专题实施教学"这个问题的讨论中，形成了"按照戏曲种类分工建设资源，按照专题实施教学"的原则，并且在构想专题的活动中经过头脑风暴，提出了许多具有创造性的思路。

另外，我们通过适时地组织一些涉及学科核心内容的主题讨论，如兰州市城关区秦安路小学与临泽县五三小学的校际协作课题团队的"信息技术解决空间与图形领域的核心问题是什么"；临泽县五三小学团队的"口语交际能力的构成应该包括哪些基础能力"；在这些主题研讨中，教学内容得到了深层次理解。

教学内容的协同，强调在同一学科中注重单元教学内容的重组，注重单元教学内容的内在关联性。"信息化教学法指导下小学'空间与图形领域'的课堂教学研究"团队，在兰州市秦安路小学和临泽县五三小学各个年级的该单元教学内容进行了综合研究，针对不同教材版本的要求，对各个年级学生空间与图形能力的侧重点进行了比较分析，对教学方法的改革提供了有力的依据。

（三）在"同课异构"中形成了多种结构的教学法知识

"同课异构"是指在同一教学研究团队中，根据研究方案的统一指导，不同的教师针对相同的教学内容采取不同的教学方法和教学流程，以达到共享资源、交流经验，共同提高教学能力为目的的教研形式。同课异构以教学方法多样性为基础促进教学问题的解决，发挥教师创造力。多样性的源泉来自于教师个体解决问题的需要，教师个体的知识背景和经验有着很大的差别。每个教师所面对的学生也是不同的，学生的能力水平、态度偏好决定了教师所使用的教学方法是个性化的。

"同课异构"的基础是对教学内容和教学对象的深入分析，根据教师和学生的已有经验，对教学内容进行重组，形成专题。"信息化资源支持下的初中语文综合性实践课'戏曲大舞台'的教学研究"是由兰州市十九中和临泽县蓼泉中学、平川中学三所城乡学校建立的校际协作研究课题。教师们通过前期的骨干教师集中培训和校本培训系统学习了信息化教学方法,通过协作共建专题学习网站为团队提供一个共享的资源环境,为团队成员教学设计提供了形成多元化教学结构的技术支持,教师们通过专题研究找到适合自己的教学模式,找到打开语文综合实践课这扇实践之门的钥匙。

研究团队从专题研究的角度,设计了不同的主题,尝试用不同的信息化教学方法有侧重地解决教学实践中的问题,通过多轮次的"设计—实施—评价—修改",形成了如图 5—22 所示的用多种不同的信息化教学方法实施该单元内容的教学结构,尝试语文综合实践课的教学模式改革。

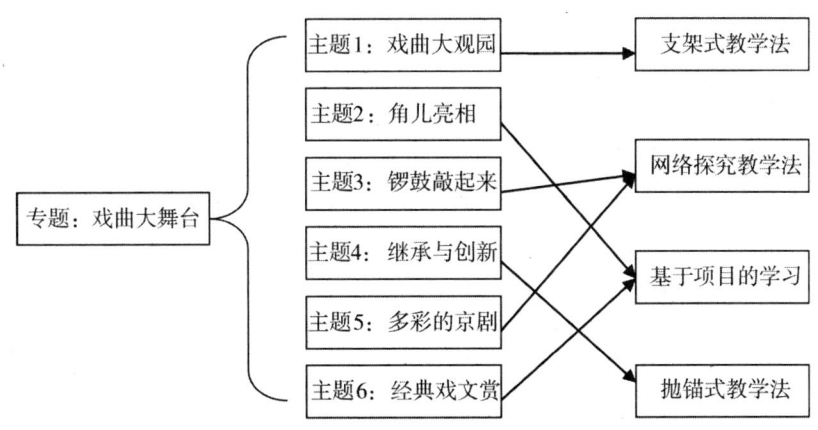

图 5—22 基于专题的多元化教学结构

1. 结构化的知识整合方式

教师 A 根据主题"戏曲大观园"设计的专题网站,在教学中起到任务导引和提供资源共享的作用。师生从一开始就根据中国戏曲的种类及其传承为线索对教学结构进行了规划和设计,学生利用专题学习网站可以查阅大量的资料,从而避免了在网络中的"迷航",师生通过讨论区进行交流。教师的概念图在这项教学活动中起到了支架的作用，利用该软件能够帮助学生理清知识结构。在成果展示阶段，概念图又成为学生进行资源整合的工具，使学生在制作概念图过程中，利用概念地图的方式来组织知识点，制作出图文并茂、条理清晰的知识网络，沿着可视化的记忆网络，学会概括、学会思维、加强记忆。

2. 探究性的知识建构方式

教师 B 根据主题"多彩的京剧"精心设计了具有丰富资源的专题学习网站，对京剧这种戏曲门类的相关资料进行了分类整理。教师从"为什么京剧被称为国粹"这一问题入手，让兴趣爱好相近的学生以自发的形式，以小组为单位自己制定探究任务、探究方案，并确定最终活动展示的方式。比如，有的学习小组将活动探究任务定为"京剧——我们的国粹"、"京剧——你为什么不流行"、"戏曲故事的主题探索"等。之后，小组成员根据各自不同的探究任务，完成对资料的搜集与整理，最终以多种形式展示出来。比如学生的探究成果展示有：小论文《京剧——想说爱你不容易》、《解说京剧脸谱的幻灯片》、《优美的唱词—诗意的文化》等都是小组经过合作形成的成果。学生在小组中确定感兴趣的主题，通过探究将主题深化，在探究中不断出现的新的认识和新的理解。在学习过程中，学生的能力、兴趣的差异性得到了充分的尊重。

3. 情境化的问题解决方式

教师 C 首先进行了一次问卷调查，结果发现学生对戏曲的了解和喜欢程度非常低，如何调动学生的学习积极性成为首要任务。该教师选择了一些带有中国戏曲元素的流行音乐 MTV 作为"锚"引入课堂，在"继承与创新"的讨论中将主题深化，最后提出这样一个任务情境：当地一种戏曲表现形式"兰州鼓子"正在进行非物质文化遗产的申报工作，希望同学们在调查研究的基础上为申报工作尽一分力量。学生在讨论的基础上引出自己所关心的问题：什么是非物质文化遗产？非物质文化遗产是如何申报的？为什么要申报非物质文化遗产？这种艺术形式的独特性在哪里？它的起源在哪里，它是怎样流传下来的？我们应该怎样科学地保护它？教师在此基础上建立了专题学习网站，提供了必要的资料和学习任务的要求，学生在调查研究的过程中将有关资源上传到专题学习网站中，利用专题学习网站平台形成了师生共建的格局。学生在问题解决的过程中，将有关知识进行了有效的比较和整合，体验了开展调查研究的过程和方法。学生在整个学习过程中识别问题、提出问题和解决问题的能力得到了提高。

同样基于主题实现多元化教学结构设计的研究团队还有临泽县蓼泉中学"叩问月亮"课题组，围绕语文古诗词教学进行了教学研究和实践，综合运用多种教学方法，使学生在合作、探究中，通过查资料、改编课本剧、评述和鉴赏，发展了能力，又获得了成功的喜悦，增强了自信心。

教师在搭建专题学习网站的过程中，超越了对文字、图片进行加工整合的以"做课件"为重心的操作技能的追求，上升为根据教学法和教学内容进行信息加工和重组的智力技能。技能是知识向能力发展的中间状态，如果对信息化教学法的认识仅仅停留在语言和文字上，就无法形成教学能力的提升。只有在教师形成实践共同体的基础上，在开展设计研究过程中，设计出与自己知识结构和教学经验相适应的教学结构，在教师群体的交流互动中、在教学实践的师生互动中构建自己的教学策略，并在不同教学结构的对比中反思教学过程，以达到对教学内容知识和教学法知识重组和重构的目的。在利用专题学习网站开展教学实践的基础上扩大了互动的范围，不仅有教师之间的互动、师生之间的互动，还有家长参与实现的家校互动。

第六章

技术支持的教师专业发展项目评测

第一节　技术支持教师专业发展项目评价理论基础

一　技术支持教师专业发展项目评价综述

（一）相关概念

"评价"（evaluation）是对某些对象的价值和优缺点的系统调查和评估。教育评价定义多样，有多种观点：一是将评价等同于测量和测验；二是将评价视为学生成就、表现与特定目标间的符合程度；三是将评价视为收集与提供资料，使决策人员从事有效决策的过程；四是将评价视为专业人员的判断、对优点和价值的评估；五是将评价视为一种政治活动。

项目评价是对项目的整个过程，包括设计、实施和结果进行客观、系统的分析，目的是要确定项目是否带来预期的影响（或者反过来说，实际变化在多大程度上是由项目引起的），具体是如何产生这些影响的，实施的效果如何，以及项目的可持续性如何。项目评价主要回答四个方面的问题：（1）项目或政策结果产生的原因是什么？（2）项目或政策的实施对目标人群的具体贡献有哪些？影响如何？（3）我们怎么样才能改进项目或政策的实施结果？（4）从项目或政策的实施过程中，我们可以获得哪些经验和教训？

教师专业发展评价界定和理解分为两类取向：一类是把教师专业发展评价理解为对个体教师专业发展程度的评价，其实质是一种教师专业发展导向下的教师评价；另一类是把教师专业发展理解为教师专业发展活动的评价，其实质是一种项目评价。广义的教师专业发展评价是对教师专业发展的背景条件和保障机制两大方面进行评价，以确保教师个体的专业发展得到实现。狭义的教师专业发展评价主要是对教师个体的专业发展进行评价。

（二）教师专业发展项目评价存在的问题

目前教师专业发展项目评价过程中存在的问题主要集中在以下几个方面：

（1）评估方式缺乏多样性。目前在教师培训中的评估基本采用在培训结束前发放问卷的方式，但由于在培训项目结束后，大多数学员会迫不及待地离开培训场地，他们不想在评估方面花费太多的时间和精力，有些学员甚至认为他们的意见并不会被培训人员真正采纳，因此对评估抱有无所谓的态度，尤其是对于需要他们做出定性评价的主观题会置之不理。这种评估方式是对学员短期内的学习情况反映，是比较浅表的效果评估，而且无法准确获得学员对今后类似项目的改进建议。

（2）评估主体缺乏广泛性。多元的评估主体是确保评估结果有效的重要因素。但在现有的评估中，评估主体基本局限于参训者，由其对培训者和培训机构进行满意度测评，评估结果往往反映的只是培训者或培训机构的质量，呈现单向性。评估培训是否有效应该是双向的，并不简单通过参训者对培训课程的设置、知识、技能的提升，以及参训者的同事、领导、下级、学生对其参训前后的行为表现是否有所改变来判断。

（3）评估内容缺少追踪性。培训过程中，参与培训的教师的知识学习，尤其是技能的提升，具有一定的内隐性和滞后性，这就需要在培训结束后有后续跟进的评估，如教师在回到工作岗位后能否将培训中获得的知识和技能运用到教学中去，培训中提倡的态度和价值观是否改变了学员看待和处理问题的方式，无法反映学习者是否把培训真正内化并进而改进自己的教育教学。正因为缺少培训后的追踪评估，期望的培训效果与实际的培训效果之间往往存在着很大差别。

（4）评价标准单一，忽视教师的个体差异和评价技术的适用性。当前对教师进行的各种培训中越来越重视实际能力的培养，这导致评价在理论上不断呼唤"多元"标准，但能真正落到实处的还不多。以"知识掌握程度"为评价标准的总结性评价仍是现实教育生活中的主导趋向。

（5）忽视评价过程。现实的评价往往是只注重对结果的评定，而缺少对过程的监控，不能关注到教师学习和发展的过程，忽视真实、有效地记录教师发展过程的资料和文档，且不能及时将这些资料呈现并反馈给教师，进而导致不能对教师的表现进行纵向比较，也不能提出教师应该努力的方向和具体的改进建议，不能促使教师通过外在的评价及时了解自己的成长与发展过程。

（6）评价内容缺乏情境性。用孤立的问题和测验来评判教师，评价时不注重在真实情境中对教师教学能力变化的考察，割裂了教师实际能力和教学情境的关系。

（7）评价缺少教师自身的参与。评价者或者上级管理人员掌握着评价的主动权，他们的偏好决定了评价的理念、标准、方法及内容等各个方面。教师基本没有"发声"的空间与机会。所谓的"主动性"和"自主性"也是主动、自主地"接受"。

（8）轻视评价的激励和导向功能。目前大多数的评价还只是停留在判断教师参加培训获得知识的水平，仅仅重视对教师浅层次知识评价的诊断功能，缺乏评价教师的激励和导向功能。

此外，也有学者认为教师专业发展还存在着缺乏理论基础及评价内容专业性体现不足等问题。

（三）教师专业发展项目评价的原则

代蕊华（2011）提出了教师专业发展项目评价的基本原则。①（1）实事求是原则。以学校的实际情况来设定评价的标准，过高的标准容易挫伤教师的积极性，过低的标准不能激发教师参与培训的热情。（2）民主性原则。多个主体参与，并非单纯的领导评价，因此要发挥相关单位及个人参与。（3）多元化原则。为了促进教师专业发展进行评价，需要多渠道收集评价信息，采用多样化的方法、多角

---

① 代蕊华：《教师专业发展与校本培训》，教育科学出版社 2011 年版，第 170—171 页。

度全方位地开展评价。（4）激励性原则。重视发挥评价的改进功能，将评价信息及时反馈给有关组织和个人，以达到调动其积极参与评价活动的目的。（5）发展性原则。不是一时之举，也不是只注重培训结果，而是强调评价的过程，强调关注教师参与培训和学习的过程。

王斌华（2005）提出了发展性教师评价的原则。[①]（1）发展性原则。基本假设是教师的知识、能力和态度是可以发展的；教师具有专业发展的外在压力和内在需求；应把教师的发展需求与学校的发展需求结合起来。具体包括两层含义：发展性教师评价旨在促进教师与学校、个人与组织的共同发展，进一步提高学校办学质量；发展性评价旨在促进全体教师的专业发展，而不是促进少数教师的专业发展。（2）诊断性原则。发展性教师评价制度努力发挥鉴定和诊断的功能。评价过程中，发现教师工作的优点和缺点，通过成因分析，找出症结所在，并有的放矢地制定相应的改进措施。（3）反馈性原则。发展性评价务必及时向评价对象提供反馈信息。至少有两个指向：向评价对象提供反馈信息，使评价对象总结经验和教训，明确今后的努力方向，并从中了解学校组织对他们的期望；向学校领导提供反馈信息，帮助领导提供管理水平、服务水平和决策水平。（4）民主性原则。要求加强评价过程的透明度，让教师共同讨论和制定评价标准、评价程序、评价方法和评价要求，调动教师的参与意识，激发教师的积极性。（5）科学性原则。发展性评价以现代教育理论为指导，其评价标准、评价程序、评价方法、评价结果不仅要符合教育规律、教学原理、教师的职业特点和心理特点，而且要符合本地区和本学校的实际情况，为全体评价者与评价对象所接受；实施发展性教师评价，坚持实事求是的态度，确保评价结果的可靠、客观和准确。

（四）教师专业发展评价的层次

教师专业发展评价层面主要包括学员反应、参与者的学习、组织支持和变化、学员应用新知识和新技能、学员学习结果（见表

---

① 王斌华：《教师评价：绩效管理与专业发展》，上海教育出版社2005年版，第46—47页。

6—1）。

表 6—1　　　　　教师专业发展评价的五个重要层次①

评价层次	要解决的问题	如何收集信息	要测量或评估什么	如何使用信息
学员反应	●他们喜欢吗？ ●他们的时间花费合理吗？ ●材料有意义吗？ ●活动有用吗？ ●领导人知识渊博有助益吗？ ●点心新鲜可口吗？ ●房间温度适宜吗？ ●椅子舒适吗？	●阶段结束时发放调查问卷 ●焦点小组 ●访谈 ●个人学习日志	对于经历的初始满意度	用来改善项目设计和传播
参与者的学习	参考者习得了所期望的知识和技能了吗？	●纸笔工具 ●模拟和示范（simulations and demonstrations） ●学员的反思（口头或书面的） ●学员档案袋 ●案例研究分析	学员的新知识和技能	用来改善项目内容、格式和组织
组织支持和变化	●它给组织带来什么样的影响？ ●它影响了组织的氛围和程序吗？ ●实施得到倡导、促进和支持了吗？ ●支持公开和明显吗？ ●问题得到了快速和有效的解决了吗？ ●可以得到充足的资源吗？ ●成功得到认可和分享了吗？	●学区和学校记录 ●后继会议记录 ●调查问卷 ●焦点小组 ●与学员和学校或学区管理人员的结构式访谈 ●学员档案袋	组织的倡导、支持、适应、促进和认可	●用来证明和改善组织支持 ●为未来变化努力提供信息

---

① ［美］Thomas R. Guskey：《教师专业发展评价》，方乐等译，中国轻工业出版社 2005 年版，第 1—2 页。

续表

评价层次	要解决的问题	如何收集信息	要测量或评估什么	如何使用信息
学员应用新知识和新技能	学员有效地应用新知识和新技能了吗？	●调查问卷 ●与学员和他们导师的结构式访谈 ●学员的反思（口头或书面的） ●学员档案袋 ●直接观察 ●录音或录像带	实施的程度和质量	用来证明和改善项目内容的实施
学员学习结果	●它对学生有什么影响？ ●它影响学生绩效或成就吗？ ●它影响学生身体或情感福利了吗？ ●学生成为更加自信的学习者了吗？ ●学生出勤率在逐步提高吗？ ●学生辍学率在逐步降低吗？	●学生记录 ●学校记录 ●调查问卷 ●与学生、家长、教师和管理人员的结构式访谈 ●学员档案袋	学生学习结果： ●认知方面（绩效和成就） ●情感方面（态度和气质） ●身体运动（技能和行为）	●为了关注和改善项目设计、实施和后续的所有方面 ●为了证明专业发展的全部影响

二　技术支持教师专业发展项目评价模式

技术支持的教师专业发展评价设计的过程高度复杂、内容极其繁杂。国内外评估专家已经针对教师培训和企业员工培训提出了具体的评估模式，每一种都有独特的优势和显著的局限。较为适合技术支持的教师专业发展的评估模式包括：泰勒评价模式、梅特塞尔和迈克尔评价模式、哈蒙德评价模式、CIPP 评价模式、柯克帕特里克评价模型、CIRO 培训评估模。

（一）泰勒评价模式

19 世纪 30 年代和 40 年代，拉尔夫·泰勒在进行评价工作期间开发了泰勒评价模式，其核心观点是突出项目或活动目标的重要地位，根据项目的目标，选择材料、罗列内容、形成教学程序和准备测验和考试。因此，项目评价也是主要关注目标的实现程度。泰勒评价模式的实施步骤为①：

（1）确定宽泛的目的或目标；

（2）对目的或目标分类或排序；

（3）以可观察的术语界定目的或目标；

（4）找到证明目标实现的情景；

（5）开发或选择测量技巧；

（6）收集成绩数据资料；

（7）把成绩数据资料与既定目标相对比。

（二）梅特塞尔和迈克尔评价模式

在泰勒评价模式的基础上，梅特塞尔和迈克尔提出了改进版的评价模式。它强调在整个评价过程中包括多个群体和扩充评价过程中的资料收集方法。它提出了评价的步骤②：

（1）使整个学校群体作为评价过程促进者参与进来；

（2）形成一个具有内聚力的目的和目标模式；

（3）把目标转化成可交流的形式，用于促进学校环境中的学习；

（4）选择或构建工具，提供进行项目有效性推理的措施；

（5）利用内容效度测试、量表和其他行为措施进行定期观察；

（6）运用适当的统计方法分析数据资料；

（7）运用全部措施之上所期望行为层次的标准来解释数据资料；

（8）为广泛的目的和具体目标进一步实施、调整和修改提出建议。

梅特塞尔和迈克尔认为，教育评价影响整个学校，广大教育工作者有必要广泛地参与评价。同时，用来收集相关数据资料的多种可选工具，也极大地增进了教育者对于评价结果有用性的理解。

---

① Tyler, R. W., "General Statement on Evaluation", *Journal of Educational Research*, Vol. 35, No. 4, 1942, pp. 492-501.

② Metfessel, N. S., & Michael, W. B., "A Paradigm Involving Multiple Criterion Measures for the Evaluation of the Effectiveness of School Programs", *Educaional and Psychological Measurement*, Vol. 27, No. 4, 1967, pp. 931-943.

（三）哈蒙德评价模式

在泰勒评价模式的基础上，哈蒙德进一步进行了扩展。其核心观点认为项目目标是否实现非常重要，但是同等重要的是明确地找出目标实现或没有实现的原因。哈蒙德提出了三维模型来组织影响目标实现的各种因素（见图6—1）。[①]

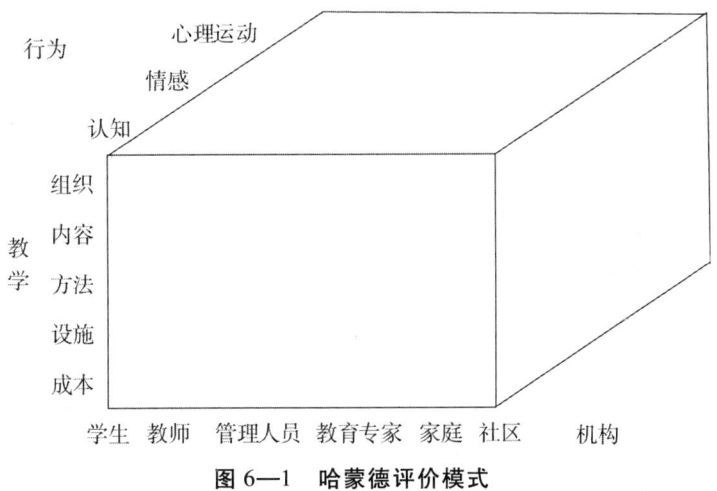

图6—1　哈蒙德评价模式

1. 教学：被评价项目或活动的特征

组织：学校结构、管理层次、氛围、时间安排等；

内容：活动主题；

方法：所使用的程序、活动或互动；

设施：空间、准备或材料；

成本：设施购买和维持所需的资金，以及人员劳务。

2. 机构：参与项目的个体或群体特征

学生：年龄、年级、性别、背景特征、以往成就或地位、兴趣等；

教师：性别、工作经验、背景和其他相关特征；

管理人员：性别、工作经验、背景和其他相关特征；

---

① Hammond, R. L., "Evaluation at the Local Level", In B. R. Worthen & J. R. Sanders (Eds.), *Educational evaluraion: Theory and Practive*, Belmont, CA: Wadsworth, 1973, pp. 157-169.

教育专家：性别、工作经验、背景和其他相关特征；

家庭：参与被评价活动的层次和普遍特征，如文化背景、语言、家庭规模、教育层次和收入等；

社区：地理位置、历史、人口和经济特征。

3. 行为：被评价项目或活动的目标特征

认知：知识和智力技能；

情感：兴趣、态度和品质等；

心理运动：技能或体育资质。

三个维度交织成为 90 个空间，在解释评价方面可能有用。例如，教师（机构维度）、方法（教学维度）、认知（行为维度），可以提出问题：项目或活动提供的方法能让教师完成认知目标吗？教师使用项目提供的方法在多大程度上实现了认知目标？等等。

（四）CIPP 模型

在泰勒评价模式所架构的目标导向策略的基础上，同时也是在对泰勒模型和目标分类理论反思的基础上，美国著名评估专家斯塔弗尔比姆（Daniel L. Stufflebeam）等提出了 CIPP 模型。该评估模型的基本观点是认为评估最重要的目的不是为了证明，而是为了改进（The most important purpose of evaluation is not to prove, but toim-prove）。[1] 由于该模型由背景评估（Context Evaluation）、投入评估（Input Evaluation）、过程评估（Process Evaluation）及结果评估（Product Evaluation）四部分组成，因此称之为 CIPP。

背景评估：主要用于决定规划。在制订项目方案时，对被培训者的需求、存在的问题与障碍、可利用的资源、培训目标进行评价。主要目标是：考察培训目标和被培训者需求的一致性，以帮助制定优化的培训目标和优先级；了解实现目标过程中存在的问题和障碍；项目目标实现的时机及资源是否合适。

投入评估：关注决定结构。对满足需求和实现目标所使用的方法、行动计划、人员安排、服务策略、预算的可行性和潜在成

---

① ［美］斯塔弗尔比姆等：《评估模型》，苏金丽等译，北京大学出版社 2011 年版，第 323—327 页。

本进行评估，避免失败和浪费。投入评估要解决的问题是：为实现目标需要制订哪些计划，实现目标的可能有多大？有哪些备用方案，选择或淘汰方案的原因是什么？当前方案是否合理、合法？预算自己、参与人员、资源配置方案、时间进度安排等论证和选择。

过程评估：对计划的实施情况进行评估，提供反馈信息，掌握方案的执行进度，发现实施过程中的潜在问题，为修正计划提供指导。过程评估需要回答的问题是：计划实施的过程是什么样的？计划实施过程中是否需要修改，如何修改？

结果评估：用目标的实现程度来判定项目的实施效果。对长期方案进行评价时，进一步扩展为：影响力评价（Impact Evaluation）、成效评价（Effectiveness Evalutaion）、持续性评价（Sustainability Evaluation）、迁移性评价（Transportability Evalutaion）。影响力评价是评价方案对培养对象的影响程度；成效评价是对方案成果的质量和重要性进行评价；持续性评价是对方案取得的成果能够制度化的程度，以及能够持续进行的程度进行评价；迁移性评价是对方案已经（或可能）取得的成果能够被其他方案借鉴并应用的程度进行评价。①

CIPP 模型把评估看成是教育活动的一部分，认为评估本身也是一种教学，评估不能局限于目标的完成情况，而要成为决策提供信息的过程，评估应该成为改进教学质量的工具，所以该模型也被称为决策导向型评估模型。它真正将评估活动介入到培训的整个过程，不仅对培训的必要性和可行性进行分析，还注重对培训过程进行监控。培训过程中的评估可以及时发现和总结本次培训的经验和不足，其反馈信息会对本次培训的后续项目产生积极影响。毛乃佳等在此基础上构建了教师培训评估体系构建方案，进一步细化了其中的内容，如表6—2所示。

---

① 祝智庭、尚春光、郭炯：《教育技术与教育创新——绩效评价的理论、系统与实践》，高等教育出版社 2011 年版，第 152 页。

表 6—2　　　　　　　　　教师培训评估体系建构方案①

评估层面	评估目标	评估方法	评估指标内涵	评估指标
背景评价 Context	界定机构的背景；确认对象及其需求；确认满足需求的可能方式；诊断需求所显示的困难；评断目标能否满足已知的需求	搜集对结果的描述及判断；将其与目标以及背景、输入过程的信息相互联系；解释其价值及意义	规划与方案（教师教育理念，教师教育目标，教师教育课程）	1. 教师教育指导思想 2. 办学思路与发展规划 3. 教师教育目标的陈述 4. 教师教育课程与课程基准的符合程度
输入评价 Input	确认及评估下列各项：系统的各种能力，数种可替代的方案策略，实施策略的设计、预算及进度	将现有的人力及物质资源、解决策略及程序设计列出清单，并分析其适切、有效及合算的程度；利用文献探讨，访试成功的类似方案、建议小组以及小型实验室等方法	教学条件（教学仪器、设备与教学用具，教育实习场所，教师教育机构办学经费）、教师队伍（主讲教师，师德修养，教师的学术及教学水平）	1. 教室、图书馆、实验室、实习场所、计算机房等教学场所满足教学需要状况 2. 图书馆教育类书刊 3. 人均（含教师与学生）经费，近三年年生均主要教学经费 4. 教师队伍的学科、学历结构状况 5. 按设置的教师教育课程配备教师 6. 教师年人均发表的成果数
过程评价 Process	确认及预测程序设计或实施上的缺点，记录及判断程序上的各种事件及活动	追踪活动中可能存在的障碍，并对非预期中的障碍保持警觉，描述真正的过程，方案工作人员不断交往，并观察他们的活动	课程实施情况（课程实施，教学内容与课程体系改革，教学方法与手段，课程实施支持系统的情况）	1. 教师教育课程方案的实施情况 2. 学生课程成绩一次合格率 3. 课程建设自我评估制度 4. 现代教育技术的使用情况 5. 教师与学生对课程实施支持系统的满意度

① 毛乃佳、林凤：《基于 CIPP 模型和柯式模型构建教师培训评估体系》，《北京教育学院》2010 年第 8 期，第 16 页。

续表

评估层面	评估目标	评估方法	评估指标内涵	评估指标
成果评价 Product	搜集对结果的描述及判断，将其与目标以及背景、输入及过程的讯息相互联系，解释其价值及意义	将结果的标准赋予操作性定义，并加以测量；搜集与方案有关的各种人员对结果的评断；从事质与量的分析	教学效果（课程通过率，学生在教师教育课程学习后的自我发展评价，用人单位评价）	1. 教师教育课程的完成率 2. 主干课程（课程标准中的必修科目）学生成绩平均优秀率 3. 从事教师职业所必需的教育教学理论知识的情况 4. 从事教师职业所必需的教育教学技能的情况 5. 从事教育职业所必需的专业意识的培养 6. 满足用人单位教学要求的程度

（五）柯克帕特里克评价模型

柯氏四层评估模型，是培训专家柯克帕特里克提出的培训效果评估模型。该模型主要以受训学员作为评估效果的对象，根据评估对象的活动状况进行划分，在层级划分上，依据行为学的研究结果，由表及里、由观念到行为直至结果的变化规律来划分层级。该模型将培训的评估分为四个层级：第一，反应（Reaction），征询受训者关于培训印象、实用性等主观感受，涉及内容主要包括培训内容、培训者、方法、材料、设施、场地、报名程序；第二，学习（Learning），采用各种测验的形式收集评价信息，直接测量受训者对原理、事实、技术和技能的掌握程度；第三，行为（Behavior），确认培训项目学习到的知识和技能转化为实际工作的程度，评价内容为受训者现在能不能做以前做不到的事情、受训者在工作中是否表现为新的行为、受训者是否表现得更好；第四，结果（Results），从组织的高度进行，即组织是否因为培训而经营得更好了，具体到学校而言，培训是否促进了学校和教师的发展。[①] 前两个层次主要是在培训的过程中进行评估，而后两个层次主要是在培训后对结果进行评估，如表6—3所示。

表6—3　　　　　　　　　　柯克帕特里克四层评估模型[②]

层次	名称	问题	衡量方法
第一层次	反应	受训人员喜欢该项目吗？对培训人员和设施有什么要求？课程有用吗？有什么建议？	问卷
第二层次	学习	受训人员在培训前后，知识以及技能的掌握方面有多大程度的提高？	笔试 技能操作 工作模拟
第三层次	行为	培训后，受训人员的行为有无不同？他们在工作中是否使用了在培训中学到的知识？	个体绩效评价
第四层次	结果	组织是否因为培训经营得更好了？	满意度 士气 教学质量 人员流动率

（六）CIRO培训评估模型

CIRO培训评估模型是一个由奥尔、伯德和莱克哈姆提出的四级评估模型。该模型描述了四个基本的评估级别，是由背景评估（Contextevaluation）、投入评估（Input evaluation）、反应评估（Reaction evaluation）和输出评估（Output evaluation）的首个字母组成的。

---

① Kirkpatrick, D. L., "Techniques for Evaluating Training Programs", A Four-part Series Beginning in the November Issue of Training and Development Journal (then titled journal for the American Society of Training Directors） Vol. 13, No. 11, 1959.

② ［美］派恩斯：《公共和非营利性组织的人力资源管理》，清华大学出版社2002年版，第193—196页。

（1）背景评估：是指确认培训的必要性，以便确定培训需求和培训目标。在此过程中，需要评估三种目标：最终目标（组织可以通过培训克服或消除的特别薄弱的地方）、中间目标（最终目标所要求的员工工作行为的改变）和直接目标（为达到中间目标，员工必须获取的新知识、技能和态度）。

（2）投入评估：是指确认培训的可能性。通过评估可使用的内部资源和外部资源，确定如何开发这些资源，并确定培训的实施方案。

（3）反应评估：是指衡量学员的反应来提高培训的有效性。这个评估过程的典型特征是依赖于学员的主观信息。奥尔、伯德和莱克哈姆指出，如果用系统和客观的方法对学员的意见进行收集和利用，将会对培训的改进产生非常大的作用。

（4）输出评估：是指收集和使用与培训结果相关的信息。该评估被认为是评估最重要的一个部分。它包括四个阶段：确定所要收集的数据、选择收集数据的方法、在合适的时间进行评估、利用评估结果改善以后的培训。[①] CIRO 评估模型最重要的改进之处就是将评估活动介入到了整个培训过程中的其他环节，开展了过程性评价，但该模型中评估与培训执行这一重要环节相脱离，评估结果没有进行有效的反馈，评估发现的问题在项目执行中不能够及时地修正，未能作用于后续项目的设计与实施。

（七）古斯基（Guskey）模型

在柯氏评价模型的基础上，古斯基提出了教师专业发展评价模型。认为教师专业发展是一个动态的过程，会随着时间的推移而不断变化，需要考虑组织不同层面的专业发展受到内容、过程与情景的影响，决定了对学校中所有参与者知识与实践的影响[②]。古斯基模型如表 6—4 所示。

---

① ［美］杰克路·J. 菲利普斯：《培训评估与衡量方法手册》（第 3 版），李元明、林佳树译，南开大学出版社 2001 年版，第 51—53 页。

② 李方、钟祖荣：《教师培训质量导航》，高等教育出版社 2014 年版，第 44—45 页。

表 6—4 　　　　　　　　　　　　　古斯基模型

评价层级	重要问题	信息收集方式	测量内容	信息应用
参与者的回应	☆参与者喜欢该专业发展活动吗？ ☆时间得到有效利用了吗？ ☆学习资料重要并有价值吗？ ☆学习领导者有能力帮助自己进行学习吗？ ☆茶点新鲜、可口吗？ ☆教室、房间的温度舒适吗？ ☆桌椅舒适吗？	问卷	参与经验的最初满意度	改进项目的设计与实施
参与者的学习	参与者掌握了预先设定的知识吗？	☆纸笔测验 ☆测量量表 ☆模仿 ☆展示 ☆档案	参与者的新知识与新技能	改进项目的内容、形式和组织
组织支持以及支持方面的变化	☆专业发展对于组织有何影响？ ☆对专业发展项目的实施进行宣传、促进予以支持了吗？ ☆专业发展的效果得到分享并重新组织了吗？	☆学校档案与报告 ☆问卷 ☆结构性访谈 ☆参与者的档案 ☆参与者的反应	组织的宣传、支持、使用及认可	☆呈现组织支持程度及组织支持的改进程度 ☆为未来改进提供参考
参与者应用新知识和新技能的情况	参与者有效使用了新知识和新技能吗？	☆问卷 ☆结构性访谈 ☆直接观察	应用的程度和质量	呈现专业发展项目内容使用的情况及相关内容的改进

续表

评价层级	重要问题	信息收集方式	测量内容	信息应用
学生的学习结果	☆专业发展活动对学生有何影响？ ☆专业发展活动影响了学生的学习成就吗？ ☆专业发展活动影响了学生的身体及情感发展吗？	☆学生档案 ☆学校档案 ☆问卷 ☆结构性访谈 ☆参与者的档案与反应	☆认知（学业成就） ☆情感（态度与性向） ☆心理（技能与行为）	☆对项目设计、实施与跟进等方面予以聚焦及改进 ☆呈现专业发展项目的全面影响

三　技术支持教师专业发展项目评估方法

（一）参与式评价（participarory evaluation methods）

参与式评价方法的内在逻辑是，通过相关人员在项目监测与评价中广泛参与，充分考虑群众的意见，与相关人员建立起良好的合作关系，促进相关者对项目的认同感和责任感，提高项目受益者自我决策和发展的能力，最终实现项目的可持续发展。参与式评价的步骤为：首先进行利益相关者分析（stakeholder analysis），这是评价的起点，目的是了解项目所涉及群体的特征及其参与项目的情况，并确定哪些人应为分析对象，以及何时进行分析；接下来进行受益者评价（beneficiary assessment），召集项目受益者参与讨论，从受益者的角度获得反馈意见；最后是参与式评价，在确定的参与者范围内以及获取受益者建议的基础上，召集不同层面利益相关者共同讨论，不管是采取头脑风暴法还是其他手段，快速确定困难，收集和分析资料，进而提出改进建议。

参与式评价方法是项目评价的重要方法。强调相关群体，特别是项目直接干预对象参与其中，这样能确保获取资料的客观真实，反映项目实施的成败得失。其中不足之处在于，群众意见往往存在分歧，统一意见需耗费大量时间；同时，由于进行的是集体评价，参与者从自身利益出发进行评价，提出的建议可能不够客观和公正。

（二）逻辑框架法（the logical framework approach）

逻辑框架法是由美国国际发展署（U. S. Agency for International Development，简称 USAID）在 20 世纪 60 年代后期用于项目规划而设计的一种方法。其前提假设是，当必要的外部条件得到满足时，项目活动的投入、产出、目标、目的之间有着必然的因果逻辑关系。同时，所有投入、产出、目标、目的都能通过一定的方法或手段进行度量。在使用该方法进行评价时，需要设计逻辑框架表。该表列出项目各个阶段的具体目标及其标准，实现目标的活动及其影响因素；在项目进行中，评价人员在逻辑框架表中填入各项活动和影响因素的实际情况，评价人员通过对比实际状况和规定状况，可以建立起早起预警系统，及时发现问题，分析原因，并提出对策。

作为一种综合、系统的研究和分析问题的思维框架，逻辑框架法在项目立项决策、可行性研究、过程评价、结果评价中都普遍被采用。它可以对关键因素和相关问题做出系统的、合乎逻辑的分析。但逻辑框架方法仍然存在着不足。首先，因为该方法是动态评价方法，项目在进展中所处的情景随时发生着变化，这对逻辑设计的合理性提出了很高的要求。其次，对于逻辑框架指标设计的要求高，指标少，不能充分考察；指标过多，收集数据成本较高，可操作性较差。另外，考虑到数据的可得性，一些非常好的绩效指标不得不放弃。最后，如果逻辑设计过于严格和死板，利用该方法进行监测和评价，可能会扼杀创新能力。

（三）成本效益分析

成本效益分析主要是通过评价项目的成本和效益，确定项目是否有成本效益，可以说主要是用来评价效率问题。亨利·莱文、帕特里克和 J. 麦克尤恩合著的《成本效益分析》（Cost-effectiveness Analysis）一书中，对比了四种成本分析方法：成本效益（cost-effectiveness）分析、成本收益（cost-benefit）分析、成本效用（cost-utility）分析以及成本可行性（cost-feasibility）分析。这四种方法各有利弊，在对政策或项目进行监测与评价的过程中使用最多的主要是成本效益分析和成本收益分析两种分析方法。前者主要通过非货币形式来考察成本和结果；后者主要是将成本和结果货币化，然后进行成本效益分析。而成本效用分析与成本收益分析非常相似，不过成本效益分析除了可以测量数外，还可以测量质量。

（四）影响力评价（impact evaluation）

影响力评价一般在项目执行结束时或结束后进行，是就项目对个人或者机构的影响做出系统性评价，对项目的评价可以是消极的或者是积极的，可以是有预期的或者是没有预期的。虽然项目影响的指标都是可识别和可测量的，但是困难在于把这些结果与具体的项目活动联系起来，并用指标来说明项目产生的具体影响。其困难的根源在于许多影响结果的因素并非评价者能控制的。在这种情况下，把项目产生的影响与其他因素的影响结果区分开来并非易事，要区分这种结果需要影响力评价的专门技术，所得到的评价结论与其他非项目因素无关，进而能够反映该项目的效果。

影响力评价一般是大样本的，对项目参与者与未参与者间、参与前和参与后状况做对比评价。评价时需要综合使用快速评价、参与式评价方法以及正式评价所获得的信息和资料。影响力评价可以在很好地控制外部因素的情况下，通过对对照组和实验组的对比，很好地测量项目的产出及其影响，进一步比较替代性方案的有效性和可行性，回答利益相关者所关心的核心问题。所提供的结论将有助于优化资源配置，为将来项目的设计和管理提供更有说服力的经验教训。但是，影响力评价通常耗费大量的时间成本和财力成本，当决策者需要快速、及时的信息时，影响力评价的优势将大打折扣。同时，由于模型设计和分析的技术含量和复杂程度较高，增加了该方法推广的难度。[1]

（五）布鲁斯沃和拉姆勒培训项目评价

20世纪70年代美国学者布鲁斯沃和拉姆勒对培训项目评价的标准和衡量方法进行了研究，总结了一套方法（见表6—5）。

---

[1]　Independence Evaluation Group of World Bank, Institutionalizing Impact Evaluation Within the Framework of a Monitoring and Evaluation System, http://www.worldbank.org/oed/ecd/, 2009.

表6—5 **布鲁斯沃和拉姆勒培训项目评价一览表**

我们想知道什么	衡量什么	衡量项目	获得信息的方法	活动信息的代替方法
受训者是否满意？如果不满意，为什么？ （1）培训与自身工作相关 （2）培训场所设计不合理 （3）受训人选不合适	培训期间受训者的反应	1. 培训与工作的联系 2. 学习的轻松程度	受训者对培训的教学、联系方法评论	1. 观察法 2. 问卷法 3. 面谈法
	培训之后受训者的反应	1. 培训到底"值不值"？ 2. 培训与学习有关吗？	1. 培训产生的行为方式 2. 对项目概念的理解	1. 观察法 2. 问卷法 3. 面谈法
教材是否教会了概念？如果没有，为什么？ （1）课程描述 （2）课程设计 （3）培训目标	培训期间受训者的表现	1. 是否理解？ 2. 能否应用？	1. 学习时间 2. 培训期间的测试成绩	1. 观察法 2. 文件检查
	培训之后受训者的表现	1. 是否理解并应用？ 2. 内容的衔接	1. 表达 2. 制定未来行动方法	1. 观察法 2. 问卷法 3. 面谈法 4. 文件检查
所学技术是否进行运用？如果没有，为什么？	绩效改进计划	分析行动计划和记过	1. 讨论 2. 文件 3. 结果	1. 观察法 2. 问卷法（关键） 3. 面谈法 4. 文件检查
	解决工作中问题的技术	1. 提出的问题 2. 计划的行动 3. 采用的行动	1. 讨论 2. 文件 3. 结果	1. 观察法 2. 问卷法（关键） 3. 面谈法 4. 文件检查
	不断改进的管理方法	1. 宣传的努力 2. 人员管理的程序	1. 讨论 2. 文件 3. 结果	1. 观察法 2. 问卷法（关键） 3. 面谈法 4. 文件检查

续表

我们想 知道什么	衡量 什么	衡量 项目	获得信息的 方法	活动信息的 代替方法
概念和技术的 应用是否积极 地影响了组 织？如果不 是，为什么？	难题的解决	1. 问题的识别和分析 2. 行动 3. 结果	1. 讨论 2. 文件 3. 结果	1. 观察法 2. 问卷法（关键） 3. 面谈法 4. 文件检查
	危机预测与预防	1. 潜在危机的识别 2. 行动 3. 结果	1. 讨论 2. 文件 3. 结果	1. 观察法 2. 问卷法（关键） 3. 面谈法 4. 文件检查
	绩效衡量	1. 产出的衡量 2. 诊断的办法	业绩数据	文件检查

四 技术支持教师专业发展项目评估过程

技术支持教师专业发展项目流程是指对整个评估过程的程序和规范，以及评估过程中的每一个环节进行阐述。它最显著的特点是系统化和条理化。

（一）莱斯利·瑞评估流程

英国学者莱斯利·瑞根据实践经验，在总结理想化评估流程的基础上，设计了比较可行的、经过实践检验的评估流程。但该流程是一个线性流程，没有进行有效的反馈。具体流程为[①]：（1）确定培训需求；（2）设计培训方案；（3）确定评估方案；（4）初期知识、技能、态度测试；（5）进行培训；（6）期中评估；（7）期末评估；（8）期末课程评估与审查；（9）学员制订实践计划；（10）学员进行知识转化；（11）中期评估；（12）长期评估；（13）分析评估报告。

---

① ［英］莱斯利·瑞：《培训效果评估》（第3版），牛雅娜等译，中国劳动社会保障出版社2003年版，第220页。

（二）斯旺森的培训效果评估系统流程

斯旺森等认为整个评估过程从综合分析开始，包含五个步骤：（1）确定预期成效；（2）拟订效果评估计划；（3）建立效果评估方法；（4）收集并分析结果数据；（5）解释并报告评估结果。[①]

（三）古斯基的教师专业发展评价过程

美国学者古斯基（2000）提出了评价教师专业发展的 12 个步骤：（1）明确预期目标；（2）评估目标的价值；（3）分析背景；（4）估算达到目标的可能性；（5）决定怎么样评价目标；（6）规划出收集证据的策略；（7）收集、分析参与者反映的证据；（8）收集、分析参与者学习的证据；（9）收集、分析组织支持和变动的证据；（10）收集、分析使用新知识和技能的证据；（11）收集、分析学生学习结果的证据；（12）准备并呈现评价报告。

第二节　技术支持的教师专业发展项目评价实践

一　CIPP 评价模式实践

本节以中央电化教育馆—联合国儿童基金会"灾区教师培训项目"设计过程中采用 CIPP 评价模式开展背景评估和投入评估的过程为例，介绍该项目的基线调研。

（一）评价背景

5·12 地震后，在各级党、政府和社会各界的支持下，灾区教育重建工作取得较大进展，教学资源配置趋于均衡，办学条件实现现代化。随着教育重建向纵深发展，优质师资短缺问题极为突出，亟待提升教师整体素质以提升教学质量。为此，在联合国儿童基金会（UNICEF）的资助下，中央电教馆组织实施对灾区五个项目县教师有效教学能力培训项目（简称"灾区培训项目"）。项目目标为：①使四川省北川、青川、什邡、绵竹及甘肃西和 5 个县（市）

---

① ［美］理查德·斯旺森、埃尔伍德·霍尔顿三世：《人力资源开发效果评估》，中国人民大学出版社 2008 年版，第 14 页。

的 10 万名 8—12 岁的小学生从高质量的教育中受益；②为国家政策影响记录 8—12 岁的学生在发展上的进步；③使 5000 名教师能够交流想法，为提高教育质量寻求帮助；④监督和评估学生的进步。项目的主要内容是借助中央电教馆和联合国儿基会设计开发的交互式教师培训光盘——《有效教学交互电视培训——教师能力培训课程》，开展以"有效课堂导入"等六个模块为主要内容的教师教学能力培训工作。六个模块的主要内容为：

（1）课堂观察与评价：课堂观察与评价的内容涉及课堂观察的目的、课堂观察的方法、课堂观察的内容和观察点。

（2）有效课堂导入：有效的课堂导入涉及导入的内涵、导入的作用、导入的目的、导入的方法以及导入的设计、实践与评价、信息技术在课堂导入中的应用。

（3）有效课堂讲授：有效的讲授涉及讲授的作用、讲授的方法、促进学生理解的技巧以及讲授的设计、实践与评价，信息技术支持下的课堂讲授（PPT 课件在课堂讲授中的应用，概念图教学法在课堂讲授中的应用）。

（4）课堂提问与对话：课堂提问与对话涉及提问与对话的作用、提问的方法、提问与对话的策略和技能以及对话的设计、实践与评价。

（5）小组讨论与合作学习：小组讨论与合作学习涉及小组讨论与合作学习对构建以学生为中心的课堂的重要意义，初步掌握教师引导小组讨论和合作学习的策略和方法，学会如何评价小组讨论和合作学习。

（6）课后作业管理：本单元介绍了课后作业的管理，涉及课后作业的教学功能，能结合教学初步掌握课后作业的数量控制和管理技能。

（二）评价设计

1. 评价目标

了解项目县教师培训现状，为培训工作的科学设计提供有效依据；分析项目县教师培训需求，为项目内容的设计提供基础数据；

了解教师教学能力现状，为教师培训效果评价提供基准数据；

了解学生能力发展现状，为项目实施效果评价提供基准数据。

2. 评价内容

（1）项目学校教师培训保障条件调查：主要包括项目学校开展交互式电视培训的硬件环境建设及运行情况。

（2）项目学校教师培训现状调查：对近两年教师培训的主要形式、主要内容、培训模式，培训对教师的实际教学能力的影响，教师利用网络交流互动的基本能力现状进行调查。

（3）项目县教师培训需求调查：主要包括教师在培训内容、培训模式、培训方式方法及教师对于网络教学支持服务等方面的需求。

（4）项目学校教师教学能力发展现状调查：主要包括项目学校教师在课堂教学结构安排、课堂导入、课堂讲授、课堂提问与对话、小组讨论与合作学习、课后作业管理等方面的教学能力现状。

（5）项目学校学生能力发展现状调查：主要包括项目学校学生理解能力、交流表达能力、创新能力、记忆能力、知识应用能力、团队合作能力等方面的发展现状。

3. 评价对象

以四川省北川县、青川县、什邡市、绵竹市及甘肃西和县5个县区200所项目学校的教师和8—12岁的小学生为评价对象，具体抽样方法见抽样方案。

4. 评价方法

根据评价目标及评价具体内容，评价将综合运用能力测验、问卷调查、座谈与访谈、课堂观察、课堂教学录像分析、实地考察及查阅材料等多种方式收集数据，实现量化研究与质性研究的结合，具体评价方法如下。

（1）问卷调查。评价工作共设计两套调查问卷，各问卷适用对象及主要功能详述如下：

项目学校教师问卷。教师问卷主要针对项目学校的各学科教师，旨在了解教师近两年已经参与培训的主要培训形式、培训效果及交流方法途径。教师对有效课堂导入等6个教学环节的能力现状，教师利用网络进行交流，资源获取的能力现状。

项目学校学生问卷。学生问卷主要针对项目学校 8—12 岁的小学生设计，旨在了解学生接受互动式教学的基本情况，学生在理解能力、沟通能力、合作能力等方面的发展现状。

（2）课堂观察法。利用"课堂观察表"，了解教师在课堂导入、课堂讲授、课堂提问与对话、小组讨论与合作学习、课堂作业管理方面的教学能力发展现状。

（3）能力测验。利用"学生能力测验题"进行现场测试，了解学生在理解能力、沟通能力、记忆能力、合作能力等多元智能的发展现状。

（4）教学录像分析法。由省电教馆组织完成总计 25 节自然状态的教学录像的拍摄，通过课堂教学录像分析法对课堂教学展开系统分析，对课堂教学的有效性及师生互动展开系统分析。

（5）座谈。在问卷调查、课堂观察的基础上，选择部分学科教师进行座谈或个别访谈，深入挖掘有用信息，佐证或补充问卷调查数据，为形成科学的评价结论提供辅助。评价组设计了"项目学校教师访谈提纲"供访谈人员参考。

（6）考察及资料查阅。在实地评价过程中通过了解每个学校DVD 播放机、教学用电视、多媒体室等硬件的建设情况，实地考察教师培训保障条件；通过查阅设备、资源使用记录表等资料了解设备运行现状。

为了全面达成预定调研目的，有效完成评价任务，采取调研的方式即可。调研在 5 个项目县分别选取了 6 所项目学校，共计 30 所学校作为调研对象。每个项目县包括 2 所县城小学、2 所乡镇小学、2 所农村小学。调研过程采取了教学录像分析、学生能力测试、问卷调查、小组座谈、课堂观察、个别访谈、档案资料查阅等多种数据收集方法。为了有效支持各项调研工作顺利开展，调研组专门设计了 2 套调查问卷（1 套教师问卷和 1 套学生问卷）、1 份教师座谈/访谈提纲、1 套学生能力测试（包括 1 份笔试题及其评价体系、2 项活动测试题及其评价体系）、1 份课堂观察量表、1 套教学录像分析方法（负责人及部分项目县管理人员修订完善后投入使用）。调研目标、调研内容、调研方法及调研工具对应关系如图6—2所示。

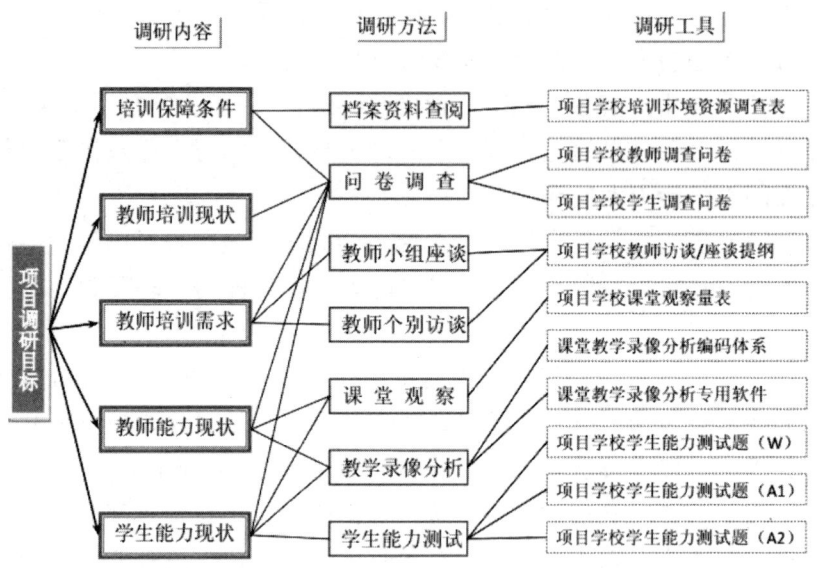

图6—2 调研目标、调研内容、调研方法及调研工具对应关系

（三）评价实施

1. 评价过程

本次评价经历了评价方案设计、评价方案论证与修改、评价计划制订、教学录像拍摄、委托问卷评价、实地评价、评价数据整理分析和评价报告撰写等环节。评价工作主要流程如图6—3所示。

（1）教学录像拍摄分析。为反映教师当前课堂教学水平现状，2010年7月，在5个项目县区分别随机选择5名教师，根据预定方案进行自然状态下的课堂教学录像，共计完成25节课堂实录，在此基础上完成课堂录像处理分析，系统研究教师教学能力现状。

（2）委托项目县调研。2010年9月，根据前期评价规划，项目组委托各项目县电教部门对各县区的1所县城小学、1所乡镇小学、1所农村学校，共计15所学校进行全校教师问卷调查，并对部分三年级、四年级学生进行学生问卷调查。

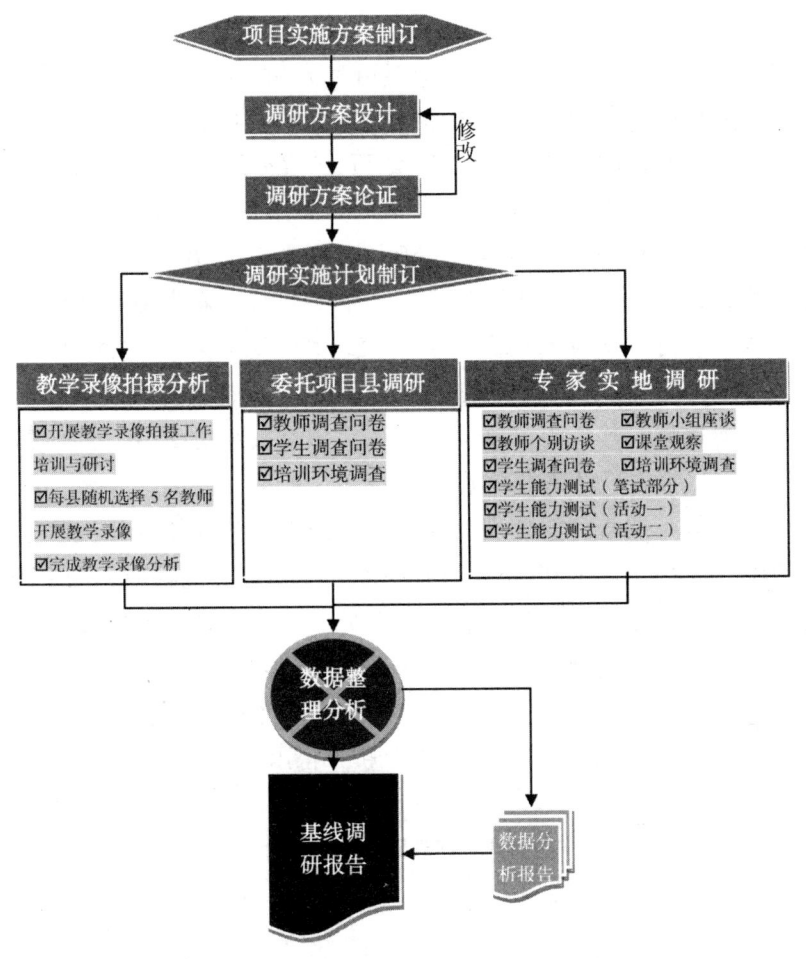

图6—3 基线调研工作流程

（3）专家实地调研。2010年9月，评价组专家分3组先后对5个项目县区的5所县城小学、5所乡镇小学、5所农村学校，共计15所学校进行实地走访评价。在每所学校开展的具体工作如下：随机对2位教师的教学开展课堂观察，对全校教师实施教师问卷调查，对15名学科教师开展小组座谈，对2名教师开展深入的个别访谈，在三年级、四年级各选一个班开展学生问卷调查和能力测试笔试部分，对上述两个班的6名学生（分6组）开展能力测试活动部分一，对上述两个班的10名学生（分2组）开展能力测试活动部分二。

2. 数据处理及分析

（1）课堂教学录像处理及基本情况分析。将 25 节教学实录根据预先设计的处理方案，采用弗兰德斯分析方法，从教师讲授、学生参与、课堂组织管理等 3 个维度 17 项指标进行了细致的量化分析，得出了教学录像分析结果。25 节教学录像涵盖小学五个年级，其中三年级占 40%，四年级占 36%；涉及数学、语文、科学、英语等学科，其中以语文和数学为主，占到了 80%；覆盖县城小学、乡镇小学和农村小学等不同类型的学校，其中县城小学比例为 28%，乡镇小学比例为 56%，农村小学比例为 16%；包括资源教师和学科教师两类教师，其中资源教师占 44%，学科教师占 56%。其他具体结果将在本报告后续部分分别给出。

（2）教师调查问卷处理及基本情况分析。共计发放"项目学校教师调查问卷"近 1200 份，回收问卷 987 份，问卷回收率为 82%；有效问卷 870 份，问卷有效率约为 88%。其中实地评价阶段有效问卷为 436 份，委托评价问卷为 434 份，各占有效问卷的 1/2，如表 6—6 所示。将实地评价与委托评价中回收的教师问卷统一编号处理，利用 SPSS17.0、Excel 2007 等综合分析，得出教师问卷调查结果。

表 6—6　　　　　　　　教师调查问卷回收情况统计

项目县	实地评价			委托问卷评价			小计
	县城小学	乡镇中心小学	农村小学	县城小学	乡镇中心小学	农村小学	
北川县	72/80*	13/15	12/13	75/79	31/32	19/23	222/242
青川县	30/34	26/29	7/7	0**	20/24	23/27	106/121
什邡市	71/79	49/78	23/24	14/17	30/39	23/24	210/261
绵竹市	0**	15/23	28/28	76/80	24/24	4/4	147/159
西和县	55/56	22/27	13/13	59/61	26/35	10/12	185/204
小计	228/249	125/172	83/85	224/237	131/154	79/90	—
合计	436/506			434/481			870/987

注：* 表示回收问卷 80 份，其中有效问卷 72 份；** 表示问卷回收后在转运的过程中发生遗失。

从被调查教师的地域来源分布看，其中北川县教师占被调查对象总数的 25.52%，什邡市占 24.02%，西和县占 21.38%，绵竹市占 16.90%，青川县占 12.18%。从学校类别分布来看，有 51.95% 的教师来自县城小学，有 29.31% 的教师来自乡镇小学，有 18.74% 的教师来自农村小学。由于我们对每所学校采取整群抽样的方法，并且县城小学、乡镇小学和农村小学的学校自然规模一般呈递减趋势，所以各类学校调查对象的数量并没有平均分布。从年级分布来看，有 12.53% 的是一年级教师，12.07% 的是二年级教师，15.40% 的是三年级教师，14.71% 的是四年级教师，16.32% 的是五年级教师，15.7% 的是六年级教师，另有 13.22% 的教师没有标明任教年级。由此可以看出被调查对象年级分布较为均匀，数据具有代表性。从被调查对象的主要任教学科来看，有 39.20% 教师的任教学科是语文，32.30% 的是数学，5.98% 的是外语，5.52% 的是科学，2.07% 的是信息技术，其他人员占 14.94%。由此可以看出，从任教学科来看，调查对象涉及的学科较为多样，不但有面的代表性，还突出了语文、数学等主要学科。被调查对象中教龄在 1—2 年的占 5.75%，2—5 年的占 11.72%，5—15 年的占 27.47%，15 年以上的占 43.79%，如图 6—4 所示。通过进一步分析发现，县城

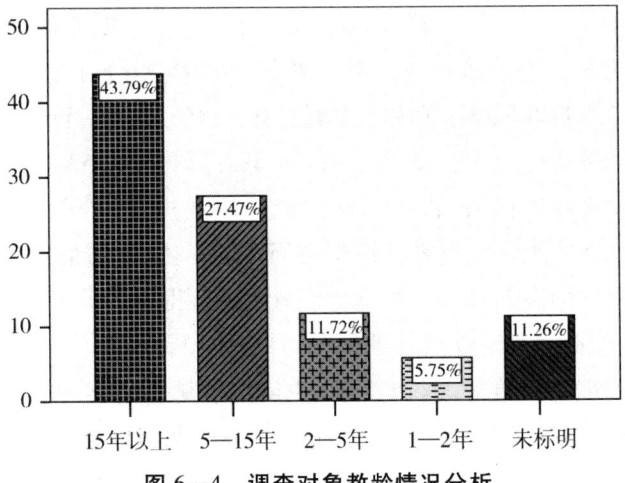

图 6—4　调查对象教龄情况分析

小学、乡镇小学和农村小学的教师平均教龄都比较大，并且 15 年以上的占了大多数，教师老龄化现象严重。但与县城小学相比，乡镇小学和农村小学的教师老龄化现象更为严重，如图 6—5 所示。

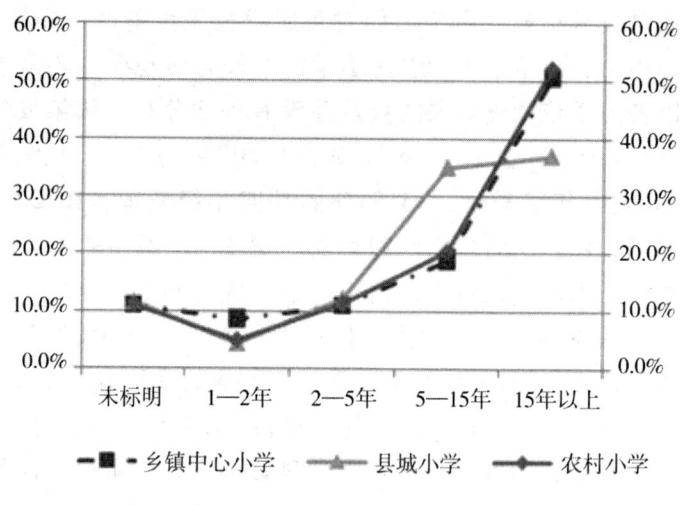

图 6—5　教龄分布情况区域差

3. 学生调查问卷处理及基本情况分析

实地评价过程中共计发放"项目学校学生调查问卷" 1943 份，回收问卷 1919 份，其中有效问卷 1569 份，问卷回收率为 98.8%，问卷有效率为 81.8%。被调查的学生中有 26% 来自什邡市、24% 来自北川县、21% 来自西和县、15% 来自青川县、14% 来自绵竹市。其中三年级学生占 61.7%，四年级学生占 38.3%；男生占 53.3%，女生占 46.7%；来自县城小学的占 37.2%、乡镇学校的占 30.6%、农村小学的占 32.2%。将实地评价与委托评价中回收的学生调查问卷统一编号处理，利用 SPSS 17.0、Excel 2007 等综合分析，得出学生问卷调查结果。

4. 学生能力测试数据处理及基本情况分析

在实地评价过程中共发放"学生能力测试题（笔试部分）" 近 1400 份，回收测试题 1317 份，其中有效试题 1070 份，回收率为 94.1%，有效率为 81.2%。其中男生占 51.1%，女生占 48.9%；三年级学生占 50.2%，四年学生占 49.8%。不同年级学生年龄分布情况如表6—7所示。

表6—7　　学生能力测试（笔试部分）对象年龄—年级分布

			年龄							合计
			7岁	8岁	9岁	10岁	11岁	12岁	14岁	
年级	三年级	计数	23	266	173	51	20	4	0	537
		占被调查人数的比例	4.3%	49.5%	32.2%	9.5%	3.7%	0.7%	0%	100.0%
	四年级	计数	0	20	240	228	29	15	1	533
		占被调查人数的比例	0%	3.8%	45.0%	42.8%	5.4%	2.8%	0.2%	100.0%
合计		计数	23	286	413	279	49	19	1	1070
		占被调查人数的比例	2.1%	26.7%	38.6%	26.1%	4.6%	1.8%	0.1%	100.0%

　　"学生能力测试活动一"部分主要测量学生的观察、表达等方面的能力。在实地评价的15所学校中共施测84组，每组1人，共计84人参加。"学生能力测试活动二"部分主要测量学生的团队合作能力。在实地评价的15所学校中共施测34组，每组5人，共计170人。将"学生能力测试笔试部分"、"学生能力测试活动一"、"学生能力测试活动二"所得数据依据预先制定的配套评价量规进行统一量化处理，形成相应部分的测试成绩。

　　（四）评价数据分析

　　1. 项目学校资源环境建设现状

　　在调查中发现，被调查的学校平均师生比约为1∶12，生机比约为8∶1，教师与教师专用电脑比约为2∶1。在被调查的大部分学校中有1间以上的多媒体教室，其中以大屏幕投影系统和电子白板系统为主要配置，70%以上的学校拥有网络多媒体教室，其他没有的主要是西和县的部分农村小学和乡镇小学。此外，学校一般有1套以上的DVD播放系统和教学用电视。在被调查的学校中，有80%左右的学校通过光纤接入互联网，一般接入带宽为10M，有10%左右的学校通过ADSL接入网络，另有10%的学校没有接入互联网，这些学校主要是甘肃省西和县和四川省青川县的部分偏远农村学校；有 1/2 左右的学校建有自己的校园网。此外，由于部分学校网络环境刚刚建立或通过无线网络接入，已联网学校的部分教师反映学校网络存在连接不稳定、网速较慢、网络覆盖范围有限等问题。调查还发现，有 55.5% 的教师拥有个人电脑（PC 机、笔记本电脑），有 54.7% 的教师可以在家中上网。另外，大部分学校拥有大量的教具箱、图书资料、录音机、光盘资源等其他常见媒体资源（值得指出的是，部分学校的资源在地震中受损或在重建的过程中遗失）。

2. 项目县教师培训现状

（1）培训时间现状。问卷调查发现，灾区教师接受的培训从时间总量上来看是明显不足的，而且培训资源的分配存在区域、不同类型学校之间的差异。50.69% 的被调查教师平均每年接受培训的时间在"7 天以内"，21.95% 的教师接受培训的时间在"7—14 天"，10.57% 的教师接受培训的时间在"14 天以上"，16.78% 的教师没有参加过培训。从区域差异来看，西和县、青川县教师接受的培训相对较少，北川县、什邡市、绵竹市教师接受的培训相对较多，如表 6—8 所示。

表 6—8　　　　　　　教师接受培训时间区域差异描述统计

			培训时间				合计
			没有参加	7 天以内	7—14 天	14 天以上	
项目县编号	西和县	人数	40	112	29	5	186
		占本县调查人数比例	21.5%	60.2%	15.6%	2.7%	100.0%
	北川县	人数	24	103	58	37	222
		占本县调查人数比例	10.8%	46.4%	26.1%	16.7%	100.0%
	青川县	人数	23	50	24	9	106
		占本县调查人数比例	21.7%	47.2%	22.6%	8.5%	100.0%
	什邡市	人数	35	100	53	21	209
		占本县调查人数比例	16.7%	47.8%	25.4%	10.0%	100.0%
	绵竹市	人数	24	76	27	20	147
		占本县调查人数比例	16.3%	51.7%	18.4%	13.6%	100.0%

续表

		培训时间				合计
		没有参加	7 天以内	7—14 天	14 天以上	
合计	人数	146	441	191	92	870
	占本县调查人数比例	16.8%	50.7%	22.0%	10.6%	100.0%

　　从学校类别差异来看，县城小学教师接受培训的时间相对较多，34.1% 以上的人平均每年能够接受 7 天以上的培训，11.1% 的人能够接受 14 天以上的培训；其次是乡镇小学，有 1/3 以上的人平均每年能够接受 7 天以上的培训，有 14.1% 的人能够接受 14 天以上的培训；农村小学接受的培训最少，只有 22.7% 的人平均每年能够接受 7 天以上的培训，能够接受 14 天以上培训的教师只有 3.7%，如表 6—9 所示。

表 6—9　　　　　　**教师接受培训时间学校类别差异描述统计**

		培训时间				合计
		没有参加	7 天以内	7—14 天	14 天以上	
学校所在地	县城小学	17.5%	48.5%	23.0%	11.1%	100.0%
	乡镇小学	11.0%	52.9%	22.0%	14.1%	100.0%
	农村小学	23.9%	53.4%	19.0%	3.7%	100.0%
合计		16.8%	50.7%	22.0%	10.6%	100.0%

　　（2）培训内容现状。问卷调查显示，有 53% 的教师接受过新课改理论理念培训、47.8% 的教师接受过教学技能培训，42.7% 的教师接受过信息技术培训，37.8% 的教师接受过师德修养培训，另外分别有 19.0% 和 14.1% 的教师接受过安全教育培训和教学管理培训。在与教师的座谈访谈中了解到，接受过的信息技术培训主要是计算机基本操作、办公软件应用及幻灯片制作等方面。从学校类别来看，相比县城小学和乡镇小学，农村学校在教学技能、信息技术等方面接受的培训相对较少，如图 6—6 所示。从区域差异来看，

北川县、什邡市、绵竹市三县区教师在各方面接受培训的比例普遍较高，青川县、西和县教师接受培训的比例相对较低；并且北川县、什邡市、绵竹市三县区教师接受的各类培训在时间分配上较为均衡，注重到了培训内容的全面性，西和县、青川县教师接受各类培训的比例相对较为悬殊，如图6—7所示。

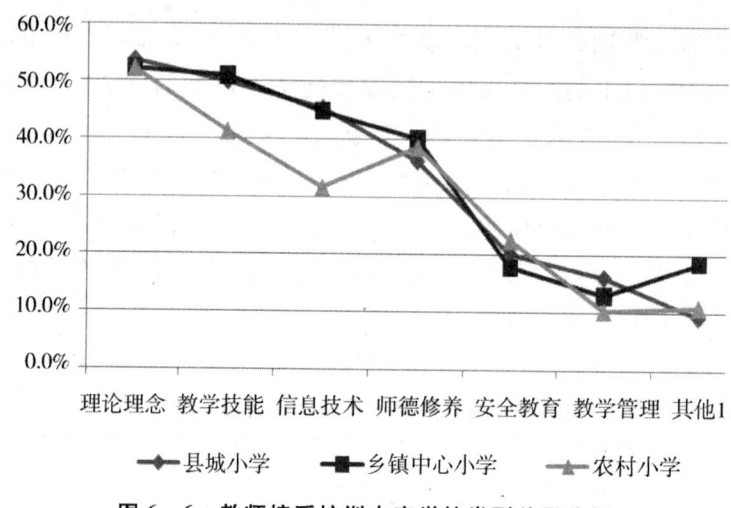

图6—6　教师接受培训内容学校类型差异分析

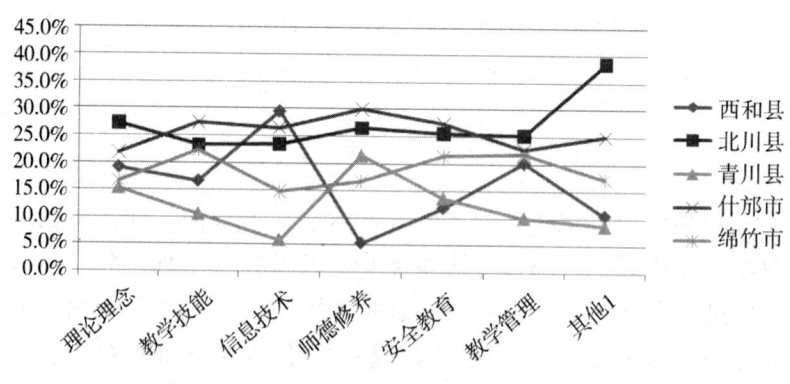

图6—7　教师接受培训内容同区域差异分析

（3）培训效果现状。教师认为曾经接受过的培训在"转变教学观念"、"丰富理论知识"两方面的效果较好，态度系数分别达到

0.644 和 0.499；在"提高教学技能"和"提高管理能力"两方面的效果较弱，态度系数分别达到 0.465 和 0.321，如表 6—10 所示。

表 6—10 调查对象所接受培训的效果分析

	很大	较大	一般	较小	没有	合计	态度系数
转变教学观念	423	320	98	17	12	870	0.644
占调查人数的比例	48.6%	36.8%	11.3%	2.0%	1.4%	100%	
丰富理论知识	305	331	191	29	14	870	0.499
占调查人数的比例	35.1%	38.0%	22.0%	3.3%	1.6%	100%	
提高教学技能	236	433	148	43	10	870	0.465
占调查人数的比例	27.1%	49.8%	17.0%	4.9%	1.1%	100%	
提高管理能力	182	295	334	42	17	870	0.321
占调查人数的比例	20.9%	33.9%	38.4%	4.8%	2.0%	100%	

可见，以往教师培训的效果主要体现在转变教学观念、丰富理论知识等层面，对于如何实施有效的课堂教学和教学管理、如何将学到的知识应用于教学实践等方面还存在较大缺陷。

从影响培训效果的因素来看，教师们认为"培训是否满足了实际需求"、"培训内容是否合理"等是主要因素，态度系数分别达 0.696 和 0.605；另外，"培训是否重理论而轻实践"、"培训组织是否有效"、"培训的时间是否合理"等也是影响培训效果的重要因素，态度系数分别是 0.317、0.238 和 0.144，如表 6—11 所示。

表 6—11 培训效果影响因素分析

	最大	很大	一般	未选	态度系数
培训是否满足了实际需要	302	413	84	71	0.695785
培训内容是否合理	395	140	114	221	0.604981
培训是否重理论而轻实践	73	111	387	299	0.317241
培训组织是否有效	78	133	121	538	0.237931
培训的时间是否合理	22	73	164	611	0.144061

3. 项目县教师培训需求

（1）培训内容需求。问卷调查结果显示，教师当前最为需要的是"信息技术"、"教学技能"两方面的培训，态度系数分别达0.617和0.553；其次是"教学管理"、"安全教育"、"理论理念"、"师德修养"等方面的培训，态度系数分别达0.422、0.396、0.395和0.325，如表6—12所示。可以看出，教师在培训内容方面的需求与实际接受的培训内容存在较大反差，需要引起重视。

表6—12　　　　　　　　　培训内容需求分析

	很需要	比较需要	无所谓	不需要	完全不需要	态度系数
信息技术	417	250	205	2	1	0.617143
教学技能	359	268	232	13	3	0.552571
教学管理	233	305	312	17	8	0.421714
安全教育	215	282	362	13	3	0.396000
理论理念	240	237	376	18	4	0.394857
师德修养	183	248	410	23	11	0.325143

（2）培训模式需求。从培训的地点、组织形式来看，教师最喜欢的培训模式为"外出短期培训"，态度系数达0.809；其次是"网络培训"和"校本培训"，态度系数分别为0.697和0.695；由于1/2的被调查对象没有参与过"交互式电视"培训，所以对这一项的评价相对较低，如表6—13所示。

表6—13　　　　　　　　　培训模式需求分析

	很喜欢	比较喜欢	一般	不太喜欢	没参加过	态度系数
外出短期培训	305	273	109	15	168	0.809117
占调查人数的比例	35.06%	31.38%	12.53%	1.72%	19.31%	
网络培训	135	230	171	44	290	0.696552
占调查人数的比例	15.52%	26.44%	19.66%	5.06%	33.33%	

续表

	很喜欢	比较喜欢	一般	不太喜欢	没参加过	态度系数
校本培训	164	282	239	42	143	0.695323
占调查人数的比例	18.85%	32.41%	27.47%	4.83%	16.44%	
交互式电视	67	220	134	29	420	0.680556
占调查人数的比例	7.70%	25.29%	15.40%	3.33%	48.28%	

（3）培训方式需求。从培训的具体方式方法看，被动调查对象认为"专家讲座+案例分析+教师研讨"形式的教师培训效果最好，态度系数为0.550；其次分别是"教学观摩+参与式研讨"、"专家讲座+参与研讨"、"参观调研+自主学习"等，态度系数分别为0.548、0.433、0.417。认为独立的"专家讲座"形式的教师培训效果最差，态度系数仅为0.325，如图6—8所示。

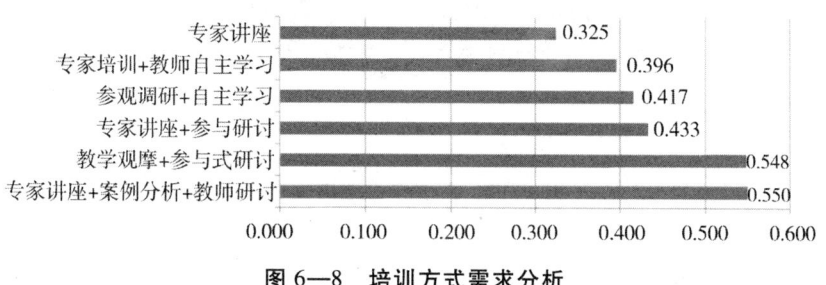

图6—8　培训方式需求分析

（4）培训时间需求。在与教师的座谈访谈中发现，以往参加的有些项目培训时间比较短，对培训内容不能深入学习和消化，影响到培训的效果。在绵竹市外国语学校的教师座谈中有老师表示："培训的过程中有培训时间少，但是内容多的矛盾"；西和县大水街学校的杜老师和王老师认为"中英项目"的培训时间短（3—4天），学员不能完全学到培训知识。西和县晒经学校的赵老师在访谈中也讲到"中英项目"培训时间太短，还没有搞清楚培训的精华和核心培训就结束了，所以回来后不能很好地运用于教学实践过程中。

4. 项目县教师课堂教学能力发展现状

（1）教师课堂整体结构分析。通过教学录像分析发现，课堂教学中教师讲授行为平均占52%，学生参与行为占26%，课堂组织管理行为占22%，如图6—9所示。教师讲授与课堂组织管理都是教师的行为，可以看出教师行为在目前的课堂教学中占据绝对优势，占课堂教学总时间的3/4左右，而学生的自主参与行为相对不足。这种情况在实地评价的课堂观察中也得到了印证，绝大多数课堂教学中教师沿用的还是教师讲、学生听的传统授课方式，只有个别课堂充分调动了学生学习的积极性，体现了学生的主体地位。

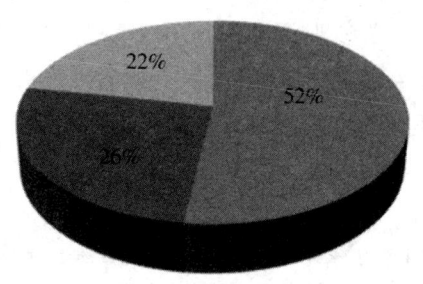

■教师讲授 ■学生参与 ■组织管理

图6—9 课堂行为结构分析

将学生参与行为细分为回答问题、提出疑问、独自学习、参与游戏、小组合作、交流共享等6类进一步分析发现，学生在课堂上的参与形式比较多样，但主要以回答问题和独自学习为主，分别占学生参与行为的32%和23%，如图6—10所示。可以看出学生的学习行为依然围绕着教师的课堂讲授开展，较少涉及提出疑问、合作学习等能够培养学生高阶思维能力的学习活动。将课堂组织管理行为细分为激情激趣、引导思考、布置任务、指导学习、评价反馈、维持秩序等6类进一步分析发现，教师主要的组织管理行为是布置任务、激情激趣、维持秩序，分别占24%、22%、18%，引导思考和评价反馈行为相对较低，分别占6%和13%，如图6—11所示。

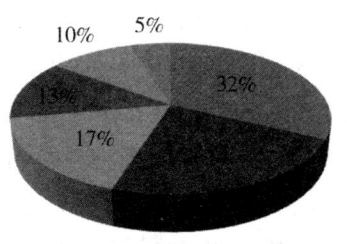

图6—10 学生学习行为分析

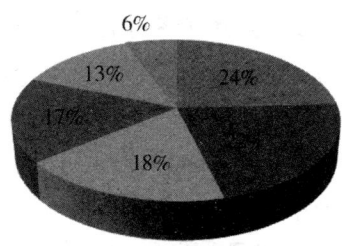

图6—11 组织管理行为分析

（2）教师教学导入能力分析。教师对有效课堂导入的作用认识较为到位，82.07%参加问卷调查的教师认为有效的课堂导入应当能够激发学生学习兴趣，63.45%认为应该能有效集中学生注意，57.13%认为应该能连接新旧知识，55.98%认为应该符合学生特征，51.61%认为应该能明确学习目的。通过对25节课堂实录导入环节的量化分析发现，从课堂导入效果上看，大部分教师的导入环节在集中学生注意力、激发学生学习兴趣方面处理得较好，评价态度系数分别为0.656和0.640；在明确学习目的、连接新旧知识等方面普遍较差，评价系数分别为0.568和0.488，如表6—14所示。可以说目前教师课堂导入能力仅停留在"开始"课堂，而非"导入"课堂的水平。

表6—14　　　　　　　　　课堂录像导入环节效果评价

	优	良	中	较差	很差	态度系数
集中注意力	1	5	15	4	0	0.656
激发兴趣	1	3	16	5	0	0.640
明确目的	0	0	7	16	2	0.568
连接新旧知识	0	2	7	8	8	0.488

（3）教师讲授能力分析。教师对什么是有效的课堂讲授认识明确，72.41%的调查对象认为有效的课堂讲授应该突出重点，

68.16%认为应该侧重学习方法指导，67.82%认为应当促进学生的理解，66.21%认为讲授应当清晰流畅，63.10%认为应当使用多种方式维持学生注意力。通过对教师课堂教学现状的观察分析发现：①大部分教师讲授方式单一。通过对教学录像分析发现，教师讲授行为中灌输式讲授占27%、问答式讲授占31%、举例式讲授占18%、演示式讲授占11%、总结式讲授占13%。由此可以看出教师讲授方式主要以问答式讲授和灌输式讲授为主。②教学重难点不突出，没有做到深入浅出、通俗易懂、简洁明了。例如，专家对什邡市一节美术课的教学评语为："介绍三种颜色及其不同用法，只讲颜色的变化，许多学生机械地模仿教师投影，而不是真正明白。"专家对西和县《蟋蟀的住宅》这节课的评语为："没有介绍、强调重难点、不能很好吸引学生注意力。"专家对三年级语文《灰雀》的课堂评语为："教师讲解一般，对学生出现的问题只做提示，未做讲解。强调教学重点不明确，未通过提问调控学生理解。"③部分教师课堂讲授只是完成了照本宣科式的课本内容传输，缺乏对教材的有效加工和补充处理。例如，专家对青川县一位三年级数学老师的课堂教学评语是："机械式书本讲授（教材与师资的差距带来的基础教育的扭曲）。完全机械的，没有灵活性，没有加工，练习之后继续计算。"④部分教师课堂基本讲授能力较差，如语速过快、表达含糊、讲授时对课堂的调控不当等。

（4）教师课堂互动对话能力分析。这里的互动对话能力主要是指教师设计有效问题、开展课堂提问并给予反馈指导的能力。教师对如何开展课堂提问的认识较为全面，86.21%的被调查者认为在课堂提问的时候应当关注不同层次的学生，78.16%认为问题应当难易搭配并且有层次性，77.47%认为应当采取多种方式提问。

对学生学力分布情况和教师课堂提问情况综合分析发现，教师提问较多地关注学力"较好"和"一般"的学生，而对学力"较弱"的学生关注相对不足。学生的学力基本呈正态分布，学力"较好"的学生占28.73%，学力"一般"的学生占47.95%，学力"较弱"的学生占23.32%；学生被提问情况的分布呈正偏态，教师分别将44.51%和43.95%的提问机会给予了学力"较好"和"一

般"的学生，而针对学力"较弱"的学生的提问仅占总提问机会的
11.54%，如图 6—12 所示。并且在提问中部分教师由于观察习惯、
走动位置等因素的影响，学生被提问的分布呈现空间不均匀，有些
学生经常被教师提问，有的学生很少被关注到。如什邡市的一位教
师在讲授四年级语文《蟋蟀的住宅》时，专家在听课时对于他授课
时"提问与对话情况"给予的评价是："提问比较关注特定几个人，
如前一排女生，后面一排男生。"可见，课堂教学中教师爱生、全
纳的教育教学理念需要进一步强化。

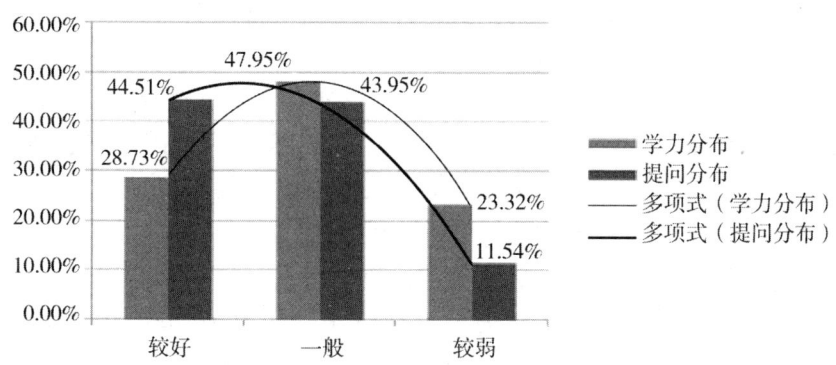

图 6—12　学生学力分布及课堂提问对比分析

　　学生问卷调查显示，47%的学生表示在回答不上问题时教师
"经常"能够给予提示，38%的学生表示教师"有时"能够提示，
17%的学生表示"很少"能够提示。对于学生回答的反馈情况看，
教师不能及时给予反馈的比例依然很大，在选择性问题中，21.3%
的正确回答没有给予反馈，给予消极反馈的比例达到了 10.6%，这
将严重挫伤学生的积极性，如表 6—15 所示。

表 6—15　　　　　　教师对学生回答问题反馈情况分析

问题分类	回答正确积极反馈	回答正确没有反馈	回答错误消极反馈	回答错误没有反馈	回答错误给出答案	回答不上教师引导
选择性问题	63.8%	21.3%	10.6%	0	0	4.3%

问题分类	回答正确积极反馈	回答正确没有反馈	回答错误消极反馈	回答错误没有反馈	回答错误给出答案	回答不上教师引导
陈述性问题	53.8%	34.7%	2.732%	1.9%	3.3%	3.3%
推理性问题	77%	11.3%	3.153%	1.4%	0.5%	6.3%
创造性问题	54.5%	29.1%	1.82%	3.68%	10.9%	0
合计	62.21%	25.87%	3.34%	1.74%	2.76%	4.07%

（5）教师小组活动组织能力分析。教师问卷调查显示，教师对于如何组织课堂小组活动的认识较为浅层，85.52%的被调查者认为在组织小组讨论时应当重点关注每个学生都积极参与，69.43%的被调查者认为应该引导学生的讨论。而对有效讨论问题的设置、明确的任务分配等影响小组活动效果的根本性问题重视不够，分别只有44.25%和34.6%的教师选择了相应的选项。

在对教学实录的分析中发现，教师在课堂教学中较少使用小组活动，并且小组活动形式较为单一。25节课中有10节课在教学中开展了小组活动，占40%。大部分的小组活动形式主要是全班集体或同桌、临桌之间的讨论，如图6—13所示。

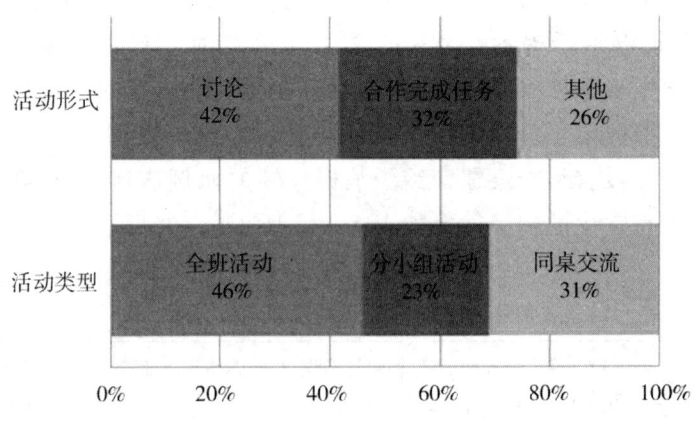

图6—13　活动类型及活动形式

通过课堂观察发现，教师较少组织小组活动，并且存在小组活动内容的安排不合理、学生的积极性不高、教师不能提供有效指导等问题。在开展过课堂观察的 28 节课中，有 23 节课没有组织小组活动，占总数的 82%；5 节课中有小组活动，占总数的18%。在 5 节组织了小组活动的课堂中，有 2 位教师采取的分组活动形式为"同桌讨论"，2 位教师采取的分组活动形式为"前后桌讨论"，1 位教师将全班分为两个大组进行小组活动；在活动类型方面，有 4 位教师采用的活动类型是"讨论辩论"，1 位教师采用的活动类型是"动手实践"。青川县一位教师在讲授三年级语文《奇怪的大石头》时，给学生们布置的活动内容是对课堂简单内容的同桌讨论，导致课堂观察专家给予"学生将近一半不参与"的评价。

（6）教师课后作业管理能力分析。学生问卷调查显示，灾区小学生的作业量比较适中。近85%以上的学生能够在一个小时之内完成教师布置的家庭作业。大部分三年级学生的作业量在"30分钟以内"，大部分四年级学生的作业量在"30—60 分钟"，如表6—16 所示。教师能够对学生作业做及时的批改，但缺乏恰当有效的反馈。有 51.6% 的学生反馈教师仅在作业上打"对"、"错"，有 19.2% 的学生反馈教师还能给出简单的评语，有13.0% 的学生反馈教师能够在作业中指出他们的错误之处，仅有16.2% 的学生反馈教师在批改作业后能够对大家经常犯的错误在课堂上集中讲解。

表 6—16　　　　　　　　　　学生作业量年级交叉统计

			几年级学生		合计
			三年级	四年级	
作业时间	30 分钟内	人数	391	470	861
		占本县调查人数比例	53.7%	39.8%	45.1%
	30—60 分钟	人数	238	520	758
		占本县调查人数比例	32.7%	44.0%	39.7%

续表

			几年级学生		合计
			三年级	四年级	
60—90 分钟		人数	70	122	192
		占本县调查人数比例	9.6%	10.3%	10.1%
90 分钟以上		人数	29	69	98
		占本县调查人数比例	4.0%	5.8%	5.1%
合计		人数	728	1181	1909
		占本县调查人数比例	100.0%	100.0%	100.0%

（7）教师信息技术能力分析。通过问卷对教师常见网络工具及网络学习平台的使用情况做了调查，发现分别有38%、30.1%、22.6%、7.4%的教师经常使用聊天工具、电子邮件、博客空间、BBS论坛。由此可见教师信息技术基本能力较为欠缺。76.6%的教师希望得到信息技术方面的培训，处在培训内容需求的第一位。在和老师的座谈与访谈中发现，教师在多媒体课件制作、网络资源的检索下载、加工处理、分享管理等方面依然存在较大的障碍。绵竹清平小学李老师谈道："我对电脑基本操作还不够，下载和使用资源更困难……我现在还是一个电脑盲，虽然特别喜欢当老师，常常很沮丧，每一次观摩教学看到其他老师用信息技术教学自己也感到很羡慕，但是有想法没办法。"

（8）教师信息化教学能力分析。通过教学录像分析发现，大部分教师在课堂教学中使用的媒体资源是课本教材，但教师对于怎么结合自己的实际应用教材存在困惑。在清溪小学的座谈中有位老师说："新教材感觉内容很简单，许多知识教材中不是直接给出，而不像老教材，所以用新教材后我们都不知道该怎么给学生上课了。"分析的25节教学录像中只有11节课使用了参考资料、实物教具、教学挂图、录音、电视、多媒体课件等其他教学资源，其中对媒体课件使用得较多，占总使用频次的53%，如图6—14所示。

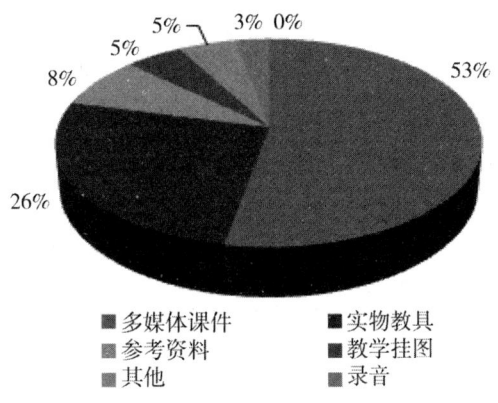

图6—14　媒体资源使用情况

　　在资源的使用效果上以教学挂图和录音的使用效果最好，整体评价系数达到了0.5，多媒体课件虽然使用次数较多，但是整体效果不是特别理想，评价系数为0.375。课堂中应用的资源主要以教师使用为主，占到了使用资源的76.3%，学生使用的资源不足5%，可见目前课堂教学中媒体资源的应用主要以"促教"为主。在课堂观察中发现，部分教师虽然在课堂中使用了实物投影等信息化设备，但由于使用不当造成了"'用'不如'不用'"的状况。例如，青川县的一位老师在上《角的度量》这节课时，手里拿着一个很好的实物教具——量角器，却拿一个小量角器借助实物投影给学生讲解如何度量角。西和县晒经学校的一位语文老师在上《灰雀》这节课时，虽然使用了幻灯片开展教学，但上面的内容密密麻麻，第三排的学生根本无法看清，然而传统的黑板却被完全闲置。

　　5. 项目县学生基本学习能力发展现状

　　（1）学生理解能力现状分析。学生理解能力包括语意理解力和情感理解力两个方面。此项能力测试主要通过让学生阅读短文并回答相关问题的笔试方式实施，总分值为25分，其中语意理解15分，情感理解10分。通过测试分析发现，项目学校学生理解能力水平普遍较低、差异悬殊（$M = 13.3645$，约合百分制 53.485，$SD = 4.94$，$Min = 0$，$Max = 24$），语意理解能力（$M = 8.9991$，约合百分制 59.994）优于情感理解能力（$M = 4.3654$，约合百分制 43.654）。与整体理解能力和语意理解能力相比，学生情感理解能力差异较小（$SD = 1.606$），如表 6—17 所示。

表 6—17　　　　　学生理解能力基本情况描述分析

	N	全距	极小值	极大值	均值	百分制均值	标准差
理解能力	1070	24.00	.00	24.00	13.3645	53.485	4.93758
语意理解能力	1070	16.00	.00	16.00	8.9991	59.994	4.09099
情感理解能力	1070	10.00	.00	10.00	4.3654	43.654	1.60627
有效的 N（列表状态）	1070						

从学校类别差异来看，县城小学在理解能力方面显著优于乡镇小学和农村小学（$M_1 = 14.412$、$M_2 = 12.690$、$M_3 = 12.539$，$p_{1-2} = 0.000$、$p_{1-3} = 0.000$）[①]，乡镇小学和农村小学之间的差异没有达到显著水平（$p_{2-3} = 0.689$）。在语意理解方面，三类学校之间的差异与整体理解能力差异保持一致（$M_1 = 9.908$、$M_2 = 8.383$、$M_3 = 8.320$，$p_{1-2} = 0.000$、$p_{1-3} = 0.000$、$p_{2-3} = 0.864$）；在理解他人情感方面，县城小学显著优于农村小学，但县城小学与乡镇小学、乡镇小学与农村小学之间没有形成显著差异（$M_1 = 4.505$、$M_2 = 4.307$、$M_3 = 4.218$，$p_{1-2} = 0.087$、$p_{1-3} = 0.019$、$p_{2-3} = 0.491$），如

① 当从学校类别角度比较时，用"1"下标代表县城小学、"2"下标代表乡镇小学、"3"下标代表农村小学，p_{1-2} 表示县城学校和乡镇学校之间计算的 p 值，其他类推；当从年级角度比较时，用"I"下标表示三年级，用"II"下标表示四年级，p_{I-II} 表示三年级和四年级之间计算的 p 值；当从区域来源角度比较时，用"a"下标表示西和县、用"b"下标表示北川县，用"c"表示青川县，用"d"表示什邡市，用"e"表示绵竹市，p_{a-b} 表示西和县与北川县之间计算的 p 值，其他类推。

表6—18 所示。

表6—18　　　　　　**学生理解能力—学校类别差异检验分析**

因变量	（I）学校类型	（J）学校类型	均值差（I—J）	标准误	显著性	95%置信区间	
						下限	上限
理解能力	县城小学	乡镇小学	1.72210*	.34982	.000	1.0357	2.4085
		农村小学	1.87343*	.36945	.000	1.1485	2.5984
	乡镇小学	县城小学	-1.72210*	.34982	.000	-2.4085	-1.0357
		农村小学	.15133	.39035	.698	-.6146	.9173
	农村小学	县城小学	-1.87343*	.36945	.000	-2.5984	-1.1485
		乡镇小学	-.15133	.39035	.698	-.9173	.6146
语意理解能力	县城小学	乡镇小学	1.52462*	.28940	.000	.9568	2.0925
		农村小学	1.58724*	.30563	.000	.9875	2.1869
	乡镇小学	县城小学	-1.52462*	.28940	.000	-2.0925	-.9568
		农村小学	.06262	.32293	.846	-.5710	.6963
	农村小学	县城小学	-1.58724*	.30563	.000	-2.1869	-.9875
		乡镇小学	-.06262	.32293	.846	-.6963	.5710
情感理解能力	县城小学	乡镇小学	.19749	.11534	.087	-.0288	.4238
		农村小学	.28619*	.12181	.019	.0472	.5252
	乡镇小学	县城小学	-.19749	.11534	.087	-.4238	.0288
		农村小学	.08871	.12870	.491	-.1638	.3412
	农村小学	县城小学	-.28619*	.12181	.019	-.5252	-.0472
		乡镇小学	-.08871	.12870	.491	-.3412	.1638

注：＊表示均值差的显著性水平为 0.05。

从年级差异来看，四年级学生的整理理解能力（$M_I = 12.475$、$M_{II} = 14.261$，$p_{I—II} = 0.000$）、语意理解能力（$M_I = 8.263$、$M_{II} = 9.741$，$p_{I—II} = 0.000$）、情感理解能力（$M_I = 4.212$、$M_{II} = 4.519$，$p_{I—II} = 0.002$）均显著优于三年级学生，如表6—19所示。

表6—19　　　　　　　　　　学生理解能力年级差异检验分析

		平方和	df	均方	F	显著性
理解能力	组间	853.189	1	853.189	36.147	.000
	组内	25208.661	1068	23.604		
	总数	26061.850	1069			
语意理解能力	组间	584.751	1	584.751	36.086	.000
	组内	17306.248	1068	16.204		
	总数	17890.999	1069			
情感理解能力	组间	25.279	1	25.279	9.879	.002
	组内	2732.842	1068	2.559		
	总数	2758.121	1069			

从地区来源差异来看，西和县学生的整体理解能力明显不及其他4个县区，什邡市与绵竹市的相对较好（$M_a = 11.82$，$M_b = 13.42$，$M_c = 13.56$，$M_d = 14.43$，$M_e = 13.76$；$p_{a-b} = 0.001$，$p_{a-c} = 0.000$，$p_{a-d} = 0.000$，$p_{a-e} = 0.000$），如表6—20所示。

表6—20　　　　　　　　　学生理解能力区域差异检验分析

LSD（最小显著差数法）

（I）项目县区	（J）项目县区	均值差（I—J）	标准误	显著性	95% 置信区间 下限	95% 置信区间 上限
西和县	北川县	-1.60035*	.48408	.001	-2.5502	-.6505
	青川县	-1.74367*	.46639	.000	-2.6588	-.8285
	什邡市	-2.60795*	.42840	.000	-3.4486	-1.7673
	绵竹市	-1.94688*	.45498	.000	-2.8396	-1.0541
北川县	西和县	1.60035*	.48408	.001	.6505	2.5502
	青川县	-.14332	.51869	.782	-1.1611	.8745
	什邡市	-1.00760*	.48482	.038	-1.9589	-.0563
	绵竹市	-.34652	.50846	.496	-1.3442	.6512

续表

（I） 项目县区	（J） 项目县区	均值差 （I—J）	标准误	显著性	95% 置信区间	
					下限	上限
青川县	西和县	1.74367*	.46639	.000	.8285	2.6588
	北川县	.14332	.51869	.782	−.8745	1.1611
	什邡市	−.86428	.46715	.065	−1.7809	.0524
	绵竹市	−.20321	.49165	.679	−1.1679	.7615
什邡市	西和县	2.60795*	.42840	.000	1.7673	3.4486
	北川县	1.00760*	.48482	.038	.0563	1.9589
	青川县	.86428	.46715	.065	−.0524	1.7809
	绵竹市	.66108	.45577	.147	−.2332	1.5554
绵竹市	西和县	1.94688*	.45498	.000	1.0541	2.8396
	北川县	.34652	.50846	.496	−.6512	1.3442
	青川县	.20321	.49165	.679	−.7615	1.1679
	什邡市	−.66108	.45577	.147	−1.5554	.2332

注：＊表示均值差的显著性水平为 0.05。

（2）学生创新能力现状分析。学生创新能力主要通过"两只狗"的故事开展，通过对一个创造性问题提供多种可能的创新答案的方式测试。通过答案数量的多少测试其发散思维能力，通过答案的质量测试其创新质量。本题总分值为 25 分。能力测试分析如下，项目学校学生创新能力整体水平极低、差异悬殊。在发散性思维方面，问题答案平均为 1.43 个，其中有 11.4% 的学生答案项数为 0，54.7% 的学生只提供了 1 项答案，只有 0.3% 的学生提供了 5 项及以上答案。在创新质量方面，答案平均得分为 6.97 分（约合百分制的 27.88 分），其中有 11.7% 的学生得分为 0，有 48.7% 的学生得分为 5 分，0.8% 的学生得分在 20 分以上。由此可以看出学生的发散性思维水平较低，创新质量较差。从学校类别差异来看，县城小学的学生的发散性思维表现相对较好，农村小学次之，乡镇小学最差，但各类地区学校在发散性思维方面没有形成显著差异（M_1 = 1.49、M_2 = 1.35、M_3 = 1.42，p_{1-2} = 0.051、p_{1-3} = 0.353、p_{2-3} =

0.386）。在创新质量方面，县城小学得分显著优于乡镇小学，但两者均和农村小学得分没有形成显著差异（$M_1 = 7.46$、$M_2 = 6.44$、$M_3 = 6.83$，$p_{1-2} = 0.004$，$p_{1-3} = 0.092$，$p_{2-3} = 0.332$），如表6—21所示。

表6—21 学生创新能力学校类别差异检验分析

LSD（最小显著差数法）

因变量	（I）学校类型	（J）学校类型	均值差（I—J）	标准误	显著性	95%置信区间下限	95%置信区间上限
答案项数	县城小学	乡镇小学	.143	.073	.051	.00	.29
		农村小学	.072	.077	.353	-.08	.22
	乡镇小学	县城小学	-.143	.073	.051	-.29	.00
		农村小学	-.071	.082	.386	-.23	.09
	农村小学	县城小学	-.072	.077	.353	-.22	.08
		乡镇小学	.071	.082	.386	-.09	.23
答案得分	县城小学	乡镇小学	1.021*	.356	.004	.32	1.72
		农村小学	.635	.376	.092	-.10	1.37
	乡镇小学	县城小学	-1.021*	.356	.004	-1.72	-.32
		农村小学	-.386	.398	.332	-1.17	.39
	农村小学	县城小学	-.635	.376	.092	-1.37	.10
		乡镇小学	.386	.398	.332	-.39	1.17

注：* 表示均值差的显著性水平为 0.05。

从年级差异来看，四年级学生在发散思维能力（$M_I = 1.19$、$M_{II} = 1.66$，$p_{I-II} = 0.000$）和创新质量（$M_I = 5.71$、$M_{II} = 8.23$，$p_{I-II} = 0.000$）方面均显著优于三年级学生，如表6—22所示。

表6—22 学生创新能力年级差异检验分析

平方和		df	均方	F	显著性	
答案项数	组间	59.211	1	59.211	59.972	.000
	组内	1054.456	1068	.987		
	总数	1113.667	1069			

续表

平方和		df	均方	F	显著性	
答案得分	组间	1699.419	1	1699.419	73.577	.000
	组内	24667.889	1068	23.097		
	总数	26367.308	1069			

从区域来源差异来看，西和县学生的创新质量明显优于北川县、青川县、绵竹市学生（$M_a = 7.76$，$M_b = 6.32$，$M_c = 6.55$，$M_d = 7.25$，$M_e = 6.52$；$p_{a-b} = 0.003$，$p_{a-c} = 0.011$，$p_{a-d} = 0.239$，$p_{a-e} = 0.008$），什邡市的次之，得分高于北川、青川和绵竹市，但均没有形成显著差异（$p_{d-a} = 0.239$，$p_{d-b} = 0.060$，$p_{d-c} = 0.141$，$p_{d-e} = 0.119$），如表6—23所示。

表6—23　　　　　　学生创新能力区域差异检验分析

LSD（最小显著差数法）

（I）项目县区	（J）项目县区	均值差（I—J）	标准误	显著性	95%置信区间	
					下限	上限
西和县	北川县	1.445*	.493	.003	.48	2.41
	青川县	1.214*	.475	.011	.28	2.15
	什邡市	.514	.436	.239	-.34	1.37
	绵竹市	1.238*	.463	.008	.33	2.15
北川县	西和县	-1.445*	.493	.003	-2.41	-.48
	青川县	-.230	.528	.663	-1.27	.81
	什邡市	-.931	.494	.060	-1.90	.04
	绵竹市	-.206	.518	.690	-1.22	.81
青川县	西和县	-1.214*	.475	.011	-2.15	-.28
	北川县	.230	.528	.663	-.81	1.27
	什邡市	-.701	.476	.141	-1.63	.23
	绵竹市	.024	.501	.962	-.96	1.01

（I）项目县区	（J）项目县区	均值差（I—J）	标准误	显著性	95%置信区间	
					下限	上限
什邡市	西和县	-.514	.436	.239	-1.37	.34
	北川县	.931	.494	.060	-.04	1.90
	青川县	.701	.476	.141	-.23	1.63
	绵竹市	.725	.464	.119	-.19	1.64
绵竹市	西和县	-1.238*	.463	.008	-2.15	-.33
	北川县	.206	.518	.690	-.81	1.22
	青川县	-.024	.501	.962	-1.01	.96
	什邡市	-.725	.464	.119	-1.64	.19

注：＊表示均值差的显著性水平为 0.05。

（3）学生记忆能力现状分析。记忆能力的测试是通过"画山"活动进行的，通过测量小学生在形状记忆、数量记忆、关系记忆三个维度的水平全面掌握学生的记忆能力现状。此项测试共计 25 分，其中形状记忆占 6 分，数量记忆占 7 分，关系记忆占 12 分。整体来看，学生记忆能力相比其他能力来说表现整体较好（M = 15.890，约合百分制下的 63.558 分，Min = 0，Max = 24，SD = 3.887）。细化分析发现，学生在形状记忆方面表现最好（M = 90.981），其次是数量记忆（M = 79.533），在关系记忆方面表现最差（M = 40.528），如表 6—24 所示。

表 6—24　　　　学生记忆能力基本情况描述分析

	N	分值	全距	极小值	极大值	均值	百分制均值	标准差
记忆能力	1070	25	24.00	.00	24.00	15.8895	63.558	3.88712
形状记忆力	1070	6	6.00	.00	6.00	5.4589	90.981	.96704
数量记忆力	1070	7	7.00	.00	7.00	5.5673	79.533	1.44129
关系记忆力	1070	12	11.00	.00	11.00	4.8634	40.528	2.31419
有效的 N（列表状态）	1070							

从学校类别差异来看，县城小学、乡镇小学、农村小学三类学校在记忆力方面的总体得分均存在显著差异（$M_1 = 16.91$、$M_2 = 15.75$、$M_3 = 14.16$，$p_{1-2} = 0.000$、$p_{1-3} = 0.000$、$p_{2-3} = 0.000$）；农村小学在形状记忆方面显著劣于县城小学和乡镇小学，县城小学和乡镇小学之间没有形成显著差异（$M_1 = 5.56$、$M_2 = 5.48$、$M_3 = 5.27$，$p_{1-2} = 0.240$、$p_{1-3} = 0.000$、$p_{2-3} = 0.008$）；县城小学在数量记忆方面显著优于农村小学和乡镇小学，农村和乡镇学校之间差异不明显（$M_1 = 5.86$、$M_2 = 5.41$、$M_3 = 5.30$，$p_{1-2} = 0.000$、$p_{1-3} = 0.000$、$p_{2-3} = 0.351$）；三类学校之间在关系记忆方面得分依次递减并均存在显著差异（$M_1 = 5.49$、$M_2 = 4.86$、$M_3 = 3.88$，$p_{1-2} = 0.000$、$p_{1-3} = 0.000$、$p_{2-3} = 0.000$），如表6—25所示。

表6—25　　　　学生记忆能力学校类别差异多重比较分析

LSD（最小显著差数法）

因变量	（I）学校类型	（J）学校类型	均值差（I—J）	标准误	显著性	95%置信区间 下限	95%置信区间 上限
记忆能力	县城小学	乡镇小学	1.16365*	.27064	.000	.6326	1.6947
		农村小学	2.45496*	.28582	.000	1.8941	3.0158
	乡镇小学	县城小学	−1.16365*	.27064	.000	−1.6947	−.6326
		农村小学	1.29132*	.30200	.000	.6987	1.8839
	农村小学	县城小学	−2.45496*	.28582	.000	−3.0158	−1.8941
		乡镇小学	−1.29132*	.30200	.000	−1.8839	−.6987
形状记忆力	县城小学	乡镇小学	.08128	.06914	.240	−.0544	.2169
		农村小学	.28616*	.07302	.000	.1429	.4294
	乡镇小学	县城小学	−.08128	.06914	.240	−.2169	.0544
		农村小学	.20488*	.07715	.008	.0535	.3563
	农村小学	县城小学	−.28616*	.07302	.000	−.4294	−.1429
		乡镇小学	−.20488*	.07715	.008	−.3563	−.0535

因变量	（I）学校类型	（J）学校类型	均值差（I—J）	标准误	显著性	95%置信区间 下限	上限
数量记忆力	县城小学	乡镇小学	.44875*	.10224	.000	.2481	.6494
		农村小学	.55529*	.10798	.000	.3434	.7672
	乡镇小学	县城小学	-.44875*	.10224	.000	-.6494	-.2481
		农村小学	.10654	.11408	.351	-.1173	.3304
	农村小学	县城小学	-.55529*	.10798	.000	-.7672	-.3434
		乡镇小学	-.10654	.11408	.351	-.3304	.1173
关系记忆力	县城小学	乡镇小学	.63362*	.15995	.000	.3198	.9475
		农村小学	1.61351*	.16893	.000	1.2820	1.9450
	乡镇小学	县城小学	-.63362*	.15995	.000	-.9475	-.3198
		农村小学	.97989*	.17849	.000	.6297	1.3301
	农村小学	县城小学	-1.61351*	.16893	.000	-1.9450	-1.2820
		乡镇小学	-.97989*	.17849	.000	-1.3301	-.6297

注：＊表示均值差的显著性水平为 0.05。

从年级差异来看，四年级学生在整体记忆力方面的得分显著高于三年级学生（$M_I = 15.24$、$M_{II} = 16.54$，$p_{I—II} = 0.000$），在形状记忆方面也高于三年级，但没有达到统计学显著水平（$M_I = 5.44$、$M_{II} = 5.48$，$p_{I—II} = 0.433$），但在数量记忆（$M_I = 5.46$、$M_{II} = 5.68$，$p_{I—II} = 0.013$）和关系记忆（$M_I = 4.35$、$M_{II} = 5.38$，$p_{I—II} = 0.000$）方面，四年级学生得分亦显著高于三年级学生，如表6—26、表6—27所示。

表6—26　　　　　学生记忆能力年级差描述分析

年级		记忆能力	数量记忆力	形状记忆力	关系记忆力
三年级	均值	15.2404	5.4581	5.4358	4.3466
	N	537	537	537	537
	标准差	3.83539	1.48582	.97548	2.21116

续表

年级		记忆能力	数量记忆力	形状记忆力	关系记忆力
四年级	均值	16.5435	5.6773	5.4822	5.3841
	N	533	533	533	533
	标准差	3.83234	1.38771	.95881	2.30088
总计	均值	15.8895	5.5673	5.4589	4.8634
	N	1070	1070	1070	1070
	标准差	3.88712	1.44129	.96704	2.31419

表6—27　　　　　　　　学生记忆能力年级差异检验分析

		平方和	df	均方	F	显著性
记忆能力	组间	454.239	1	454.239	30.904	.000
	组内	15698.063	1068	14.699		
	总数	16152.303	1069			
形状记忆力	组间	.576	1	.576	.616	.433
	组内	999.114	1068	.936		
	总数	999.691	1069			
数量记忆力	组间	12.853	1	12.853	6.217	.013
	组内	2207.803	1068	2.067		
	总数	2220.655	1069			
关系记忆力	组间	287.933	1	287.933	56.559	.000
	组内	5437.051	1068	5.091		
	总数	5724.984	1069			

　　从区域差异来看，西和县学生在整体记忆力方面表现较差，与其他4个县区形成明显差异（$M_a = 15.03$、$M_b = 16.09$、$M_c = 16.54$、$M_d = 16.19$、$M_e = 15.84$，$p_{a-b} = 0.006$、$p_{a-c} = 0.000$、$p_{a-d} = 0.001$、$p_{a-e} = 0.026$）；青川县学生在整体记忆力方面表现最好，但除西和之外均未与其他三个县区形成明显差异（$p_{c-a} = 0.000$、$p_{c-b} = 0.274$、$p_{c-d} = 0.338$、$p_{c-e} = 0.070$）。在数量记忆方面依然是西和县

学生表现较差，与其他4个县区表现出明显差异（$M_a = 5.08$、$M_b = 6.66$、$M_c = 5.64$、$M_d = 6.00$、$M_e = 5.50$，$p_{a-b} = 0.000$、$p_{a-c} = 0.000$、$p_{a-d} = 0.000$、$p_{a-e} = 0.001$）；什邡市学生在数量记忆方面表现最好，与其他4个县区均形成明显差异（$p_{d-a} = 0.000$、$p_{d-b} = 0.016$、$p_{d-c} = 0.008$、$p_{d-e} = 0.000$）。在形状记忆方面也是什邡市学生表现最好，与其他4个县区均形成明显差异（$M_a = 5.33$、$M_b = 5.47$、$M_c = 5.44$、$M_d = 5.71$、$M_e = 5.31$，$p_{d-a} = 0.000$、$p_{d-b} = 0.013$、$p_{d-c} = 0.003$、$p_{d-e} = 0.000$）；绵竹市表现较差，但除什邡市外均未与其他县区学生形成明显差异（$p_{e-a} = 0.785$、$p_{e-b} = 0.102$、$p_{e-c} = 0.181$、$p_{e-d} = 0.000$）。在关系记忆方面青川县学生表现最好，除绵竹市外与其他3个县区形成明显差异（$M_a = 4.62$、$M_b = 4.96$、$M_c = 5.46$、$M_d = 4.48$、$M_e = 5.03$，$p_{c-a} = 0.000$、$p_{c-b} = 0.040$、$p_{c-d} = 0.000$、$p_{c-e} = 0.060$），什邡市表现最差，西和县明显劣于其他县区（$p_{d-a} = 0.491$、$p_{d-b} = 0.035$、$p_{d-c} = 0.000$、$p_{d-e} = 0.000$），如表6—28所示。

表6—28　　　　　　学生记忆能力区域差异描述分析

		N	均值	标准差	标准误	均值的95%置信区间		极小值	极大值
						下限	上限		
记忆能力	西和县	258	15.0287	4.28862	.26700	14.5029	15.5545	1.00	24.00
	北川县	165	16.0939	3.94948	.30747	15.4868	16.7010	.00	24.00
	青川县	187	16.5449	3.16184	.23122	16.0888	17.0011	1.00	22.00
	什邡市	256	16.1895	2.96928	.18558	15.8240	16.5549	.00	22.00
	绵竹市	204	15.8358	4.68601	.32809	15.1889	16.4827	2.50	23.00
	总数	1070	15.8895	3.88712	.11883	15.6564	16.1227	.00	24.00
数量记忆力	西和县	258	5.0775	1.58108	.09843	4.8837	5.2714	.00	7.00
	北川县	165	5.6606	1.41204	.10993	5.4436	5.8777	.00	7.00
	青川县	187	5.6417	1.32185	.09666	5.4510	5.8324	.00	7.00
	什邡市	256	6.0000	1.10613	.06913	5.8639	6.1361	.00	7.00
	绵竹市	204	5.5000	1.57098	.10999	5.2831	5.7169	.00	7.00
	总数	1070	5.5673	1.44129	.04406	5.4808	5.6537	.00	7.00

续表

		N	均值	标准差	标准误	均值的95%置信区间		极小值	极大值
						下限	上限		
形状记忆力	西和县	258	5.3333	1.08282	.06741	5.2006	5.4661	.00	6.00
	北川县	165	5.4727	1.06819	.08316	5.3085	5.6369	.00	6.00
	青川县	187	5.4385	.85523	.06254	5.3151	5.5619	.00	6.00
	什邡市	256	5.7109	.68201	.04263	5.6270	5.7949	.00	6.00
	绵竹市	204	5.3088	1.06799	.07477	5.1614	5.4563	1.00	6.00
	总数	1070	5.4589	.96704	.02956	5.4009	5.5169	.00	6.00
关系记忆力	西和县	258	4.6178	2.41810	.15054	4.3214	4.9143	.00	11.00
	北川县	165	4.9606	2.30526	.17946	4.6062	5.3150	.00	11.00
	青川县	187	5.4647	1.79639	.13137	5.2055	5.7239	1.00	9.00
	什邡市	256	4.4785	1.99864	.12491	4.2325	4.7245	.00	10.00
	绵竹市	204	5.0270	2.81075	.19679	4.6390	5.4150	.50	10.00
	总数	1070	4.8634	2.31419	.07075	4.7245	5.0022	.00	11.00

（4）学生知识应用能力现状分析。知识应用能力主要考察学生借助已有信息，依据所学知识综合解决生活中实际问题的能力。本项测试总分 25 分。整体来看，学生应用所学知识解决实际问题的能力普遍较差，并且差异悬殊（M = 5.544，约合百分制的 22.18 分，SD = 5.768，Max = 25，Min = 0）。从学校类别差异来看，县城学校学生知识应用能力明显优于农村学校，乡镇小学与县城小学、农村小学之间均不存在差异（M_1 = 5.894、M_2 = 5.588、M_3 = 4.944，p_{1-3} = 0.030、p_{1-2} = 0.460、p_{2-3} = 0.164），如表 6—29 所示。

表 6—29　　　　学生知识应用能力区域差异多重比较分析

（I）学校类型	（J）学校类型	均值差（I—J）	标准误	显著性	95%置信区间	
					下限	上限
县城小学	乡镇小学	.30642	.41449	.460	-.5069	1.1197
	农村小学	.95048*	.43774	.030	.0915	1.8094

（I） 学校类型	（J） 学校类型	均值差 （I—J）	标准误	显著性	95%置信区间	
					下限	上限
乡镇小学	县城小学	-.30642	.41449	.460	-1.1197	.5069
	农村小学	.64406	.46251	.164	-.2635	1.5516
农村小学	县城小学	-.95048*	.43774	.030	-1.8094	-.0915
	乡镇小学	-.64406	.46251	.164	-1.5516	.2635

注：＊表示均值差的显著性水平为 0.05。

从年级差异来看，四年级学生得分显著高于三年级学生（ $M_I=$ 2.957、 $M_{II}=8.150$ ， $p_{I-II}=0.000$ ），如表6—30、表6—31所示。

表6—30　　　　　学生知识应用能力年级差异对比统计

	N	均值	标准差	标准误	均值的95%置信区间		极小值	极大值
					下限	上限		
三年级	537	2.9572	3.83036	.16529	2.6325	3.2819	.00	22.00
四年级	533	8.1501	6.20665	.26884	7.6220	8.6782	.00	25.00
总数	1070	5.5439	5.76849	.17635	5.1979	5.8900	.00	25.00

表6—31　　　　　学生知识应用能力年级差异检验分析

	平方和	df	均方	F	显著性
组间	7213.428	1	7213.428	271.667	.000
组内	28358.007	1068	26.552		
总数	35571.436	1069			

从区域差异来看，绵竹市学生在知识应用能力方面表现最好（ $M_e=6.33$ ），其次依次是北川县（ $M_b=6.03$ ）、青川县（ $M_c=5.56$ ）、什邡市（ $M_d=5.43$ ）和西和县（ $M_a=4.72$ ）。其中，绵竹市与西和县的差异已达到显著水平（ $p_{e-a}=0.003$ ），如表6—32、表6—33所示。

表 6—32　　　　　学生知识应用能力区域差异描述分析

	N	均值	标准差	标准误	均值的 95% 置信区间		极小值	极大值
					下限	上限		
西和县	258	4.7209	5.14230	.32015	4.0905	5.3514	.00	25.00
北川县	165	6.0303	5.89173	.45867	5.1246	6.9360	.00	25.00
青川县	187	5.5561	5.43196	.39722	4.7725	6.3398	.00	23.00
什邡市	256	5.4258	5.87337	.36709	4.7029	6.1487	.00	25.00
绵竹市	204	6.3284	6.45370	.45185	5.4375	7.2194	.00	25.00
总数	1070	5.5439	5.76849	.17635	5.1979	5.8900	.00	25.00

表 6—33　　　　　学生知识应用能力区域差异检验分析

LSD（最小显著差数法）

（I） 项目县区	（J） 项目县区	均值差 （I—J）	标准误	显著性	95% 置信区间	
					下限	上限
西和县	北川县	-1.30937*	.57331	.023	-2.4343	-.1844
	青川县	-.83522	.55236	.131	-1.9191	.2486
	什邡市	-.70485	.50737	.165	-1.7004	.2907
	绵竹市	-1.60750*	.53885	.003	-2.6648	-.5502
北川县	西和县	1.30937*	.57331	.023	.1844	2.4343
	青川县	.47415	.61430	.440	-.7312	1.6795
	什邡市	.60452	.57418	.293	-.5221	1.7312
	绵竹市	-.29813	.60218	.621	-1.4797	.8835
青川县	西和县	.83522	.55236	.131	-.2486	1.9191
	北川县	-.47415	.61430	.440	-1.6795	.7312
	什邡市	.13037	.55327	.814	-.9552	1.2160
	绵竹市	-.77228	.58227	.185	-1.9148	.3702
什邡市	西和县	.70485	.50737	.165	-.2907	1.7004
	北川县	-.60452	.57418	.293	-1.7312	.5221
	青川县	-.13037	.55327	.814	-1.2160	.9552
	绵竹市	-.90265	.53978	.095	-1.9618	.1565

（I）项目县区	（J）项目县区	均值差（I—J）	标准误	显著性	95%置信区间 下限	95%置信区间 上限
绵竹市	西和县	1.60750*	.53885	.003	.5502	2.6648
	北川县	.29813	.60218	.621	-.8835	1.4797
	青川县	.77228	.58227	.185	-.3702	1.9148
	什邡市	.90265	.53978	.095	-.1565	1.9618

注：*表示均值差的显著性水平为 0.05。

（5）学生交流表达能力现状分析。交流表达能力主要通过让学生观察视频片段并讲故事的方式进行，即首先为学生展示一段视频让其观看，然后将其看到的内容讲述出来。交流表达能力主要从观察技能、叙述技能和表达技能三方面综合考察学生。此项测试总分为 100 分，其中观察技能占 30 分、表达技能占 14 分、叙述技能占 56 分。整体来看，灾区学生交流表达能力普遍较差，并且差异悬殊（M = 43.810，SD = 16.617，Max = 86，Min = 15），相比较而言观察技能较好（M = 61.07）、表达技能次之（M = 46.85）、叙述技能最差（M = 33.80），如表6—34所示。

表6—34　　　　　学生交流表达能力基本情况分析

	N	全距	极小值	极大值	均值	百分制均值	标准差
总分	84	71.00	15.00	86.00	43.8095	43.8095	16.61722
观察技能	84	20.00	10.00	30.00	18.3214	61.0713	4.29390
叙述技能	84	51.00	.00	51.00	18.9286	33.8011	11.43319
表达技能	84	11.00	.00	11.00	6.5595	46.8536	4.21515
有效的 N（列表状态）	84						

从学校类别差异来看，县城小学学生交流表达能力显著优于乡镇小学和农村小学，乡镇小学与农村小学之间的差异不显著（M_1 = 50.84、M_2 = 41.24、M_3 = 37.83，p_{1-2} = 0.022、p_{1-3} = 0.003、p_{2-3} =

0.438）；三类学校在观察技能方面的差异与整体情况一致（$M_1 =$ 20.10、$M_2 = 17.86$、$M_3 = 16.58$，$p_{1-2} = 0.037$、$p_{1-3} = 0.022$、$p_{2-3} = 0.260$）；在叙述技能方面，县城小学、乡镇小学和农村小学学生得分依次降低，但不存在显著差异（$M_1 = 22.13$、$M_2 = 17.03$、$M_3 = 17.08$，$p_{1-2} = 0.085$、$p_{1-3} = 0.104$、$p_{2-3} = 0.988$）；在表达技巧方面，县城小学、乡镇小学和农村小学学生得分依次递减，且两两之间均存在显著差异（$M_1 = 8.61$、$M_2 = 6.34$、$M_3 = 4.17$，$p_{1-2} = 0.025$，$p_{1-3} = 0.000$，$p_{2-3} = 0.044$），如表6—35所示。

表6—35　　　　　　学生交流表达能力区域差异检验分析

因变量	（I）学校类别	（J）学校类别	均值差（I—J）	标准误	显著性	95%置信区间	
						下限	上限
总分	县城小学	乡镇小学	9.59733 *	4.09370	.022	1.4521	17.7425
		农村小学	13.00538 *	4.30839	.003	4.4330	21.5777
	乡镇小学	县城小学	-9.59733 *	4.09370	.022	-17.7425	-1.4521
		农村小学	3.40805	4.37274	.438	-5.2923	12.1084
	农村小学	县城小学	-13.00538 *	4.30839	.003	-21.5777	-4.4330
		乡镇小学	-3.40805	4.37274	.438	-12.1084	5.2923
观察技能	县城小学	乡镇小学	2.23471 *	1.05624	.037	.1331	4.3363
		农村小学	3.51344 *	1.11163	.002	1.3016	5.7252
	乡镇小学	县城小学	-2.23471 *	1.05624	.037	-4.3363	-.1331
		农村小学	1.27874	1.12823	.260	-.9661	3.5236
	农村小学	县城小学	-3.51344 *	1.11163	.002	-5.7252	-1.3016
		乡镇小学	-1.27874	1.12823	.260	-3.5236	.9661
叙述技能	县城小学	乡镇小学	5.09455	2.91975	.085	-.7148	10.9039
		农村小学	5.04570	3.07287	.104	-1.0684	11.1598
	乡镇小学	县城小学	-5.09455	2.91975	.085	-10.9039	.7148
		农村小学	-.04885	3.11877	.988	-6.2542	6.1565
	农村小学	县城小学	-5.04570	3.07287	.104	-11.1598	1.0684
		乡镇小学	.04885	3.11877	.988	-6.1565	6.2542

因变量	（I） 学校类别	（J） 学校类别	均值差 （I—J）	标准误	显著性	95%置信区间	
						下限	上限
表达技能	县城小学	乡镇小学	2.26808*	.99653	.025	.2853	4.2509
		农村小学	4.44624*	1.04879	.000	2.3595	6.5330
	乡镇小学	县城小学	−2.26808*	.99653	.025	−4.2509	−.2853
		农村小学	2.17816*	1.06446	.044	.0602	4.2961
	农村小学	县城小学	−4.44624*	1.04879	.000	−6.5330	−2.3595
		乡镇小学	−2.17816*	1.06446	.044	−4.2961	−.0602

注：*表示均值差的显著性水平为 0.05。

从年级差异来看，三年级学生在总得分（$M_I = 44.91$、$M_{II} = 42.47$，$p_{I—II} = 0.506$）、观察技能（$M_I = 18.72$、$M_{II} = 17.84$，$p_{I—II} = 0.356$）、叙述技能（$M_I = 19.41$、$M_{II} = 18.34$，$p_{I—II} = 0.672$）、表达技能（$M_I = 6.78$、$M_{II} = 6.29$，$p_{I—II} = 0.597$）等方面均略高于四年级学生，但没有形成显著差异，如表 6—36 所示。这是一个比较特殊的现象，即交流表达能力随着学生年级的增高却出现了得分降低的趋势。

表 6—36　　　　学生交流表达能力年级差异描述统计

		N	均值	标准差	标准误	均值的95% 置信区间		极小值	极大值
						下限	上限		
总分	三年级	46	44.9130	14.23895	2.09942	40.6846	49.1415	15.00	86.00
	四年级	38	42.4737	19.22236	3.11828	36.1555	48.7919	15.00	83.00
	总数	84	43.8095	16.61722	1.81309	40.2034	47.4157	15.00	86.00
观察能力	三年级	46	18.7174	4.37499	.64506	17.4182	20.0166	10.00	30.00
	四年级	38	17.8421	4.20120	.68152	16.4612	19.2230	10.00	24.00
	总数	84	18.3214	4.29390	.46850	17.3896	19.2533	10.00	30.00

续表

		N	均值	标准差	标准误	均值的95%置信区间		极小值	极大值
						下限	上限		
叙述能力	三年级	46	19.4130	10.69907	1.57749	16.2358	22.5903	.00	51.00
	四年级	38	18.3421	12.38411	2.00897	14.2715	22.4127	.00	48.00
	总数	84	18.9286	11.43319	1.24746	16.4474	21.4097	.00	51.00
表达技能	三年级	46	6.7826	3.78249	.55770	5.6593	7.9059	.00	11.00
	四年级	38	6.2895	4.72434	.76639	4.7366	7.8423	.00	11.00
	总数	84	6.5595	4.21515	.45991	5.6448	7.4743	.00	11.00

从区域差异来看，北川县学生交流表达能力得分最高（$M_b = 52.41$），西和县学生得分最低（$M_a = 32.53$），其他依次为什邡市（$M_d = 46.56$）、青川县（$M_c = 45.07$）、绵竹市（$M_e = 42.61$）。北川县、青川县、什邡市得分显著高于西和县（$p_{b-a} = 0.000$、$p_{c-a} = 0.029$、$p_{d-a} = 0.010$、$p_{d-a} = 0.060$）。其他县区之间有差异，但没达到统计学显著水平，如表6—37、表6—38所示。

表6—37　　　　　　学生交流表达能力区域差异描述统计

	N	均值	标准差	标准误	均值的95%置信区间		极小值	极大值
					下限	上限		
西和县	17	32.5294	15.77228	3.82534	24.4201	40.6388	15.00	65.00
北川县	17	52.4118	17.56438	4.25999	43.3810	61.4425	21.00	83.00
青川县	14	45.0714	15.25912	4.07817	36.2611	53.8818	24.00	72.00
什邡市	18	46.5556	16.03387	3.77922	38.5821	54.5290	15.00	86.00
绵竹市	18	42.6111	13.28484	3.13127	36.0047	49.2175	21.00	66.00
总数	84	43.8095	16.61722	1.81309	40.2034	47.4157	15.00	86.00

表6—38　　　　　　　学生交流表达能力区域差异检验分析

（I）项目县区	（J）项目县区	均值差（I—J）	标准误	显著性	95%置信区间	
					下限	上限
西和县	北川县	-19.88235*	5.36307	.000	-30.5573	-9.2074
	青川县	-12.54202*	5.64306	.029	-23.7743	-1.3098
	什邡市	-14.02614*	5.28805	.010	-24.5518	-3.5005
	绵竹市	-10.08170	5.28805	.060	-20.6073	.4439
北川县	西和县	19.88235*	5.36307	.000	9.2074	30.5573
	青川县	7.34034	5.64306	.197	-3.8919	18.5726
	什邡市	5.85621	5.28805	.271	-4.6694	16.3818
	绵竹市	9.80065	5.28805	.068	-.7250	20.3263
青川县	西和县	12.54202*	5.64306	.029	1.3098	23.7743
	北川县	-7.34034	5.64306	.197	-18.5726	3.8919
	什邡市	-1.48413	5.57182	.791	-12.5746	9.6063
	绵竹市	2.46032	5.57182	.660	-8.6301	13.5508
什邡市	西和县	14.02614*	5.28805	.010	3.5005	24.5518
	北川县	-5.85621	5.28805	.271	-16.3818	4.6694
	青川县	1.48413	5.57182	.791	-9.6063	12.5746
	绵竹市	3.94444	5.21196	.451	-6.4297	14.3186
绵竹市	西和县	10.08170	5.28805	.060	-.4439	20.6073
	北川县	-9.80065	5.28805	.068	-20.3263	.7250
	青川县	-2.46032	5.57182	.660	-13.5508	8.6301
	什邡市	-3.94444	5.21196	.451	-14.3186	6.4297

注：＊表示均值差的显著性水平为0.05。

（6）学生团队合作能力现状分析。团队合作能力通过无领导小组限时活动的方式测试。让学生在10分钟内（600秒）完成一项团队合作任务，从熟知任务、表演准备、合作表演三个维度对其进行评价。本项测试共计100分，其中熟知任务占10分、表演准备占30分、合作表演占60分。共施测34组，合计170名学生。有21

组，即61.8%的小组在10分钟内完成了表演任务，平均每组用时约490秒，最快者120秒内完成表演任务，慢者在930秒内没做任何工作。平均准备用时约272秒，最快者准备用时30秒。通过分析发现，灾区学生团队合作能力整体较差（M = 33.13，SD = 10.19，Max = 49.00，Min = 8.00），如表6—39所示。

表6—39　　　　　　　　学生团队合作能力基本情况分析

	N	全距	极小值	极大值	均值	标准差
准备时间（秒）	34	570	30	600	271.65	156.635
共计用时（秒）	34	810	120	930	489.88	238.544
完成率	34	1.00	.00	1.00	.6176	.49327
熟知任务	34	7.00	3.00	10.00	7.3971	1.85366
表演准备	34	11.00	3.00	14.00	8.8529	3.53453
合作表演	34	26.00	.00	26.00	16.8824	6.10893
总分	34	41.00	8.00	49.00	33.1324	10.18638
有效的 N（列表状态）	34					

从学校类别差异来看，县城小学、乡镇小学和农村小学的总体得分依次递减，并且形成显著差异（$M_1 = 37.55$、$M_2 = 33.2917$、$M_3 = 28.55$，$p_{1-2} = 0.017$，$p_{1-3} = 0.000$，$p_{2-3} = 0.008$）；在熟知任务方面，农村小学显著劣于其他地区的学校，但县城小学与乡镇小学之间不存在显著差异（$M_1 = 8.09$、$M_2 = 7.96$、$M_3 = 6.09$，$p_{1-2} = 0.658$、$p_{1-3} = 0.000$、$p_{2-3} = 0.000$）；在表演准备方面，县城小组显著优于乡镇小学，但乡镇小学和农村小组之间不存在显著差异（$M_1 = 10.05$、$M_2 = 8.46$、$M_3 = 8.09$，$p_{1-2} = 0.014$、$p_{1-3} = 0.003$、$p_{2-3} = 0.565$）；在合作表演方面，三者与总体得分差异趋势一致（$M_1 = 19.41$、$M_2 = 16.88$、$M_3 = 14.36$，$p_{1-2} = 0.019$、$p_{1-3} = 0.000$、$p_{2-3} = 0.020$），如表6—40、表6—41所示。

表 6—40　　　　学生团队合作能力学校类别差异描述统计

		N	均值	标准差	标准误	均值的95%置信区间		极小值	极大值
						下限	上限		
总分	县城小学	55	37.5455	7.95664	1.07287	35.3945	39.6964	17.00	46.50
	乡镇小学	60	33.2917	10.18985	1.31550	30.6594	35.9240	14.00	49.00
	农村小学	55	28.5455	9.95000	1.34166	25.8556	31.2353	8.00	42.50
	总数	170	33.1324	10.06511	.77196	31.6084	34.6563	8.00	49.00
熟知任务	县城小学	55	8.0909	1.23262	.16621	7.7577	8.4241	6.00	10.00
	乡镇小学	60	7.9583	1.65266	.21336	7.5314	8.3853	5.00	10.00
	农村小学	55	6.0909	1.84865	.24927	5.5911	6.5907	3.00	9.00
	总数	170	7.3971	1.83159	.14048	7.1197	7.6744	3.00	10.00
表演准备	县城小学	55	10.0455	3.45242	.46552	9.1121	10.9788	3.00	14.00
	乡镇小学	60	8.4583	3.84255	.49607	7.4657	9.4510	3.00	13.00
	农村小学	55	8.0909	2.81216	.37919	7.3307	8.8511	3.00	11.00
	总数	170	8.8529	3.49245	.26786	8.3242	9.3817	3.00	14.00
合作表演	县城小学	55	19.4091	5.26527	.70997	17.9857	20.8325	6.00	26.00
	乡镇小学	60	16.8750	5.46222	.70517	15.4640	18.2860	6.00	26.00
	农村小学	55	14.3636	6.38318	.86071	12.6380	16.0893	.00	24.00
	总数	170	16.8824	6.03621	.46296	15.9684	17.7963	.00	26.00

表 6—41　　　　学生团队合作能力学校类别差异检验分析

LSD（最小显著差数法）

因变量	（I）学校类别	（J）学校类别	均值差（I—J）	标准误	显著性	95%置信区间	
						下限	上限
总分	县城小学	乡镇小学	4.25379*	1.76277	.017	.7736	7.7340
		农村小学	9.00000*	1.80068	.000	5.4450	12.5550
	乡镇小学	县城小学	−4.25379*	1.76277	.017	−7.7340	−.7736
		农村小学	4.74621*	1.76277	.008	1.2660	8.2264
	农村小学	县城小学	−9.00000*	1.80068	.000	−12.5550	−5.4450
		乡镇小学	−4.74621*	1.76277	.008	−8.2264	−1.2660

续表

因变量	（I）学校类别	（J）学校类别	均值差（I—J）	标准误	显著性	95%置信区间 下限	上限
熟知任务	县城小学	乡镇小学	.13258	.29876	.658	-.4573	.7224
		农村小学	2.00000*	.30519	.000	1.3975	2.6025
	乡镇小学	县城小学	-.13258	.29876	.658	-.7224	.4573
		农村小学	1.86742*	.29876	.000	1.2776	2.4573
	农村小学	县城小学	-2.00000*	.30519	.000	-2.6025	-1.3975
		乡镇小学	-1.86742*	.29876	.000	-2.4573	-1.2776
表演准备	县城小学	乡镇小学	1.58712*	.63656	.014	.3304	2.8439
		农村小学	1.95455*	.65025	.003	.6708	3.2383
	乡镇小学	县城小学	-1.58712*	.63656	.014	-2.8439	-.3304
		农村小学	.36742	.63656	.565	-.8893	1.6242
	农村小学	县城小学	-1.95455*	.65025	.003	-3.2383	-.6708
		乡镇小学	-.36742	.63656	.565	-1.6242	.8893
合作表演	县城小学	乡镇小学	2.53409*	1.06717	.019	.4272	4.6410
		农村小学	5.04545*	1.09012	.000	2.8933	7.1977
	乡镇小学	县城小学	-2.53409*	1.06717	.019	-4.6410	-.4272
		农村小学	2.51136*	1.06717	.020	.4045	4.6182
	农村小学	县城小学	-5.04545*	1.09012	.000	-7.1977	-2.8933
		乡镇小学	-2.51136*	1.06717	.020	-4.6182	-.4045

注：＊表示均值差的显著性水平为 0.05。

从年级差异来看，四年级学生在总体得分（$M_I = 32.94$、$M_{II} = 33.35$，$p_{I-II} = 0.776$）、熟知任务（$M_I = 7.15$、$M_{II} = 7.65$，$p_{I-II} = 0.075$）、合作表演（$M_I = 16.56$、$M_{II} = 17.21$，$p_{I-II} = 0.486$）等方面略高于三年级，三年级在表演准备（$M_I = 9.21$、$M_{II} = 8.50$，$p_{I-II} = 0.188$）方面略高于四年级，但两个年级在各方面的差异都没有达到统计学显著水平，如表6—42、表6—43所示。

表 6—42 学生团队合作能力年级差异描述统计

		N	均值	标准差	标准误	均值的 95% 置信区间		极小值	极大值
						下限	上限		
总分	三年级	85	32.9118	11.14733	1.20910	30.5073	35.3162	8.00	49.00
	四年级	85	33.3529	8.91388	.96685	31.4303	35.2756	14.00	46.00
	总数	170	33.1324	10.06511	.77196	31.6084	34.6563	8.00	49.00
熟知任务	三年级	85	7.1471	1.75734	.19061	6.7680	7.5261	3.00	10.00
	四年级	85	7.6471	1.88007	.20392	7.2415	8.0526	4.00	10.00
	总数	170	7.3971	1.83159	.14048	7.1197	7.6744	3.00	10.00
表演准备	三年级	85	9.2059	3.82683	.41508	8.3805	10.0313	3.00	14.00
	四年级	85	8.5000	3.10530	.33682	7.8302	9.1698	3.00	12.50
	总数	170	8.8529	3.49245	.26786	8.3242	9.3817	3.00	14.00
合作表演	三年级	85	16.5588	7.02013	.76144	15.0446	18.0730	.00	26.00
	四年级	85	17.2059	4.87968	.52928	16.1534	18.2584	6.00	23.50
	总数	170	16.8824	6.03621	.46296	15.9684	17.7963	.00	26.00

表 6—43 学生团队合作能力年级差异检验分析

		平方和	df	均方	F	显著性
总分	组间	8.272	1	8.272	.081	.776
	组内	17112.500	168	101.860		
	总数	17120.772	169			
熟知任务	组间	10.625	1	10.625	3.209	.075
	组内	556.324	168	3.311		
	总数	566.949	169			
表演准备	组间	21.176	1	21.176	1.744	.188
	组内	2040.147	168	12.144		
	总数	2061.324	169			
合作表演	组间	17.794	1	17.794	.487	.486
	组内	6139.853	168	36.547		
	总数	6157.647	169			

从区域差异来看，什邡市学生在团队合作能力方面得分最高（$M_d = 41.75$），青川县学生得分最低（$M_c = 24.30$），其他依次是北川县（$M_b = 35.75$）、绵竹市（$M_d = 33.67$）和西和县（$M_d = 30.73$）。其中，什邡市与青川县、西和县的差异达到统计学显著水平（$p_{d-a} = 0.026$、$p_{d-c} = 0.004$），如表6—44、表6—45所示。

表6—44　　　　　学生团队合作能力区域差异描述统计

| | N | 均值 | 标准差 | 标准误 | 均值的95%置信区间 | | 极小值 | 极大值 |
					下限	上限		
西和县	11	30.7273	9.38180	2.82872	24.4245	37.0301	19.00	49.00
北川县	6	35.7500	3.31285	1.35247	32.2734	39.2266	31.00	39.50
青川县	5	24.3000	12.02913	5.37959	9.3639	39.2361	14.00	44.50
什邡市	6	41.7500	4.05894	1.65706	37.4904	46.0096	37.00	46.50
绵竹市	6	33.6667	13.31040	5.43395	19.6983	47.6351	8.00	44.00
总数	34	33.1324	10.18638	1.74695	29.5782	36.6865	8.00	49.00

表6—45　　　　　学生团队合作能力区域差异检验分析

LSD（最小显著差数法）

| （I）项目县区 | （J）项目县区 | 均值差（I—J） | 标准误 | 显著性 | 95%置信区间 | |
					下限	上限
西和县	北川县	-5.02273	4.69526	.294	-14.6256	4.5802
	青川县	6.42727	4.98984	.208	-3.7781	16.6326
	什邡市	-11.02273*	4.69526	.026	-20.6256	-1.4198
	绵竹市	-2.93939	4.69526	.536	-12.5423	6.6635
北川县	西和县	5.02273	4.69526	.294	-4.5802	14.6256
	青川县	11.45000	5.60200	.050	-.0074	22.9074
	什邡市	-6.00000	5.34130	.271	-16.9242	4.9242
	绵竹市	2.08333	5.34130	.699	-8.8409	13.0075

（I） 项目县区	（J） 项目县区	均值差 （I—J）	标准误	显著性	95%置信区间	
					下限	上限
青川县	西和县	−6.42727	4.98984	.208	−16.6326	3.7781
	北川县	−11.45000	5.60200	.050	−22.9074	.0074
	什邡市	−17.45000 *	5.60200	.004	−28.9074	−5.9926
	绵竹市	−9.36667	5.60200	.105	−20.8240	2.0907
什邡市	西和县	11.02273 *	4.69526	.026	1.4198	20.6256
	北川县	6.00000	5.34130	.271	−4.9242	16.9242
	青川县	17.45000 *	5.60200	.004	5.9926	28.9074
	绵竹市	8.08333	5.34130	.141	−2.8409	19.0075
绵竹市	西和县	2.93939	4.69526	.536	−6.6635	12.5423
	北川县	−2.08333	5.34130	.699	−13.0075	8.8409
	青川县	9.36667	5.60200	.105	−2.0907	20.8240
	什邡市	−8.08333	5.34130	.141	−19.0075	2.8409

注：＊表示均值差的显著性水平为 0.05。

（五）评价结论

通过对项目县教师培训现状、教师培训需要、教师能力发展现状、学生能力发展现状等方面的综合分析发现灾区教师培训现状与需求形成较大反差，灾区学校信息化环境快速发展与教师应用能力水平不匹配，灾区师生能力发展存在区域城乡差异等问题。基于以上认识，结合灾区实际，提出以下几点可以促进项目有效实施的建议。

1. 优化教师培训环境，提供多样化培训资源

从培训时间、培训内容、培训效果等方面现状来看，灾区教师所能享受的优质教师培训资源严重不足。为了增加教师培训机会、扩大培训覆盖面、提升培训效果，需要开展集中面授与网络学习有机结合、外出培训与校本培训有机结合、系统培训与分散学习有机结合的教师培训工作。为此，项目学校需要继续完善以下教师培训

条件以开展形式多样的教师培训：（1）建立校本教师培训学习中心，特别是建立能够开展课例观摩与研讨的多媒体培训环境，以加强教师日常研讨与校本培训。（2）继续完善网络学习环境，有效支持教师基于网络的分散学习。目前项目学校硬件环境完全能够满足校本培训开展的需要，但网络联通性、稳定性、网速等方面还存在一定问题，特别是甘肃省西和县、四川省青川县部分农村地区学校。（3）建立系统化教师培训资源，有效支持教师的多样化学习，如开发有大量教学案例支持的立体化学习资源，支持教师的自主学习和网络学习。（4）加强学校信息化环境设施管理维护与教学支持服务，促进信息化硬件应用水平。

2. 采取分级式培训组织形式，实行混合式教师培训模式

为了在较短的时间内能够有效提升项目学校教师整体教学水平，项目应当采取国家级培训与校本培训相结合的分级式培训组织形式，即先由国家级培训者为每个学校培养一定数量的资源教师，再由其返回本校开展校本培训。为保证教师培训效果、降低层级式培训中的信息衰减、有效促进教学深化应用，各级项目培训应该采取集中面授、教师自主学习与网络远程指导相结合的混合式教师培训模式，即定期对资源教师开展集中培训后，通过网络平台开展远程指导服务，以支持其网络自主学习和校本培训的有效开展，并及时解决项目学校教师在培训、教学实践中遇到的困难。

3. 开发知能并举的培训体系，促进培训内容的转化应用

为了使教师培训不但能够达到转变教学观念、丰富理论知识的效果，而且能够有效提升教师实际课堂教学技能和教学组织管理能力，应当充分发挥专家讲座、教学观摩、案例分析、参与研讨、动手实践等各种培训方法的优点，采取"案例分析（教学观摩）—参与讨论—专家讲座—动手实践"有机结合的培训流程，形成以教学案例为依托、以教师参与讨论为主要形式、以专家讲座为有益补充、以教师教学能力提升为主要目的的知能并举的培训体系，实现教师培训与教学实践相结合、知识学习与能力发展相结合。此外，在集中培训结束后应当加强网络远程指导和区域巡回指导，鼓励、

促进教师将所学知识转化为教师实践技能，有效应用于课堂教学实践，使项目学校学生从中受益。

4. 加强灾区教师课堂教学基本技能方面的精细化培训

项目学校大部分教师已经接受过新课改理念和教学技能方面的培训，但培训的主要效果在于转变教育教学理念、丰富理论知识方面，对于课堂教学技能与教学管理方面的影响效果甚微。在教师培训需求调查和教师能力发展现状分析中了解的，教师对于如何有效开展教学认识较为到位但实际操作能力欠缺，教师基本课堂教学技能需要更加精细化的培训，主要表现在六个方面：（1）合作学习的有效组织与开展，如合作学习的组织形式、活动类型、合作学习任务的有效设计及合作学习过程中的有效教师指导；（2）学生学习积极性的调动及学习兴趣、注意力的有效维持；（3）课堂提问与师生对话，如有效问题的设计、课堂提问的技巧、课堂提问中的有效反馈及课堂教学中全纳、爱生理念的实践等；（4）有效的课堂导入与讲授技能，包括如何采取多样化的课堂导入来激发学生学习兴趣、有效明确学习目的、促进认知发展，课堂讲授中如何突出重点、突破难点等；（5）作业与练习的管理，包括课堂练习与课后作业的有效设计、练习与作业的评价、分析与反馈等；（6）其他，如日常教研中的听课、评课该如何有效开展等。

5. 开展教师信息技术能力和信息化教学能力方面的系统培训

项目学校部分老师曾经接受过计算机操作、办公软件应用等方面的培训，但由于之前学校缺乏相关的硬件设施和练习实践的机会，培训并没有为教师形成必要的操作技能。随着项目学校计算机网络、多媒体教室等硬件环境的建立完善，教师在信息化硬件设备的管理维护、有效应用等方面普遍存在较大问题，灾区学校信息化环境快速发展与教师应用能力水平普遍低下成为当前影响灾区教学质量有效提升的主要矛盾之一。为此，教师信息技术基础能力以及如何将信息化资源环境有效应用于课堂教学的能力，即信息化教学能力的切实提升显得极为紧迫和重要。信息技术能力方面主要表现在两点：（1）网络教学资源的检索与下载，包括通过网络检索到与教学主题相关的多媒体资源、免费下载并有效管理；（2）多媒体教学资源的加工处理，包括如何将下载别人的课件修改完善、如何将自己的资料加工整合，形成有效的教学资源。信息化教学能力方面主要包括三点：（1）在新课改背景下的教材的有效分析、加工处理及其他多样化教学资源的整合应用；（2）信息化教学实践能力，主要包括有效课堂教学流程的设计、创新教学模式的实践、有效教学活动的设计等；（3）信息化资源的有效应用，主要包括信息化硬件环境的操作、多媒体教学资源作用的有效发挥及信息化教学资源与传统教学资源的结合应用等。

6. 建立基于网络的交流互动机制，促进区域教育的协同发展

灾区教师教学能力与学生基本能力的发展在区域之间、不同类别学校之间存在较大差异，但在区域之间并没有哪一方形成绝对的优势。为促进区域内教育的协同发展及区域间教育的均衡发展，可以通过建立完善的网络支持服务平台和可行的网络交流互动机制，以促进教师的网络学习交流和校际协作教学科研，加强师生之间、教师和家长之间、家长和学生之间的交流与沟通，产生强劲的"教育合力"，实现学校教育、家庭教育和社会教育有机结合的协同教育。

二　影响力评价方法实践

（一）评价背景

在"一对一环境下的教学变革"理念的影响下，2009 年 9 月，中国教育发展基金会和中央电化教育馆在戴尔公司资助下启动了"互联创未来"项目。项目在来自中国北京市、上海市、广州市、成都市、长春市、厦门市和大连市的 68 所学校实施。项目的主要内容及目标如下：（1）为项目学校提供"互联课堂"教学设备、教师专业发展相关的网络课程、项目学习优秀案例和探究性学习支持资源包，形成有利于实现城乡优质教育资源共享的教学环境，提高项目学校应用信息技术促进教育改革的能力。（2）为项目学校提供应用 ICT 支持中心和"互联课堂"学习环境开展教学改革的培训课

程，提高项目学校教师的信息素养与信息化教学水平。（3）开展基于项目的综合学习主题活动，让学生通过实践活动，增强探究和创新意识，学习科学研究的方法，发展综合运用知识的能力。转变学生的学习方式，实现学习方式的多元化，培养学生搜集和处理信息的能力、获取新知识的能力、分析和解决问题的能力以及交流与合作的能力。（4）构建支持学校师生开展项目学习活动的网络社区，为项目学校师生提供相互学习与交流的平台，促进城乡师生的交流与协作。

（二）评价设计

1. 评价目标

项目评价工作以项目目标、项目具体内容和项目预期成果为依据，对项目各项活动实施情况及产生的效果展开客观的评价。主要评价目标如下：

（1）系统掌握项目实施情况及项目设备资源建设与应用情况。

（2）分析项目产生的效果，根据既定指标科学、客观地评价项目成效。

（3）总结项目实施经验，为同类项目的有效开展提供借鉴。

2. 评价对象

项目评价工作将以项目实施的七个地区的项目学校，即以北京市、上海市、广州市、成都市、长春市、厦门市和大连市七个地区的项目学校及其伙伴学校的项目管理人员、学校校长、教师、项目实验班学生为评价对象总体；以包括"戴尔'互联创未来'"（http：//www. schoolnet. org. cn/useraspx/index. aspx）、项目作品交流网站（http：//dianping. ncet. edu. cn/index. jsp）等为主的网络互动社区平台中的活动记录为数据分析样本总体，对"中国教育发展基金会戴尔'互联创未来'项目"展开全面评价。

3. 评价内容与评价指标体系设计

根据项目具体内容及项目评价目的，项目评价将从项目组织管理、项目设备平台资源建设、教师及学生发展、项目培训、活动组织等方面展开系统评价。项目评价框架及相关指标如表6—46所示。

表6—46 评价框架及相关指标

评价内容	一级维度	二级维度	三级指标	评价方法及评价对象					
				资料分析	问卷调查	座谈、访谈	实地观察	现场测试	平台分析
项目组织管理	项目管理	项目管理机构	管理团队、人员组成、运行机制	■▲	▲	■▲			
		项目管理制度	项目文件	■					
			激励机制、评价机制	■▲	▲	■▲			
	项目执行	受益情况	受益班级数、教师数、学生数	■	▲	▲			
		整体评价	对项目内容、方式、时间、资源、校际协作活动等的整体评价		▲★●	▲★●			
	项目经验	成功经验、特色	省级、县级、学校项目管理相关经验及特色（学校、教师、学生等）	■▲		■▲★			
		典型案例	项目中出现的成功案例（学校、教师、学生等）	■▲		■▲★			
设备资源平台	设备	设备管理情况	设备完整率				√		
			设备完好率		▲	▲	√		
			管理措施（专人维护、登记制度、管理制度）	▲	▲	▲			
		设备使用情况	应用频次（项目配备设备的使用情况）	▲	●★				
			教师应用（信息技术课、自由上机、小组活动、结对活动）		●	●			
			学生应用（学科教学、教研活动、结对活动）		★	★			
			应用范围（项目师生、全校师生）		▲	▲			√

续表

评价内容	一级维度	二级维度	三级指标	评价方法及评价对象					
				资料分析	问卷调查	座谈、访谈	实地观察	现场测试	平台分析
	资源	网络课程、资源包、优秀案例、培训后复制的资源等	开设情况（信息化教学设计基础，DELL 移动教室教学应用、基于项目学习的设计与案例、思维可视化工具的教学应用，项目教学案例制作）						√
			项目教师对网络课程的评价（网络课程内容的评价，对网络课程活动设计资源设计的评价）		★	★			
			学习效果（网络课程学习内容掌握程度）		★	★			√
			配备情况、使用效果		★	★			
	网络平台	平台建设	平台类型、注册人数、访问频次、资源数	※					√
		平台使用	了解情况，交流互动情况、使用效果、资源共享		★●				√
	优质成果	PLT 作品	作品内容（项目概述、项目计划、教学反思、作品与反思、评价与标准）活动实施效果（提高学生的学习能力，发展学生的探究能力，发展学生的 21 世纪技能，运用信息技术作为认知工作制作作品的能力）		●				√
		优秀课例	获奖作品的数量、等级分布、科目分布、年级分布						√
			优秀课例的数量、等级分布、科目分布、年级分布						√

续表

评价内容	一级维度	二级维度	三级指标	评价方法及评价对象					
				资料分析	问卷调查	座谈、访谈	实地观察	现场测试	平台分析
★ 发展评价	态度	教学观念	PBL理念、以学生为中心		★	★			
	行为	课堂行为	丰富的教学资源、自主学习、探究性教学、小组合作		★●				
			关注学生个体差异、课堂管理		●		★		
		教研活动	集体备课、相互评课、合作交流	★	★	★			
	能力	信息技术能力	计算机软件应用、检索、获取、修改、上传资源		★				
		教学反思能力	借鉴、记录、分析、改进教学		★				
		交流和沟通能力	贡献、获取、交流		★				
		团队协作能力	团队获益、贡献度		★				
		创新和革新能力	新理念、新技术的应用		★				
● 发展评价	态度	学习兴趣变化、自信心发展							
	行为	学习方式	学习方式的转变、学习方式的多元化（合作、探究、自主、接受式）		●	●			
		信息获取的途径	课本、老师、同学、网络、社会		●	●			
		学习涉及的主题	课本、生活、安全、健康、环境、卫生		●				

续表

评价内容			评价方法及评价对象					
一级维度	二级维度	三级指标	资料分析	问卷调查	座谈、访谈	实地观察	现场测试	平台分析
能力	人际交往与自我导向能力	信息分享意识（是否愿意与人分享）人际冲突解决（不同意见的处理）倾听能力（是否愿意倾听）表达能力（表达自己的想法）		●				
	思考与解决问题的能力	发现问题、分析问题、选择合理的研究方法、解决问题		●				
	信息技术能力	计算机基本操作（硬件、系统管理）Office软件应用（字处理、电子表格、演示文稿）Internet应用（浏览器、聊天工具等）媒体技术素养（信息意识等）		●			●	
培训	专家集中培训	培训内容、培训次数、培训时数、培训人数	■		■			
	培训效果	对培训内容的掌握程度		★	★			
		培训方式		★	★			
		对培训内容设计的评价		★	★			

续表

评价内容	一级维度	二级维度	三级指标	评价方法及评价对象					
				资料分析	问卷调查	座谈、访谈	实地观察	现场测试	平台分析
		校本培训人数							
	校本培训	校本培训的效果	校本培训内容掌握程度		▲				
			校本培训形式（全员集中培训、网络自主学习、校本研讨、培训反思、听课评课、观摩课例、集体备课、分组集中培训、观摩课）		★	★			
			校本培训中的专家的指导（远程、现场）		★				
	活动组织	活动形式	同课异构		▲				
			一课同讲		▲				
			同课共教		▲				
		探究性学习活动			▲				
		活动范围	校际		▲				
			校内		▲				
		参与人数	教师		▲				
			学生						
		活动成果	形式	视频、PPT、教学设计、报告	▲				

备注：1）县级管理人员：■　2）学校管理人员：▲　3）项目学校教师：★
4）项目学校学生：●　5）项目管理机构：※

4. 评价技术路线

基于项目内容、项目评价目的、项目评价内容及相关指标，此次项目评价将主要采用调查研究法对各类项目参与人员开展评价。评价分为实地走访评价和网络问卷评价两种形式。在实地走访评价和网络问卷评价两种形式的基础上，项目评价专家组还将对项目网络学习社区平台中的相关数据进行统计分析，以全面了解项目学校网络交流互动情况。项目评价整体技术路线如图6—15所示。

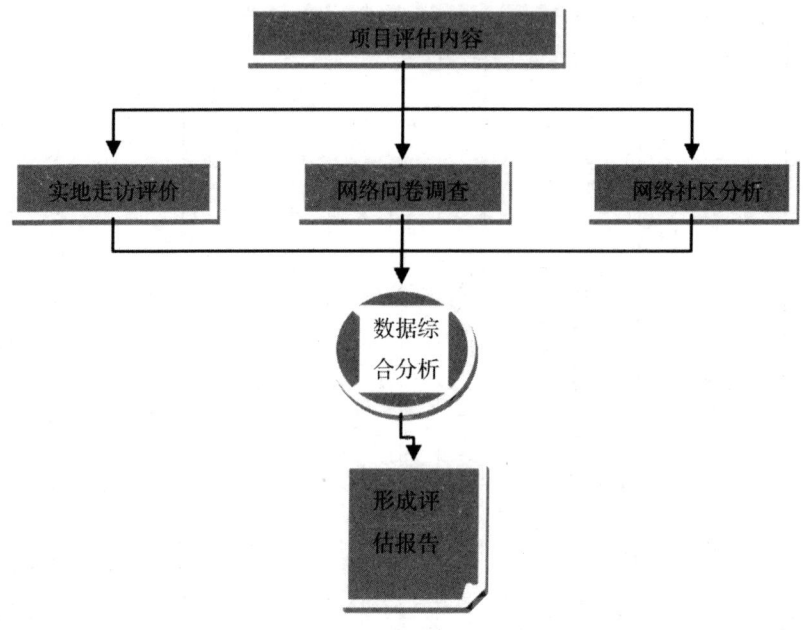

图6—15　项目评估技术路线

5. 评价方法及相关工具设计

根据项目评价内容及评价整体思路，此次项目评价将综合运用问卷调查法、座谈或访谈、学生能力测试、课堂观察、资料查阅等多种方式收集相关数据，实现量化评价与质性评价的有机结合。

（1）问卷调查法。为高效率、大面积收集评价数据，项目共设计三套调查问卷，各问卷使用对象及主要作用详述如下：

①项目教师调查问卷。教师问卷针对项目学校及伙伴学校所有参与过项目培训及相关实践活动的各学科教师设计，旨在了解教师参与项目活动的情况及项目相关资源环境应用情况，并掌握项目对教师产生的影响以及教师对项目的评价等。

②项目学生调查问卷。学生问卷针对参与过项目实验班相关活动的所有学生设计，旨在了解学生参与项目情况，学生对项目整体效果的评价，学生信息技术能力、合作能力、探究能力等的发展，以及学习兴趣、学习方式等的变化，并从侧面了解项目实施对教师课堂教学行为及学校教育水平等方面产生的影响。

③项目学校管理人员问卷。学校管理人员问卷是针对各个项目学校实际负责 DELL 项目相关工作的校长、副校长或教师设计的，旨在了解项目资源环境建设及运行情况、项目管理措施、本校师生参与项目活动的情况、项目实施在学校层面的效果以及项目后续发展的需求。

（2）座谈或访谈。在问卷调查、课堂观察及查阅相关文档资料的基础上，选择部分骨干教师、项目管理人员、其他学科教师或学生进行座谈或个别访谈，深入挖掘有用信息，佐证或补充问卷调查数据，为形成科学的评价结论提供辅助资料。为此，评价组设计了"项目教师访谈提纲"，以便于开展教师座谈或访谈使用；设计了"项目学校管理人员访谈提纲"，以便于开展学校管理人员访谈使用；设计了"项目学生访谈提纲"，以便于开展学生访谈使用。

（3）学生能力测试。学生能力测试题是针对实际参与过 DELL 项目相关实践活动的学生设计的，旨在了解学生计算机基本操作、文字处理软件（Word）应用、演示文稿软件（PPT）应用、网络基本操作等方面的能力。为科学有效地实施学生能力测试，评价组设计了"项目学生信息技术能力测试卷"和"项目学生信息技术能力测试评分标准"。

（4）课堂观察。为客观反映项目实施对教师教学能力的影响，在教师问卷调查、访谈座谈的基础上，评价组将随机选择部分学校教师开展课堂观察，从而系统反映教师参与项目后教学行为的变化。为全面反映教师课堂流程、课堂提问与回答、ICT 教育应用、课堂活动组织等，评价组设计了半结构化课堂观察记录表供课堂观察人员使用。

（5）项目经验总结报告。为及时了解项目整体受益面、项目整体效果，总结各项目县在项目组织管理、师生能力发展、项目辐射推广等方面的典型经验，评价组要求每个项目县提交一份针对DELL项目的经验总结报告，建议各个项目学校提交教师发展、学生发展的典型案例报告。

（6）网络平台数据分析。为客观分析项目实施过程中各网络平台的教师参与、资源建设与共享、网络交流互动等情况，评价组设计了"网络平台基本信息统计表"、"网络平台资源建设与共享平台统计表"等工具，用于统一分析网络平台应用情况。

（7）其他方法。此外，评价组还将对各学校项目相关活动的文本资料、活动照片、师生作品等过程资料进行系统收集。

6. 评价抽样方案

为保证评价对象的代表性和评价结论的科学性，评价工作各环节具体抽样方案如下：

（1）项目县及项目学校抽样。评价组采取整群抽样的方式，将以7个项目地区学校及其伙伴学校为评价对象，实地走访12所项目学校和伙伴学校；选择剩余的项目学校和伙伴学校，合计57所学校开展网络问卷调查。各项目地区、学校类型及评价实施方式抽样情况如表6—47所示。

表6—47　　　　　　　　　项目学校抽样方案

学校类型	项目县	评价方式		小计
		实地走访（个）	网络问卷	（所）
项目学校 伙伴学校	北京市	2—3	0	3
	上海市	2—3	0	4
	广州市	2—3	7	11
	成都市	0	10	10
	长春市	0	8	8
	厦门市	0	8	8
	大连市	0	10	10

续表

学校类型	项目县	评价方式		小计
		实地走访（个）	网络问卷	（所）
项目第二期新增学校		0	15	15
合计		6—9	58	69

（2）教师问卷调查抽样。对实地走访的 10 所学校中对所有实际参与过项目的教师实施现场（纸质）问卷调查；对其余 59 所学校所有实际参与过项目的教师实施网络（电子）问卷调查。

（3）教师座谈与访谈对象抽样。在实地评价的 10 所学校中，选择所有实际参与项目班级实验的教师和部分对该项目感兴趣的教师进行座谈（15 人左右），同时每校深度访谈 2 位实际参与项目实践的教师（其中 1 位是骨干教师）。

（4）课堂观察抽样。在实地走访 10 所项目学校的过程中，选择该校 PBL 探究项目实践指导教师 1—2 名开展课堂教学观察，共计观察 10 余节课。所授学科应为科学、数学、语文、英语四门学科之一，授课班级最好为实际参与项目实践的班级。

（5）学生问卷调查抽样。在实地走访的 10 所学校选择 2—4 个项目受益班级学生，采取整群抽样（100%）的方式实施现场（纸质）问卷调查；对其余 59 所学校（含第二期新增项目学校 15 所）选择 2—4 个项目受益班级学生，采取整群抽样（100%）的方式实施网络（电子）问卷调查。每所学校应保证有 50 名以上的学生填写问卷。

（6）学生能力测试与访谈抽样。在实地走访 10 所项目学校的过程中，在项目实验班中随机抽取 10—15 名参与过项目实践活动的学生现场实施计算机能力测试。（测试环境由项目学校提前准备，建立在项目配备的移动计算机教室进行，要求计算机安装 Windows XP 操作系统和 Office 2003 办公组件，并且所有计算机能够访问互联网，测试网址：http：//www. schoolnet. org. cn/useraspx/index. aspx。）

7. 评价预期成果

通过综合问卷调查、座谈或访谈、课堂观察、学生能力测验等数据，全面了解项目实施现状，准确评价项目实施效果，并为项目后续工作开展提供科学建议。每个评价小组在实地评价的基础上提供分组报告（共3份），在此基础上综合各份报告及网络评价数据形成总的评价报告。

（三）评价过程与数据收集

2013年6月，开展实地评价和网络评价。通过随机抽样的方法，选择上海市蔷薇小学、嘉定实验小学，广州市体育东路小学、越秀区云山小学，成都市盐道街小学、温江区东大街第二小学进行实地走访。评价的主要工作包括：（1）考察项目配备的"互联课堂"教学设备；（2）查阅相关资料并听取项目学校汇报；（3）实验班级课堂观察；（4）学校管理人员或教师座谈/访谈；（5）发放管理人员、教师、学生调查问卷；（6）学生能力测试及访谈。

1. 问卷发放收集情况

实地评价和网络评价两项共发放教师问卷407份，有效率为100%；发放学生问卷410份，有效率为99.3%；发放学校管理人员问卷6份，有效率为100%。问卷收集的数据能够反映熟悉项目的教师、学生、学校管理人员对项目的评价。

2. 学生能力测试

学生能力测试主要是学生的计算机操作能力测试，主要内容包括Windows基本操作、文字录入操作、文字编辑操作、演示文稿基本操作和网络操作五个维度，总共15分。测试的效果层级分别包括熟练（3分）、基本掌握（2分）、粗通（1分）、不会（0分）。共有117名学生参加了计算机能力测试，其中男生60人、女生57人，100%的学生都直接参与了项目实践。

3. 课堂教学观察

实地评价共开展课堂观察10节，其中数学5节、科学2节、语文1节、英语2节（见表6—48）。

表6—48　　　　　　　　　听课情况统计

项目地区	听课节数（节）	学科分布			
		语文（节）	数学（节）	科学（节）	英语（节）
上海市	4	0	2	1	1
广州市	4	1	2	1	0
成都市	2	0	1	0	1
合计	10	1	5	2	2

4. 座谈或访谈

在问卷调查、课堂观察及查阅相关文档资料的基础上，选择部分教师、项目管理人员、学生进行座谈或个别访谈，深入挖掘有用信息，佐证或补充问卷调查数据，为形成科学的评价结论提供辅助资料。

（四）评价项目对区域基础教育信息化的启示

1. 项目促进教育信息化基础环境水平提升

项目为每所学校配备了移动学习支持中心，由26台笔记本电脑、1套电子白板、1套投影、1台电脑手推车和其他辅助数码设备、信息化教学资源构成，为项目学校建立一个面向学生的一对一数字化学习环境，进一步提升了各个项目学校的信息化环境建设水平。设备的应用方式多样，效益充分发挥。学校移动ICT中心承担的主要功能，除了用于课堂教学和开展以"学生为中心"的活动使用外，90%以上的学校常用于信息技术课程教学，95%的学校用于教师日常备课或培训，98%的学校用于平时开展学科教学活动，80%的学校作为开放机房使用，各个项目学校已经将"互联课堂"移动学习中心应用于学校日常教学教研的各项活动中，应用灵活广泛。

2. 推动网络学习支持保障体系建设

为支持学校师生开展项目学习活动交流，促进优质教学资源的共建共享，有效支持师生协作开展基于网络的PBL项目，项目搭建了功能全面、资源丰富的网络学习社区，初步建立起区域网络学习支持保障体系。在网络学习社区中，学生展示各种形式（图片、评价报告、研究报告、反思）作品 1135 个，教师提交成果 235 个，撰写反思日志 355 篇，分析项目经验 40 条；专家分享讲座文件、模版工具、软件及项目资源数 100 余份；学习论坛中，教师和学生发帖共计约 2 万条，回帖约 5 万条，项目成果丰富。通过问卷调查发现：90%以上的被调查教师和 88%的被调查学生经常访问在线社区，52.3%的教师和 80%以上的学生经常在"互联创未来"网站上与其他教师进行交流互动，58.5%的教师和 85%的学生经常在项目网站上共享资源，65%的被调查教师认为在线社区提供的资源有助于自身突破教学中的重点、难点，77%的被调查教师认为网站提供的资源能促使学生主动参与学习。网络社区已经成为项目优质教育资源共建共享，为参与项目的教师和学生提供了学习交流、经验分享和技术支持的空间。

3. 教师教学理念、行为和能力发生转变

教师专业发展是指教师不断提升自己的专业意识，发掘已有知识和建构新知识，并不断增长专业能力和提高专业水平的过程。教师专业发展包含所有自然的学习经验和有意识组织的各种活动，这些经验和活动直接或者间接地让个体、团体或学校得益，进而提高课堂的教育质量。"互联创未来"项目的实施对教师专业发展的影响，主要通过教师教学观念、教学行为和能力的变化三个维度来进行评价。

（1）教师的教学观念发生转变。

通过项目实践，教师对运用新的教学理念、对学生的评价以及教师在教学中的作用等有了新的认识。72%的教师在课堂教学中更加愿意运用 PBL 理念进行教学；82%的教师更加喜欢组织学生参加专题研讨活动；90%的教师更加关注全体学生，设法让每个学生都能够积极参与；87.6%的教师在参与项目的过程中发现学生要比自己想象的做得好，变得更加信任学生了。在和教师的交谈中可以看出教师观念的变化，成都盐道街小学英语杨老师深有体会地说："我在以前的普通授课中有 70%考虑的是课的设计，对于学生的设计较弱，现在通过项目，我开始更多地考虑如何设计以便于学生更加有效率地学习，我认为教学设计是非常重要的。"

（2）教师专业行为产生变化。

①教师教研行为变化。在项目活动的促进与带动下，81.5%的教师表示通过ICT支持中心参加教学研讨活动，并且与项目基线评价数据相比，教师教研行为发生较大变化：73.5%的教师经常与同事讨论改进教学方法，与基线评价数据相比提高0.2%；77%的教师经常参与同事集体备课活动（比基线提高11.1%）；71.4%的教师经常观摩其他教师的课（比基线提高13%）；67.4%的教师经常与其他教师共享教学资源（比基线提高8.5%），具体教研行为如图6—16所示。77.4%的教师认为通过"互联创未来"项目的参与促进了自己的教学研究能力，并且开始撰写教学反思日志。

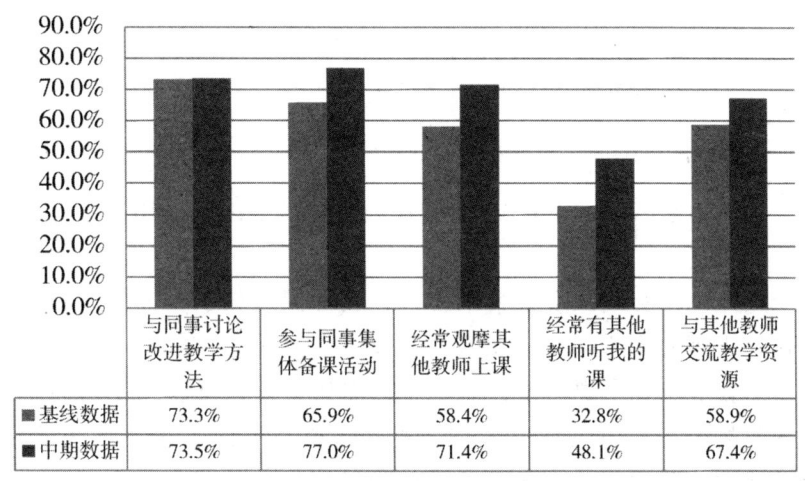

	与同事讨论改进教学方法	参与同事集体备课活动	经常观摩其他教师上课	经常有其他教师听我的课	与其他教师交流教学资源
■ 基线数据	73.3%	65.9%	58.4%	32.8%	58.9%
■ 中期数据	73.5%	77.0%	71.4%	48.1%	67.4%

图6—16　参与项目教师教研行为变化数据对比

②教师日常教学行为发生改变。问卷调查显示：83.5%的教师认为"互联创未来"项目的参与提高了自己以学生为中心的教学实践能力。对教师的问卷调查显示：25.4%的教师经常在备课过程中应用网络下载教学资源，58.7%的教师经常会在备课过程中分析学生的基本状况，53.1%的教师会在授课过程中根据学生的反应及时调整教学内容，53.0%的教师能够经常引导学生进行深入思考，56.5%的教师经常会组织学生进行小组合作学习，48.1%的教师会

根据学生的作业反馈进行个别辅导。与基线评价数据相比，教师在应用网络下载的资源进行教学（差值19.3%）、应用教具或学具进行教学（差值4.6%）、重视课堂提问反馈（差值18.6%）、重视学生讨论合作（差值0.9%）等方面有了很大的提高，如图6—17所示。

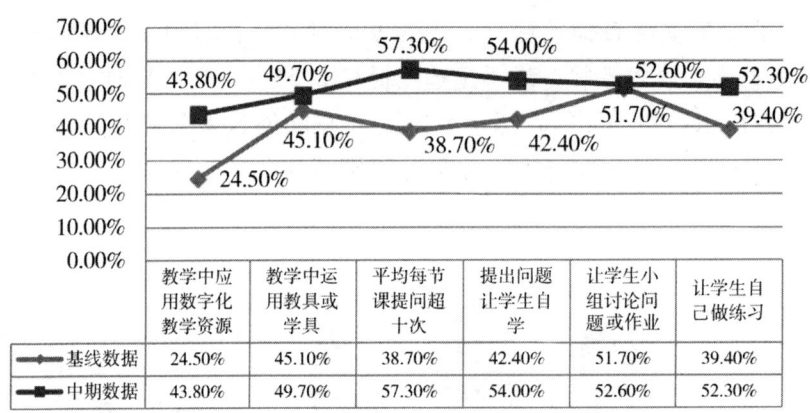

	教学中应用数字化教学资源	教学中运用教具或学具	平均每节课提问超十次	提出问题让学生自学	让学生小组讨论问题或作业	让学生自己做练习
基线数据	24.50%	45.10%	38.70%	42.40%	51.70%	39.40%
中期数据	43.80%	49.70%	57.30%	54.00%	52.60%	52.30%

图6—17 参与项目教师日常教学行为变化数据对比

此外，在实地课堂观察中发现，教师课堂教学方式与基线评价相比在下列几个方面有了明显的改善。

①教学资源来源丰富，教学手段多媒化。教师改变了传统教学内容只局限于教材的教学习惯，更加注重教学内容来源的多样化。与基线评价数据相比，教师教学行为最明显的改变在于更多地应用网络下载的教学资料开展教学（差值0.37%）。广州市体育东路的袁老师认为："教师由以前备教材、备学生转变为找资源、利用资源开展资源支持下的多元化教学，如在上《找规律》课时，我就上网搜索与数学《找规律》的相关教学资源和软件，发现有一款软件非常好用，我就下载下来在课堂上使用，效果还很不错。"值得关注的是，在实地观察中发现学生能够在课堂中很熟练地使用项目配备的上网本来开展学习，配合专家提供的互动软件和探究性资源，计算机已成为学生自主探究、操作练习的工具，上网本高效地支持了学生学习方式的转变。

②注重课堂提问反馈，问题具有层次性。教师更加注重课堂中的师生互动，经常提出具有层次性的问题，有效引导学生深入思考。课堂观察发现，教师平均每节课提问 15 人次，提出选择性提问、陈述性提问、推理性提问、创造性提问比例分别为 20%、50%、20%、10%，并且提问基本上照顾了大部分的学生，学生回答后教师也给予了充分的指导。

③注重小组合作学习，活动类型多样化。"互联创未来"项目的实施改变了以教师讲授为主的教学方式，更加注重学生的小组合作学习。在实地观察的 10 节课中，教师几乎每节课都会组织 3 次各种形式的小组活动。小组活动的形式主要以动手实践、合作探究、讨论辩论、共同设计等为主；小组活动的分组形式主要是邻桌分组（同桌前后座分为一组）、自由分组（全班同学自由进行分组）。

（3）教师多方面能力得到有效提高。

①教师信息技术能力显著提高。52.6% 的教师能熟练掌握计算机基本操作，62.0% 的教师能熟练掌握文字处理软件 Word，53.1% 的教师能熟练掌握数据表格处理软件 Excel，59.4% 的教师能够熟练掌握并运用 PPT 软件制作教学课件，57.6% 的教师可以熟练地在网上搜集并下载所需要的资料，54.2% 的教师可以熟练地在网上展开交流。

与基线评价数据项目相比，教师在计算机基本操作、文字处理（Word）、表格处理（Excel）、教学课件制作（PPT）、网络交流等方面的技能有了明显的提高，前后差值分别为 14.8%、15.3%、19.3%、26.6%、25.9%，如图 6—18 所示。在听取上海市蔷薇小学的汇报时，蔷薇小学为评价专家展示了名为"蔷薇梦"的项目实施汇报 PPT，从"易融、易学、易教"三个方面展示了蔷薇小学在项目实施过程中产生的变化；PPT 制作精美、充分运用了视频、动画、图片等多媒体手段，并且还配有 2 分钟的校园视频；通过交流了解到，PPT 和视频都是学校教师自己动手制作，展现了极强的信息技术能力。"互联创未来"项目的开展，提高了教师的信息技术能力，甚至有教师因此喜欢上了动手制作一些 PPT 和素材，能力得到发展。

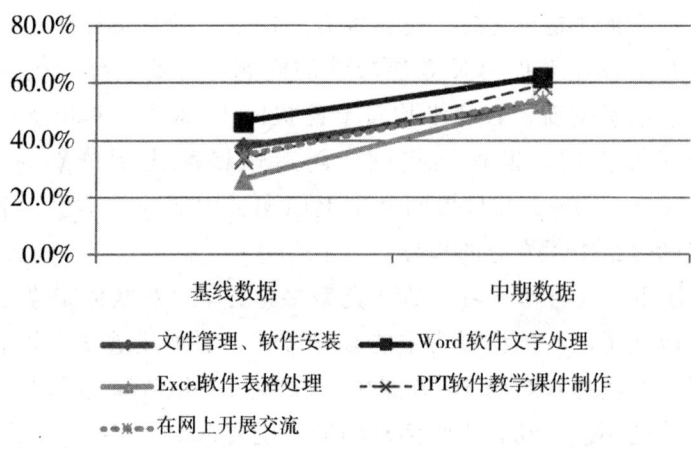

图 6—18　教师信息技术能力变化情况

②教师组织管理与团队协作能力明显提升。通过参与"互联创未来"项目的各项活动，83.4%的教师认为自己的组织管理能力得到了锻炼和增强，86.1%的教师认为自己的团队协作意识有所增强，85.1%的教师认为他们的团队协作能力有了提高，81%以上的教师开始和更多的教师交流，并在同事间推广自己好的做法和经验，如图 6—19 所示。

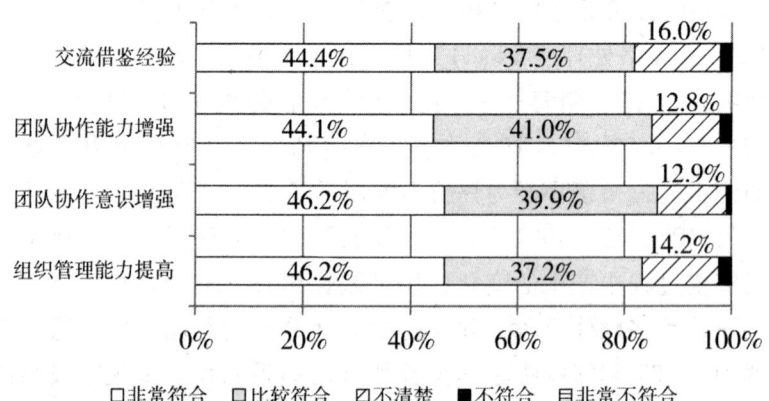

图 6—19　教师组织管理与团队协作能力提升

③教师的创新实践能力有了提高。通过参与国家级专家的前沿培训和指导学生开展基于项目的探究性学习活动，90.6%的教师认为自己的视野更加开阔了，如图6—20所示。

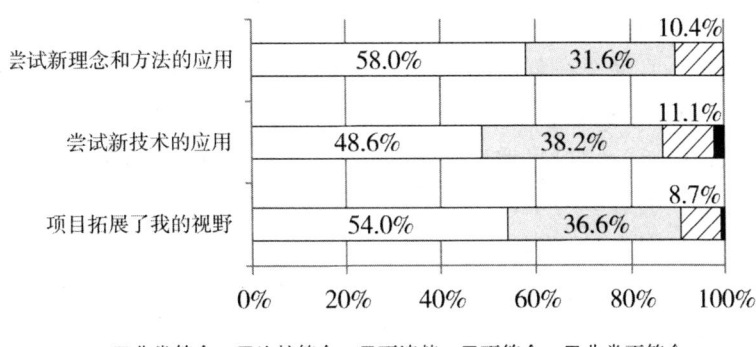

图6—20　教师创新实践能力提升

86.8%的教师逐渐尝试新技术在教学中的应用，89.6%的教师逐渐尝试新的理念和方法改变课堂教学。在访谈中，成都市温江区东大街第二小学的黄老师谈道："在项目前期，组织学生开展《球》、《弹性》、《液体的面积》等探究性的活动，主要考虑学生之间利用戴尔项目提供的网路互动平台，相互交流，到了项目后期，开展的'一对一'互联课堂中，我在设计教学中充分地体现了合作、探究和自主的新课程理念，让学生的自主学习能力、合作学习能力和探究能力得到了提升。这不仅仅是学生之间的交流，更是城乡之间的交流，为城乡学生之间架起了一座沟通的桥梁。"

4. 学生学习态度、行为和能力得到有效提升

"技术启迪智慧"项目的实施对学生信息素养发展的影响，主要反映在学生的学习态度、信息技术对学习方式的改变以及学生探索知识、整合创新知识的能力等方面。

（1）学生态度和行为变化。

增强了学生的学习兴趣与自信心。问卷调查显示，有85.6%的学生认为参与项目对于提高自信心帮助很大或较大，85.9%的学生

认为参与项目对自己学习兴趣的提高帮助很大或较大。有85.9%的学生表示更愿意与其他学校的学生交流，交往范围拓展。在课堂观察中也发现，在小组活动时，3—4名学生围绕一台DELL笔记本，展开热烈的讨论和交流，学习兴趣浓厚。盐道街小学六年级学生谈道："数学课的时候自己做PPT，学生在上面讲，大家在底下听，利用电脑进行互动。在英语课时，我们一起做题，一起听故事，非常有趣。"还有学生提道："以前不喜欢学习的同学，也更喜欢学习了，通过操作电脑，学习兴趣更加浓厚了。"这改变了学生的学习能力与学习方式。通过参与项目实践，学生获取信息的渠道更加多样，学生与教师沟通的机会增多了。项目活动带来了学生学习方式的改变，70%的学生经常会上网搜集学习资料，61.7%的学生经常参与小组协作学习活动，66.4%的学生遇到问题时经常会和老师、同学交流。

（2）学生知识与能力的发展。

学生的知识范围得到拓展。通过对有主题信息的"以学生为中心"探究项目的题目的内容分析发现，学生基于项目的学习活动主题包括动植物、数理学科知识、地理环境方面、社会生活技能、健康生理方面、科技制作、文化历史等多个领域。

学生围绕项目探究实践活动接受了多方面教育，极大地丰富了他们的课外知识，拓展了他们的知识范围，如图6—21所示。

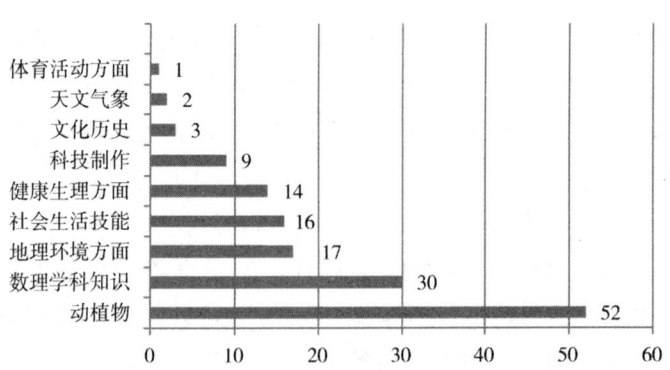

图6—21 "以学生为中心"探究项目涉及知识专题分析

①学生信息技术能力明显提高。问卷调查显示：95%的学

生反映自己使用过电脑，87.7%的学生操作电脑达到熟练程度，60%的学生经常上网，60%的学生会用电脑制作一些好看的画报，53%的学生可以熟练地在网上与朋友交流。学生计算机能力现场测试也发现，与基线评价数据相比，学生的 Windows 操作、文字录入、文字编辑、演示文稿制作、上网操作等均有了很大的提高，如图 6—22 所示。盐道街小学六年级学生谈道："在教师教学的过程中自己慢慢就学会了，经常做一些 PPT，还会利用 PPT 演节目"。广州市云山小学的学生谈道："感觉自己电脑操作熟练、知识面更广、实践力更强、口语交流表达强、人际交往能力强、动手能力提高、总结能力和适应能力提高、会下载修改资料，如插入图片、视频等。"

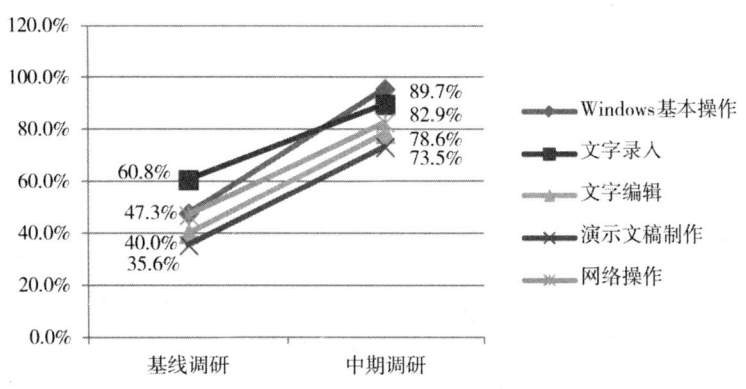

图 6—22　学生计算机能力测试对比分析

②学生思考与解决问题能力显著提高。问卷调查显示，通过项目实践，学生自己发现问题、提出问题、解决问题的能力不断增强。有50.9%的学生认为自己在日常的学习和生活中，可以提出跟别人不一样的想法；57%的学生在遇到问题时，能提出多种解决问题的方法；68.2%的学生经常反思自己做过的事情。进一步分析发现，实际参与项目实践的学生在思考与解决问题能力方面

的得分比只是"了解"或"不了解"项目的学生得分要高，如图6—23所示。

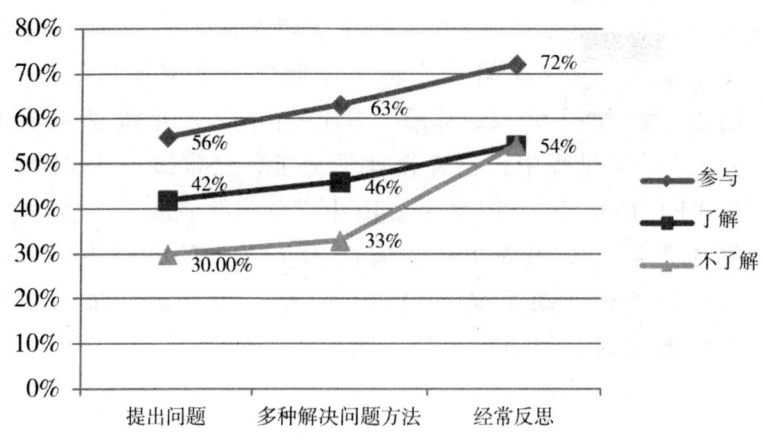

图6—23 项目参与情况和学生思考解决问题能力关系

③学生人际交往和表达能力明显提高。通过项目实践，学生人际交往与表达能力不断增强。77.2%的学生认为在与同学讨论时，自己更加愿意把想法和大家分享；75.5%的学生在小组讨论中，当自己的意见和别人的意见不一致时，更加愿意倾听别的同学的阐述；78.0%的学生在小组讨论结束时，能总结出组内形成的观点；71.8%的学生在别的同学讲述看法时，能够认真地倾听。进一步分析发现，实际参与项目实践的学生在对自己人际交往和表达能力各方面评价得分都比只是"了解"或"不了解"项目的学生得分要高，如图6—24所示。

成都市温江区东大街第二小学的老师提道："在活动的开展中，学生之间利用 Dell 项目提供的网路互动平台，相互交流，不仅仅是学生之间的交流，更是城乡之间的交流，为城乡学生之间架起了一座沟通的桥梁，在这个过程中，学生比以前更加活泼开朗，更加愿意和外校的学生交流。"

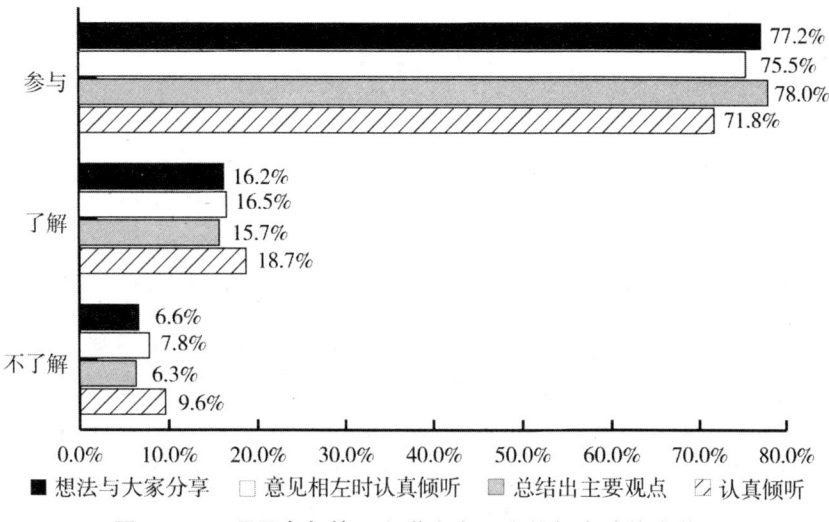

图6—24　项目参与情况和学生人际交往与表达能力关系

（五）评价项目对区域基础教育信息化的启示

"互联创未来"项目的成功实施，给项目地区和学校带来了可喜的变化，并形成了独具特色的项目模式和值得推广的成功经验。

1. 基于"互联课堂"的一对一数字化学习环境，对于教学模式产生革命性影响

"互联创未来"项目为项目学校建立了一对一数字化学习环境，采用"笔记本电脑+投影仪+电子白板+电脑手推车+其他设备"的移动学习支持中心及其配套的教学资源和网络学习社区构成了学校层面的教育信息化微观系统，具有很大的灵活性和自主性，能够满足学校集中教学、师生综合实践活动、学校自主学习等不同方式的使用需求，有效提高了设备的使用率。除用于开展教师培训、课堂教学、"互联课堂"和"以学生为中心"的项目探究等活动外，还可以供教师开展自主学习、网络学习，技术对于改变教与学的方式产生了革命性影响。

2. 一对一数字化学习环境下的课堂教学和"以学生为中心"的项目学习，促进师生综合能力提升

在项目实施过程中，采取"互联课堂"学习环境下的课堂教学和"以学生为中心"的项目学习活动两种方式，提高教师的课堂教

学能力和学生的 21 世纪技能。教师通过开展"互联课堂"环境下的课堂教学实践，探索新型的信息化教学模式；师生开展"以学生为中心"的项目学习活动，在精心设计任务、活动的基础上，以小组方式进行较长时期的开放性探究活动，并将学习成果以 PLT 作品的形式呈现，逐步转变了师生观念，实现了师生协同知识建构与综合能力的发展。通过项目的参与，教师的课堂教学行为及日常教研行为有了明显改善，信息技术能力、组织管理与团队协作能力、创新实践能力等都有了明显提高。学生的学习态度、学习兴趣、学习行为和人际交往能力、思维与解决问题能力、信息技术能力等方面都得到了较大程度提升。由此可以看出"互联课堂"学习环境下的课堂教学和"以学生为中心"的项目学习活动对师生各方面能力的发展都具有重要的影响，已经成为师生综合能力发展的主要方式。

3. 项目创新教师培养模式，促进教师专业发展

项目采取国家级培训与校本培训相结合、教师自主学习与网络远程指导相结合的混合式教师培训模式，保证教师培训效果，降低层级式培训中的信息衰减，有效促进教学深化应用。通过项目实践与总结，提出了"现场培训和支持性督导"、"短期集中式骨干教师培训+校本培训+实地巡回指导+网络平台指导混合式培训"、"网络环境支持的参与式教师培训"等教师培训模式或策略，具有较高的创新性、超前性和引领性，对于教师培养模式的创新有一定的借鉴作用。

4. 基于一对一数字化学习环境的城乡协同策略，促进区域教育的均衡发展

项目实施过程中，来自城市和农村（郊区）学校的师生通过"结对"的方式组成学习共同体，围绕所确定的项目主题，借助"中国教育发展基金会戴尔'互联创未来'"平台、QQ、微信、网盘等平台和工具，进行校际研究团队间的沟通和系统，分享彼此的教学（活动）方案和教学经验，指导城乡两地的学生开展探究活动。使同一主题的活动在不同地域、不同环境开展，促使地区差异转化成学生协作学习的资源，为缩小城乡教育的数字鸿沟，促进城乡基础教育的均衡发展提供了有效的对策与成功的经验。

（六）评价结论及思考

"互联创未来"项目完成了既定目标，取得了良好的成效，对于项目学校和区域基础教育信息化产生了深远的影响。项目配备的一对一学习环境使项目学校师生普遍受益；城乡互动的在线学习社区建立拓展了信息获取渠道和优质教学资源的共建共享；"以学生为中心"的探究性学习激发了学生的学习兴趣，培养了学生的自信心，学生的信息技术能力、小组合作能力、发现问题和解决问题等高阶能力得到发展；探索出了一对一学习环境支持的以"课堂教学"实践和"以学生为中心"的探究性学习为依托，促进城乡教师互动、实现优质教育资源共享的区域基础教育信息化发展的模式初步形成。

同时，基于国家教育信息化战略的深度考量，笔者认为在后续项目实施过程中，应从以下几个方面继续探索一对一数字化学习环境下的教学模式变革：

1. 继续加强资源建设，重视生成性资源的共建共享

"促进优质教育资源的共建共享"是教育信息化重点发展内容之一。项目在实施过程中，已有大量专家资源和来自一线教师优秀的、高质量的资源生成。因此，在后续发展过程，加强项目已有资源和生成性资源的二次开发，注重与语文、数学、科学等学科知识点配套资源的建设，加大对项目生成性资源的利用和整理，经过系统整理后以专题资源的形式推送至资源平台，扩大资源使用效益和受益面。

2. 开展数字化校园建设试点，探索数字校园环境下学校整体发展模式

数字校园是为了有效支持学生学习、创新和转变教学方式，以面向服务为基本理念，而构建的数字化资源丰富的、多种应用系统集成的、相关业务高度整合的校园信息化环境。其宗旨是拓展学校的校园时空维度，丰富校园文化，并优化教学、教研、管理和服务等过程。项目为项目学校提供了丰富的资源和数字化设备，但并没有将其纳入校园信息化整体生态环境中。因此，建议项目后续开展数字化校园建设试点工作，探索数字校园环境下学校整体发展模

式。建立能够有效支持教与学，丰富学校的校园文化，真正拓宽学校的时空维度、业务流畅、资源共享、智能灵活的数字化教育教学环境，从而推动教学、课程、学校的结构性变革，探索对学校教育产生"革命性"影响的信息化生态环境体系的构建模式。

3. 加强基于虚拟学习社区的网络教研活动开展，促进教师专业化发展

项目采取的城市学校与农村（城郊）学校的一对一结伴开展"以学生为中心"的基于网络的探究活动策略能够有效拓展教师和学生的交流范围，是促进城乡教育均衡发展的有效策略。项目构建的虚拟学习社区为项目的成功实施发挥了重要作用，建议继续加强虚拟学习社区的建设，开展基于虚拟学习社区的网络教研活动，在网络上开展专题讨论、共同研修课程、观摩视频案例研修课堂，实现专家与教师之间的经验传递、教学指导和专业对话，促进教师专业化发展。

4. 开展学科教师课堂教学实践研究项目，促进师生共同发展

教育信息化必须要以学生发展为本，促进信息时代学生的全面发展，重视学生信息时代的学习能力、实践能力培养，重视学生在信息社会应用技术实现变革与创新能力的培养。① 因此，在教师培养模型方面，建议开展"应用型课题研究"，将教学、培训与教研有机结合，在行动研究中促进课堂教学变革，促进教师将培训中的知识向教学技能的迁移及技术在教学中的有效应用，使教师将培训中的理念、方法，应用到课堂教学中，解决教学问题，进而促进教师课堂教学方法、教学模式的变革，最终促使学生学习方式的变革与学习质量的提高。

---

① 柯清超：《技术推动的教育变革与创新》，《中国电化教育》2012 年第 4 期，第 11 页。